Michael Gartenschläger wurde nur 32 Jahre alt. Fast zehn Jahre davon verbrachte er in Gefängnissen der DDR. Er wurde mit 17 zu lebenslanger Haft verurteilt, da er gegen den Bau der Mauer demonstrierte. 1971 wird er von der Bundesregierung »freigekauft«. Doch das real existierende Unrecht hinter dem Eisernen Vorhang lässt ihn nicht los: Er wird Fluchthelfer. Sein spektakulärster Coup ist die Demontage von zwei Selbstschussgeräten im Grenzgebiet, deren Existenz der SED-Staat bisher geleugnet hatte. Damit wird er erneut zum »Staatsfeind«. Bei einem weiteren Demontageversuch wird Gartenschläger 1976 von einem Stasi-Kommando erschossen.

Lothar Lienicke, Jahrgang 1947, aufgewachsen in Ost- und Westdeutschland. Aufgrund »besonderer Bemühungen der Bundesregierung« (Freikauf politischer Häftlinge) erfolgte seine Entlassung in die Bundesrepublik Deutschland. Lienicke beteiligte sich an den Fluchthilfeunternehmen Michael Gartenschlägers zwischen 1972 und 1975 und war 1976 als Helfer der Minendemontagen Augenzeuge seiner Erschießung durch ein Stasi-Sonderkommando. In den achtziger Jahren studierte er Politische Wissenschaft und Öffentliches Recht.
Franz Bludau, Jahrgang 1949, studierte Philosophie und Germanistik. Anschließend war er einige Jahre im Sozialbereich tätig. Seit Mitte der achtziger Jahre arbeitete er als freiberuflicher Texter im Auftrag von Wirtschaft, Politik und Verlagen. Er lebt heute als freier Autor in Preetz/Holstein.

Unsere Adresse im Internet: www.fischer-tb.de

Lothar Lienicke
Franz Bludau

TODESAUTOMATIK

Die Staatssicherheit
und der Tod des Michael Gartenschläger

Fischer Taschenbuch Verlag

Überarbeitete Neuausgabe
Veröffentlicht im Fischer Taschenbuch Verlag,
einem Unternehmen der S. Fischer Verlag GmbH,
Frankfurt am Main, April 2003

Lizenzausgabe mit freundlicher Genehmigung
der Stamp Media GmbH, Kiel
© 2001 Lothar Lienicke
Für die Taschenbuchausgabe:
© 2003 Fischer Taschenbuch Verlag
in der S. Fischer Verlag GmbH, Frankfurt am Main
Satz: Pinkuin Satz und Datentechnik, Berlin
Druck und Bindung: Clausen & Bosse, Leck
Printed in Germany
ISBN 3-596-15913-X

INHALT

Zweiundvierzig Jahre ist es nun her, seit Michael Gartenschläger mit einigen Freunden zusammen seinen jugendlichen Protest gegen den Berliner Mauerbau, das zementierte Symbol für strangulierte Freiheitsrechte des Einzelnen, zum Ausdruck brachte; siebenundzwanzig Jahre, seit er von westdeutscher Seite aus an der innerdeutschen Grenze dort installierte Splitterminen demontierte, um alle Welt am Beispiel jener völkerrechtswidrigen Mordinstrumente auf die Praxis der Menschenrechtsverletzungen des SED-Regimes hinzuweisen.

Beide Male stellte er sich – wenn auch unterschiedlich bewusst – einem System entgegen, das sich »die Aufhebung aller nichtkommunistischen Potenziale des sozialen, kulturellen und geistigen Lebens« zum Ziel gesetzt hatte, »wenn sich diese nicht für die kommunistische Macht instrumentalisieren ließen«, wie Erhard Neubert in *Die Aufarbeitung des Sozialismus in der DDR* schreibt; ein System, das auch danach trachtete, »gesellschaftliche Differenzierung, Pluralität und Interessenvielfalt«, kurz gesagt Individualität zu liquidieren, und sich dabei keineswegs scheute, Individuen psychisch und physisch zu vernichten, wenn es zweckmäßig erschien.

Es ist die besondere Tragik in der kurzen Lebensgeschichte des Michael Gartenschläger, dass ihn beide Varianten dieses Ausschaltungswahns mit voller Härte trafen: 1961 als Terrorurteil lebenslänglicher Haft, nachdem er nicht einsehen wollte, dass man ihm, einer ganzen Generation den Zugang zu einer alternativen Jugendkultur verriegelte, 1976 mit seiner Erschießung, nachdem er entgegen dem damaligen Zeitgeist nicht aufhören wollte, das praktizierte Unrecht der SED-Machthaber beim Namen zu nennen und dem aktiv und öffentlichkeitswirksam zu widerstehen.

Das Vorgenannte stellt ein Resümee nicht nur des Inhalts dieses Buches dar, sondern auch der gleichnamigen umfangreichen Erstausgabe, die 2001 bei Stamp Media, Kiel erschienen ist. Vorausgegangen waren weitreichende Recherchen, die beinahe zehn Jahre in Anspruch genommen haben. Dieser große zeitliche Aufwand erklärt sich daraus, dass die zu erwartenden aufhellenden Unterlagen in den Archiven des ehemaligen Ministeriums für Staatssicherheit zu Zeiten der so genannten Wende offensichtlich vernichtet worden waren. Zudem waren die vorhandenen Akten besonders in den Anfängen der Aufarbeitung durch die »Gauck-Behörde« schwer zugänglich, beziehungsweise konnten sie nur verzögert verfügbar gemacht werden. Trotz dieser Schwierigkeiten gelang es uns im Laufe der Jahre, rund viertausend Seiten Dokumente auszuwerten. Die dennoch verbliebenen Lücken in der Rekonstruktion des Lebensweges Michael Gartenschlägers suchten wir durch die Aussagen direkt oder indirekt Beteiligter zu füllen. Als problematisch erwies sich dabei jedoch der erhebliche Umfang der vorgefundenen Widersprüchlichkeiten, der nur durch akribische Detailarbeit minimiert werden konnte.

Im Vergleich zur Originalausgabe haben wir den Text noch einmal stilistisch »geglättet« und den Inhalt für einen überschaubaren Band gestrafft, soweit keine wesentlichen Teile berührt wurden. Gleichzeitig sind aber auch Ergänzungen eingeflossen, die wir aus neuen Unterlagen gewinnen konnten. Deshalb freut es uns besonders, dass unsere Arbeit dem Interessierten in dieser überarbeiteten Neuauflage (und nicht zuletzt in einer kostengünstigeren Ausgabe) zugänglich gemacht wird. Zitate aus Dokumenten und anderen Quellen wurden der neuen Rechtschreibung angepasst. Die im Text wiedergegebenen Dialoge oder wörtliche Reden sind, sofern sie nicht aus Dokumenten übernommen wurden, frei nach den Erinnerungen Beteiligter gestaltet worden. Einige wenige Namen wurden aus Gründen des Persönlichkeitsschutzes geändert. Die in Ich-Form beschriebenen Ereignisse beziehen sich auf das Erleben des Autors Lothar Lienicke.

Wir danken allen, die die Taschenbuchausgabe ermöglicht haben, insbesondere Roman Borowski und Joachim Wünscher für die aufwendige Unterstützung bei den Korrekturen und der Textgestaltung sowie allen Mitarbeitern der *Bundesbeauftragten für die Unterlagen des Staatssicherheitsdienstes der ehemaligen DDR*, die mit ihrer Recherchearbeit uns und damit auch unseren Lesern einen verglichen mit der Originalausgabe erweiterten Wissensstand verfügbar machten.

Hamburg/Preetz, Januar 2003
Lothar Lienicke und Franz Bludau

*Immer und überall ist es
eine Frage der Courage,
an die Grenzen zu gehen.*

VOM ROCK-'N'-ROLL-FAN ZUM »STAATSVERBRECHER«

»Wollen wir zum Stienitzsee auf Brautschau?« Michael Gartenschläger wippte mit einknickenden Knien auf den Zehenspitzen
und versuchte sich dabei etwas ungelenk an einigen rhythmischen
Hüftschwüngen. »Was is'?« Er schaute seinen Freund Gerd-Peter
Riediger erwartungsvoll an, der mit unschlüssigem Gesicht nach
einer Antwort suchte. »Zu heiß, zu voll, zu langweilig«, kam es
schließlich aus ihm heraus, »lass uns lieber nach Berlin.«
Tatsächlich war dieser 12. August 1961 ein hochsommerlicher
Samstag, der einerseits zum Baden einlud, andererseits aber auch
dafür sprach, dass in der nahen Großstadt auf den Haupteinkaufs-
meilen und in den Straßencafés mächtiger Trubel herrschte. Und
wenn die beiden Jungs – Michael war siebzehn, Gerd-Peter achtzehn Jahre alt – von Berlin sprachen, meinten sie natürlich den
Westteil der Stadt mit dem pulsierenden Ku'damm, der Kantstraße
und dem Umfeld des Konsumparadieses »KaDeWe«, wo es stets
atemberaubend Neues zu entdecken gab, eine sich ständig zu erweitern scheinende Angebotspalette in den Geschäften zu bestau-
nen war. Insbesondere die Kinos und Plattenläden vermittelten eine
Ahnung von der »großen, weiten Welt«, und zumindest auf der
Leinwand bot sich die Möglichkeit, über die bekannten sozialistischen Lande hinaus zu den Rocky Mountains zu reisen, am Prä-
rielagerfeuer zu sitzen, durch die Schluchten New Yorks zu hetzen,
sich im Londoner Nebel zu verirren oder sich Nordsee und die
Alpen aus der Nähe anzusehen; nicht zu vergessen die Musikfilme,
allen voran die »Schlagerparade«, die neben den »Pack die Badeho-

se ein«-Schnulzen die letzten Hits und Trends präsentierten. In den Plattenläden konnte man die Musik von Elvis Presley und seinem deutschen Epigonen Ted Herold kaufen oder in gelegentlichen Notzeiten auch ohne Bezahlung erwerben. Selbstredend trug man Niethosen, Lederjacke, lässig frisierte Schmalztolle und gab sich halbstark. Man unterschied sich nicht nur sichtbar von den Alten, es war auch endlich ein neues Lebensgefühl, nicht so festgefahren, besorgt, todernst und verbissen politisierend. Was war Strausberg, ihr Zuhause, gegen Glitzerglanz, Abenteuer, Spaß, Lebendigkeit?

Nicht dass sie das eine zugunsten des anderen aufgeben wollten; nein, nein, sie hatten ihre Arbeit als Malergehilfe, Schlosser, ihre Lehre, die Schule, Freunde, Eltern, die gewohnte Umgebung, die sie keineswegs missen wollten ... nur schien ihnen an ihrem Heimatort alles ein wenig trist, öde, zu sehr in vorgezimmerten Bahnen, zu umfassend ausgerichtet auf das offenbar alleinige Ziel: Aufbau des Sozialismus. Sie hatten nichts dagegen zwischen Montag früh und Freitagabend. Aber auch noch das ganze Wochenende? Da regte sich mehr oder weniger bewusst und erst recht nicht reflektiert Protest, der sich in Phantasien, wilden Plänen und spontanen Aktionen entlud. Aber alles in allem auch nicht anders als bei vielen Gleichaltrigen überall auf der Welt.

Die Zeitschrift *Bravo* und ihr Lebenshelfer »Harry Fix« sahen das genauso, also ...?! Sicher, Strausberg war ein spießiges Nest, als Standort der Nationalen Volksarmee (NVA) spröde uniformiert ... aber weggehen von dort, endgültig rübermachen wie so viele? Eigentlich kein Thema, Westberlin lag doch vor der Nase als jederzeit erreichbare Möglichkeit, als Wochenend-Eldorado.

Gartenschläger hatte sich schnell überzeugen lassen, das Großstadtgetümmel dem nahen See vorzuziehen, und so fuhren die beiden mit der S-Bahn bis zum letzten Halt im Ostsektor, um von dort aus zu Fuß bzw. mit den Fahrrädern, die sie mitgenommen hatten, die Grenze zu passieren. Zu dieser Mittagszeit herrschte ungewöhnlich viel Andrang und der Durchlass verlief schleppend. »Ob die alle in den Grunewald oder zum Wannsee wollen?«, murmelte Riediger verwundert. Gartenschläger antwortete mit einem Achselzucken. Um die üblichen Grenzgänger handelte es sich jedenfalls nicht; also um jene, die in der DDR wohnten und zumeist in den großen Westberliner Unternehmen wie Siemens oder Osram arbeiteten. 53 000 waren es damals, die tagtäglich zwischen den Sektoren pendelten. Das gute Geld, das sie verdienten und im Verhältnis eins zu vier tauschen konnten, ihre Einkaufsmöglichkeiten und die vergleichsweise günstige Lebenshaltung, von der sie im Osten profitierten, verschafften ihnen einen privilegierten Status, allerdings aber auch wenig Sympathie in der Bevölkerung und erst recht bei den Funktionären der Sozialistischen Einheitspartei Deutschlands (SED), da sie nichts oder wenig zum heimischen Aufbau beitrugen. Sie standen an jenem Mittag nicht Schlange an den offiziellen Sektorenübergängen, vielmehr Menschen, die in besonderer Weise ahnten, dass etwas Außergewöhnliches in der Berliner Luft lag.

Und sie waren nicht die Ersten. Rund 14 500 Personen hatten in den vorangegangenen Augusttagen ihr Zuhause für immer verlassen, an diesem Sonnabend sollten es noch einmal 2 500 werden. Dabei gab es dafür, dass ein politisches Unwetter sehr plötzlich hereinbrechen würde, nur wenige Anzeichen, denn die politische Führung der Deutschen Demokratischen Republik (DDR) hatte – vornehmlich in Absprache mit der Sowjetunion – das Geheimnis um ihre Planung derart gut gehütet, dass nicht einmal die westlichen Geheimdienste eine nah bevorstehende Aktion erwartet haben sollen. Zwar wuchs zu der Zeit beinahe täglich die in der Hauptsache von den SED-Medien geschürte Stimmung gegen »von Westberlin aus betriebene Spionage, Sabotage, Kopfjägerei und Menschenhandel«, zwar verfügten die DDR- und Ostberliner Behörden, dass sich alle Grenzgänger registrieren lassen müssten und rückwirkend ab 1. August Mieten, Strom, Gas, Wasser und sämtliche Gebühren in Westgeld zu bezahlen sowie bis Ende September Arbeitsplätze in der DDR anzunehmen hätten, doch von den konkret eingeleiteten Maßnahmen erfuhren die wenigsten.

Am 9. August hatten sich auf dem hermetisch abgeschirmten Landsitz des Staatsratsvorsitzenden Walter Ulbricht der Minister für

Staatssicherheit Erich Mielke, der Innenminister Karl Maron, die Justizministerin Hilde Benjamin und der ZK-Sekretär für Sicherheitsfragen Erich Honecker zu einer eiligst einberufenen Sitzung getroffen und formal beschlossen, »die Grenzfrage in Berlin endgültig zu lösen« und die Vorbereitungen dazu umgehend zu beginnen. Vorausgegangen war die vorläufige Entscheidung zum Bau einer Mauer auf der Tagung der kommunistischen Führer der Staaten des Warschauer Paktes vom 3. bis 5. August 1961 in Moskau, die dem Politbüro der SED zwei Tage später offiziell mitgeteilt worden war.

Bereits in der folgenden Nacht wurde eine Einsatzstelle der Operation »Grenzsicherung« im Ostberliner Polizeipräsidium eingerichtet und der Leitung Honeckers anvertraut. Einen Tag später waren die Truppen der Nationalen Volksarmee, der Deutschen Grenzpolizei und des Staatssicherheitsdienstes in Alarmbereitschaft versetzt und die Leiter und Vertrauensleute der Betriebskampfgruppen auf einen möglichen Einsatz vorbereitet, wobei offen blieb, ob es sich um eine Übung oder um den Ernstfall handeln würde. Das SED-Zentralorgan *Neues Deutschland* schrieb drohend: »Das Maß ist voll. Die Regierung und die Werktätigen der Deutschen Demokratischen Republik werden sich gegen westliche Agenten, Menschenhändler und Provokateure zu schützen wissen ...«

Gartenschläger und Riediger hatten die Kontrolle unbeschadet überstanden, waren nicht wie einige andere abgewiesen und zurückgeschickt worden. Und obwohl ihnen die Prozedur an der Sektorengrenze etwas seltsam, anders als bei ihren vergangenen Besuchen vorkam, schoben sie das Geschehen, je tiefer sie in den Trubel der Ku'damm-Gegend eintauchten, gedanklich beiseite. Nun war Leben angesagt, Musik, die neueste *Bravo* mit brandheißen Storys über Peter, Conny und Teddy, Currywurst, Kaugummi, »richtige« Zigaretten und überall Mädels. Zum Sattsehen ... auf Distanz ... von wegen halbstark ... weiche Knie. Wie fast immer landeten sie gegen Abend im Kino: »Das Spukschloss im Spessart« mit Liselotte Pulver und Wolfgang Neuss; damals eben der Ham-

14

mer, den Film musste man erst mal gesehen haben! Wer konnte das schon in Frankfurt/Oder, Dresden oder Leipzig von sich behaupten?!

Es ging auf 22.00 Uhr zu, als sich die beiden Freunde der Sektorengrenze an der Clara-Zetkin-Straße näherten. »Ach du Scheiße!« Gartenschläger hielt an und sich zugleich an seinem Rad fest. Auf der östlichen Seite wimmelte es von Uniformierten, die in recht rüder Weise alles, was gen Westen strebte, mehr als gründlich kontrollierten. Einige suchten die Diskussion mit den Polizisten, die meisten kehrten ihnen stumm, enttäuscht, verunsichert den Rücken. Auch Riediger und Gartenschläger wussten nicht recht, was sie tun sollten. Erwartete sie Ärger, erst hier, dann zu Hause? Mit der Befehlsübergabe besetzten Hundertschaften der Volkspolizei die S-Bahnhöfe und Zugangsstraßen nach Ostberlin und gewährten nur mehr vereinzelt die Weiterreise. Auch in der »Hauptstadt der DDR« selbst wurden die Ausweis- und Gepäckkontrollen von Minute zu Minute schärfer.

Nach einem Moment des Überlegens gab Gartenschläger das Startzeichen: »Was soll uns schon passieren? Wir wollen doch in den Osten!« Grußlos und geradezu gemächlich schoben sie an den Posten vorbei, die derart mit ihrer staatssichernden Aufgabe beschäftigt waren, dass sie nicht einmal Notiz von ihnen nahmen. Über die problemlose Grenzpassage erleichtert, schwangen sie sich auf die Räder und legten die wenigen Meter bis zum S- und U-Bahnhof Friedrichstraße ausgelassen schnell zurück. Nach kurzer Wartezeit kam die gelbrot lackierte Bahn und rumpelte über Alexanderplatz, Ostkreuz, Mahlsdorf Richtung Strausberg. Noch 25 Minuten, dann waren sie daheim. Aber schon in Hoppegarten mussten sie den Zug verlassen; aus betriebsbedingten Gründen, so die Lautsprecheransage, sollte die Weiterfahrt erst in einer Stunde möglich sein. Da sie diese Zeit nicht tatenlos absitzen wollten, entschlossen sie sich, die restliche Strecke zu radeln. Unterwegs, zwischen Fredersdorf und Strausberg, kam ihnen eine Kolonne schwach beleuchteter Militärfahrzeuge entgegen, darunter etliche T-34-Panzer, die mit ihren Ketten auf dem Kopfsteinpflaster einen Höllenlärm verursachten. »Bestimmt wieder ein Nachtmanöver«, meinte Riediger und ihm war nun klar, warum sein Stiefvater, ein Hauptmann der Nationalen Volksarmee, seit zwei Tagen in der Kaserne übernachten musste. Er irrte sich in einem entscheidenden Punkt ... Tage später erklärte eine offizielle Verlautbarung: »Am Sonnabend, dem 12. August 1961, nachmittags um 16 Uhr, unterzeichnete Walter Ulbricht als Vorsitzender des Nationalen Verteidigungsrates der DDR die Befehle für die Sicherungsmaßnahmen an der Staatsgrenze der Deutschen Demokratischen Republik zu Westberlin. Er übergab sie an Erich Honecker, der als Sekretär des Nationalen Verteidigungsrates der DDR im Auftrage des Politbüros des Zentralkomitees der Sozialistischen Einheitspartei Deutschlands (SED) die politische und organisatorische Vorbereitung und Durchführung der Sicherungsmaßnahmen leitete.«

Der Gedanke an die Eltern trieb die beiden Jungen an, kräftiger in die Pedale zu treten, um unnötige Fragen zu ihrem Verbleib zu vermeiden. Strausberg schien bereits zu schlafen, so still und verlassen waren die Straßen, die sie durchfuhren. Aber in der »Müncheberger Klause« brannte noch Licht, und ein bierseliges Stimmengewirr drang durch die geöffneten Oberlichtfenster. ›Gott sei Dank noch Betrieb‹, dachte sich Gartenschläger. Er war froh, rechtzeitig daheim zu sein, denn sein Vater, der die Eckkneipe bewirtschaftete, sah es nicht gern, wenn sich sein Sohn bis spät in den Abend hinein herumtrieb, und in Westberlin erst recht nicht. Und obgleich der Siebzehnjährige seinem »Alten« gegenüber oft einen etwas burschikosen Umgangston an den Tag legte, hatte er doch Respekt vor ihm und war wenig erpicht darauf, mit ihm aneinander zu geraten. Deshalb auch verabschiedete er sich mit einem knappen »Bis morgen« von seinem Freund, der nur ein paar Häuser weiter in der Münchebergstraße wohnte.

Je weiter der Abend voranschritt, desto hektischer geriet das Treiben im Ostberliner Polizeipräsidium in der Keibelstraße. Ununterbrochen schrillten die Telefonapparate und nahezu pausenlos spuckten Fernschreiber militärische Lageberichte und Meldungen aus, die in einer provisorisch eingerichteten Dechiffrierstelle erst in

16

Klartexte übersetzt werden mussten, ehe sie von Kurieren zu den Adressaten getragen wurden. Den zentralen Einsatzstab dort bildeten ungefähr zwei Dutzend handverlesene Mitarbeiter, bei denen sämtliche Fäden der nächtlichen Operation zusammenliefen. Dem ehrgeizig intriganten Leiter des Einsatzstabes, Honecker, waren für das Vorhaben die Ministerien für Staatssicherheit, für Nationale Verteidigung und Verteidigung des Innern insoweit unterstellt, als deren Verbindungslinien zu den Kommandeuren und Stäben der bewaffneten Organe der DDR, also der Staatssicherheit, der Nationalen Volksarmee, der Deutschen Volks- und Grenzpolizei sowie der paramilitärischen Kampfgruppen, die in Konsequenz der Ereignisse des 17. Juni 1953 von der SED gebildet worden waren und einen festen Platz im System zur Gewährleistung der inneren Sicherheit der DDR hatten, nun koordiniert in seinen Händen lagen; ebenfalls die des Ministers für das Verkehrswesen sowie die der Parteiführung zu den Bezirksleitungen der SED Berlin, Frankfurt/Oder, Potsdam und zum Berliner Magistrat. Schließlich führte eine abhörsichere Direktleitung zu Marschall Iwan S. Konjew, der erst kurz vor der Aktion zum Oberbefehlshaber der Gruppe der sowjetischen Streitkräfte in Deutschland (GSSD) ernannt worden war.

Eine gute Stunde vor Mitternacht trat der Einsatzstab noch einmal zu einer vorläufig letzten, aber entscheidenden Sitzung zusammen. Honecker fasste die bis dato eingegangenen Meldungen in ein kurzes Referat. Danach verlief die gesamte logistische und militärische Vorbereitung planmäßig. Die ausgewählten, gefechtsmäßig ausgerüsteten und mit scharfer Munition bestückten Verbände aus Sachsen, Thüringen, Mecklenburg und Brandenburg waren unterwegs, ohne dass ihnen ein konkretes Marschziel oder der Zweck des Einsatzes bekannt gegeben wurde. Niemand von ihnen überblickte, dass sie sternförmig auf Berlin zurollten.

In der Herrenrunde knisterte es vor Nervosität und Anspannung; einzig Honecker gab sich gelassen, obwohl oder gerade weil er sich bewusst war, dass seine politische Zukunft vom Gelingen der von ihm bis ins kleinste Detail geplanten Aktion abhing. Durch seine dunkle Hornbrille nahm er jeden Einzelnen ins Visier, als gälte es, nochmals deren Entschlusskraft zu prüfen: »Genossen! Ihr kennt eure Aufgaben! Wir marschieren los!« Die »Genossen« trommelten Beifall, Marschall Konjews Verbindungsoffiziere nahmen die Worte mit sichtbarer Befriedigung zur Kenntnis. Damit war der Moment gekommen, an dem die bislang scheinbar orientierungslosen Militärkonvois ihre endgültige Richtung gewiesen bekamen und sich sowjetische Schützen- und Panzerdivisionen in Bewegung setzten, um rings um Berlin in Stellung zu gehen. Währenddessen ging das Leben in der kapitalistisch-sozialistisch besetzten Stadt ahnungslos seinen üblichen Gang …

»X-Zeit.« In allen Kasernen der NVA, der Deutschen Grenz- und der Bereitschaftspolizei werden die Alarmsirenen ausgelöst, die Mitarbeiter der Staatssicherheit, die Angehörigen der Deutschen Volkspolizei (DVP) und die Genossen »Kämpfer« der Betriebskampfgruppen in und um Berlin mobil gemacht und zu den gleichzeitig bekannt gegebenen Treffpunkten beordert. Gerade Letztere sollen ihren »Klassenauftrag bei der Sicherung der Staatsgrenze der DDR zu Westberlin«, gewissermaßen als Demonstration der militärischen Fähigkeit der »machtausübenden Arbeiterklasse«, erfüllen. Binnen weniger Minuten brummt die Ostmetropole, als hätte sie ihren inneren Motor angeworfen. Schützenpanzerwagen und Mannschaftstransporter dröhnen durch die Straßen, bringen Tausende von schwerbewaffneten Soldaten in die Nähe der Demarkationslinie. Ein Zufahrtsweg nach dem anderen zu den Westsektoren wird durch einen Menschenzaun versperrt. Immer noch kennen viele Glieder dieser Ketten ihren Auftrag nicht genau, manche glauben, der Ernstfall »Krieg« sei eingetreten; bis man ihnen sagt, dass sie »ihre« Grenze unter Kontrolle zu nehmen hätten. Doch wie sichert man eine (noch) imaginäre Grenze?

Denn jetzt erst wird sie mit Lastwagen herangekarrt. Behandschuhte Pioniere laden Stacheldrahtrollen, Holz- und Betonpfähle ab, beginnen den Asphalt aufzuhämmern, die Pflöcke einzurammen, eine Dornenwand zu errichten, »beschützt« von unzähligen Maschinenwaffen.

Ab 0 Uhr 15 wird der S-Bahn-Verkehr nach Westberlin eingestellt, und die Fahrgäste werden schroff und ohne nähere Begründung aufgefordert, die Züge zu verlassen. Eine halbe Stunde später bringen Soldaten vor dem Brandenburger Tor ihre schweren Maschinengewehre in Stellung, Panzerspähwagen verschließen die Bögen des mit der Quadriga gekrönten Langhans'schen Bauwerkes, das zum bekanntesten Abschnitt an der Grenze zwischen Ost und West werden wird.

Gegen 1 Uhr 15 unterbricht der (Ost-) *Berliner Rundfunk* seine laufende Sendung mit einer Meldung des *Allgemeinen Deutschen Nachrichtendienstes* (ADN), die der Sprecher mit teilnahmsloser Stimme verliest: »Die Regierungen der Warschauer Vertragsstaaten wenden sich an die Volkskammer, an die Regierung und an alle Werktätigen der DDR mit dem Vorschlag, an der Westberliner Grenze eine solche Ordnung einzuführen, durch die der Wühltätigkeit gegen die Länder des sozialistischen Lagers zuverlässig der Weg verlegt und rings um das ganze Gebiet Westberlins, einschließlich seiner Grenze mit dem demokratischen Berlin, eine verlässliche Bewachung und eine wirksame Kontrolle gewährleistet wird.« Und an die Adresse der westlichen Schutzmächte gerichtet, fährt der Sprecher fort: »Selbstverständlich werden diese Maßnahmen die geltenden Bestimmungen für den Verkehr und die Kontrolle an den Verkehrswegen zwischen Westberlin und Westdeutschland nicht berühren.«

Gartenschläger war für seine Verhältnisse früh am arbeitsfreien Sonntag aufgestanden. Sein Vater verlangte eine gewisse Mithilfe in und um den Kneipenbetrieb, die Michael – zumeist – bereitwillig leistete, da er dafür ein bisschen mehr Freiraum genoss, als anderen seines Alters zugestanden wurde. Zudem profitierte er, was seine privaten Vorlieben und Hobbys anging, von einer zu jener Zeit und gar in Strausberg ungewöhnlichen Toleranz und einer, man möchte fast sagen, widerständigen Laxheit seines »alten Herrn«, die beide aus der Erfahrung des Vielerlebten und Zuvielgesehenen gewachsen waren und den Eindruck vermittelten, dass ihn nichts mehr erschüttern, aber er auch nichts mehr so recht ernst nehmen könnte. Das Leben heute war so gut oder schlecht wie das gestern oder morgen, denn, so sein Wahlspruch, wenn sich auch die Tröge ändern, die Schweine bleiben gleich. Er hatte sich eine kritische Resignation zu Eigen gemacht, die sich wenig darum scherte, was seine Umgebung von ihm dachte, und ihn doch so weit im Zaum hielt, dass er allenfalls peripher mit der Obrigkeit in Konflikt geriet. Für Gartenschläger junior hatte diese Einstellung den Vorteil, dass er an der »langen Leine« laufen durfte und sein Vater kaum ideologische Probleme auftischte, wenn er Westradio und -fernsehen einstellte oder unverhohlen seiner Rock-'n'-Roll-Liebe frönte. Aber groß auffallen sollte es auch nicht.

Gemäß diesem Vater-Sohn-Arrangement stapelte Michael an jenem Morgen Bierkästen und rollte leere Fässer in den Hof; eine Arbeit, die er schon tags zuvor erledigen wollte, aber dann doch wegen des sommerlichen Wetters und des Ausflugs verschoben hatte. Nun wartete sie nicht länger und er musste sie hinter sich gebracht haben, bevor seine Freunde Resag und Riediger auftauchten, mit denen er am frühen Nachmittag verabredet war. Zwei Stunden blieben ihm noch bis dahin. Umso überraschter war er, als die beiden plötzlich um die Ecke kamen.

»Was sagst du dazu?«, rief ihm Resag aufgeregt entgegen. »Die haben doch wohl nicht alle Tassen im Schrank!« »Wer, wo, was?« Gartenschläger wusste ganz offensichtlich nicht, was sein Freund meinte.

»Mensch, hast du das noch nicht mitgekriegt? Berlin ist dicht, Ende, aus. Die Vopos lassen keinen mehr rein oder raus!«

Nun begriff Michael und stellte den Kasten, den er noch in Händen hielt, langsam und ungewohnt vorsichtig ab, so als ob er Zeit gewinnen wollte, um das, was Resag ihm gerade eröffnet hatte, zu realisieren, bevor er auf die erwartungsvollen Blicke seiner Freunde reagierte. Und tatsächlich hatte er für sich das Gefühl, die Dinge, die ihm im Anschluss an die Mitteilung durch den Kopf purzelten, erst einmal zusammenklauben und sortieren zu müssen, um daraus ein klares Bild werden zu lassen. Er wollte etwas sagen, war aber zu keinem zusammenhängenden Kommentar fähig. Also flüchtete er sich in einen lauten Fluch, ließ die Bierkästen und Fässer stehen und setzte sich mit Riediger und Resag in die Gaststube, in der noch der Zigarettenmief und der Alkoholdunst des vergangenen Abends hingen.

Eine Weile saßen sie schweigend um einen der einfachen Holztische, auf dessen Platte Kreise aus eingetrockneter Flüssigkeit mit unterschiedlichen Durchmessern darauf schließen ließen, wie viele und welche Art Gläser dort gestanden hatten. Dann schaltete Gartenschläger das Radio ein und drehte an dem Rad für die Frequenzwahl, bis er den *Sender Freies Berlin*, kurz *SFB* genannt, gefunden hatte. Dean Martin schmalzte sein »Baby, it's cold outside«, mitten im Hochsommer! Ohne Vorwarnung polterte Michael erneut los: »Verdammter Mist! Wären wir doch gestern bloß drüben geblieben!«

Inzwischen hatte er die Puzzle-Teile vor seinem inneren Auge zu einem sinnvollen Ganzen zusammengefügt: die Uniformenversammlung in Ostberlin, der Militäraufmarsch auf dem Rückweg, die Einsatzbereitschaft, von der in den letzten Tagen hie und da geflüstert worden war. Aber ihm kamen auch nach und nach bruchstückhaft die Folgen in den Sinn, die die Abschließung Westberlins für ihn und die Freundesclique haben würde: Kein Schallplattennachschub mehr, keine heißen Klamotten, keine Westernhefte, keine *Bravo*, keine »subversiven« Filme, kein Ost-West-Vergleich knackiger Mädchenpos. Das bedeutete einen krassen Einschnitt, und als ihm dies bewusst wurde, empfand er es sogar als eine Lebensverstümmelung.

Riediger und Resag sahen ihren Freund verstohlen von der Seite an. Meinte er wirklich, was er sagte? »Was willste denn drüben? Da kennste doch keinen«, wandte Riediger ein. »Guck dir Gerd an, der hat das schon hinter sich und sitzt jetzt wieder hier.«

Resag hob abwehrend die Hände. Tatsächlich hatte er Anfang des Jahres seine Tasche gepackt, war nach Westberlin gefahren und über das Aufnahmelager Marienfelde in Kladow untergekommen. Die Oberschule, die er besuchte, hatte ihn in die Flucht geschlagen oder besser die Konflikte mit dem Lehrpersonal, denen er sich zunehmend aufgrund seiner »Aufsässigkeit, Unangepasstheit, Uneinsichtigkeit« und »mangelnden politischen Linientreue« ausgesetzt sah; das heißt aufgrund seiner Art, kritisch zu fragen, zu hinterfragen, das als Recht oder Unrecht zu bezeichnen, was er als solches empfand, nicht stur konform mit allem und allen Vorgesetzten zu gehen, über den sozialistischen Tellerrand schauen zu wollen und schließlich auch sich zu wehren, wenn er oder andere offensichtlich unfair behandelt wurden.

Ein Stück weit teilte er den Leidensweg mit Jürgen Höpfner, der mit ihm die Schulbank drückte und ebenfalls zum Freundeskreis zählte. Was beide vornehmlich verband, war, sich nicht widerstandslos von rigiden Erziehungsmaßnahmen zurechtstutzen und von verstärkt anberaumten Rechtfertigungs-, ja Selbstgeißelungsveranstaltungen vor dem Direktor, dem Kollegium, einzelnen Lehrern und den Eltern sowie dem FDJ-»Aktiv« verdrehen und unterbuttern zu lassen. Nur war Resag damals selbstbewusster, konsequenter in seinem Tun als Höpfner und hatte eben eines Tages die »Faxen dicke« von dem engen geistigen Korsett der Bevormundung und machte rüber nach Berlin, wo ihm das Atmen leichter schien.

So völlig freiwillig und aus enttäuschter Erwartung, wie Riediger es nun im Schankraum der »Müncheberger Klause« anzudeuten suchte, war er dann allerdings doch nicht zurückgekehrt. Vielmehr war ihm der Vater, seines Zeichens Ostberliner Hochschuldozent, aus Sorge um den Sohn, wohl auch mit Bedacht auf Ruf und Karriere nachgereist, hatte auf sein Erziehungsrecht dem Minderjährigen gegenüber gepocht und ihn mit viel Zureden nach Hause geholt. Nicht dass es Resag danach in seinem schulischen und privaten Alltag sehr viel besser ging, aber er fand sich in die Entscheidung hinein und versuchte, so gut es ihm möglich war, mit den weiterhin bestehenden und neuen Restriktionen zurechtzukommen.

Dazu gehörte, dass man, um den wechselseitig negativen Einfluss zu unterbinden, Höpfner und ihn auf räumlich deutlich entfernte Oberschulen mit angeschlossenem Internat »versetzte« und ihnen jeglichen Kontakt verbot – woran sich die Jungen natürlich nicht hielten. Briefe, die an Resag geschrieben und versandt wurden, öffnete sein Direktor und las sie ihm laut vor, was Resag veranlasste, sich selbst Post mit lächerlich provozierendem Inhalt zu schicken, und Jürgen animierte, schon mit der Aufmachung und flapsig formulierter Adresse und Absender auf den Umschlägen dem Vorleser die Zornesröte ins Gesicht zu treiben.

Natürlich verdarb ihre neue Situation den beiden den vorher üblichen täglichen Treff mit den übrigen Freunden, und gewiss war auch dieser Effekt mit ihrer »Versetzung« angestrebt, doch stellte sich der erhoffte Erfolg einer inneren Entfernung mitnichten ein; im Gegenteil: Die erzieherische Maßnahme schmiedete die jugendliche Clique eher fester zusammen.

»Hör auf mit dem alten Kram«, schnitt Resag unwirsch seinem Freund das Wort ab. »Vergangen, vergessen, vorbei. Heute ist wichtig. Die wollen uns einsperren, aber wartet mal, da haben die Amis auch noch mitzureden. Die machen mit ihren Panzern Walter noch kleiner, als er sowieso schon is'.«

»Ach ja«, fuhr Riediger auf, »und die Russen gucken zu und drehen Däumchen oder was?«

Gartenschläger beteiligte sich nicht an dem Disput, schien gedanklich weggetreten, spielte mit Bierdeckeln, zählte die Striche darauf. »Mann, hat der gesoffen!«, war sein bisher einziger, wenig konstruktiver Beitrag. Längst hatte andere Musik den smarten Dean Martin abgelöst, aber das registrierte niemand so recht. Plötzlich wurde die Sendung unterbrochen, und ein Sprecher verlas die neuesten Meldungen zu den Ereignissen an den Sektorengrenzen. Willy Brandt habe seine Wahlkampfreise in Hannover abgebrochen, hieß es, und sei bereits in aller Frühe in Berlin eingetroffen. Der Potsdamer Platz, den der Regierende Bürgermeister sofort nach seiner Rückkehr aufgesucht habe, sei nicht wiederzuerkennen: aufgerissenes Straßenpflaster, in die Erde gerammte Pfähle, dazwischen ausgerollter Stacheldraht. Starrende Waffenfront auf der Ostseite, im Westen überall Menschenansammlungen, erschrockene, verängstigte, weinende, wütende Leute, doch nirgendwo ein Amerikaner, ein Brite, ein Franzose. So als wären sie frühzeitig eingeweiht, einverstanden gewesen und könnten nun in Ruhe ausschlafen. »Brandt ist zur Zeit«, so der Sprecher weiter, »wegen der angespannten Situation bei den westlichen Stadtkommandanten in der Alliierten Kommandantur in Dahlem vorstellig.« Dann folgten noch aktuelle Berichte von der Bernauer Straße, vom Brandenburger Tor und von den Außenbezirken der Stadt. Sie ähnelten sich alle in ihrem Inhalt, der deprimierte und zugleich äußerst bedrohlich wirkte.

In der Strausberger Eckkneipe machte sich allmählich die angestiegene Temperatur bemerkbar. Trotzdem hatten die Jungen am Tisch eine dicke Gänsehaut. »Baby, it's cold outside.« Gartenschläger summte irgendetwas von Elvis. Es klang ratlos. Dann brach Riediger die Schweigerunde: »Stell mal den Osten ein!« Michael drehte erneut am Rädchen, und wie auf Bestellung quoll aus dem Apparat Ulbrichts sächselnde Fistelstimme, was die gedrückte Stimmung im Raum mit einem Schlag löste. »Walter, der alte Wichser«, pöbelte Resag und Gartenschläger schrie dagegen: »Kann er doch gar nicht mehr. Hör doch mal seine Stimme, der is' Eunuch!«

Und sie schlugen sich auf die Schenkel und brüllten sich vor Lachen die Angst aus dem Hals. Jetzt war Partytime. Michael drehte den Lautstärkeregler voll auf und die drei prusteten sich von Satz zu Satz:

»Und sie, die Volgsarmee schdehn hier auf Friedenswachd, wie, ja?«

»Und die Kampfgruppen«, ergänzte der Runkfunkreporter.

»Die Gamfgrubben, ja. Und zur Underschdidzsung, nich wahr, schdehn einische Banser der Ssofjedunion in Resärve, nich wahr.«

»Halt's Maul, du Russenknecht!« Unvermittelt hatte Gartenschläger genug. Mit einer halben Handdrehung beendete er den Dialog des Staatsratsvorsitzenden mit den Angehörigen der Bereitschafts- und der Deutschen Grenzpolizei und kehrte zu einem westlichen Sender zurück.

Ihr Lärm hatte Max Gartenschläger geweckt, der phantomgleich, nur mit ärmellosem Rippenunterhemd, kurzer Turnhose und Schlappen bekleidet, plötzlich an der Theke lehnte. »Was'n los?«, gähnte er, und als hätten sie ein williges Opfer gefunden, stürzten alle zugleich mit den Neuigkeiten auf ihn zu, die ihn mit Sicherheit nicht im Schlaf und schon gar nicht in seinen Träumen erreicht hatten. Bei den Erzählungen schüttelte er nur den Kopf und suchte nach einer sauberen Kaffeetasse. »Hab's mir eigentlich gedacht«, sinnierte er dann, »dass die Bolschewisten Westberlin dichtmachen. Aber vielleicht ist der ganze Spuk in ein paar Tagen auch schon wieder vorbei. Wer weiß das schon?!«

Die Ereignisse schienen ihn weder aufzuregen noch zu empören.

Wichtig war ihm dagegen, die Jungen vor den Funktionären des SED-hörigen Jugendverbandes Freie Deutsche Jugend (FDJ) zu warnen: »Passt bloß auf die Blauhemden auf, denn die werden jetzt ganz schön munter sein!« Eine nicht unberechtigte Voraussicht. Zuhauf schwärmten die FDJler aus, gingen von Tür zu Tür, um den verunsicherten Leuten die Grenzsicherungsmaßnahmen zu erklären, die Gründe darzulegen, zu beruhigen, verständlich zu machen, dass Westberlin von nun an das »Gefängnis« wäre, Abweichler aufzuspüren, zu beschwichtigen, alles zu tun, die Horrorvision »17. Juni 1953, Volksaufstand« nicht erneut und vielleicht dramatischer Realität werden zu lassen; und die, die trotz aller Bemühungen und Argumente störrisch blieben und den »Friedenssinn« der Grenzziehung nicht einsehen wollten, deutlich vor einem »Verrat an der Arbeiter-und-Bauern-Klasse« zu warnen.

Der engere Freundeskreis – Michael Gartenschläger, Gerd Resag, Gerd-Peter Riediger, Karl-Heinz Lehmann und Jürgen Höpfner – gehörte schon längere Zeit nicht mehr zu den Jugendaktivisten. Funktionen, die sie einmal bekleideten, hatten sie abgelegt. Allein deshalb schon galten sie als Sonderlinge und wurden argwöhnisch beäugt. Hinzu kam, dass sie sich aufgrund ihres zunehmenden Faibles für Rock 'n' Roll und Jeans, für jugendliche »Rebellen« wie James Dean und Elvis Presley, aufgrund ihres anderen Geschmacks eben, selbst ein wenig abschotteten und ihre Clique damit umso »konspirativer« erschien. Wichtigstes Indiz dafür wurde der »Ted-Herold-Fanclub Strausberg«, den Gartenschläger nach dem Vorbild unzähliger anderer Fangemeinden im Juli 1960 gegründet und in einem Holzschuppen im Hinterhof der elterlichen Kneipe eingerichtet hatte. Ausstaffiert wurde er von den Mitgliedern mit *Bravo*-Postern an den Wänden, mit Schallplatten und zugehörigem Apparat und all den Utensilien, die den Jugendlichen passend erschienen, für das Interieur geradezu notwendig waren. Dort war ihre Freizeitwelt, ihr ungestörtes Reich, zu dem kaum jemand sonst Zutritt hatte. Insofern gab sich der Ort – von außen betrachtet – tatsächlich etwas geheimnisumwittert, während es umgekehrt für die Freunde durchaus spannend war, einen Platz nur für sich zu haben und mit dem, was da – nach individueller Phantasie ausgeschmückt – geschah, angeben zu können. Vor allen Dingen vor den Mädchen, die sie zu dem einen oder anderen Treffen gerne eingeladen hätten, die auch neugierig waren und sich dann doch – dumme Zicken! – zierten, als fände sich hinter der klapprigen Schuppentür die dunkle Höhle der ersehnten, ängstigenden, verbotenen Lüste. Einmal, ja einmal hatten die Freunde es geschafft, ein paar teilweise ehrfürchtig angebetete Mädels zu einer Party zu überreden, die dann aber in der »Müncheberger Klause« stattfand und vor lauter Aufregung der Beteiligten in zu viel Likör und Bier endete. Auch dieses Ereignis, das natürlich in Strausberg umgehend die Runde machte, verbesserte nicht gerade ihren Ruf.

Andererseits: Welchen Sinn machte ein Fanclub, wenn er öffentlich nicht wirklich wahrgenommen wurde? Also schrieb Michael Gartenschläger an den zuständigen *Bravo*-Redakteur »Harry Fix« nach München und bat um Veröffentlichung ihrer Adresse. Tatsächlich kam man dort seinem Wunsch nach und stellte die neue Anschrift den Ted-Herold-Fans in West (und damit über Umwege auch in Ost) im Heft 36/1960 zur Verfügung. Prompt flatterten daraufhin gehäuft Briefe von Stuttgart bis Stendal mit Bitten um ein Autogramm vom gemeinsamen Rock-'n'-Roll-Idol in die Müncheberger Straße 5; bis zum Ende des Jahres allein aus der Bundesrepublik siebenundzwanzig, aus der DDR zehn.

Vornehmlich die westdeutschen Absender weckten das Misstrauen der Volkspolizei Strausberg. Die dortige Abteilung K(ripo) sah sich veranlasst, mit Datum vom 24. Januar 1961 ein »Gruppen-Ermittlungsverfahren« mit dem Namen »Ted Herold« einzuleiten, da sie hinter den Zuschriften offensichtlich auch eine von westlichen »Dienststellen« gesteuerte Infiltration vermuteten. In den folgenden Wochen durchgeführte Postkontrollen und polizeiliche Befragungen der Strausberger Clubmitglieder zeitigten jedoch nur das Ergebnis, dass die Jugendlichen dem Einfluss der »heißen Musik« erlagen, weil ihnen in ihrem Umfeld »keine zielgerichtete Freizeitgestaltung geboten wird«; dass sie ansonsten aber keineswegs »Gegner des Staates« seien und in einer Weise aufträten, die »nicht auf das typische rowdyhafte Benehmen von Jugendlichen schließen« lasse.

Michael Gartenschläger und seine Freunde verstanden den Aufwand und Aufstand der Vopos überhaupt nicht. Sie waren überrascht, welchen Zuspruch die Annoncierung ihrer Adresse auslöste, und ein wenig frustriert, da sie kaum eine Chance besaßen, den Autogrammwünschen nachzukommen. Immerhin aber ergaben sich plötzlich Kontakte, die das Gefühl vermittelten – zumindest zu einer Jugendszene –, grenzenlos dazuzugehören. Darüber hinaus jedoch saßen sie in ihrem Clubraum zusammen, dröhnten sich mit Musik zu, bis die Mutter Gartenschlägers Beschwerde einlegte, und überlegten, was man tun könnte in einem Provinznest; wen es auf die Schippe zu nehmen galt oder wer von den Schülern, Lehrern und Lehrherren es wieder einmal verdiente, die Rache der »Furchtlosen Fünf« zu fühlen. Dann dachten sie sich Prügel für den einen oder anderen Abzustrafenden aus oder die Schule in die Luft zu jagen oder zogen los zu der Adresse eines »Opfers«, um ihm wüste Beschimpfungen in den Briefkasten zu werfen. Auch zeigten sie keine Scheu, bei einer sich aufschaukelnden Festrandale, Jugend gegen Volkspolizei, mitzumischen und Schul- oder FDJ-Versammlungen mit Stinkbomben zu unterwandern. Und nachdem es ihnen gelungen war, aus der leeren Hülse einer Fahrradpumpe und dem Treibstoffgemisch aus »Unkraut-Ex« und einigen anderen Chemikalien die erste sowjetische Weltallrakete nachzubauen und tatsächlich drei Meter hoch fliegen zu lassen, wollten sie auch anderen diese bemerkenswerte Leistung kundtun und verursachten nächtens am nahen Seeufer eine »fürchterliche« Explosion.

Es tat sich ja so wenig in Strausberg. Und wenn sie etwas taten, war es niemandem recht, und es gab Ärger en masse. In der Schule, im Betrieb, mit den Eltern, dem Abschnittsbevollmächtigten der Deutschen Volkspolizei (ABV); so viel, dass sie um die Existenz ihres Clubs und Treffpunkts fürchteten und Gartenschläger deshalb den Eingang hinter Kaninchenställen versteckte. Die Männer von der Stasi, die eines Tages unangemeldet auftauchten, fanden ihn trotzdem, räumten auf, nahmen mit, was nicht niet- und nagelfest war. Noch mehr Ärger und Belehrungen. Auf Anordnung des Volkspolizeikreisamtes wurde der Club geschlossen; die Zusammenkünfte polizeilich verboten. Gottlob besaßen einige der Jungen noch eine private Schallplattensammlung. Doch wo in aller Welt konnten sie nun unter sich sein? Nach einigem Überlegen und Suchen entschieden sie sich für einen ausgedienten Bunker aus dem 2. Weltkrieg am Rande Strausbergs, der ihnen zwar ein Notbehelf schien, doch wenigstens außerhalb der Reichweite der Erwachsenen. Richtig wohl fühlten sie sich dort aber nicht, sodass sie sich immer häufiger in der »Müncheberger Klause« trafen. Michaels Vater zeigte noch das meiste Verständnis.

Inzwischen hatte sich Karl-Heinz Lehmann zu den dreien gesellt.

»Fehlt nur noch Jürgen«, meinte Resag.

»Höpfner«, feixte Gartenschläger los, »der hat's gut. Der hält den blanken Hintern in die Sonne und macht die Mädels in seinem Laden kirre. Und hier ist die Hölle los.«

Höpfner war seit gut zwei Wochen zu einem Ferienaufenthalt in Arnstedt und arbeitete in der Zeit als Verkaufshilfe in einem HO-Geschäft. Die Freunde erwarteten ihn erst in fünf oder sechs Tagen zurück.

»Lass ihn doch«, warf Riediger ein, »wir kommen auch ohne ihn klar.«

»Was meinst du damit?«, meldete sich Lehmann erstmals zu Wort.

»Na, wir müssen doch irgendwas tun, oder nicht?« Riediger schaute einen nach dem anderen an, schließlich blieb sein Blick an Gartenschläger hängen. »Was sagst du, Michael?«

Der zuckte unschlüssig die Achseln. »Was willste denn machen? 'nen Panzer klauen und nach Berlin fahren?«

Offenbar hatte er damit ein zündendes Stichwort gegeben, denn die Freunde suchten sich nun unter großem Gelächter mit den verrücktesten Ideen zu übertrumpfen, wie man die NVA oder besser noch die Russen klammheimlich um Waffen erleichtern konnte.

»Ihr habt 'nen Knall«, beendete Gartenschläger die fröhliche Runde. »Wenn überhaupt, dann sollten wir uns was Vernünftiges einfallen lassen.«

»Und was?«

Mit dem Ernst kehrte die Ratlosigkeit zurück. Schließlich schlug Resag vor, etwas zu schreiben, etwas Großes, an Häuserwänden, auf der Straße, sodass alle Strausberger es sehen mussten; etwas, das ins Auge stach und im Hirn hängenblieb. Gartenschläger nickte. »Kannst Recht haben. Hier bei uns rührt sowieso keiner 'nen Finger, und wenn die Welt untergeht. Vielleicht können wir die trüben Tassen damit ein bisschen munter machen. Gerd-Peter, du kannst doch bestimmt Farbe besorgen aus deinem Betrieb, aber keine abwaschbare!«

Alle vier schienen froh, dass endlich etwas Konkretes auf dem Tisch lag, und sie beschäftigten sich nun ausgiebig mit der Auswahl einer Anzahl von Sprüchen, die sie Ulbricht und ganz Strausberg um die Ohren hauen wollten. Als erste Gäste die Kneipe betraten, hatten sie eine ansehnliche Liste zusammengestellt: »SED – nee«, »Macht das Tor auf« (die alte und allerorten bekannte Springer-Kampagne), »Freie Wahlen«, »Nazis und Kommunisten raus«, »Heute rot, morgen tot«. Sie beschlossen allerdings auch, erst noch einmal abzuwarten, wie sich die Dinge in Berlin weiterentwickelten. Vielleicht hatten sich die Alliierten ja schon in Marsch gesetzt.

Doch die Amerikaner bewegten sich nicht, nicht die Engländer und auch nicht die Franzosen, trotz Willy Brandts Bitten und harscher Kritik. Wie die Sowjets richtig vermutet hatten, blieben die Westmächte auf dem Stand von Kennedys »three essentials«: der Unantastbarkeit Westberlins, der freien Verbindungswege und der Nichteinmischung in die östlichen Angelegenheiten. Darüber hinaus ließen sich die Westalliierten Stadtkommandanten lediglich, fast widerwillig, zu einem müden Protestbesuch bei ihrem russischen Kollegen veranlassen. Derweil schritten die Grenzarbeiten voran, der Vorhang wurde dichter. Es gab den ersten Toten bei den Versuchen, in den Westen zu gelangen, und wenige spektakuläre Fluchten über den Stacheldraht, der bald Mauer werden sollte.

Und in Strausberg ging das Leben – zumindest an der Oberfläche – weiter, als wäre nichts geschehen. Die Freunde hörten nur mehr *SFB*, *RIAS* oder verfolgten die Nachrichtensendungen im Westfernsehen. Menschenaufläufe nach wie vor, hie und da flogen sogar Steine Richtung Osten. Da brodelte es und sie saßen in ihrer kleinen Stadt und warteten auf ein Wunder. »Don't be cruel« – das Lied half nur kurzfristig über den Stumpfsinn und die immer düsterer werdenden Aussichten hinweg.

Am Montag, dem 14., trafen sich Lehmann, Riediger und Resag erst am frühen Abend. Gartenschläger war anderweitig verabredet, hatte wohl eine neue »Flamme«, die ihm offensichtlich wichtiger erschien als das Zusammentreffen mit den Freunden. Die Stimmung der drei war nahe dem Nullpunkt, und als Riediger auch noch anfing, den verballhornten Song »Alles im Eimer, Tom Dooley« zu singen, fauchte Resag ihn an: »Haste wenigstens Farbe mit?« Hatte er, und sie berieten kurz, wo sie am besten eingesetzt werden konnte. Dummerweise hatte keiner an Pinsel gedacht und so beschlossen sie, um nicht sinnlos durch die Gegend zu laufen, das überdimensionale, nahezu vollendete Wandgemälde in der Armeesiedlung, das »die Verbundenheit der Bevölkerung mit den bewaffneten Organen« symbolisieren sollte, in ein abstraktes zu verwandeln. Gesagt, getan. Allerdings trauten die Jungen sich nicht nahe genug heran, sodass das Glas Farbe, das ihnen als Wurfgeschoss diente, schon am Gerüst vor der Wand zerschellte. Das hob die Stimmung auch nicht gerade und sie gingen maulig auseinander.

Einen Tag später hatte Riediger an alles gedacht und brachte zwei Farbtöpfe und Pinsel mit. Gartenschläger, hieß es, sei im Kino. »Der feige Hund«, meinte Lehmann verächtlich, und so machten sich die drei vom Vorabend noch einmal auf, ihren eigentlichen Plan in die Tat umzusetzen. In aller Verwegenheit und mit zitternden Händen malten sie die ausgesuchten Parolen auf einige Scheunentore und Garagen – und sahen zu, dass sie vorwärts kamen. Offensichtlich hatte sie niemand gesehen. Vor Erleichterung gut gelaunt, trafen sie in der Stadt auf Gartenschläger, der sie – ebenso guter Dinge – zum Bier einlud und sich dabei ausführlich von ihrer Aktion berichten ließ. »Damned«, grinste er dann anerkennend, »ich glaub', ich muss langsam auch mal mitmachen.«

»Morgen geht's weiter«, sagte Resag, »wir warten auf dich!«

Den Rest des Abends hechelten sie sämtliche ihnen bekannte Mädchen durch, von denen man vielleicht, so die strittige Diskussion, der einen oder anderen, die weit oben auf der Begehrtheitsskala angesiedelt war, durch die Blume stecken könnte, was man im Moment so trieb und wieviel Mut doch eigentlich dazugehörte. »Von den FDJ-Stechern kann da ja wohl keiner mithalten«, spulte sich Lehmann auf.

Gartenschläger hielt sich zurück. Irgendwie war er woanders.

Anderntags wartete Gerd Resag schon ungeduldig auf seine Freunde, die ihn abholen sollten. Doch nur Karl-Heinz und Michael klingelten an der Tür. Riediger blieb aus unerfindlichen Gründen fern. »Egal«, sagte Resag. »Hört zu, Leute, in Berlin ist Rabatz!«

»Was du nicht sagst«, winkte Lehmann ab, »tolle Neuigkeit.«

»In Ostberlin, du Idiot«, regte sich Resag auf. »Der Zentralviehhof und die Uni brennen! Hat mein Alter erzählt.«

Jetzt waren seine Zuhörer doch sichtlich beeindruckt. Gartenschläger nahm das Streichholz, auf dem er lässig herumkaute, aus dem Mund. »Vielleicht gibt's ja 'nen Flächenbrand. Aufstand oder so.«

»Der um Strausberg 'nen Bogen macht«, ergänzte Lehmann.

»Das können wir ändern«, mischte sich Resag wieder ein. »Ein kleines Feuerchen in Ehren kann niemand verwehren.«

»Bist du bekloppt, in der Stadt zündeln!«, raunzte Gartenschläger ihn an.

»Wer redet denn davon«, erwiderte Resag. »Draußen auf'm Land stehen jede Menge einsame Scheunen.«

»Und was soll das bringen?« Lehmann schüttelte den Kopf.

»Nur zeigen, dass wir uns auch hier nicht alles gefallen lassen. Sprüche malen können wir heute sowieso nicht, Riediger und die Farbe fehlen. Also?«

Gartenschläger war dafür und nach einer Weile stimmte auch Lehmann zu. Sie diskutierten, wie sie die Sache am geschicktesten anfingen, und entschieden sich schließlich dafür, zwei Kerzen auf gefüllte Streichholzschachteln zu stellen und herunterbrennen zu lassen. Bis die Hölzer entflammten und den Brand entfachen halfen, konnten sie weit genug von der Stelle weg sein, um nicht erwischt zu werden.

»Dann muss da aber auch 'n bisschen trockenes Stroh oder Heu sein«, meinte Gartenschläger, »sonst kannste die Kiste vergessen.«

»Und wo wollen wir hin?«, warf Lehmann ein.

»Nach Wilkendorf«, bestimmte Resag, »da kenn ich mich aus.«
Kerzen und Streichhölzer waren schnell gefunden, zur Sicherheit
nahmen sie auch noch ein Messer mit, falls sie Schwierigkeiten mit
einer verschlossenen Scheunentür bekommen sollten. Dann
schwangen sie sich auf ihre Räder und fuhren los. Auf schmalen,
wenig genutzten Schleichwegen kamen sie rasch an ihr Ziel, ohne
dass ihnen jemand begegnete. Auch in der Nähe von Wilkendorf,
wo sie abstiegen und die Räder zurückließen, trafen sie nur Fuchs
und Hase, die sich Gute Nacht sagten. Mehrere kleine Schober
standen dort weit verstreut auf den Koppeln. Sie inspizierten den
ersten auf ihrem Weg und befanden das Objekt für ungeeignet, da
es so gut wie nichts Brennbares enthielt und ihnen doch zu nah am
nächsten Wohngebäude schien. Die einsame Lage des zweiten
Schobers passte besser. Außerdem waren dort einige Ballen unaus-
gedroschenes Getreide und Luzerne-Heu gestapelt. Von der Menge her würde der Schaden nicht groß sein, und die »Feldscheune
einer LPG Typ III« ausgerechnet mit dem Namen »Einheit« hatte
auch schon stabilere Tage gesehen. Die Vorbereitungen waren
schnell erledigt, und als die Kerzen brannten, machten sie, dass sie
wegkamen, auf die Räder, zurück nach Strausberg, wo die Feuersi-
renen bei ihrer Ankunft aufheulten.
Als sie das Löschfahrzeug abrücken sahen, beschlich sie doch ein
mulmiges Gefühl. Wenn das rauskam! Waren sie zu weit gegangen?
Fünfzehn Jahre später schrieb Gartenschläger für eine Presseveröf-
fentlichung, dass sie damals mit dem brennenden Schuppen ein
»Fanal« setzen wollten. Die Übertreibung sei ihm verziehen. Denn
sowohl er selbst als auch Resag erzählten mir, dass sie die »Brandstiftung« zwar im Nachhinein als Dummheit ansahen, aber die Sache ihrerseits nicht den politisch reflektierten Inhalt gehabt hätte,
den man ihr nachträglich zumaß. »War ein Fehler«, sagte Michael
einmal, »ein Strohfeuer eben.«
An diesem im wahrsten Sinne des Wortes »heißen« Abend verabschiedeten sich die Jungen früh voneinander. Sie verabredeten, am
nächsten Tag nichts zu unternehmen und erst einmal zu warten,
ob und welche Konsequenzen ihre Aktion zeitigen würde. Doch
auffällig Merkbares tat sich nicht. Am 18. August war Jürgen

Höpfner aus den Ferien zurück und suchte spätnachmittags Gerd Resag auf. Natürlich hatten sich die beiden viel zu erzählen, aber die Hauptattraktion war zweifellos Resags neues Tonbandgerät, mit dem er schon die letzten Hits von *Radio Luxemburg* aufgenommen hatte. Mit Mikrophon. Dies animierte die Freunde, selbst eine Reportage zu basteln, und ihnen fiel nichts Gescheiteres ein, als das aktuelle Geschehen in Berlin zum Inhalt zu nehmen. Wie der aufgenommene Dialog ausfiel, kann man sich vorstellen: Er schwankte zwischen Verhohnepipelung der DDR-Regierung inklusive Ulbricht-Persiflage und bissig-sarkastischen Attacken gegen die Grenzmaßnahmen. Und sie dachten sich auch nicht viel dabei, diese, wie sie meinten, äußerst gelungene Aufnahme zwei zufällig vorbeischauenden Bekannten vorzuspielen. Warum auch nicht – ein bisschen Spaß muss sein in trüben Zeiten, meinten sie ...

Danach musste Höpfner nach Hause zum Geburtstag seiner Mutter und Resag fand seine übrigen Freunde auf der Straße, erneut mit Farbe und Pinsel bewaffnet. »Wieder in die Armeesiedlung?«, fragte er.

»Ja, aber nicht nur«, antwortete Gartenschläger. »Am besten trennen wir uns, jeweils zu zweit, dann schaffen wir mehr.« Und so trabten sie los und schrieben bis zum letzten Farbtropfen. »Wir sehen uns danach bei mir«, hatte Michael noch gerufen.

Die »Müncheberger Klause« war nur halb voll mit Gästen besetzt. Daher fanden die vier nach ihrer Rückkehr noch einen ruhigen Ecktisch.

»Hat alles geklappt?«, wollte Resag von Riediger und Lehmann wissen.

Die beiden schüttelten den Kopf. »Da liefen zu viele Volksarmisten auf der Straße 'rum. Die haben immer schon so dämlich zu uns rübergeguckt.«

Schweigen. »Und wenn die uns ausfindig machen?« Lehmanns Stimme klang ein wenig kläglich.

»Quatsch«, schnauzte Gartenschläger, »das kriegen die nie raus. Außerdem: Was soll uns schon passieren? Schließlich sind wir noch Jugendliche.«

Resag setzte noch einen drauf: »Wenn die mich abholen wollen, hau ich ab in den Westen.«

»Na klar, du Pfeife, mit der S-Bahn über Friedrichstraße zum Bahnhof Zoo, oder wie?« Dabei tippte sich Riediger mit dem Finger an die Stirn.

»Nee, über die Grenze in Thüringen. Da geht noch was«, antwortete Resag gereizt.

»Genau. Unterwegs sprengen wir Strommasten in die Luft«, stimmte Lehmann ein, »oder organisieren vorher 'nen Panzerspähwagen und brettern damit durch die Kontrollstelle.«

»Das muss man professioneller machen, Jungs.« Gartenschläger musste auch noch seinen Senf dazugeben. »Man besorgt sich Uniformen der Grenzer und fährt lässig grüßend an den Posten vorbei. Und dann Gas geben.«

Derart warfen sie sich noch eine ganze Weile ihre Ideen an den Kopf und tranken ein, zwei weitere Biere, bis sie gähnten. »Bis morgen, Leute.« Bis morgen …

Wieder Samstag, der 19. August. Es war gerade einmal eine Woche her, dass sie über den Ku'damm liefen. In den vergangenen Nächten träumte Gartenschläger öfter davon. Nun schien nichts mehr wie früher, die Welt war auch morgens schon nicht mehr in Ordnung. An diesem Tag gleich gar nicht. Gegen fünf Uhr in der Frühe klingelte es Sturm an der Wohnungstür. Verschlafen öffnete Michaels Vater und sah sich drei in Zivil gekleideten Männern gegenüber. »Deutsche Volkspolizei«, grummelte einer von ihnen und stellte mit geübter Bewegung einen Fuß auf die Türschwelle. Max Gartenschläger blieb der Mund nach einem herzhaften Gähnen offen stehen. Und bevor er etwas fragen konnte, schoben ihn die unangemeldeten Besucher ruppig zur Seite und drängten an ihm vorbei.

»Wir wollen Ihren Michael zur Klärung eines Sachverhaltes mit auf das Revier nehmen«, hieß die knappe, nichtssagende Begründung im Flur, gefolgt von der Aufforderung, den Sohn zu wecken.

Während der Kneipier der Anweisung nachkam, überlegte er fieberhaft, was er tun sollte. Aber ihm fiel auf die Schnelle nichts anderes ein, als Michael wachzurütteln und dabei flüsternd aus ihm herauszuschütteln, was er denn wieder angestellt hätte.

Natürlich nichts. Michael wollte seinem Vater nicht antworten, schon gar nicht vor den drei Fremden, die ebenfalls in sein Zimmer gekommen waren. »Zieh dich an«, befahl der Kleinste und begann wie seine Kollegen, sich genauer in dem Raum umzusehen. Gartenschläger sprang aus dem Bett und klaubte seine verstreut auf dem Boden liegenden Kleider zusammen. Aus den Augenwinkeln schielte er zur Tür, in der inzwischen seine Mutter barfüßig, mit schlafzerzaustem Haar stand und die Szenerie verängstigt beobachtete. »Es ist überhaupt nichts los«, murmelte er in ihre Richtung, »bestimmt ein Irrtum.«

Der Vater war nun so weit wach, dass er halblaut vor sich hin fluchte, ohne zu erkennen zu geben, ob seine Äußerungen der unerwarteten Störung, dem staatstragend-arroganten Gehabe der Eindringlinge oder seinem Sohn galten, der in Handschellen zu dem vor dem Haus parkenden Auto abgeführt wurde.

Die Fahrt ging über eine holprige Landstraße von Strausberg in Richtung Frankfurt/Oder. Gartenschläger tat zumindest gelangweilt, forderte forsch und vergeblich eine Zigarette und blickte in die vorüberhuschende Landschaft. Die über weite Strecken am Straßenrand wartenden Militärkolonnen, sicherlich Reservekräfte zur Abriegelung der Sektorengrenzen in und um Berlin, nahm er nicht wahr. Er dachte an seine Freundin, mit der er sich für den Nachmittag verabredet hatte, und hoffte, dass die bei der Festnahme bereits angekündigte Befragung nicht allzu lange dauern würde. Er malte sich aus, wie die anderen aus der Clique staunten, wenn er von dem frühen Überfall berichtete. Er würde der Tagesheld sein, daran gab es nichts zu deuteln. Vielleicht sollte er die ganze Geschichte noch ein wenig aufpeppen, etwas ausschmücken, Dramatik intonieren, wie er sich, von grellem Licht angestrahlt, den bohrenden Fragen widersetzt und die Verhörtaktik durchschaut habe; wie er trotz der … nein, Gehirnwäsche war zu dick aufgetragen … genau: wie er trotz der schmerzenden Schläge standhaft geblieben sei und nicht eines der Clubgeheimnisse preisgegeben habe! Kein einziges! Und zum Beweis würde er einige blaue Flecken an den Armen präsentieren, ganz klar. Die hatte er ohnedies schon und ein paar mehr wollte er sich auf der Rückfahrt hinzukneifen.

In solche Gedanken versunken, merkte Gartenschläger nicht, dass das Fahrzeug in die Frankfurter Große Oderstraße einbog, an einem wuchtigen Bau aus der Kaiserzeit, der die Hausnummer 67 trug, kurz hielt und dann einen hoch aufgerichteten Schlagbaum passierte. Knirschend zog der Fahrer die Handbremse an, Türen flogen auf, alles geschah zackig, grob. »Aussteigen!«, schnarrte irgendjemand.

Der Raum, in den man den Festgenommenen brachte, war nur dürftig beleuchtet und roch wie eine Altkleiderkammer penetrant nach Mottenpulver und Ungewaschenem. Ein älterer MfS-Mitarbeiter forderte ihn auf, seine Habseligkeiten auf einem Holztresen, der den Raum in zwei Teile schnitt, abzulegen. Dabei schaute er dem Siebzehnjährigen ein wenig mitleidig, mitfühlend zu. Vielleicht war ihm nicht ganz wohl bei dem Gedanken, dass man nun, direkt nach der Umzäunung Westberlins, verstärkt auch Heranwachsende dem Staatssicherheitsdienst zuführte. Den ausgebreiteten Tascheninhalt – es waren nur Kleinigkeiten: ein Kamm, einige Münzen sowie eine angebrochene Schachtel Zigaretten Marke Casino – notierte er, sich selbst diktierend, auf ein Formblatt, ehe er die Gegenstände gemeinsam mit der Armbanduhr, die Gartenschläger von seinem Onkel zur Konfirmation geschenkt bekommen hatte und auf die er so stolz war, in einer braunen Papiertüte verschwinden ließ.

Michaels Irritation nahm zu. ›Was soll der Aufwand?‹, dachte er bei sich und versuchte sich damit zu beruhigen, dass er das Ritual als Taktik ansah, ihm vorzuführen, wie mit jemandem verfahren wurde, der wirklich schwere Verbrechen begangen hatte. In seinem Fall also eine Art Abschreckung oder Teil seiner Strafe. Insofern belustigte es ihn fast, dass er sich auch noch ausziehen sollte und ein zweiter Mann in der Effektenkammer, der einen dunklen Arbeitskittel über seiner feldgrauen Uniform trug, peinlich genau die abgelegten Kleidungsstücke filzte und ihm dafür ein Paket anstaltseigener Sachen zuschob. Zu guter Letzt musste er die Schnürsenkel aus seinen Schuhen ziehen und auf den Tresen legen. Auch sie versanken in der Tüte, bevor sie verschlossen wurde und Gartenschläger den Inhalt auf dem ausgefüllten Formular quittieren musste. Der zweite Mann tastete ihn ab und mit dem Befehl, sich vornüberzubeugen, und einem routinierten Fingergriff in den After war die Leibesvisitation beendet. Er erhielt eine Nummer und die Anweisung, von nun an diese statt seines Namens zu benutzen.

Nach der Prozedur holte ihn »sein« Festnahmekommando ab und eskortierte ihn durch ein Labyrinth von Gängen in ein spartanisch ausgestattetes Vernehmungszimmer, in dem schon zwei Herren warteten, die ihn abschätzig musterten. Derjenige, der schon als einziger in der elterlichen Wohnung den Mund aufgemacht hatte, nahm eine strammere Haltung an und meldete in schneidigem Ton: »Genosse Major, wir bringen Ihnen die Nummer zwei!« Dann verließen die drei Häscher den Raum.

»Setzen!« Es gab nur einen Hocker, der etwa zwei Meter von einem Schreibtisch entfernt fest in den Fußboden eingelassen war. Genau gegenüber, in Blickrichtung, befand sich ein vergittertes Fenster, sodass der jeweilige Delinquent die Vernehmungsbeamten wegen des einfallenden Lichts nur schemenhaft erkennen konnte. Reaktionen aus ihren Gesichtszügen herauszulesen, war nicht möglich und wohl auch so gewollt. Nachdem Gartenschläger sich weisungsgemäß hingesetzt hatte, ließen die beiden Männer noch ein, zwei Minuten wortlos verstreichen, sahen ihn nur prüfend an. Dann näselte es ihm entgegen: »Du bist hier bei uns, beim Ministerium für Staatssicherheit, weil du dich einiger Staatsverbrechen schuldig gemacht hast. Deine Komplizen vom Ted-Herold-Club haben wir ebenfalls schon!« Und mit unüberhörbarem Triumph in der Stimme nannte er die Namen Resag, Lehmann, Riediger.

›Die bluffen‹, war der erste Gedanke, der Michael durch den Kopf schoss. ›Als Nächstes werden sie mir erzählen, dass die Jungs bereits gestanden haben, man kennt das ja. Aber nicht mit mir.‹ Andererseits, so überlegte er weiter, könnten sie die Wahrheit sagen. Denn bei den Anschuldigungen handelte es sich ja wohl um ihre

Aktivitäten aus den letzten Tagen. Warum sollte er deswegen allein festgenommen worden sein? Nur: Staatsverbrechen? Was faselt der von Staatsverbrechen? Sachbeschädigung, ja gut, vielleicht auch Brandstiftung, aber mehr auch nicht!

Er beschloss, erst einmal in der Defensive zu bleiben, und konterte mit der Standardformulierung, die er in solchen Situationen mindestens ein Dutzend Mal in Kriminalfilmen im Westfernsehen oder in den Grenzkinos gehört hatte: »Ich sage nichts ohne einen Anwalt!«

Der Satz verschlug den Männern hinter dem Schreibtisch sekundenlang die Sprache. Eine unangenehme Stille breitete sich aus, die jedoch ebenso abrupt, wie sie begonnen hatte, in krachendes Gelächter umkippte, das kurz darauf wiederum unvermittelt abbrach. Ein recht massiger Körper erhob sich, kam nach vorne, baute sich wenige Zentimeter vor Gartenschläger auf, beugte sich zu ihm herunter. »So, einen Anwalt willst du. Du kannst 'n paar in die Fresse kriegen, das ist alles. Klar?«

Die Lautstärke mitsamt der Drohgebärde ließ Michael zusammenzucken und unwillkürlich einen Arm schützend zum Gesicht hochfahren. Und als er noch einmal mit »Klar?« angebrüllt wurde, nickte er eingeschüchtert mit dem Kopf.

Ihm war kalt und diese Empfindung verstärkte sich noch im Laufe der nun folgenden Vernehmung, die die MfS-Leute abwechselnd führten. Fragen über Fragen. Zum Ted-Herold-Club, zu ihrem Tun dort, zu den Maßnahmen der DDR-Regierung am 13. August, zu Büchern, Zeitschriften, zur Musik, zu Freunden, zur Arbeit, zum Westen und Osten, zu Radio und Fernsehen, zum Leben an sich und zur Schuhgröße. Und die Einstellung der Eltern?!

Nach der zehnten oder zwanzigsten Frage vergaß Gartenschläger zu taktieren, antwortete direkt und ehrlich, fühlte sogar Trotz in sich aufsteigen und fauchte seinen Verhörern schließlich entgegen, dass er schon längst nach Westberlin abgehauen wäre, wenn er seine Lehre früher hätte abschließen können. Sein Ausbruch hinterließ keinen Eindruck. Ungerührt spulten die Umrisse im Gegenlicht ihr trainiertes Programm ab, Stunde um Stunde, schwenkten höchstens von vermeintlicher Unkenntnis, die er klärend beantworten sollte, zu scheinbar unumstößlichem, anschuldigendem Wissen, das er nicht einmal bestätigen musste.

»Warum haben Sie die Hetzlosungen mit Gerd Resag angeschmiert?«, bohrte eine monotone Stimme einer Tonbandaufnahme gleich immer wieder nach, so als ob sich die einzelnen Antworten entwickeln, von Formulierungshilfen unterstützt ein Lernen beinhalten sollten, bis eine juristisch und politisch verwertbare Aussage gefunden war, die die Schreibkraft teilnahmslos in ihre Maschine tippte: »Wir haben diese Hetzlosungen geschmiert, da wir gegen den Beschluss des Staatsrates der DDR vom 13. August 1961 sind. Diese Hetzlosungen sollten die Bürger der DDR lesen und sehen, dass nicht alle Menschen mit dem Beschluss einverstanden sind. Das Ziel sollte sein, dass sich mehrere Bürger der DDR diesem Beschluss widersetzen.«

In gleicher Weise verfuhren die Stasi-Vernehmer, als es um die »mutwillige Vernichtung von Volkseigentum«, die »Beschädigung und Verunglimpfung von Kulturgut der Arbeiter-und-Bauern-Klasse« ging. Sie wussten viel, verdammt viel, weit mehr, als sie aufgrund ihrer Durchsuchung des Clubraumes vor einigen Monaten erfahren haben konnten.

Die Armbanduhren seiner Gegenüber zeigten Michael, dass es auf dreiundzwanzig Uhr zuging. Er spürte Hunger und kaum noch seinen Hintern, sodass er eine winzige Pause nutzte, vorsichtig, aber mit fester Stimme zu fragen, ob er demnächst nach Strausberg zurückgefahren würde. Wieder lachten die Männer lauthals auf.

»Du willst nach Hause? Das darfst du«, prustete einer und fügte dann sehr ernst hinzu: »Vielleicht in zehn Jahren!«

Nun war es an Gartenschläger zu grinsen und er dachte: ›Arschloch! Verscheißern kann ich mich selber!‹

Wie zur Bestätigung, dass es sich bei der letzten Äußerung um eine scherzhafte gehandelt hatte, bedeutete man ihm, sich erst einmal bei ihnen richtig auszuschlafen, da die Vernehmung noch nicht beendet sei. Offensichtlich hatten sie auch genug für den Tag und forderten ihn auf, ihnen zu folgen.

Der schmale, lange Flur, den die drei durchschritten, wie auch das Treppenhaus wirkten düster, allein schon weil sie keiner Menschenseele begegneten und das vom Feierabend leergefegte MfS-Dienstgebäude den Eindruck einer Ruine vermittelte. Jeder Schritt hallte, bis sie vor einer Stahltür anhielten. UHA stand in großen Buchstaben auf einem Schild, darunter etwas kleiner: 3x klingeln. Dass das Kürzel Untersuchungshaftanstalt meinte, wurde Gartenschläger erst bewusst, als er an einer Vielzahl von eng nebeneinander liegenden Türen vorbeigeführt wurde, die unschwer als verschlossene Zelleneingänge zu erkennen waren. Vor dem ersten offenen blieben die Männer stehen und schoben den nun doch verstörten Jugendlichen mit sanftem Druck hinein. Hinter ihm fiel Eisen ins Schloss, klapperten Riegel, und die zweifache Drehung eines Schlüssels schien ihm mitteilen zu wollen, dass er, nun sich selbst überlassen, zum Nachdenken finden sollte, zur inneren Ein- und Umkehr.

So etwas bedarf der Kargheit, des Kontrastes zum »Schlaraffenland« draußen, gestern. Von daher maß die Zelle auch nur zweieinhalb mal vier Meter und war mit einer Holzpritsche, einem Hocker und einem Klapptisch eingerichtet. Nicht zu vergessen jener übelriechende Metallkübel in einer Ecke, in den man seine Notdurft zu verrichten hatte, da Spülklosetts zur damaligen Zeit in DDR-Haftanstalten noch nicht üblich waren. Die Kübel mussten täglich geleert und danach aus Hygienegründen mit einem ätzenden Chlorpulver ausgestreut werden. Darüber hinaus war der Raum steinig kahl, ohne den geringsten Gegenstand.

Gartenschläger legte sich auf das Bett und ließ den Blick umherwandern. ›Diese Nacht werde ich schon überstehen‹, dachte er. ›Morgen dann noch ein paar Fragen beantworten und ab geht's Richtung Heimat. Dann werden die Eltern auch wieder beruhigt sein!‹ Den bereits am Nachmittag erlassenen Haftbefehl begriff er nur als Furcht einflößende Formalie, die mit Ende der Vernehmungen ihre Bedeutung verlor. Größere Sorgen machte er sich wegen seiner Freundin, die vergebens auf ihn gewartet hatte und deshalb möglicherweise verärgert reagieren würde. Wenn sie allerdings erfährt, so stellte er sich vor, welch »Grauen« – das bedurfte noch nuancierter Ausmalung! – er durchleben musste, wird sie wegen ihres kleinlichen Beleidigtseins vor Scham in den Boden versinken. Irgendwann schlief er mit solchen Gedanken ein, aber bereits bei der ersten von regelmäßig folgenden Sichtkontrollen wurde er unsanft aus einem angenehmen Traum gerissen. Ein Wärter hatte mit Schwung heftig an die Zellentür getreten und zugleich durch die in der Mitte eingelassene Luke gebrüllt: »Hände auf die Zudecke legen!«

Gartenschläger begriff den Sinn nicht; nicht in jenem schläfrigen Dämmerzustand und auch nicht, als sich der Vorgang im Laufe der Nacht mehrfach wiederholte und er gegen Morgen, vor Müdigkeit fröstelnd, längst wach lag. Hände auf die Zudecke. Wollten die Leute verhindern, dass ihre Gefangenen onanierten? In der Umgebung? Auch die offizielle Begründung, damit einem Selbstmord vorzubeugen, wie man ihn später wissen ließ, half ihm nicht zu verstehen. Suizid ohne Messer, Gabel, Schere, Strick? Sollten er oder andere sich die Pulsadern durchbeißen? So nahm er die Weisung von Anfang an als perfide Schikane, und das war sie wohl auch; ebenso wie die sich anschließende, die Zellenbeleuchtung vierundzwanzigstündig eingeschaltet zu lassen.

Ein Rasseln und Klappern vor seiner Zelle bedeuteten Gartenschläger, dass die Nacht endlich vorüber war. Die Tür flog auf und bellende Kommandos schlugen ihm entgegen. »Kübel raus! Wasser rein!« Gefängniskalfaktoren tauschten die »Toilette« aus und reichten zugleich eine Blechschüssel mit kaltem Wasser durch die Tür; dazu eine Zahnbürste, ein Päckchen gehärtete Zahncreme, ein Stück Kernseife. Derart grundversorgt wurde der Untersuchungsgefangene Nummer zwei wieder weggeschlossen. Wenig später erneutes Entriegeln. Dieses Mal klappte die Luke auf und ein Aluminiumteller erschien, auf dem sich zweihundert Gramm Brot, fünfundzwanzig Gramm Margarine und ein Klecks Pflaumenmus verloren. Dem folgte ein Napf mit dunkelbrauner Brühe, die sich als Malzkaffee entpuppte. In ihr stak als einziges Besteckteil ein Löffel. »Den Blechpott kannste behalten«, hörte Gartenschläger den Kalfaktor rufen, dann knallte die Klappe zu. Spätestens jetzt, beim Anblick seines Frühstücks, war dem Jungen zum Heulen zumute, und am liebsten hätte er das Geschirr gegen die Wand geworfen. Doch sein knurrender Magen riet ihm davon ab und so schlang er die Brotscheiben in sich hinein, wobei sein praktisches Talent ihm schnell begreifen half, dass der Löffelstiel als Messerersatz gedacht war. In Ordnung, aber er hatte auch an diesem Morgen nicht vor, sich umzubringen …

Noch hungrig wurde er bald darauf zur erneuten Vernehmung geholt. Nun saßen ihm drei MfS-Mitarbeiter gegenüber, die den Schreibtisch mit Romanheften, Schallplatten und einem schwarzen Baumwollhemd drapiert hatten, das ihm sehr bekannt vorkam. Es war sein Club-Hemd, das er, hell abgesetzt, mit einer Gitarre, einzelnen Noten, einem Notenschlüssel und den Namen »Elvis«, »King Creole«, »Marina« und natürlich »Ted Herold« bemalt hatte. Auch die Schallplatten und die Groschenhefte – flache Cowboy- und Landser-Geschichten – erkannte er als sein Eigentum. Augenblicklich wurde ihm klar, dass die Vopos oder die Stasi noch einmal bei ihm zu Hause gewesen sein mussten, und schon triumphierte einer der Männer laut über den Erfolg der Wohnungsdurchsuchung.

»Außerdem«, höhnte er weiter, »haben wir heute Höpfner, den fünften Strolch aus eurer Bande festgenommen. Was sagste nun?« Dabei trommelte er mit den Fingern auf der Schreibtischplatte und setzte ein feistes Grinsen auf. Gartenschläger schwieg lieber, hoffte, dass die Sitzung ein rasches Ende nähme.

Doch die Männer schienen ausgeruht und tatendurstig. So ließ der Wortführer als Nächstes einen langatmigen Monolog auf Michael niederprasseln, in dem viel, sehr viel von den Errungenschaften des Sozialismus, der Notwendigkeit der Grenzsicherung und der unverbrüchlichen Freundschaft zur Sowjetunion die Rede war. Es fehlte aber auch nicht die Geißelung der verbrecherischen Machenschaften des Westimperialismus, der NATO, der Agentenhorden, eines Konrad Adenauer und Willy Brandt, zu deren willfährigen Handlangern er und seine Kumpane geworden wären. »Du und die anderen«, schloss er seinen Vortrag aufbrausend ab, »habt euch als Gehilfen der westdeutschen Revanchisten schuldig gemacht. Die DDR muss und wird euch dafür hart bestrafen!«

Sein Gesicht nahm dabei fanatische Züge an, was in dem Siebzehnjährigen ein ungutes Gefühl weckte und ihn unruhig auf seinem Hocker hin- und herrutschen ließ. Entgegen seiner leisen Erwartung, mit der drohenden Predigt erst einmal bis zu irgendeiner Straffestsetzung entlassen zu werden, bildete der Monolog den Auftakt zu einem erneut stundenlang während Zwiegespräch, in dem er sich zunehmend kleiner werden fühlte, bis er meinte sich aufzulösen und als reine Schuld wiedergeboren zu sein. Erst als die Männer an dem Tag genug von ihm hatten, spürte er auf dem Rückweg zu seiner Zelle an einem kurzen Aufflackern blinder Wut, dass er noch mit seinem alten Leben verbunden war.

Genosse Klühsendorf, Staatsanwalt der Abteilung I A am Bezirksgericht Frankfurt/Oder, hatte formell die Leitung des Ermittlungsverfahrens in der Strafsache gegen die Strausberger Jugendlichen übernommen. Politische Delikte wurden in der Regel immer durch Staatsanwälte der Abteilung I bei den Staatsanwaltschaften der fünfzehn Bezirke oder der Generalstaatsanwaltschaft bearbeitet, da sie unter strengen Gesichtspunkten ausgewählt waren, was nichts anderes bedeutete, als dass sie vom MfS auf ihre Fähigkeiten zur Konspiration, auf ihre Parteilichkeit und ihre uneingeschränkte Treue zur »Arbeiter-und-Bauern-Macht« überprüft worden waren und auch noch in ihrer Arbeit überwacht wurden.

Insofern bestand Klühsendorfs Aufgabe zunächst nur darin, den von der MfS-Bezirksverwaltung Frankfurt/Oder verfügten Ermittlungsbeginn und die mit der Tatbeschuldigung versehene »Einlieferungsanzeige«, die zur vorläufigen Inhaftierung führte, inhaltlich zu übernehmen, in eine juristisch begründete Fassung zu bringen und den so beantragten Haftbefehl von einem Haftrichter bestätigen zu lassen, was kein Problem darstellte und umgehend von der damaligen Richterin am Kreisgericht Frankfurt/Oder, Piepka, veranlasst wurde.

Der Rest, so war es im Allgemeinen üblich, würde ohnehin von den »Genossen« der Staatssicherheit ohne große Mitwirkung seinerseits erledigt werden. Was ihm noch blieb, waren Anklageerhebung und Plädoyer, vielleicht ein »strukturierendes« Gespräch vor der Verhandlung mit den Verfahrensführenden. Den kurzen, oberflächlichen Sachstandsbericht hatte er rasch in einen Antrag umformuliert und seiner Sekretärin diktiert, dann lehnte er sich gemächlich zurück und freute sich auf das geruhsame Wochenende, das vor ihm lag.

Für eine rechtsstaatliche Justiz eine undenkbare Praxis, dass statt der Staatsanwaltschaft die Polizei den Verlauf des Ermittlungsverfahrens bestimmt. Wobei dem allenfalls hinzuzufügen ist, dass das MfS wiederum häufig seine Direktiven vom Politbüro der SED direkt oder von der nachgeordneten Politbürokratie erhielt.

Wie unter solchen Voraussetzungen nicht anders zu erwarten, wurde der von Klühsendorf beantragte Haftbefehl gegen die Jungen von der Richterin Piepka in einem Zimmer der UHA nach einer kurzen Anhörung der Beschuldigten bestätigt. Gartenschläger und Resag baten noch einmal und unabhängig voneinander um einen Rechtsbeistand, was jedoch von der Richterin mit dem lakonischen Hinweis, »dazu sei noch Zeit bis zur Verhandlung«, bestimmend abgelehnt wurde.

Auch in den darauf folgenden Tagen wurden die Jugendlichen nahezu ständig verhört, am dritten Tag nach ihrer Festnahme sogar des Nachts bis 4 Uhr 45 am nächsten Morgen, offenbar, um auf die Schnelle zumindest eine halbwegs fundierte Anklageschrift erstellen zu können. Pausen gab es nur zur gesetzlich festgelegten »Freistunde«, die ein zwanzigminütiges Luftholen bedeutete. Dazu führte man den Häftling jeweils allein in den Gefängnisinnenhof. Dort waren, einer aufgeschnittenen Torte gleich, zwei mal vier Meter große, sich keilförmig zuspitzende Zellen gemauert, die statt einer Decke mit Maschendraht zum Himmel hin gesichert waren.

Auf jedem Spaziergang atmete Gartenschläger tief durch, denn die Luft in der Zelle und im Vernehmungszimmer war stickig und verbraucht; in letzterem, weil seine Verhörer wie die Schlote qualmten ohne zu lüften, in ersterem, weil das Fenster neben der Vergitterung noch mit Glasbausteinen als Sicht- und Rufschutz versehen war. Lediglich der eingelassene, drei Zentimeter breite, stählerne Luftschieber durfte auf Anweisung des Wachpersonals alle zwei bis drei Stunden für einige Minuten geöffnet werden. Die Pause verflog geradezu. Und da sich Gartenschläger auch dort wie in einem Käfig fühlte, schien ihm der Freigang angenehm und deprimierend zugleich, zu kurz, um sich zu erholen, zu lang, um den Kontrast zwischen dem Anflug »draußen« und der Trostlosigkeit »drinnen« nicht bewusst werden zu lassen.

»Nummer zwei! Freistunde beenden und fertig machen zur Vernehmung!« Die Kommandos klangen ständig scharf und unausweichlich, kasernenhofartig laut und kalt. Gartenschläger stellte sich dann vor, wie diese zum Bellen aufgerissenen Münder nach Dienstschluss agierten, in ihren Familien, gegenüber den Kindern, und er spürte mit einem Mal, wie lieb ihm sein Vater war, der oft zuviel trank und krakeelte, auch sonst häufig kommandierte, dabei jedoch immer, sehr versteckt zwar, eine gewisse Milde mitschwingen ließ. Wo blieb er? Warum war er nicht da?

»Nummer zwei!« Schon nach wenigen Tagen hasste er diesen seinen neuen Namen, mit dem er nun stets angesprochen wurde. Woher sollte er auch wissen, dass dies Teil der Konspiration des MfS war, die bezweckte, keinem Unbefugten, keinem anderen Häftling und keinem Wärter seine Identität zu offenbaren. Diese Kenntnis genügte augenscheinlich seinen Vernehmern, die ihn mit ihrem unaufhörlichen Rauchen ebenso nervten wie mit ihrer endlosen Fragerei zu Dingen, die er entweder bereits x-mal erklärt hatte oder die ihm absolut nebensächlich schienen. Irgendjemand stenographierte jedes Wort mit, das ihm eine Stunde oder einen Tag später erneut vorgehalten wurde und dann plötzlich in einem anderen Kontext auftauchte oder eine verdrehte Bedeutung erhielt, bis er nicht mehr wusste, was er gestern oder heute gesagt hatte und was er eigentlich sich selbst noch glauben sollte.

Nicht anders als Gartenschläger erging es seinen Freunden. Sie waren von der gesamten Prozedur einschließlich U-Haft derart eingeschüchtert, dass sie sich kaum mehr getrauten, Ungenauigkeiten, gar Unkorrektheiten in der Wiedergabe ihrer Aussagen zu beanstanden. Es sei dahingestellt, ob ihr Protest überhaupt Gehör gefunden hätte. Riediger zum Beispiel erzählte in seinen Vernehmungen von ihren scherzhaften Ideen, Waffen der NVA und der Russen zu entwenden, Lehmann von den Uniformen, die sie für ihren »Grenzdurchbruch« in Thüringen besorgen wollten, und Resag und Höpfner auf Befragen von ihrem erfolgreichen »Raketennachbau«, der rund ein Jahr zurücklag. Die Vernehmer konstruierten aus diesen Aussagen wider besseres Wissen die Anschuldigung, dass die »konterrevolutionäre Bande aus Strausberg« nach dem 13. August vorhatte, Sprengsätze zu bauen, um damit Kasernen der

Volks- und Sowjetarmee zu überfallen, dabei den Tod von Soldaten billigend in Kauf zu nehmen, militärisches Gerät zu stehlen und – wieder Menschenleben gefährdend – gewaltsam Grenzsperren niederzuwalzen. So entstand unter Hinzuziehung des Scheunenfeuers ein juristisch verwertbares Bild von Vandalen, die brandschatzend und mordend durch die Lande ziehen wollten, um Schrecken und Panik in der friedliebenden, sozialistischen Republik zu verbreiten. Irgendwann bis zum sechsten und letzten (!) Verhör haben alle fünf die Vorbereitungsphase und die militanten Planungen irgendwie »gestanden«. Bei dem einen hatten Drohungen nachgeholfen, bei den anderen eine in Aussicht gestellte Freilassung bzw. Bewährungsstrafe. In letzter Konsequenz aber dienten die manipulierten Frage- und Antwortprotokolle nur zu ihrer Aburteilung als besonders gefährliche Staatsverbrecher, denen dank der schnellen und umfangreichen Aufklärungsarbeit des MfS das kriminelle Handwerk gelegt werden konnte – und als gleichzeitige Warnung an alle, die ähnliches Gedankengut hegten. Von alledem ahnten die Jugendlichen jedoch nichts. Noch glaubten sie an ein faires Verfahren, bei dem sie mit ein bisschen Glück mit einem blauen Auge davonkämen.

In der dritten Woche ihrer Untersuchungshaft wurden sie dem Chefarzt der neurologisch-psychiatrischen Abteilung des Bezirkskrankenhauses in Frankfurt vorgestellt. In diesem Fall handelte der Arzt nicht als ein vom Gericht angeforderter, unabhängiger Sachverständiger, sondern im direkten Auftrag des MfS. Ein »Kurzer fachärztlicher Bericht« sollte ausreichen, um die letzten Hindernisse einer besonders harten Strafzumessung auszuräumen.

Ohne den Zweck der Visite zu erklären, befragte er jeden einzelnen Jungen zur privaten und schulischen bzw. beruflichen Entwicklung sowie auch hier schwerpunktmäßig zu ihrer persönlichen Einstellung zur SED, zu den gesellschaftlichen Verbänden und den jüngsten Grenzsicherungsmaßnahmen. Psychologische Tests durchzuführen, hielt er dagegen nicht für notwendig. Und wieder wurden ihre Antworten protokolliert, deren Bedeutung und Verwendung sie ebenfalls nicht einzuschätzen wussten.

Andere schon, denn im »Gefälligkeitsgutachten« über Michael

Gartenschläger etwa – anders kann man es aufgrund seines Zustandekommens nicht bezeichnen – konstatierte der Chefarzt mit Schreiben vom 30. August 1961 an die »U-Abteilung« beim MfS Frankfurt/Oder: »Psychisch erscheint G. zugänglich und in seinem Verhalten situationsentsprechend … Zeichen einer Geistesstörung sind nicht zu beobachten … Bei G. handelt es sich um einen körperlich gesunden Jugendlichen, bei dem sich, soweit man das bei ambulanter Untersuchung und ohne Kenntnis der Akten entscheiden kann, keine Zeichen einer nennenswerten seelischen Entwicklungsverzögerung feststellen lassen.« Das hieß, mit dem Federstrich eines Experten war die volle Verantwortlichkeit für das gesamte Handeln attestiert.

Die Stasi-Mitarbeiter konnten mit dem Ablauf ihrer bisherigen Inszenierung zufrieden sein. Alles verlief planmäßig, unerwünschte Störungen blieben aus.

Bereits in der letzten Augustwoche hatte der Erste Sekretär der SED-Bezirksleitung Frankfurt/Oder Staatsanwalt Klühsendorf signalisiert, dass der Prozess gegen die »Strausberger« sehr bald stattzufinden habe und unbedingt öffentlichkeitswirksam zu gestalten sei. »Eine dementsprechende Richtlinie ist von der Justizkommission bei der Justizverwaltung eingegangen«, teilte er mit.

Der Justizkommission gehörten der Generalstaatsanwalt, die damalige Justizministerin Hilde Benjamin – wegen ihrer schneidenden Härte, mit der sie als Vizepräsidentin des Obersten Gerichts der DDR in den Strafprozessen agierte, vom Volksmund auch »Rote Hilde« genannt –, der Leiter der Abteilung Staats- und Rechtsfragen im ZK der SED, der Sektorleiter Justiz dieser Abteilung und bezeichnenderweise auch der Minister für Staatssicherheit Erich Mielke an. Diesem Gremium oblag es, die Justiz lenkenden Entscheidungsvorlagen in Abstimmung mit dem instrumentellen Rechtsverständnis des SED-Politbüros auszuarbeiten und über die Justizverwaltungsstellen als verbindliche Richtlinien den Gerichten vorzuschreiben.

Eigentlich hatte sich Staatsanwalt Klühsendorf vorgenommen, den Prozess gegen die Jugendlichen, soweit es seinen Part betraf, in aller Ruhe vorzubereiten und durchzuführen, aber die von »oben«

nun geforderte Dringlichkeit stellte für ihn natürlich einen verbindlichen Parteiauftrag dar. Um mit den Worten der »Roten Hilde« zu sprechen: »Eine politische Tat!« Zwar wusste er, dass er sich auf die unumstößliche Regie der Bezirksbehörde für Staatssicherheit verlassen konnte, doch schien es ihm, um alle Eventualitäten von vornherein auszuklammern, sicherer, alle Verfahrensbeteiligten – die Beschuldigten selbstverständlich ausgenommen – vorab zu einer Konferenz in seine Diensträume einzuladen. Gewiss auch konnte er sich aufgrund seiner langjährigen Erfahrung das von der Partei gewünschte und von ihm einzufordernde Strafmaß denken, aber eine dementsprechende Rückversicherung hatte noch nie geschadet.

An der kurzfristig für den 8. September anberaumten Sitzung nahmen neben den zuständigen Sachbearbeitern der Bezirksverwaltung für Staatssicherheit (BVfS) Frankfurt/Oder und ihrem Abteilungsleiter zwei Vertreter der SED-Bezirksleitung sowie der Bezirksgerichtsdirektor Ziegler teil. Nachdem man sich auf eine Einschätzung des Wetters und Kaffee geeinigt hatte, erläuterten die Mitarbeiter der Staatssicherheit, die mit den Vernehmungen der Jungen betraut waren, den aktuellen Stand der Ermittlungen und legten neben einem vom Leiter der BVfS Gerhard Neiber (zuletzt Generalleutnant im MfS) unterzeichneten »Vorschlag zur Durchführung der Hauptverhandlung gegen eine fünfköpfige Untergrundgruppe aus Strausberg«, der die politische Zielstellung und das gesamte Prozessszenario verbindlich beschrieb, auch einen vorläufigen Abschlussbericht vor, der mit der nur einen Tag später gefertigten Anklageschrift der Staatsanwaltschaft nahezu identisch bleiben sollte.

Dann trugen die Vertreter der SED-Bezirksleitung noch einmal die Forderung des Politbüros vor, wie in Fällen von »politischer Bedeutung« zu verfahren sei, welchen gesellschaftlich stabilisierenden Effekt es hätte, im direkten Anschluss an den 13. August vor der Öffentlichkeit Exempel an Diversanten zu statuieren. Ihr Hinweis, das machten sie mehr als deutlich, auf diesbezügliche Rundschreiben der Abteilung »Staat und Recht« im ZK der SED und auf die ergangenen Maßnahmenkataloge im Zusammenhang mit der militärischen Abriegelung der Westberliner Sektoren war als Weisung zu verstehen.

Als Erster schien sich Ziegler genötigt zu fühlen, das allseits zustimmende Kopfnicken zu übertrumpfen. Er erklärte den Anwesenden, dass er persönlich den Vorsitz bei dem für den Fall zuständigen 1. Strafsenat des Bezirksgerichts einnehmen würde. Mit ihm, so betonte er überflüssigerweise, war ein Prozess im Sinne der Parteidirektiven gewährleistet.

Klühsendorf wollte da nicht zurückstehen. Nachdrücklich vertrat er die Auffassung, dass aufgrund der Schwere der Verbrechen für zwei der Angeklagten eigentlich nur die Todesstrafe in Frage käme, er aber wegen des jugendlichen Alters auf eine harte Freiheitsstrafe plädieren würde. »Für Resag und Gartenschläger werde ich daher lebenslang Zuchthaus fordern, für die anderen drei Verbrecher in abgestufter Form etwas weniger.« Erneut fiel die Zustimmung einhellig aus. Insbesondere die Vertreter der SED zeigten sich zufrieden. Ihre Erwartungen an Justitia waren erfüllt. Wenn auch noch nicht verkündet, war damit das Urteil gegen die Jungen aus Strausberg gefällt.

»Die Hauptverhandlung können wir für Mitte September anberaumen. Die von den Genossen des MfS vorgeschlagene Verhandlungsdauer von zwei Tagen müsste reichen«, leitete Ziegler zu den Formalien über. Klühsendorf prüfte seinen Kalender und war mit der provisorischen Terminierung einverstanden. Auch die übrige Herrenrunde hatte keine Einwände. Man konnte zu Wetter und Kaffee zurückkehren.

Am 13. September 1961 um Punkt acht Uhr trat der 1. Strafsenat unter Vorsitz des Gerichtsdirektors Ziegler zu seiner ersten Sitzung im Fall der Strausberger Jugendlichen zusammen. Verhandlungsort war nicht wie gewöhnlich das Justizgebäude in der Frankfurter Bachgasse 10a, sondern, wie von der BV für Staatssicherheit festgelegt, das »Kulturhaus der Nationalen Volksarmee« in Strausberg. Natürlich hatte sich der eigens dafür hergerichtete Saal gerade dort, am Heimatort der Jungen, bis auf den letzten Platz gefüllt, als sie in Handschellen von acht uniformierten Wächtern des Staatssicherheitsdienstes in das Gerichtsprovisorium geführt wurden. Nicht nur bekannte Gesichter blickten ihnen neugierig, die der Eltern sorgenvoll oder aufmunternd entgegen, sondern auch fremde, undurchschaubare Mienen gesondert geladener Zuhörer, darunter Funktionäre der Bezirks- und Kreisleitungen der FDJ und GST, Kommandeure und Parteibeauftragte der »Kampfgruppen« in Strausberg, Lehrer und Erzieher, Mitarbeiter der Abteilung »Volksbildung« und des MfS. Zudem hatten sich zwanzig Jugendliche aus Strausberg, »die sogenannten Musikclubs angehör(t)en und unter denen Zersetzungsarbeit geleistet werden soll(te)«, eingefunden sowie sieben inoffizielle Stasi-Mitarbeiter, die durch die Abteilung V der BVfS angeleitet wurden. Sie sollten die Ansichten der Zuhörer über die Hauptverhandlung in Erfahrung bringen.

Die fünf angeklagten Freunde wagten kaum aufzuschauen und nur leise, fast heimlich zu ihren Familien hinüber zu grüßen. Diese Zurschaustellung war demütigend, und selbst Michael Gartenschläger fühlte sich in der Umgebung meilenweit von seinen »Tagesheld«-Phantasien entfernt.

An der Stirnseite des Verhandlungsraumes waren einige Tische zusammengestellt, die mit schmuddeligen Tüchern abgedeckt waren. Dahinter hatte der Vorsitzende Richter Platz genommen, links und rechts neben ihm die bestellten Schöffen. Rechter Hand davon, mit deutlichem Abstand die Trennung von Gericht und Staatsanwaltschaft suggerierend, saß Klühsendorf hinter seinem Anklägerpodium. Genau ihm gegenüber waren Stühle für Resag, Gartenschläger, Lehmann, Riediger, Höpfner und ihr Wachpersonal aufgestellt, das sich hinter sie setzte. Einen weiteren Tisch, mit Romanheften der Jungen und den Insignien ihres Ted-Herold-Clubs dekoriert, hatte man schräg neben dem des Staatsanwaltes so arrangiert, dass das Publikum die Demonstration der Beweismittel nicht aus dem Blick verlor. Da lagen sie, die Schallplatten mit der Rock-'n'-Roll-Musik und die westliche »Schund- und Schmutzliteratur«, die Einstiegsdrogen, die unweigerlich zum Staatsverbrechen führten, nicht zuletzt als Warnung und Drohung an jene jugendlichen Beobachter im Saal augenfällig drapiert, die von den FDJ-Gruppen verschiedener Schulen und Jugendbrigaden dorthin delegiert worden waren. Da es sich um einen öffentlichen Prozess handelte, war für die Angeklagten eine formelle Verteidigung vorgesehen. Das Gericht hatte für vier der Jungen Pflichtverteidiger bestellt, einzig Resags Eltern konnten einen Anwalt ihrer Wahl für den Sohn durchsetzen. Alle waren jedoch nur unzureichend auf die Verhandlung vorbereitet, da sie erst am Vortage mit ihren Mandanten sprechen durften, allerdings allein über private Dinge, nicht über das bisherige Ermittlungsverfahren. Darüber hinaus erhielten sie kurzfristig nur Einsicht in den Sachstandsbericht der Staatssicherheit und die nahezu gleichlautende Anklageschrift. Dem Recht auf Verteidigung war damit Genüge getan und der Anschein eines rechtsstaatlichen Verfahrens gewahrt.

Lediglich Resags Anwalt versuchte im Rahmen seiner begrenzten Möglichkeiten, seinem jungen Mandanten mit dem einen oder anderen Zwiegespräch etwas Mut zu machen. Und das war schon mehr, als man in diesem Verfahren erwarten konnte. Die Offizialverteidiger sahen keinen Grund, sich mit ihren Klienten zu unterhalten, geschweige denn sich zu beraten.

Bezirksgerichtsdirektor Ziegler bat um Ruhe und eröffnete die Verhandlung mit einigen Anmerkungen zu den Maßnahmen der Regierung der DDR am 13. August. Er begrüßte die militärisch-polizeiliche Abriegelung Westberlins durch die dafür zuständigen Organe und lobte ausdrücklich »den aufopferungsvollen Kampf der Genossen im MfS, die solchen Elementen wie Resag, Gartenschläger, Riediger, Lehmann und Höpfner, die diese Maßnahmen zu stören suchten, das Handwerk legten.« Danach stellte er die Personalien der Angeklagten fest und bat den Bezirksstaatsanwalt, die Anklageschrift zu verlesen. Klühsendorf erhob sich, räusperte sich kurz und begann, quasi zur Einstimmung, als »wesentliches Ermittlungsergebnis« einen Kausalzusammenhang zwischen westlichen Einflüssen und den der »Bande« zur Last gelegten Taten aufzuzeigen:

»Das Ziel der westdeutschen Kriegspartei besteht darin, die potenziellen Kriegsherde zu erhalten und zu einem Zeitpunkt, der den unverbesserlichen Militaristen vorteilhaft erscheint, einen 3. Weltkrieg auszulösen.

Ihre Strategie des Kalten Krieges besteht demnach in der Spionage, in der Diversion, im Terror und in der Vorbereitung staatsgefährdender Hetze und Propaganda. Die Konzeption der Bonner Ultras besteht im gleichen Zusammenhang darin, das Ansehen der DDR zu schädigen, ihre gesellschaftliche Ordnung und ihre Organe in Misskredit zu bringen, ihre politischen und ökonomischen Grundlagen zu gefährden und Unruhe zu stiften, um im Ergebnis die Arbeiter-und-Bauern-Macht zu beseitigen und die Herrschaft des Imperialismus in ganz Deutschland zu errichten. Unter dem Deckmantel ›heißer Musik‹ und mit christlichen Redemissionen versuchen sie über Westberlin und den Äther rückständige Bürger und Elemente negativ zu beeinflussen und feindliche Kreaturen gegen die Arbeiter-und-Bauern-Macht aufzubringen.

Die Sendetätigkeit aller NATO-Rundfunkstationen, ob sie *RIAS*, *Sender Freies Berlin*, *Norddeutscher Rundfunk* oder *Radio Luxemburg* heißen, richtet sich neben der Niederhaltung alles fortschrittlichen Gedankengutes im eigenen Land besonders gegen die Deutsche Demokratische Republik und das gesamte sozialistische Lager. Im Rahmen dieses Nervenkrieges ist dem Spionagebrückenkopf Westberlin auf dem Boden der Deutschen Demokratischen Republik eine besondere Rolle zugedacht. Neben der Organisierung des Menschenhandels, von Spionage und Diversion, von Konterrevolution und Putsch, wurde Westberlin unter Bruch völkerrechtlicher Bestimmungen systematisch dazu ausgenutzt, um durch die Verbreitung von Schund- und Schmutzliteratur, durch das Abspielen von minderwertigen, an niedrige Instinkte anknüpfenden Filmen und Schlagern einen zersetzenden Einfluss insbesondere auf Teile der jugendlichen Bevölkerung in der Deutschen Demokratischen Republik auszuüben. Über die amerikanische Unkultur, über Musik und ›Filmstarclubs‹ sowie über Westfilme, die das Morden und die Verrohung verherrlichen, wurden alle Beschuldigten negativ und später feindlich gegen die Arbeiter-und-Bauern-Macht beeinflusst, um im Jahre 1961 willige Kreaturen der westdeutschen Ultras zu werden.

Moralisch politisch verkommen, durch die von Westberlin mittels der NATO-Sender und des Westfernsehens und anderer revanchistischer Organisationen und Publikationsorgane betriebene Hetze aufgeputscht, haben sich die Beschuldigten seit Januar 1961 zu einer staatsfeindlichen Gruppe verbunden. Entsprechend ihrer konterrevolutionären Zielstellung standen sie mit dem berüchtigten Amerikahaus in Westberlin in Verbindung und waren dazu übergegangen, mit anderen imperialistischen Zentralen in Westberlin Kontakte herzustellen. Aufgeputscht und ermuntert durch das Auftreten solcher Verräter und politischer Hasardeure wie Willy Brandt alias Frahm und Amrehm nach dem Beschluss des Ministerrats der Deutschen Demokratischen Republik vom 12.8.1961 im Fernsehen verstärkten sie ihren Terror, ihre Diversions- und staatsgefährdenden Gewaltakte.

Mit vorliegenden Ermittlungsunterlagen und der Anklage wurden weitere Dokumente und Beweismittel geschaffen, die die Notwendigkeit der Maßnahmen von Partei und Regierung zum Schutz der Deutschen Demokratischen Republik und des Friedens untermauern. Gleichzeitig aber wird der unmittelbare Zusammenhang zwischen dem Amerikahaus und den NATO-Sendern und den 83 Spionage- und Diversionszentralen in Westberlin sowie dem so genannten Westberliner Senat mit Willy Brandt alias Frahm an der Spitze offensichtlich. Diese Institutionen des Kalten Krieges und des Terrors bilden noch heute das konterrevolutionäre Hinterland, die Keimzelle der dank der Wachsamkeit unserer Werktätigen und seiner Sicherheitsorgane zerschlagenen staatsfeindlichen Gruppierung.

Die Beschuldigten waren zu einer Zeit bedeutsamer gesellschaftspolitischer Ereignisse dazu übergegangen, die Arbeiter-und-Bauern-Macht zu verraten, staatsgefährdende Gewaltakte und Diversionshandlungen durchzuführen und konterrevolutionäre Ereignisse anzudrohen.

Während die Mehrheit der jungen Menschen in der Deutschen Demokratischen Republik getreu den Geboten der sozialistischen Moral in den Reihen der Nationalen Volksarmee und der übrigen Sicherheitsorgane mit der Waffe in der Hand den Aufbau des Sozialismus verteidigt, waren die Beschuldigten bereit, mittels konterrevolutionärer Maßnahmen die Geschäfte des Klassenfeindes zu betreiben. Sie haben sich als Feinde der Arbeiterklasse, als Feinde von Partei und Regierung entlarvt; sie sind auf dem Dunghaufen der Geschichte gelandet und haben sich wegen eines Staatsverbrechens zu verantworten.«

Klühsendorfs Verbalattacken lösten Unruhe im Saal aus. Allerdings war das anschwellende, halblaute Gemurmel nicht eindeutig als Zustimmung oder Ablehnung zu identifizieren. Vorsichtshalber aber schritt der Vorsitzende der Kammer gegen die Störung ein. Klühsendorf wartete, bis sich die Aufregung im Saal gelegt und er den Eindruck hatte, dass sich die Aufmerksamkeit der Zuhörer wieder gänzlich auf seinen Vortrag richtete. Nun kam er zu seiner bzw. zu der vom Staatssicherheitsdienst vorbereiteten Rekonstruktion des Hergangs der Delikte, der »Schmierereien«, der »geplanten Überfälle auf die NVA bzw. die Sowjetarmee«, des »Niederbrennens einer LPG-Scheune und Vernichtens von Erntegut im Wert von 50 000 Mark« (!) sowie weiterer »aufrührerischer Aktivitäten«, die er strafrechtlich als »schwere Diversion in Tateinheit mit staatsgefährdenden Gewaltakten und staatsgefährdender Propaganda und Hetze im schweren Fall« qualifizierte.

»Diversion« kannte das Deutsche Strafgesetzbuch seit seinem Inkrafttreten 1871 nicht. Am 11. Dezember 1957 jedoch hatte die Volkskammer der DDR ein Strafrechtsergänzungsgesetz erlassen, dessen materielle Rechtsbegriffe dem Strafrecht der Sowjetunion entnommen waren. »Gesellschaftsgefährlichkeit« hieß fortan das Kriterium für ein Verbrechen. Im Lehrbuch des Strafrechts der DDR las sich das so: »Die Arbeiter-und-Bauern-Macht in der Deutschen Demokratischen Republik erklärt in den Strafgesetzen Handlungen nur deshalb zu Verbrechen, weil sie gesellschaftsgefährlich sind, das heißt, weil sie störend oder hemmend auf den gesellschaftlichen Entwicklungsprozess in der Deutschen Demokratischen Republik einwirken, indem sie die bestehenden gesellschaftlichen Verhältnisse angreifen, verletzen.« Mit diesem Hintergrund wurde dann auch der Straftatbestand der Diversion eingeführt, den Klühsendorf zur Spezifikation wörtlich aus dem Strafrechtsergänzungsgesetz zitierte: »Wer mit dem Ziele, die Volkswirtschaft oder die Verteidigungskraft der DDR zu untergraben, es unternimmt, Maschinen, technische Anlagen, Transport- und Verkehrsmittel oder sonstige für die Wirtschaft oder für die Verteidigung wichtige Gegenstände zu zerstören, unbrauchbar zu machen oder zu beschädigen, wird wegen Diversion mit Zuchthaus nicht unter drei Jahren bestraft ...«

Er hielt kurz inne, schaute auf, um dem nun folgenden Satz eine besondere Betonung zu verleihen: »In schweren Fällen kann auf lebenslanges Zuchthaus oder auf Todesstrafe erkannt werden!« Erneut legte er eine bedeutungsschwangere Pause ein. Dann setzte er hinzu: »Ein schwerer Fall liegt vor, wenn das Verbrechen von mehreren Personen oder durch Herbeiführung eines Brandes begangen wird!«

Bei seinen letzten Worten heftete er den Blick auf die Jugendlichen ihm gegenüber und stellte befriedigt fest, dass sie schon rein äußerlich die gewünschte Wirkung zeigten. Gartenschläger war bleich geworden, Gerd Resag in seinem Stuhl zusammengesunken, Riedigers anfängliches Lächeln längst zur Maske erstarrt, während Lehmann vor lauter Nervosität auf den Fingernägeln kaute. Nur Jürgen Höpfner schien weniger betroffen, schaute vielmehr erschrocken die Freunde an. In ihm schwankte es zwischen Erleichterung und mittlerem Entsetzen, da er durch den glücklichen Zufall seiner Ferienabwesenheit zumindest an den »schweren« Vergehen nicht beteiligt war, gleichzeitig aber die Androhungen des Staatsanwaltes Böses für die anderen aus der Clique ahnen ließen. Klühsendorf seinerseits schien froh, dass ihm frühzeitig eine Einschüchterung gelungen war; doch vermutlich glaubte er, mit einem Taktieren um das endgültige Strafmaß ein Druckmittel gegen die Jugendlichen in der Hand zu haben, sie gefügig zu machen, in voller Geständigkeit und Reue die Vorwurfskonstruktionen zu bestätigen und mit einem solchen reibungslosen Ablauf des Prozesses ihn zu dem werden zu lassen, was er im Grunde sein sollte: Eine politische Schau, ein propagandistisches Tribunal!

Wirkung hatte die Anklageerhebung auch beim Publikum hinterlassen, das mehrheitlich betreten schwieg; allein die anwesenden Eltern der Beschuldigten reagierten ebenso verstört wie ihre Kinder. Doch nur Höpfners Mutter ging soweit, die Wahrheit auszusprechen, und empörte sich lautstark: »Hier wird ein unerhörter Terror ausgeübt. Mein Sohn ist unschuldig!« An diesem Punkt beschloss Gerichtsdirektor Ziegler den ersten Verhandlungstag. Vielleicht wollte er denen, die es anging, Zeit zum Nachdenken geben. Wie von der SED-Politbürokratie gesteuert und erhofft, nahmen sich die Medien in Ost und West sofort des Prozessgeschehens an. So meldete etwa der Westberliner *Kurier* in seiner Ausgabe vom 14. September unter der Überschrift *Zonengericht: Schüler planten Attentate gegen Sowjettruppen*: »Von dem erbitterten Widerstand der Jugend in der Zone gegen die Ulbrichtschen Gewaltmaßnahmen zeugt ein neuer Terrorprozess, der gegenwärtig vor dem Ersten Strafsenat des Bezirksgerichtes Frankfurt/Oder stattfindet ...«

Mit eben dieser Zeitung in der Hand eröffnete Richter Ziegler den zweiten Sitzungstag. Er schwenkte sie triumphierend in der Luft herum, so als ob jedem der Anwesenden der Inhalt bekannt wäre, und polterte: »Die Auftraggeber der Angeklagten jaulen in der Westpresse über ihre Niederlage, die wir ihnen hier bereiten!«

Der unüberhörbare Stolz in seiner Stimme schien dabei nicht einmal gespielt. Zugleich nutzte er die günstige Gelegenheit, sich wie tags zuvor der Staatsanwalt in Polemik gegen den »westdeutschen Revanchismus« zu verlieren. Auf der Anklagebank lösten weniger die Tiraden als vielmehr der Zeitungsartikel an sich gelinde Freude aus. Der Westen nahm öffentlich Notiz von ihrem Schicksal; bedeutete diese Aufmerksamkeit im Rampenlicht nicht, dass man von Gerichtsseite um des schönen Scheins oder des guten Rufs willen nicht beliebig, sondern angemessen urteilen musste?

In einer Verhandlungspause dämpfte Resags Anwalt den aufkeimenden Optimismus seines Mandanten. Er glaubte nicht an eine positive Wirkung der Berichterstattung, mutmaßte vielmehr, dass solche Artikel, die mit Begriffen wie »Terrorprozess« ja auch einen aggressiven Ton anschlugen, das Gericht eher verärgerten und zu einer besonders harten Gangart veranlassten. Auch den MfS-Mitarbeitern war die plötzlich gelöstere Stimmung der Jungen aufgefallen. So gaben sie Resag und Gartenschläger in der mittäglichen Prozessunterbrechung zu verstehen, dass ihnen die Westmedien kaum zu einer milden Strafe verhelfen könnten, sie selbst dagegen sehr wohl, und zwar mit der geständigen Einsicht, die sie zum Schluss der Vernehmungen gezeigt hätten. Jede Abweichung davon würde mit Sicherheit zu ihrem Nachteil ausgelegt. Ein hinterhältig vorgegaukelter Hoffnungsschimmer, an den sich die Jungen bis zur Urteilsverkündung klammern sollten!

Der zweite Verhandlungstag stand darüber hinaus im Zeichen der Beweisaufnahme und der Anhörung der Beschuldigten. Auf Befragung schilderten Gartenschläger und Riediger noch einmal in aller Ausführlichkeit, wie sie zur Gründung des Ted-Herold-Clubs und zu ihrer Vorliebe für Rock 'n' Roll und dazu passender Kleidung und anderer Utensilien kamen, obwohl (oder gerade weil) all diese Dinge den meisten Eltern hüben wie drüben, im Osten aber zusätzlich den Oberen im SED-Politbüro ein Dorn im Auge waren. Ulbricht und Genossen hatten in durchaus richtiger Einschätzung panische Angst vor dem Einfluss der neuen fiebrigen Musik, die aus dem westlichen Äther schwappte und wilde Zuckungen statt Reih-und-Glied-Mentalität, Widerspenstigkeit statt Konformität in die DDR transportierte. Zwar versuchte man, ein wenig hilflos und mit nur mäßigem Erfolg, diesem Trend mit eigenen jugendgemäßen Musiksendungen entgegenzuwirken, doch stand man mit dem *Berliner Rundfunk* oder gar dem *Deutschlandsender* gegenüber *RIAS*, *SFB* und *Radio Luxemburg* nahezu auf verlorenem Posten. Eine Art Gratwanderung stellten da der *Freiheitssender 904* und der *Deutsche Soldatensender 935* dar, der seit 1960 in Burg bei Magdeburg ausgestrahlt wurde. Beide waren Propagandainstrumente der DDR. Mit westlicher Musik und Sendereihen wie »Deine Lieblingsmelodie«, in der auch Hörerwünsche erfüllt wurden, die DDR-Jugendliche nicht haben durften, wandten sie sich gezielt dem jungen Geschmack in West und damit natürlich auch in Ost zu. Diese Möglichkeit schien jedoch immer noch besser, als die »Zukunft der Gesellschaft« nur dem Einfluss dekadenter Musik mit eingestreuten westlichen »Nachrichtenlügen« auszusetzen.

»Also Rock 'n' Roll hat ihren Lebensinhalt bestimmt«, konstatierte der Staatsanwalt mit süffisantem Lächeln und machte sich einige

Notizen, ehe er sich direkt an Resag wandte. Ob er denn auch wegen dieser »heißen Musik« im Januar des Jahres republikflüchtig geworden sei, fragte er scharf nach. Resag war sich sofort darüber im Klaren, dass jede weitergehende Antwort fehl am Platze war; also nickte er nur und blickte betreten zu Boden. Was sollte er auch dazu sagen? Hatte der Staatsanwalt nicht bereits in seiner mündlichen Klageerhebung westliche Musik, Filme, Literatur als an niedrige Instinkte appellierende Unkultur bewertet? Ihm fiel ein, einmal gelesen zu haben, dass es im Nazi-Deutschland eine »Kulturreinigung« gegeben hatte, bei der missliebige Bücher verbrannt, »unnatürliche« Kunst verbannt und Jazz und Swing als »Negermusik aus dem Urwald« diffamiert und verfolgt worden waren. Und hatte sich nicht ein gewisser Roland Freisler vor dem NS-Volksgerichtshof einer ähnlichen Diktion befleißigt?

»Angeklagter! Antworten Sie mit deutlich vernehmbarem Ja oder Nein!«

›Arschloch‹, dachte Gerd und trotzte ein langgezogenes Ja aus sich heraus.

»Angeklagter Resag«, bohrte Klühsendorf weiter, »schildern Sie dem Gericht, was Sie und Riediger im Juni dieses Jahres im Amerikahaus in Westberlin wollten!«

Gerd war verwirrt. Was sollte diese alte Geschichte? Er überwand sich jedoch im Hinblick auf den Hoffnungsschimmer, den die Stasi-Leute ihm und den anderen weisgemacht hatten, und erzählte freimütig von dem Besuch, bei dem sie tatsächlich Informationsmaterial über die USA ergattern wollten, das sonst natürlich niemand in Strausberg besaß. Erfolg hatten sie damals allerdings keinen, da solcherart Unterlagen gerade nicht verfügbar waren.

»Haben Sie denen drüben erklärt, dass Sie in der DDR eine Widerstandsgruppe bilden wollen?« Klühsendorf geriet langsam in Fahrt.

»Ja.«

»Und haben Sie im Amerikahaus zugleich um die Herausgabe von Flugblättern mit staatsfeindlichem Inhalt gebeten?«

»Ja.«

Nun erhob sich der Staatsanwalt zu voller Größe. »Dann geben Sie also zu, mit Wissen und Unterstützung der Agentenzentrale im

Amerikahaus Ihre staatsverbrecherischen Aktivitäten geplant und durchgeführt zu haben?«

Für einen Moment vergaß Resag seinen Vorsatz. »Naja, ich weiß nicht. Also ich meine ...«

Abrupt unterbrach Klühsendorf den scheinbar folgenden Erklärungsversuch: »Sie sind ein infames Individuum! Für Ihr verbrecherisches Tun gibt es keine Entschuldigung, gleich welcher Art!« Auch die weitere Beweisaufnahme durchzogen regelmäßige Schimpfkanonaden des Anklägers und des Richters, vornehmlich dann, wenn zaghaft vorgetragene, nach Rechtfertigung klingende Argumente, die nicht in das vom Staatssicherheitsdienst vorbereitete Szenario passten, im Ansatz erkennbar wurden. »Angeklagter! Ich entziehe Ihnen das Wort!«, war der oft wiederholte Satz, der allen fünf nach dem Prozess nachhaltig im Gedächtnis blieb, als die Aussage, die jede Strittigkeit glatthobelte und das geringste spontane Widersprechen mundtot machte. Wahrheitsinstanz waren die Vernehmungsprotokolle, deren besondere »Authentizität« allen Verfahrensbeteiligten bekannt war: Dem Richter, dem Staatsanwalt, den Verteidigern, den Angeklagten. Sie waren Teil einer Strategie, die bei der Strausberger Gerichtsverhandlung des Jahres 1961 an die großen Hexen- bzw. Ketzerprozesse des 16. und 17. Jahrhunderts erinnerte, in denen »übereifrige, wahrheitsfeindliche Apologeten der Kirche am Werke waren, denen das Ergebnis ihrer Studien feststeht, noch ehe sie an dieselben herangetreten sind. Sie wollen nur dem dienen, was ihnen die gute Sache scheint, und vermögen dieses Ziel nur zu erreichen durch Entstellen, Verschweigen und falsches Auslegen von Tatsachen.«

Insbesondere das »Entstellen« zeigte sich schamlos in den Momenten, in denen die Jungen in suggestiver Form nach ihren Motiven befragt wurden, und die Verhandlungsführer auch wieder nur ein bestätigendes Ja zuließen. In eben diesem Sinne waren alle Angeklagten umfassend »geständig« und gaben selbst noch die Anschuldigungen zu, die, weil konstruiert, bei weitem an der Realität vorbeigingen. Dies nicht zuletzt auch deshalb, da sie von ihren Verteidigern keinerlei Unterstützung erhielten; denn die wehrten sich weder gegen die Willkür von Richter und Staatsanwalt noch ließen sie ein Verteidigungskonzept erkennen. Ja, sie suchten nicht einmal im Raum stehende Sachverhalte oder Anschuldigungen durch gezieltes Nachfragen zu relativieren, geschweige denn zu entkräften, sondern spielten die ihnen zugedachte Rolle widerspruchslos bis zum letzten Vorhang.

In der Schlussphase des Prozesses kam der vom Gericht bestellte psychiatrische Gutachter zu Wort, dessen Auftritt von erheblicher Bedeutung war, da die minderjährigen Resag, Gartenschläger und Lehmann nach dem geltenden Jugendstrafrecht der DDR »nur« zu einer Höchststrafe von zehn Jahren Freiheitsentzug hätten verurteilt werden dürfen. Ein Strafmaß jedoch, das gerade nach den Ereignissen des 13. August der Abschreckung für den Teil der Bevölkerung – und darin vor allem die Jugend – mit latent vorhandenem Oppositionswillen dienen sollte, musste weitaus höher ausfallen, als vom Gesetz vorgesehen. Damit dies nach außen vertretbar erschien, half man sich eben mit einem gutachterlichen Trick. Der Psychiater erklärte dem Gericht, dass die geistige Reife und die körperliche Entwicklung der drei Hauptangeklagten dem Stadium von neunzehn- bis zwanzigjährigen Erwachsenen gleichkämen. »Auf Grund dieser Feststellung«, so der Gutachter weiter, »ist im Falle der Aburteilung der Angeklagten Resag, Gartenschläger und Lehmann wegen der von mir erkannten biologischen Volljährigkeit das Allgemeine Strafrecht anzuwenden!« Nicht nur, dass sich der Mediziner damit zum »Rechtsberater« des Gerichts aufschwang, er machte sich vor allen Dingen in beschämender Weise zum Gehilfen der Unrechtssprechung. Und die Verteidiger schwiegen erneut.

Die Prozessbeobachter der SED-Bezirksleitung, der Justizkommission, des Generalstaatsanwalts und des Ministeriums für Staatssicherheit konnten mit der Dramaturgie und dem bisherigen Verlauf des Verfahrens zufrieden sein. Alle Beteiligten erfüllten die Regieanweisungen der Politbürokratie mit einem Perfektionismus, der einem Schauprozess stalinistischer Prägung alle Ehre machte. Insofern konnte es über den Ausgang kaum noch Zweifel geben. Nachdem Bezirksgerichtsdirektor Ziegler am dritten Verhandlungstag die Beweisaufnahme formal abgeschlossen hatte, erhob sich der Staatsanwalt von seinem Platz, um sein vorgefertigtes Plädoyer zu beginnen: »Hohes Gericht! Erlauben Sie mir jetzt, nachdem die Beweisaufnahme beendet ist, eine Zusammenfassung der Ereignisse vorzutragen. Bereits im Jahre …« Klühsendorf spulte die Zeit noch einmal zurück, legte die schulische und berufliche Entwicklung der Jungen dar und ihre Einstellung zur staatstragenden Partei sowie zum Verband der FDJ. Auch hielt er es für bedeutsam, zu betonen, dass ihre Freundschaft zur Sowjetunion nicht sehr ausgeprägt gewesen sei und es an ihrem Willen zur gesellschaftlichen Mitarbeit gemangelt habe. »Die Angeklagten wichen schon in jungen Jahren vom geraden, sozialistischen Weg ab. Hinzu kam …«

Keiner der Freunde hörte mehr zu. Ihre neu interpretierte Lebensgeschichte kannten sie nach den Vernehmungen der vergangenen Wochen und der Verhandlung in- und auswendig. Sie konnten die Ohren getrost auf Durchzug schalten. Erst als der Staatsanwalt zur strafrechtlichen Bewertung der nun vorgetragenen Beschuldigungen ansetzte und der Begriff »Todesstrafe« fiel, waren sie plötzlich hellwach: »Wegen Diversion im schweren Fall in Tateinheit mit staatsgefährdenden Gewaltakten und staatsgefährdender Propaganda und Hetze beantrage ich für den Angeklagten Resag eine lebenslange Zuchthausstrafe!«

Auf den Stühlen gegenüber flogen vier Köpfe gleichzeitig zu Resag herum, der völlig versteinert schien. Nicht einmal die Augen bewegten sich, starrten nur ungläubig, verständnislos. Der zweite Peitschenhieb traf Gartenschläger, für den Klühsendorf die gleiche Strafe forderte. Auch Michael hörte die Worte und begriff nicht, hatte das Gefühl, im falschen Film zu sein, und konzentrierte sich mit aller Kraft darauf, in wenigen Momenten, ganz sicher gleich, mit dem schmetternden Schlussakkord und dem Abspann und dem zugleitenden Vorhang in die Wirklichkeit zurückgeholt zu werden. Insofern vernahm er auch nicht den Antrag auf »fünfzehn Jahre Zuchthaus« für Lehmann, der spontan mit einem erschrockenen »Nein!« reagierte.

Klühsendorf legte eine gehaltvolle Pause ein, die für das Folgende offenbar eine Abstufung von »schwer« zu »leicht«, von Haupt- zu

Mittätern symbolisieren sollte. Dann fuhr er fort: »Wegen staatsgefährdender Gewaltakte in Tateinheit mit staatsgefährdender Propaganda und Hetze im schweren Fall fordere ich für Riediger eine zwölfjährige und für Höpfner eine sechsjährige Zuchthausstrafe!« Einmal mehr geriet der Zuschauerraum in laute Bewegung, doch auch dieses Mal verrieten sich das Gescharre und Gemurmel nicht eindeutig als Befriedigung über das gerechte Strafmaß oder als Überraschung und Empörung. Jürgen Höpfner atmete insgeheim ein wenig auf: Zwar hatte er nicht mit sechs Jahren gerechnet, doch momentan erschien es ihm, als ob er im Gegensatz zu seinen Freunden tatsächlich noch glimpflich davongekommen wäre. Andererseits: Sah so die »Milde« aus, die ihnen die MfS-Mitarbeiter bei Wohlverhalten versprochen hatten?

Nachdem Richter Ziegler Ruhe im Saal hatte einkehren lassen, trugen die Verteidiger vor. Doch statt auf Widersprüche aufmerksam zu machen, eine Verifikation der Ermittlungsergebnisse der Staatssicherheit einzufordern oder gar – zumindest ansatzweise – die Rechtsstaatlichkeit des Verfahrens anzuzweifeln, baten sie in ihren Anträgen lediglich um ein verständnisvolles Urteil. Dabei stellten sie die »verabscheuungswürdigen Verbrechen« der Jugendlichen und den »angemessenen Antrag« des Staatsanwaltes keineswegs in Abrede, sondern erinnerten nur zaghaft an das jugendliche Alter der Angeklagten, wohl wissend, dass ein couragierteres Auftreten einen Karriereknick hätte nach sich ziehen können.

Nach dreistündiger Unterbrechung – der Begriff »Beratungszeit« wäre eine Verdrehung der Tatsachen – erschien das Gericht zur Urteilsverkündung. Augenblicklich verstummte jedes Gespräch, die Anwesenden erhoben sich. Auch der Richter und die Schöffen blieben stehen, warteten förmlich auf die Lautlosigkeit, die ungeteilte Aufmerksamkeit versprach. Dann tönte nur mehr Zieglers Stimme: »... werden verurteilt der Angeklagte Resag zu lebenslänglichem Zuchthaus, der Angeklagte Gartenschläger zu lebenslänglichem Zuchthaus, der Angeklagte Lehmann zu fünfzehn Jahren Zuchthaus, der Angeklagte Riediger zu zwölf Jahren Zuchthaus, der Angeklagte Höpfner zu sechs Jahren Zuchthaus!«

Er blickte auf, suchte Reaktionen einzufangen und fand stille Verunsicherung. Die Jungen sahen sich verstohlen von der Seite an, verwässerte Blicke mit rhetorischen Fragen, und dachten sich nach Hause. Derweil hatte der Bezirksgerichtsdirektor begonnen, die bereits schriftlich fixierte Begründung seiner Entscheidung vorzulesen:

»In enger Verbindung mit der beschleunigten Aufrüstung und Atombewaffnung der westdeutschen Bundeswehr verschärfen die Bonner Revanchepolitiker ihre Angriffe gegen die Deutsche Demokratische Republik und die Nachbarstaaten Deutschlands in unerträglichem Maße. So erklärte der westdeutsche Kriegsminister Strauß, der 2. Weltkrieg sei noch nicht beendet, und plant in Anknüpfung an seine großen Vorbilder Himmler und Hitler mit Hilfe der westlichen Imperialisten und der NATO einen neuen Marsch zum Ural.«

Mit dem »westdeutschen Kriegsminister« war gemäß den SED-Politbüro-Vorgaben der Bundesminister für Verteidigung gemeint, vor dessen militärischen Aggressionsplänen gegen die DDR es sich zu schützen galt, unter anderem eben durch den Bau der Berliner Mauer. Aber auch der spätere Bundeskanzler und Friedensnobelpreisträger Willy Brandt wurde von ihm in diffamierender Weise angegriffen: »Zur Vorbereitung ihrer Aggression verschärfen die Bonner Militaristen unter Leitung ihres blutrünstigen, christlichdemokratischen Kanzlers Adenauer und mit aktiver Unterstützung des Vaterlandsverräters und Präsidentschaftskandidaten der SPD Willi Brandt ihre Diversionstätigkeit, sie organisieren mit allen ihnen zur Verfügung stehenden Mitteln den Menschenhandel und die Diversion, um die Deutsche Demokratische Republik wirtschaftlich und ideologisch zu unterminieren und sturmreif zu machen. Sie benutzen Westberlin als Stützpunkt ihrer subversiven Tätigkeit gegen die Deutsche Demokratische Republik und andere Länder des Sozialismus, um ihre Agenten einzuschleusen und mit Hilfe ihrer Hetzsender und Abenteuerfilme und der für Westberlin verbilligten Schund- und Schmutzliteratur auf die Bürger der Deutschen Demokratischen Republik einzuwirken und eine dauernde Kriegsatmosphäre zu schüren. Durch eine auf die Spitze getriebene Störtätigkeit versuchten sie solche Bedingungen zu schaffen, um nach den so genannten ›freien Wahlen‹ westlicher Prägung mit dem offenen Angriff gegen die Deutsche Demokratische Republik beginnen zu können.«

Ziegler hatte sich in Rage geredet. Ohne nachvollziehbare Kausalität, bar jeder Vernunft und richterlicher Unvoreingenommenheit bewertete er die jugendlichen Torheiten, anders kann man die Taten der Jungen kaum qualifizieren, als »Staatsverbrechen«, die – von außen und zugleich konspirativ gesteuert – dem Ziel gedient haben sollten, mit aufrührerischen Mitteln den Boden für einen politischen Umsturz in der DDR zu bereiten.

»Mit ihrer Vorliebe für heiße Westmusik ließen alle fünf Angeklagten seit Jahren das menschenfeindliche Gift der Bonner Revanchepolitiker bereitwilligst auf sich einwirken und suchten regelmäßig Westberlin auf und sahen sich dort Abenteuerfilme an, versorgten sich mit Schund- und Schmutzliteratur und setzten sich durch Abhören der Nachrichten westlicher Hetzsender ständiger ideologischer Beeinflussung gegen ihr Vaterland aus. Auf diese Weise entwickelten sich die Angeklagten zu willfährigen Handlangern von Adenauer, Brandt, Strauß und anderen Kriegstreibern und begingen schwere Verbrechen gegen die Arbeiter-und-Bauern-Macht. (…) Das verbrecherische Treiben der gesamten Gruppe der Angeklagten ist von einer außerordentlich hohen Gesellschaftsgefährlichkeit. Geistig und moralisch vergiftet und den zersetzenden Einflüssen Westberlins völlig erlegen, haben sie zu dem Zeitpunkt, als das verbrecherische Treiben westlicher Imperialisten und Revanchepolitiker auf die Spitze getrieben war und die Maßnahmen der Regierung der Deutschen Demokratischen Republik vom 13. August 1961 im Interesse der Sicherheit der Arbeiter-und-Bauern-Macht und ihrer Bürger und im Interesse der Erhaltung des Friedens erforderlich machte, mit erschreckender Intensität ihre Verbrechen durchgeführt, (…) um auf diesem Wege die Regierung der Deutschen Demokratischen Republik zu zwingen, die Maßnahmen vom 13. August 1961 zu beseitigen, Adenauer, Brandt und Strauß das Tor aufzumachen für weitere Verbrechen zur Vorbereitung einer Aggression gegen die Deutsche Demokratische Republik. (…) Der 1. Strafsenat des Bezirksgerichts Frankfurt/Oder sieht es als seine hohe Aufgabe an, den ersten Staat der Arbeiter-und-Bauern-Macht auf deutschem Boden und die Bürger der Deutschen Demokratischen Republik vor derartigen Angriffen so zu schützen, dass es allen Feinden des Deutschen Volkes ein für allemal vergeht, die Sicherheit unseres Staates und unserer Werktätigen anzutasten. Die Gefährlichkeit der Handlungen der Angeklagten wird nicht dadurch gemindert, dass sie durchweg sehr jung sind. Diese Handlungen waren geeignet, bei weiterer Duldung ähnliche grauenhafte Zustände herbeizuführen, wie sie durch ähnliche verbrecherische Elemente im Jahre 1956 in Ungarn heraufbeschworen wurden. Es darf und wird weder einen 17. Juni 1953 noch eine Wiederholung der Ereignisse in Ungarn aus dem Jahre 1956 geben. Die Justiz- und Sicherheitsorgane werden ihre Aufgabe, solche und ähnliche Verbrechen im Keim zu ersticken, mit aller Kraft erfüllen und dadurch den Willen aller anständigen Bürger der Deutschen Demokratischen Republik verwirklichen und das Vertrauen der Werktätigen rechtfertigen.

(...) Sie (die Angeklagten) waren in einem Maße bestrebt das zu erfüllen, was der Westen von ihnen wollte, (so) dass der Ausspruch einer derartigen Strafe im Interesse des Schutzes unseres Staates und seiner Bürger unbedingt erforderlich war. (...) Mögen alle Angeklagten durch diese Strafen erkennen, in welchem Maße sie trotz aller ihnen zuteil gewordenen Ermahnungen und Warnungen schuldig geworden sind, und im Strafvollzug den Weg zu wirklicher innerer Wandlung und Umkehr finden. (...) Dann werden sich auch für die Angeklagten Resag und Gartenschläger die Gefängnistore öffnen.«

Das achtzehnseitige Urteil – oder sollte man besser Pamphlet sagen? – war recht schnell verlesen, und noch ehe die Jungen die Tragweite des Inhalts richtig begriffen, wurden sie, wieder in Handschellen, aus dem Sitzungssaal geführt.

Ein damaliger Lehrer, der der Verhandlung beigewohnt hatte, schrieb kurze Zeit später in einer pädagogischen Zeitschrift: »So war das also mit ihnen, den fünf hoffnungsvollen Sprösslingen ehrbarer Familien. Vom *RIAS*-Hörer zum Ted-Herold-Fan und zum Staatsverbrecher, vor dem sich die Bevölkerung wirksam schützen muss. Gut ist, dass ihnen das Handwerk gelegt wurde, gut, weil ihre Taten den Frieden in Deutschland direkt und akut gefährdeten, nicht anders als die Luftprovokationen der Kammhuberschen Düsenjäger. Die Angeklagten sind schuldig! Sie haben ihre Strafe verdient. Die Gesellschaft ist vor ihnen geschützt. Wir Lehrer aber sollten aus diesem Prozess die Lehren ziehen. Erläutern wir unseren Schülern die Mittel und Methoden der psychologischen Kriegführung. Schützen wir so vor der ideologischen Verführung!«

Ohne dass sie sich von ihren Eltern, Geschwistern, Freunden verabschieden konnten, waren die nun Verurteilten auf direktem Weg vom provisorischen Gerichtssaal im Strausberger Kulturhaus in die Untersuchungshaftanstalt zurückgebracht worden. In ihre kahlen, inzwischen vertrauten Zellen. Gartenschläger nahm seine Umgebung nicht recht wahr, setzte sich wie in Trance auf das Bett, streckte sich aus, stand auf, wanderte zwischen Tür und Fenster hin und her, setzte sich wieder, beherrscht von einem einzigen Gedanken: Lebenslanges Zuchthaus! Er fühlte die Stimme, die die verhängnisvollen Worte verkündet hatte, aus jeder Richtung des Raumes auf sich zukommen, unaufhörlich, bis er sich die Ohren zuhielt, mit aller Kraft die Augen schloss und die Zähne so stark gegeneinander presste, dass die Kiefer schmerzten. Lebenslanges Zuchthaus. Ein Leben lang im Zuchthaus. Solange lebendig, solange im Zuchthaus. Lang lebe das Zuchthaus. Ich lebe lang im Zuchthaus. Ich will leben, also gelange ich ins Zuchthaus. Solange Zucht im Haus ist, lebe ich. Wirr das Ganze, verrückt, und deshalb ein Irrtum, ein Versehen, ein Versprecher. Oder Taktik. Ja, das wird's gewesen sein – Taktik. Vor der Öffentlichkeit warnende Härte zeigen, die man später, morgen vielleicht schon, heimlich mildert, auf ein paar Monate, vielleicht ein Jährchen. Großzügige Begnadigung und so. Wahrscheinlich haben die Stasi-Leute diesen Umweg gemeint, als sie uns beim Prozess augenzwinkernd Mut machten. Und hat nicht auch der Richter von sich öffnenden Gefängnistoren für Resag und mich geredet?

Je mehr Gartenschläger diese Gedanken weiterspann, desto stärker achtete er auf Geräusche außerhalb seiner Zelle und verband mit jedem Schritt und jedem Klappern die wachsende Hoffnung, dass sie ihm galten, dass die Tür aufgeschlossen würde, ihn seine Stasi-Vernehmer angrinsten und ihm ein Stück Papier mit einem neuen, dem richtigen Urteil präsentierten.

Dann stürzte er erneut ab und fand sich in einem tieferen Loch als zuvor wieder. Lebenslang isoliert, hieß es, zusammen nur mit Wärtern und Mitgefangenen, bis er alt und krank war oder bis der Tod sie schied; für einen Zeitraum, der, in Jahren gerechnet, auf den ersten Blick überschaubar schien und sich bei jedem Versuch der Annäherung doch wie das Ausmaß des Universums seiner Vorstellung entzog. Wer wohl seine Lehrstelle bekam, fiel ihm ein, und wer seine Freundin? Statt einer Antwort spürte er ein Gemisch aus Trotz, Traurigkeit und Ingrimm in sich aufsteigen, dazu Ohnmacht, die am heftigsten niederdrückte und ihn trieb, wieder völlig sinnlos in seinem Käfig hin- und herzulaufen. Bilder der Eltern tauchten auf, so wie er meinte, sie noch nie gesehen zu haben: In sich gekehrt, mit vergrämten, faltigen, steinalten Gesichtern, die ihm etwas zuriefen, das er nicht verstand. Er wurde wütend auf sich, schlug mit der Faust und seinem Kopf gegen eine Wand, als könnte er durch sie hindurch. Irgendwann – war es noch am selben Tag oder schon am nächsten? – fiel nur mehr Dunkelheit durch das Glasbausteingitterfenster. Gartenschläger hatte keine Ahnung, wie spät es genau war, aber er wusste, dass er nicht schlafen konnte und wollte.

Für das Wachpersonal stellte sein Zustand nichts Ungewöhnliches dar. Sie kannten die besondere Labilität drakonisch Abgestrafter in der ersten Nacht nach dem Urteil und kontrollierten solche Gefangenen häufiger als sonst durch ein in die Tür eingelassenes Guckloch, den »Türspion«. Zumeist nahm Gartenschläger die Beobachtung wahr, doch als sich stets nicht mehr tat als der kurze Augenblick, wurden ihm das leichte Schaben, das das Wegschieben der Abdeckung vor dem »Spion« begleitete, und die sich an die Durchsicht heftende Pupille zu etwas Dazugehörigem, wie das leise Knatschen seiner Schuhsohlen auf seiner andauernden Wanderung. Irgendwann aber öffnete sich auf einmal nahezu geräuschlos die Essensklappe und eine Stimme flüsterte: »Komm her und nimm eine Zigarette, das beruhigt dich!«

Gartenschläger war so überrascht, dass er sich nur zögerlich der Tür näherte.

»Du hast LL bekommen?«, raunte es wieder.

»Was bekommen?«, fragte der frisch Verurteilte verständnislos zurück.

»Mensch, lebenslänglich! Hier drin heißt das LL«.

»Ja, hab ich wohl.« Michael rang hörbar um Fassung. Dann flammte ein Streichholz auf und die Hand seines unbekannten Gegenübers reichte ihm eine angebrannte Zigarette durch die Luke. Dankbar nahm er das Geschenk entgegen und sog den Rauch gierig ein.

»Mach bloß keine Dummheiten«, warnte die Stimme hinterher. »LL kann sich schon nach zehn oder fünfzehn Jahren erledigt haben. Es gibt immer mal wieder Amnestien. Da ist man schneller draußen, als man denkt!« Die Hand schob eine zweite unangezündete Zigarette nach. »Kannst sie mit der Glut der anderen anmachen.« Und schon schloss sich die Klappe ebenso behutsam und spukhaft, wie sie sich geöffnet hatte, sodass Gartenschläger für einen Moment unsicher war, ob das Erlebnis der Realität oder einem Traum angehörte.

Als Michael mir diese Geschichte Jahre später erzählte, meinte er abschließend: »Der Wärter war einer der wenigen, die so etwas wie Mitleid gezeigt haben. Hätte mich gerne bedankt bei ihm, denn sein Zuspruch hat mir in den ersten Tagen der Haft wirklich Mut gemacht und ein Stück Hoffnung gegeben, was ich verdammt nötig hatte!«

Eine Woche nach der Urteilsverkündung wurden Resag und Gartenschläger nach Berlin verbracht, in die MfS-Untersuchungshaftanstalt Magdalenenstraße. Aber auch dort war ihr Aufenthalt nur auf wenige Tage beschränkt, dann ging es erneut »auf Transport«. Der Begriff stand im Häftlingsjargon für die Überführung in ein anderes Gefängnis oder Haftkrankenhaus. Das Ziel hieß dieses Mal Zuchthaus Brandenburg-Görden.

Die Strafanstalt war Ende der zwanziger Jahre erbaut worden und galt damals als die sicherste und modernste Europas. In ihren vier Zellengebäuden konnten etwa 1 800 Häftlinge untergebracht werden. Seit 1935 nutzten die Nationalsozialisten den Bau als Zuchthaus und Sicherungsanstalt. Zwei der bekanntesten Insassen aus dieser Zeit waren Robert Havemann, der Verfechter eines »demokratischen Sozialismus« in der DDR, und Erich Honecker.

Erst 1949 übernahm die DDR-Justizverwaltung die Anstalt, die im darauf folgenden Jahr in die Zuständigkeit der »Hauptverwaltung (HV) Strafvollzug« der Deutschen Volkspolizei überging. Die schon von den Nazis auf dem Gelände eingerichteten Rüstungsbetriebe wurden nun als volkseigene reaktiviert und rund um den Hauptbereich, das Volkseigene Getriebewerk Brandenburg, mit verschiedenen Produktionsaufgaben betraut, für die die Volkspolizei kontinuierlich Arbeitskräfte »bereitstellte«.

Gartenschläger und Resag blieb das vorerst erspart, da die dortige Vollzugsverwaltung entgegen der vom Gerichtsgutachter attestierten »biologischen Erwachsenenreife« die Auffassung vertrat, dass es sich bei den beiden um Jugendliche handelte, die dementsprechend in eine Jugendhaftanstalt zu überführen waren. Also wurden sie nach wenigen Tagen nach Berlin zurückgebracht, jedoch nicht in ein Gefängnis, sondern zum Bahnhof Lichtenberg. Mit Handschellen aneinander gekettet, führte man sie auf einen der Bahnsteige, an dessen Ende zwei Waggons der Deutschen Reichsbahn auf sie warteten, die als Postwagen deklariert waren. Eine Lokomotive war nicht angekoppelt, sodass die beiden Wagen auf ihrem Gleis fast ein wenig verloren wirkten, wäre da nicht die mit automatischen Waffen ausgerüstete Postenkette gewesen, die die Waggons umstellt hatte. Ihre Anwesenheit verlieh der Szenerie etwas gespenstisch Bedrohliches, zugleich aber auch etwas Bedeutsames, so als hätten sich im Inneren der Bahnwagen höchstgefährliche Verbrecher verschanzt. Aus dem Kordon gab sich ein Hauptmann der Volkspolizei als Transportführer zu erkennen. Er übernahm die beiden Gefangenen und quittierte ihren bisherigen Begleitern wie in einem Kontor den Wareneingang. Dann befahl er Michael Gartenschläger und seinem Freund einzusteigen und wies ihnen mit einer seitlichen Kopfbewegung den Weg. Halbdunkel und Muff schlugen ihnen entgegen, irgendwo sehr nah bellte ein Hund wütend los. Der Waggon war innen, wie in damaligen D-Zügen üblich, in kleine Abteile und einen schmalen Gang aufgeteilt, die Fenster jedoch innen mit Stahlblechplatten verschlossen. Auch die Abteiltüren waren stählern, mit einem »Spion« und Riegeln versehen. In den einzelnen Zellen saßen auf zwei gegenüberliegenden Holzbänken je sechs Personen so eng, dass sich ihre Knie berührten. Ein rollendes Gefängnis, das Tageslicht und Luft allenfalls durch schmale Ritzen hereinließ. Diese Bahntransporter wurden im Häftlingsjargon frei nach dem ersten DDR-Ministerpräsidenten »Grotewohl-Express« genannt und stellten die exakte Übertragung von entsprechenden russischen Eisenbahnwaggons dar, die nach einem berüchtigten zaristischen Innenminister den Namen »Stolypin-Waggons« trugen.

Mit rasselndem Schlüsselbund kam ein Uniformierter auf die Jungen zu. »Willkommen im Grotewohl-Express«, begrüßte er unsicher grinsend die Neuankömmlinge und öffnete ein Zellenabteil. »Wie viel Jahre habt ihr?«, fragte er neugierig.

»Lebenslänglich.«

Der Polizeihauptwachtmeister pfiff überrascht durch die Zähne, wobei er unwillkürlich auf Distanz ging und die Gefangenen von oben bis unten musterte. »Wegen Mord?«

Gartenschläger schüttelte den Kopf. »Diversion und Hetze!«

Statt eines Kommentars blickte der Wärter zur Seite, entschuldigte sich förmlich dafür, dass er die Handschellen bei der Strafhöhe nicht abnehmen durfte, und beeilte sich die Zelle hinter ihnen zu verriegeln. Stiefel polterten auf dem Gang. »Die Jungs aus Strausberg sind hier im Zug«, rief jemand, dann schlug eine Eisentür krachend ins Schloss.

Obwohl sich ihre Augen recht schnell an die Dunkelheit gewöhnt hatten, erstickten das Diffuse und die spürbare Enge der Umgebung jegliche Unterhaltung. Vielleicht scheuten sie sich darüber hinaus aber auch miteinander zu reden, um nicht Gefahr zu laufen, im Schwung des Erzählens unbedacht an allzu frische, wunde Punkte zu rühren; ihre Gefühle zu entblößen, die sie sich selber noch kaum eingestehen mochten. Daneben aber gab es auch keinen Stoff für eine belanglose Konversation, da sie sich außer fast identischen Gefängniserlebnissen nichts anzubieten hatten, nicht einmal eine genauere Einschätzung der Wetterlage. So schwiegen sie lieber, einzig unterbrochen von der rhetorisch gemeinten Frage: »Wo wir wohl hinkommen?!« Jeder versuchte, wenigstens einzunicken, Sekunden, Minuten bewusstlos zu überspringen; dabei glitt ihnen die Zeit vollends aus den Händen.

Irgendwann ruckte der Wagen von einem leichten Stoß, und unter metallenem Quietschen und Stöhnen, mit Schnaufen und Pfeifen setzte sich der Zug in Bewegung. Endlich tat sich etwas, es ging weiter, wohin auch immer. Als ihr Gefährt, das eindeutig von einer Dampflok gezogen wurde, nach langem Rollen einmal ächzend zur Ruhe kam, Stiefelschritte, Türenklappen verstummt waren, meinten die jungen Gefangenen aus einer zugewehten Lautsprecheransage »Cottbus« herauszuhören; beim zweiten größeren Aufenthalt »Dresden«, was sie danach selber in Augenschein nehmen konnten, da sie zur Übernachtung in das dortige Polizeipräsidium gebracht wurden.

Am nächsten Morgen standen sehr frühes Wecken auf dem Plan und die Fortsetzung der Reise bis zum Leipziger Hauptbahnhof, wo sie ihr Zellenabteil endgültig verlassen durften und zur Weiterfahrt in einen für Gefangenentransporte ausgebauten Lastwagen umstiegen. Anderthalb Tage waren sie bis dahin unterwegs gewesen und erfuhren nun endlich, dass sie dem Bestimmungsort »Fort Zinna« entgegenrumpelten; (DDR-) amtlicher gesagt, einer Strafjustizvollzugsanstalt auf der gleichnamigen Festung der sächsischen Stadt Torgau.

Erbaut wurde die Bastion Anfang des 19. Jahrhunderts. Sie diente zunächst Napoleon als Bollwerk gegen die anstürmenden Preußen. In dieser Zeit wurde auch vorgelagert das »Fort Zinna« errichtet. Mit dem Fall Torgaus geriet es unter preußische Herrschaft und wurde zusammen mit der Festung der Preußischen Provinz Sachsen zugesprochen. Als Gefängnis beziehungsweise Zuchthaus nutzte man das Fort bereits zu Zeiten der Weimarer Republik, nachdem es im 1. Weltkrieg als Kriegsgefangenenlager gedient hatte. Zwischen 1936 und 1938 machten die Nationalsozialisten daraus ein riesiges Militärgefängnis, dem im Kasernenkomplex der Festung das Reichskriegsgericht zugeordnet war. Dessen Urteile, Haft- ebenso wie die zahlreichen Todesstrafen, konnten so gleich in der Strafanstalt selber oder in einer ihrer Außenstellen vollstreckt werden.

Nach dem Ende des 2. Weltkrieges benutzte die sowjetische Geheimpolizei NKWD den vierflügeligen Kreuzbau als so genanntes Speziallager mit einer Aufnahmekapazität von bis zu 6 000 Personen. Die Insassen waren zumeist unschuldig geschundene Frauen und Männer, die, zusammengepfercht in dunklen, kalten Zellen, zum Großteil nach kurzem Aufenthalt in die Sowjetunion deportiert wurden. 1950 übergaben die Sowjets das »Fort Zinna« an die für die Strafvollstreckung verantwortlichen Behörden der DDR, die die Gebäude unter anderem als Jugendarrestanstalt nutzten. Seit 1990 fungiert es als Justizvollzugsanstalt des Freistaates Sachsen.

Zerschlagen von der langen Anfahrt und mit einem flauen Gefühl im Magen stiegen Gartenschläger und Resag aus der »Knast-Minna« in den Hof ihres neuen Zuhauses. Nach der stickigen Enge des Kastenwagens verführte die frische Luft dazu durchzuatmen, ja aufzuatmen. Doch schon im nächsten Moment wurden sie sich der wirklichen Umgebung bewusst: Tristes Dunkelgrau, wohin man blickte, vergitterte Fenster und Türen, Stacheldrahtzäune auf den umgebenden Mauern, Wachtürme, aus deren Gipfelluken neben überdimensionalen Suchscheinwerfern Maschinengewehrläufe drohten. Man führte die Neuankömmlinge über einen Platz, der mit altem Kopfsteinpflaster belegt war, in den Kreuzbau, über lange Gänge in alten, bröckelnden Gemäuern, Eisentreppen hinauf in höhere Stockwerke, an stählernen Sprungnetzen vorbei, die selbstmörderischen Absichten den Mut der Verzweiflung nehmen sollten, vorbei auch an belegten Zellentrakten, Verwahrbatterien gleich, und alle paar Schritte installierten roten Alarmknöpfen.

Michael Gartenschläger musste bei dem Marsch durch das frostige Geflecht aus Stein, Metall, bellenden Kommandos, hallenden Schritten, irgendwo kurz aufflackerndem Gegröle oder Gelächter mehrmals schlucken, bis der kleine Konvoi vor einer schweren eichenen, von nun an »seiner« Tür hielt. Als sie offen stand, hatte er das Innere des Raums mit einem Blick registriert: Ein Doppelstockbett, das belegt schien, eine einzelne Pritsche, die an der gegenüber liegenden Wand befestigt war und tagsüber hochgeklappt werden musste – im Gefängnisjargon »Beiwagen« genannt –, ein

Tisch, drei Hocker, ein Regal, die ihm schon bekannte »Parfümerie«, der Toilettenkübel in einer Ecke, zwei junge Männer etwa seines Alters, die ihn neugierig anstarrten. Und kaum war die Zelle hinter ihm verschlossen und die erste stumme Musterung beendet, ergriff der jüngere der beiden die Initiative, stellte sich breitbeinig und mit verschränkten Armen vor Gartenschläger auf und begann das interne Verhör: »Wo kommste her?«, »Wie heißte?«, »Wie lange haste gekriegt?«

Michael spürte instinktiv, dass der Auftritt weniger eine Demonstration der Wissbegierde darstellte als vielmehr eine provozierende der Stärke, die die bisherige Zellenhierarchie widerspiegelte und wohl die Machtverhältnisse gleich bei seinem Einzug klären sollte. Da der Neuankömmling aber weder auf eine verbale Auseinandersetzung noch auf eine physische aus war, antwortete er bereitwillig mit »Strausberg«, »Michael« und »Lebenslänglich« und war ein wenig verblüfft, als sein Gegenüber nach dem Aussprechen des Strafmaßes Augen und Mund aufriss und einen Schritt zurückwich, während sich der andere »Alteingesessene«, der die Szene grinsend beobachtet hatte, plötzlich nur noch für seine Fingernägel interessierte. Für eine kleine Weile machte sich einzig ein Nachsommerinsekt surrend bemerkbar.

»Haste jemanden alle gemacht?«, presste schließlich der Jüngere mit brüchiger Stimme hervor.

Michael suchte mit einem Lachen die Spannung zu lösen, stopfte seine Habseligkeiten in eine freie Ecke des Regals und erzählte dabei seine Geschichte, die er, wie er verwundert feststellte, mit sarkastischen Untertönen versehen konnte. Mit dem Schlusspunkt des letzten Kapitels durchzog die Zelle spürbar Erleichterung und ein Anflug von Ehrerbietung vor dem am härtesten Bestraften. »Kannst dir 'n Bett aussuchen«, hieß die freiwillig zugestandene, neue Ordnung, doch Gartenschläger wies für sich unmissverständlich auf den »Beiwagen« und streckte seinen Mithäftlingen zu einer verspäteten Begrüßung die Hand entgegen.

Der Jüngere hieß Klaus. Er saß drei Jahre wegen »staatsfeindlicher Hetze und Propaganda« ab, weil er in seinem Heimatort Flugblätter weitergegeben hatte, die in der Umgebung auf einem Feldweg lagen. Dorthin, in die Nähe von Cottbus, war die brisante Fracht von einem mit Helium gefüllten Ballon getragen worden, den die Westberliner Kampfgruppe gegen Unmenschlichkeit (KgU) auf die Reise geschickt hatte. Hans-Peter, der Ältere, war ein so genannter »Krimineller«. Ein Jahr sollte er verbüßen, da er einige Dachrinnen, die es aufgrund der notorischen Lieferengpässe der staatseigenen Betriebe nirgendwo zu kaufen gab, gestohlen und an das Haus seiner Großeltern montiert hatte. Diese harmlosen Hintergründe, so nachhaltig niederdrückend sie sich für die Betroffenen auswirkten, munterten Gartenschläger in gewisser Weise auf, da er nun entgegen seinen schlimmsten Befürchtungen für einige Zeit davor sicher sein konnte, direkter Gewalttätigkeit ausgesetzt zu sein.

Die folgenden Wochen waren ohnedies schwer genug zu ertragen, da die Tagesordnung hauptsächlich Untätigkeit beinhaltete. Abwechslung boten allein die Essensausgabe, der Rundgang auf dem Gefängnishof und das einmal wöchentlich gestattete Duschen. Anfänglich versuchte Gartenschläger noch, sich auf den wenigen Zellenmetern die Beine zu vertreten, bis seine Käfiggenossen genervt auf seinen Wandertrieb reagierten und er daraufhin still wurde und dann seine Wortkargheit Anlass zu Streitereien gab oder das Furzen des einen und das Gesicht des anderen allemal und irgendwann die Gereiztheit an sich die Monotonie am ehesten aufzuheben schien. Denn die Erzählungen des Neuen waren schnell aufgebraucht und das Onanieren in Anwesenheit von anderen allen ungewohnt. So lernte Gartenschläger, dass selbst heftiger Streit im simplen, weil sich selbst genügenden Akt des Essens versinken kann; dass es der eigenen und der gemeinsamen Harmonie zuträglich war, mehrmals täglich die Schuhe zu putzen, mit einer Kleiderbürste das Bohnerwachs auf dem Fußboden in hundert oder mehr kreisförmige Spiegel zu polieren und immer wieder die Bettkanten zu glätten. Das konzentrierte Versenken in früher sinnlos, mindestens überflüssig erscheinende Tätigkeiten erwies sich als Beruhigung der vibrierenden Nerven schlechthin.

Trotz all dieser Schliche ließ sich die beharrlich resistente Eintönigkeit nicht gänzlich verjagen. Die Zeit an sich geriet zum eigentlich Bösen. Sie schlich schneckengleich, und immer wenn man glaubte, ihr einen Tritt versetzt oder die Sporen gegeben zu haben, und sie kurzfristig in Trab verfiel, reagierte sie strafend mit scheinbar völligem Stillstand. Dann herrschte Heulen und Zähneknirschen, bis einer an die stählernen Sprungnetze zwischen den Etagen erinnerte und damit den hoffnungslosen Ausweg des Freitodes meinte und eher die Gedanken auf eine Begnadigung richtete, die jetzt so fern, morgen so nah sein konnte.

Die Wochen krochen dahin, die Tage wurden merklich kürzer. Immer früher am Nachmittag leuchteten die Scheinwerfer auf den Wachtürmen den Gefängnishof aus, und irgendwann tanzten in ihrem Licht die ersten Schneeflocken. Stundenlang konnte Gartenschläger dem Reigen der glitzernden Eiskristalle zuschauen, ohne dabei ein Wort zu verlieren. Waren sie dick wie Wattebäusche, mochte er den lautlosen, fast schwebenden Niederfall besonders, da er dem umgebenden Grau ganz sanft, wie selbstverständlich die Tristheit nahm. Dann stellte er sich vor, sich einfach in die weiße Zudecke fallen zu lassen, sich darin zu wälzen, mit aufgesperrtem Mund Flocken zu fangen oder in der geöffneten Hand, bis sich ein Schneeball daraus formen ließ. Oder einen Schneemann zu bauen wie in Kindertagen. Oder zu rodeln. »Im Tau kleiner Dinge findet das Herz seinen Morgen und wird erfrischt.« Es war manchmal sehr tröstend, hoffnungslos sentimental zu sein.

Eine Woche vor Weihnachten stellten die Kalfaktoren in der Mitte des Kreuzbaus einen fünf Meter hohen Tannenbaum auf. Der schlichte Schmuck und die brennenden Elektrokerzen brachten eine gewisse feierliche Stimmung in die Strafanstalt, den meisten Häftlingen aber auch eine Flut von Erinnerungen und Wehmut; vor allem denen, die, wie Gartenschläger, das erste Weihnachten nicht im Kreis der Familie verbringen würden.

An Heiligabend herrschte auf den Fluren schon morgens eine Stille, die so außergewöhnlich war, dass niemand sie zu stören wagte; die sogar imstande war, die aufkeimende Gereiztheit der Insassen zu dämpfen. Hans-Peter hatte ein Paket bekommen. Er war der Einzige in der Zelle, der ein solches Geschenk empfangen durfte, denn verurteilte »Staatsverbrecher« erhielten diese Vergünstigung nicht. Kaum hatte er die Pappdeckel auseinandergeklappt, durchströmte den kleinen Raum der Duft von Dauerwurst. »Hausschlachtene, von meinem Opa gemacht«, erklärte er mit stolzgeschwellter Brust. Geradezu andächtig nahm er dann jedes einzelne, in Geschenkpapier eingewickelte Teil aus dem Karton, befühlte es, roch daran und legte es, ohne es auszupacken, wie eine zerbrechliche Kostbarkeit zurück, verschloss das Paket und schob es unter die Bettdecke. »Ich will den ganzen Tag etwas davon haben«, sagte er.

Am Nachmittag hatte die Gefängnisverwaltung einen halben Christstollen pro Häftling verteilen lassen, und zum Abendbrot gab es zur Feier des Tages Kartoffelsalat mit Bockwurst. Ein Festmahl verglichen mit der sonst üblichen Kost, die aus Zutaten minderer Qualität hergerichtet wurde. Neben Weihnachten lief die Küche nur noch zu Ostern, am »Gründungstag der Republik« und zu offiziellen Politfunktionärsbesuchen zu Kantinenformat auf. Mit der hereinbrechenden Dunkelheit summten und brummten zunächst vereinzelt, dann vermehrt die altbekannten Weihnachtsmelodien durch den Zellenbau, bis die Kehlen austrockneten und die Töne sich zum Kloß im Hals verdichteten. Ebbe, Ruhe, die jeden allein ließ und niemanden müde machte. Traumzeit, die wohltuend mit der Realität verschmolz.

Auch Gartenschläger und seine Zellengenossen schwiegen lange vor sich hin. Dann erinnerte sich Hans-Peter an seine Postsendung und begann seine Schätze auf dem Tisch auszubreiten: Die von der Anstaltszensur in mehrere Stücke zerschnittene Dauerwurst (Verdacht auf unberechtigte Einschleusung einer Feile!), den Napfkuchen (ebenfalls zerteilt), die Tüte Bonbons, die Tafel Schokolade, eine Packung West-Zigaretten (Obacht!), ein paar Kosmetikartikel, drei Äpfel (unverdächtig). Und nachdem er einigen Aufwand betrieben hatte, die Sachen für seinen Blick angenehm zu arrangieren, und zu guter Letzt einen kleinen Tannenzweig in die Mitte platziert hatte, heulte er sich verloren zu den Absendern.

Michael – Klaus vermutlich auch – fühlte sich unwohl bei dieser Szene. Zum einen spürte er Mitleid und konnte Hans-Peters Emotionen nachempfinden; zum anderen war ihm seine eigene Anwesenheit in der intimen Situation ein wenig peinlich und schließlich bemerkte er in sich Neid aufsteigen. Jenes ätzende Gift, das tiefe Löcher frisst und ihm in dem Moment mit verbitterter Stimme einflüsterte, dass eine Weihnachtsbescherung für jemanden, der nur dieses eine Fest im Gefängnis aushalten musste, eine absolute Ungerechtigkeit darstellte. Er sagte aber nichts, denn anmerken lassen wollte er sich seine heimliche Missgunst auf keinen Fall. Und irgendwie ärgerte er sich sogar über seine kleinliche Art und beschloss das innere Nagen schnellstmöglich zu verscheuchen. Also klopfte er Hans-Peter kameradschaftlich auf die Schulter. »Denk dran, nächstes Jahr bist du wieder bei deinen Großeltern.«

Dann legte er sich auf den »Beiwagen«, schloss die Augen und überließ sich Wachträumen, die nur ihm gehörten. Schon bald fand er sich am elterlichen Tisch in Strausberg wieder, zwischen den Alten, der Schwester und seiner Freundin. Vor ihm ein Teller, Besteck, ein Glas Bier; in der Mitte knuspriger Kaninchenbraten, Rotkohl, dampfende Kartoffeln. Ach ja, Ted Herold war zu Besuch gekommen und Elvis wollte auch noch vorbeischauen, später am Abend …

Gleich zu Beginn des Jahres 1962 änderte sich Gartenschlägers frustrierende Alltagssituation. Die Zeit des ermüdenden Nichtstuns, des buchstäblichen Absitzens war vorbei. Er wurde ins »Jugendhaus« verlegt. Die Strafanstalt für Jugendliche befand sich in Elbnähe auf der Fischerinsel. Dort wurde er einem Arbeitskommando in der Anstaltsschlosserei zugeteilt und konnte nun von Montag- bis Samstagmorgen um 7 Uhr die Zelle verlassen und war bis spätnachmittags 17 Uhr beschäftigt. In dem kleinen Betrieb arbeiteten nur zwölf Gefangene, die von einem zivilen Schlossermeister angeleitet wurden. Für Gartenschläger bedeutete die Tätigkeit neben der Abwechselung auch eine berufliche Qualifikation, da er zugleich an dem angebotenen Schulunterricht teilnahm und nach Absolvierung der Mittleren Reife, also mit Abschluss der 10. Klasse der Polytechnischen Oberschule, den Facharbeiterbrief als Dreher erhielt. In das Schlossereiteam hatte er sich schnell und mühelos eingefügt, gewiss auch, weil ihm die anfallenden Arbeiten Spaß machten. Mit den Kollegen kam er in seiner zugänglichen Art gut zurecht, und der zivile Meister, der zwischenzeitlich erfahren hatte, warum sein »Schützling« inhaftiert war, brachte ihm sowohl Respekt als auch eine besondere Form der Zuneigung entgegen; zwar nicht offensichtlich, aber dennoch spürbar. Denn ab und an steckte er dem »Lebenslänglichen« eine dick mit Wurst belegte Stulle zu oder Obst aus dem heimischen Garten. Es blieben aber immer wortlose Gesten der Mitmenschlichkeit, die Michael Gartenschläger nie hinterfragte, was er später sehr bedauerte.

Der tägliche Rhythmus schuf eine wohltuende Struktur, sodass er sich allmählich in seiner neuen Welt einzurichten begann. Und je bekannter und gewohnter jeder Ablauf, jeder Winkel wurde, desto mehr vereinnahmte er die Dinge seiner Umgebung. Er erlebte an sich, dass selbst unter den eingeschränkten, armseligen Bedingungen eines abgeschotteten Daseins nicht nur Stumpfsinn herrschte, sondern sich durchaus die gesamte Gefühlsbreite zwischen Freude und Leid wieder entwickelte, aus der Vergangenheit vertraute soziale Verhaltensweisen auch hier zum Tragen kamen und sich das Leben, das Zusammenleben ein Stück weit »normalisierte«. Gleichzeitig blieb die Welt draußen als Traumland stets präsent. Das realitätsgetreue Abbild verblasste jedoch mit der Dauer der Haft oder verschwamm in der Verdrängung zugunsten eines Phantasiegebildes, das sich aufgrund der geringen Außenkontakte nur schwerlich zurechtrücken ließ. Denn der Postversand und -empfang etwa war auf einen maximal zwanzigzeiligen Brief pro Monat beschränkt und Besuch nur einmal je Vierteljahr gestattet. Konkret bedeutete dies, dass man sich dann in einem speziellen Raum unter Aufsicht eines Angehörigen des Strafvollzuges dreißig Minuten mit jeweils nur einem Elternteil treffen und unterhalten durfte. Dabei war das Gespräch über Belange der Anstalt sowie über die Verurteilung und damit zusammenhängende Fragen grundsätzlich untersagt. Bei Zuwiderhandlung wurde die Besuchserlaubnis umgehend entzogen.

Obgleich Gartenschläger sich immer wieder freute, seine Mutter – denn nur sie besuchte ihn regelmäßig – für eine halbe Stunde zu sehen und zu sprechen, schienen ihm die zusammengerechnet zwei Stunden Zusammenkunft im Jahr für beide Seiten eher eine Last als eine Erleichterung. Denn er durfte nicht von dem erzählen, was ihn täglich beschäftigte und ihm wichtig war, und seine Eltern nahmen für wenige Minuten stundenlange Fahrten mit öffentlichen Verkehrsmitteln auf sich, ohne zu erfahren, wie es ihm wirklich ging. Zudem stürzte Michael jeder Besuch in ein tiefes Loch, weil ihm dabei überdeutlich wurde, wie sehr er die Familie, das alte Zuhause und alles, was daran hing, vermisste und wie lange er darauf verzichten sollte. Oft gelang es ihm, diesen Schmerz vor den Eltern mit Scherzen zuzudecken, manchmal aber hatte er Angst, dass sie erkennen könnten, wie alt er sich mit achtzehn, neunzehn, zwanzig Jahren fühlte. Erschrocken bedankte er sich dann besonders überschwänglich für die mitgebrachten Geschenke, die den Gesamtwert von zwanzig Mark nicht übersteigen durften und in der Auswahl auf Obst und Hygieneartikel reduziert waren.

Stets dauerte es einige Tage, bis er solche Treffen innerlich und äußerlich überwunden hatte. Dann kam ein Moment, ein unbedeutender Anlass, ein Wort, eine Geste eines Mithäftlings oder eine Schraubendrehung, eine Wolkenformation, was ihm einen Ruck gab und wonach er sich wieder eins mit sich fühlte. Sogleich spürte er wieder Zuversicht und einen Aktivitätsdrang, der ihn auch seine Freizeit neu gestalten ließ.

Ein wenig animiert durch den Schulunterricht erstellte er sich einen persönlichen Bildungsplan, den einzuhalten er sich anfänglich allerdings regelrecht zwingen musste. Er entdeckte die Gefängnisbibliothek für sich, und nachdem sich ihm das Lesen erschlossen hatte, lieh er immer häufiger Bücher aus, die er geradezu verschlang. So lernte er mit der Zeit die Frühgeschichte, das Altertum oder die italienische Renaissance kennen und arbeitete sich durch die deutsche Philosophie einschließlich des Marxismus-Leninismus. Er entwarf gar eine langfristige Leseroute, die ihn zu Dostojewski, Tolstoi, Tschechow, Puschkin ebenso führte wie zu Zweig, Brecht oder Hermann Kant. Mühsam quälte er sich durch Franz Mehrings *Geschichte der Deutschen Sozialdemokratie* und durch Ulbrichts gesammelte Werke zur *Geschichte der Arbeiterbewegung*. Entschädigt wurde er dafür mit Leopold von Rankes mehrbändiger *Weltgeschichte* und *Reformation* oder den Reiseberichten tschechischer, schwedischer und französischer Autoren oder denen des Alexander von Humboldt und Adam Johann von Krusenstern. In der Literatur, im Selbststudium hatte er ein Refugium gefunden, das er uneingeschränkt nach seinen Vorstellungen ausstatten und in das er sich zurückziehen konnte, wann immer ihm der Alltag allzu grau oder grauenvoll zu werden drohte. Diese Rückzugsmöglichkeit in die geistige Sphäre sollte er sich für seine gesamte Haftzeit bewahren.

Ungefähr ein Jahr nach der Urteilsverkündung stellte Gartenschläger – keineswegs sein Pflichtverteidiger – beim Obersten Gericht der DDR einen »Kassationsantrag«, in dem er um Milderung des Strafmaßes bat. Hinsichtlich der Formulierung hatte er sich überlegt, wie im Prozess seine »Verbrechen« im Wesentlichen zuzugestehen, sich einsichtig und reuig zu zeigen, um über diesen Weg zu versuchen, die Obersten Richter gnädig zu stimmen. Sein handschriftlicher Text wurde der Ordnung halber von der Anstaltsverwaltung in Schreibmaschinenform gebracht:

»... Ich halte das am 15. September 1961 in Strausberg ausgesprochene Urteil, entsprechend unserer Straftat, für zu hoch. Ich möchte an den Fall Oberländer erinnern, der in Abwesenheit vom Obersten Gericht der Deutschen Demokratischen Republik wegen millionenfachen Mordes und Kriegsverbrechen auch zu einer lebenslänglichen Zuchthausstrafe verurteilt worden ist. Da die von uns begangenen Verbrechen in ihrer Schwere jedoch nicht mit der Tat Oberländers zu vergleichen sind, ist das ein weiterer Punkt für mich, unsere Strafe für zu hoch einzuschätzen. Man hat uns vorgeworfen, mit dem Amerikahaus in Verbindung zu stehen. Hierzu kann ich nur sagen, dass das nicht stimmt. Man hat uns weiterhin vorgeworfen, dass wir staatsgefährdende Gewaltakte geplant hätten; das stimmt, wir hatten Sprengstoffversuche unternommen, um Fahrzeuge der NVA und der Sowjetischen Armee in die Luft zu sprengen. Nachdem wir gemerkt hatten, dass wir nicht in der Lage sind, den nötigen Sprengstoff herzustellen, haben wir auch die geplanten Verbrechen fallen gelassen ...

Ich sehe ein, dass der Brand der Scheune ein Selbstbetrug war ... Zu der Hetzlosung ›Heute rot und morgen tot‹ hat der Staatsan-

walt gesagt, dass wir damit sagen wollten, wir hätten auch vor einem Mord nicht zurückgeschreckt. Der Bezirksstaatsanwalt muss uns jedoch gänzlich falsch verstanden haben; wir meinten damit lediglich, dass es heute noch einen Kommunismus gibt und morgen erweist sich der Kommunismus als nicht beständig …
Mit der Aufnahme des Verfahrens möchte ich erreichen, dass das Urteil noch einmal gründlich nachgeprüft wird. Ich hätte das auch alles vor Gericht widerlegen können. Wir waren jedoch damals so niedergeschlagen, da die Gerichtsverhandlung auch noch öffentlich war. Es ist doch kein Mensch zum Verbrecher geboren, es liegt doch nur an der Erziehung des Menschen …«
Es ist nach wie vor äußerst beschämend, sich vorzustellen und nachzulesen, dass der zuständige Pflichtverteidiger Gartenschlägers den Achtzehnjährigen bei seiner letzten formaljuristischen Chance in seiner Hilflosigkeit allein ließ.
Wie kaum anders zu erwarten, bestätigte die Justizinstanz, die seit ihrem Bestehen zumeist Urteile »kassierte«, um eine Strafe zu erhöhen, den Spruch des Bezirksgerichts Frankfurt/Oder. In der schriftlichen Mitteilung der Generalstaatsanwaltschaft der DDR vom 29. November 1962 hieß es dazu:
»Nach eingehender Überprüfung der Strafsache wird von einem Kassationsantrag Abstand genommen. Das Urteil beruht auf keiner Gesetzesverletzung, und unter Berücksichtigung der Schwere der Straftaten der Verurteilten und ihrer dabei gezeigten Bedenkenlosigkeit und Intensität kann auch die Strafzumessung nicht als gröblich unrichtig angesehen werden. Trotz des jugendlichen Alters waren die ausgesprochenen Strafen richtig und notwendig. Bei gleichbleibend guter Führung besteht aber die Möglichkeit, zu einem wesentlich späteren Zeitpunkt eine Gnadenentscheidung durch den Staatsrat der DDR anzuregen.«
Das amtliche Schreiben war in der Strafanstalt in der ersten Dezemberwoche des Jahres 1962 zugestellt worden, wurde jedoch zunächst zurückgehalten. Anscheinend wollte man seitens der Verwaltung Gartenschläger die Ablehnung nicht vor Weihnachten zumuten. So wurde ihm der Bescheid vom Anstaltsleiter erst am 2. Januar 1963 vorgelesen. Dessen lapidarer Kommentar wieder-

holte den Verweis auf den gesetzlichen Gnadenweg: »Wenn Sie sich entsprechend führen, können Sie in zwölf bis fünfzehn Jahren ein Gnadengesuch stellen ...«

Michael schaltete nach der niederschmetternden Mitteilung ab. Er hatte das Gefühl, dass seine Zellentür endgültig zugeschlagen war. In zwölf bis fünfzehn Jahren ... dann gehörte er bestimmt schon zum Inventar des Gefängnisses und würde die Realität außerhalb der Mauern wohl wie einen fremden Planeten empfinden. Er musste selbst für eine Änderung seiner Situation sorgen. Oder resignieren. Aber das entsprach ganz und gar nicht seinem Naturell.

Mit diesen ständig im Hintergrund schwelenden Gedanken ging das Jahr zu Ende und sie zeigten sich auch im nächsten und übernächsten als treue Begleiter. Das schreibt sich ebenso schnell, wie es sich liest, und verdeckt doch selbst bei näherem Hinsehen noch sehr viel mehr als die kontinuierliche, unaufhaltsame Aneinanderreihung von Tagen, Stunden, Minuten. Das Ertragen des objektiven zeitlichen Ablaufs, der im stoischen Vorrücken des Uhrzeigers oder im Abreißen von Kalenderblättern quälend langsam erschien, war schwierig genug. Weit schwerer aber wog die Perspektivlosigkeit des weiteren Lebens, das klare Bewusstsein von der Unverrückbarkeit einer Struktur, die aus einer sich wiederholenden Folge weniger Dinge bestand. Dadurch verlor die Zukunft für eine unabsehbar scheinende Zeit ihre Offenheit; sie wurde in dem Maße vorhersehbar, in dem man wusste, dass nicht nur in einer Woche, sondern auch noch in fünf oder zehn Jahren das Wecken zu einer bestimmten Stunde stattfinden würde, ein und dieselben Wege zu gehen und ein und dieselben Handlungen zu erledigen wären. Ohne aus der Ummauerung herauszukommen, neue Kontakte zu schließen, sich auszutauschen. Da bildeten geistige Beschäftigung – so man sie suchte – oder imaginäre Welten nur ein geringes Gegengewicht, weil auch sie vornehmlich auf sich bezogen blieben bzw. durch die fehlende Möglichkeit der Konkretisierung oder Realisierung gerade einmal das Überleben sicherten. Und eben jenes ohnmächtige Gefühl der Unwandelbarkeit war es, das die sonst als schnelllebig erfahrenen Zeitsegmente gummiartig ausdehnte.

Hinzu kam, dass nur spärliche Informationen über Geschehnisse in der Welt, über Entwicklungen, Trends, Moden in das Gefängnis drangen. Zwar gab es Erzählungen von Neuankömmlingen, Andeutungen des Aufsichtspersonals und ein oder zwei ausgesuchte DDR-Tageszeitungen, die man kaufen konnte, doch ließen diese wenigen Puzzle-Teile keine ganze Vorstellung entstehen, die ein wirkliches Miterleben erzeugte und Stoff für ablenkende, an- und aufregende Überlegungen bot. Insofern stellte der Strafvollzug auch für Gartenschläger eine gut organisierte Isolierung dar, die von seinem Leben neun Jahre und zehn Monate amputierte.

Noch im Jahr 1962 war sein Vater verstorben, an dessen Beerdigung Michael jedoch nicht teilnehmen durfte. Allerdings konnte er nur spekulieren, ob das letzte der in regelmäßigen Abständen stattfindenden »Erziehungsgespräche« die Erlaubnis verhinderte. Gartenschläger hatte darin nämlich in seiner forschen, offenen Art den Anstaltsleiter Grießl vor unüberlegten Strafhandlungen gegenüber Häftlingen mit dem Hinweis gewarnt, dass »die Amerikaner in die DDR einmarschieren und die ›Politischen Gefangenen‹ befreien würden«. Obgleich diese Bemerkung für jeden sichtbar nichts anderes darstellte als eine unreflektierte jugendliche Provokation, wurde sie als Indiz für eine »reaktionär-faschistische, staatsfeindliche Einstellung gegenüber der DDR« gewertet und protokollarisch festgehalten. Auf jeden Fall hatte der zuständige Staatsanwalt das Gesuch schlichtweg ignoriert.

Michael Gartenschläger begriff nicht und verstand gleichzeitig; verstand, dass er selbst kleine Gesten der Menschlichkeit nicht zu erwarten hatte und dementsprechend wohl auch jede in Aussicht gestellte Begnadigung eine Phrase blieb. Er musste handeln, sich aber in Geduld üben, bis sich eine reelle Chance bot.

Die »Beatmania« schwappt von Liverpool auf den Kontinent hinüber. »Pilzkopf«-Frisuren lösen die »Schmalztolle« ab und die Beatles und Rolling Stones Elvis in der Gunst der kreischenden Teenager. Im Sommer besucht der Präsident der Vereinigten Staaten John F. Kennedy das geteilte Berlin zur Demonstration der West-Präsenz. Wenige Monate später, am 22. November, wird er bei einem Besuch im texanischen Dallas im offenen Wagen erschossen.

Bis in das Jahr 1964 hinein feilte Gartenschläger an verschiedenen Ausbruchsplänen und schließlich an einem Nachschlüssel, der ihm die Tore des »Fort Zinna«, in das er wegen eines ersten Fluchtversuches verlegt worden war, öffnen sollte. Natürlich stand ihm das Original nicht zur Verfügung, sodass er das Duplikat nach Augenmaß anzufertigen suchte, was ihm beinahe perfekt gelang. Das »Beinahe« waren wenige Millimeter, die jedoch ausreichten, das gewagte Unterfangen scheitern zu lassen. Trotzdem bedeutete dies das Ende seiner Haftzeit in Torgau. Denn aufgrund seiner Aktionen wurde er – strafverschärfend – in das »Zuchthaus« Brandenburg-Görden zurückverlegt. Dort traf er Gerd-Peter Riediger wieder und auch Resag ließ nicht lange auf sich warten.

Im gleichen Jahr sorgt ein neuer Box-Champion für Furore: Cassius Clay, der sich später in Muhammad Ali umbenennen wird, bestätigt auch im Ring, dass er »the greatest« ist. Nikita Chruschtschow wird als Staats- und Parteichef entmachtet, Leonid Breschnew der mächtigste Mann der UdSSR. Anlässlich des 15. Jahrestages der Staatsgründung beschließt die DDR-Regierung eine allgemeine Amnestie, von der politische Häftlinge jedoch ausgenommen sind. Michael Gartenschläger schreibt in einem von der Anstaltsleitung zurückgehaltenen Brief an seine Mutter: »... versucht bitte alles, dass man mich aus dem Zuchthaus entlässt, denn ich bin zur Zeit auf so einem Tiefpunkt angelangt. ... Wenn Ihr etwas unternehmt, so kannst Du auch sagen, dass ich bereit bin, jede Bewährung anzunehmen, auch wenn es zwanzig Jahre sind. ... Man soll berücksichtigen, dass ich die Straftat im Alter von siebzehn Jahren begangen habe und sogar der Staatssekretär gesagt hat: »Wir wissen, dass die Strafe zu hoch ist ...«

Gartenschlägers neues Domizil war ein Verwahrraum mit einer Grundfläche von ungefähr vierundzwanzig Quadratmetern, die sich bei normaler Belegung über zwanzig so genannte »Langstrafer« zu teilen hatten. Ein unsortiertes Gemisch aus Mördern, Räubern, Triebtätern und »Staatsverbrechern«, die nur eine Gemeinsamkeit aufwiesen: Keiner hatte unter fünf Jahren Zuchthaus zu verbüßen. Die elf Doppelstockbetten nahmen den Großteil der Zelle in Beschlag, sodass kaum mehr Platz blieb, sich aus dem Weg zu gehen, nicht aneinander zu geraten. Bei hohen Inhaftierungswellen wurden sogar bis zu dreißig Mann zusammengepfercht; das bedeutete, dass ein Teil der Gefangenen sich für die Nacht auf dem Boden einrichten musste. Deutsch-akkurat erhielten diese Leute von der Gefängnisverwaltung das Etikett »BS«, das sie kurz und bündig und für alle verständlich als »Bodenschläfer« auswies.

Insbesondere zu solchen Spitzenzeiten glich die Zelle einem Rattenkäfig, dessen gezielte Überbelegung der experimentellen Erforschung von Stressreaktionen dient. Der Test am Menschen bestätigte die Ergebnisse der Tierversuche: Die Aggressivität nahm mit steigender Insassenzahl zu, und auch wenn die gewalttätigen Auseinandersetzungen im Rahmen blieben, war die Grundstimmung von permanenter Gereiztheit geprägt.

Regelmäßig um 5 Uhr 30 hatte der Schlaf für die Häftlinge ein Ende. Bis zur ersten Essensausgabe verblieb eine halbe Stunde, die für die Morgentoilette zu nutzen war. Dabei galt es sich zu beeilen, denn den Männern in der Zelle standen nur zwei Waschbecken mit fließend kaltem Wasser und zwei »Scheißkübel« zur Verfügung; letztere wurden erst Ende der sechziger, Anfang der siebziger Jahre durch Spülklosetts ersetzt. Gedränge, Schlangestehen und Pöbeleien waren somit an der Tagesordnung, und es erforderte ein erhebliches Maß an Toleranz und Selbstdisziplin, trotz der Aggressionen und der preisgegebenen Intimität allmorgendlich einen halbwegs geregelten Ablauf zu finden.

Punkt sechs Uhr klapperten die Kalfaktoren mit dem kargen Frühstück heran, das aus unbeschreiblichem Malzkaffee, einigen Laiben Brot, Marmelade und einer weiteren süßen Masse, die sich »Kunsthonig« nannte, bestand. Dazu gab es fünfzig Gramm Margarine pro Magen, die alle drei Tage durch die gleiche Menge Butter ersetzt wurde. Während die Ersten schon aßen, wuschen sich einige Nachzügler noch oder saßen auf den stinkenden Kübeln. Dass in einer solchen Atmosphäre kein gelöster Plauderton herrschte, muss nicht sonderlich betont werden.

1965: Als erster Mensch schwebt der Sowjetrusse Leonow frei im Weltall. Winston Churchill stirbt im Alter von neunzig Jahren. Der Mime Anthony Quinn tanzt als »Alexis Sorbas« auf den Kinoleinwänden und zieht ein Millionenpublikum in seinen Bann. Die CDU wird bei der Wahl zum Deutschen Bundestag stärkste Partei und Bundeskanzler Ludwig Erhard, Identifikationsfigur des westdeutschen Wirtschaftswunders, setzt die Koalition mit der FDP fort. Im Zuchthaus Brandenburg festigen sich Gerüchte, dass »Politische« in die BRD entlassen werden.

So manchem Häftling knurrte noch der Magen, als um halb sieben das Kommando auf den Fluren erscholl: »Fertigmachen zur Arbeit!« Und wenige Augenblicke später: »Raustreten zur Arbeit!« Beim Verlassen der Zelle hatten sich die Strafgefangenen in Zweierreihe neben der Tür zum Zählappell aufzustellen, der im Laufe des Tages mehrmals wiederholt wurde. Bei der frühmorgendlichen Prozedur konnten dem Aufsichtspersonal gesundheitliche Beschwerden mitgeteilt werden. War eine Erkrankung offensichtlich, durfte der Betreffende in den Verwahrraum zurücktreten und auf einen Sanitätsoffizier – zur damaligen Zeit meist Hauptmann Feige – warten, der entschied, ob eine Arbeitsfähigkeit trotzdem vorlag oder eine ärztliche Behandlung notwendig erschien. Fehldiagnosen stellten von daher eher die Regel als die Ausnahme dar und waren häufig für gesundheitliche Spätfolgen verantwortlich; in manchen Fällen sogar für den Tod, wie der nicht erkannte Herzinfarkt des achtundsechzigjährigen Häftlings Oskar Puls verdeutlichte.

Die gesunden, besser gesagt: die als arbeitsfähig eingestuften Gefangenen begaben sich zu den Werkhallen auf dem Anstaltsgelände. Der Weg dorthin führte durch ein Tunnelsystem und war in wenigen Minuten bewältigt.

Im Februar 1966 plädiert der Erste Sekretär der SED Walter Ulbricht in einem Offenen Brief an die SPD für eine Zusammenarbeit der beiden »größten Parteien Deutschlands« zur »Lösung der Deutschland-Frage« und Ende März schlägt das Zentralkomitee der SED dazu einen innerdeutschen Redneraustausch vor. Im End-

spiel der Fußballweltmeisterschaft im Londoner Wembley-Stadion bringt ein umstrittenes Tor in der Verlängerung den Engländern den Sieg über Deutschland. Das antikommunistische Engagement der USA in Vietnam entwickelt sich zum Desaster. Am 27.11. einigen sich die Verhandlungskommissionen von CDU/CSU und SPD auf die Bildung einer Großen Koalition. Der Bundestag wählt am 1. Dezember Kurt-Georg Kiesinger zum neuen Bundeskanzler.

Nach einem neuerlichen »Erziehungsgespräch« mit Michael Gartenschläger zu »politisch-ideologischen Fragen und dem sich daraus ergebenden Gesamtverhalten« konstatierte sein »Erzieher«, der »Genosse Meister des Strafvollzuges« Wittenberg, eine »politische Unklarheit« des Strafgefangenen, die auf eine starke prowestliche Einstellung zurückzuführen sei. Und als Gartenschläger nur wenige Zeit später bei einer politischen Gruppendiskussion auch noch die »Unverfrorenheit« besaß zu behaupten, den Arbeitern gehe es in der Bundesrepublik bedeutend besser als in der DDR, war für Wittenberg das Maß des Erträglichen randvoll. Mit einer »Disziplinarverfügung« verhängte er gegen den »Erziehungsunwilligen« eine »Hausstrafe von 21 Tagen verschärftem Arrest«; die hatte Gartenschläger unmittelbar nach der »Arresttauglichkeitsuntersuchung«, die der Arzt der Haftanstalt vornahm, anzutreten.
Arrest, im Haftjargon auch »Karzer« genannt, war nicht nur eine Variante der Haftverschärfung, sondern eine regelrecht menschenunwürdige Strafmaßnahme, die in der Konsequenz nur dazu dienen sollte, jeglichen Widerstandswillen der Delinquenten zu brechen. Aus diesem Grunde waren die auch im tiefsten Winter kaum beheizten Einzelzellen auf der Arreststation mit Ausnahme der von der Wand abklappbaren Holzpritsche ohne Mobiliar. Selbst der obligatorische »Scheißkübel« stand hinter einer Gitterabtrennung im Verwahrraum und konnte nur dann benutzt werden, wenn es die Wärter für notwendig hielten. Und um denkbaren Selbstverstümmelungen oder gar einem Selbstmord vorzubeugen, hatte die Anstaltsleitung die Fensterscheiben mit einem zusätzlichen Gitter und einem engmaschigen Drahtverhau sichern lassen. Der reibungslose Vollzug der Arreststrafe war somit garantiert.

»Wir wünschen dem Herrn Strafgefangenen einen schönen Urlaub«, hörte Gartenschläger den Wärter höhnisch sagen, ehe dieser die schwere Zellentür krachend zuschlug.

Es dauerte nicht allzu lange, bis eine Stimme fragend über den Gang rief, wie denn der Neue hieße und wie viele Tage er »abzuschrubben« hätte. Gartenschläger antwortete nicht gleich.

»Du kannst hier ungestört mit uns reden«, ließ sich die Stimme erneut vernehmen. »Die Schließer kommen immer nur zur Essensausgabe auf die Station.«

Nun stellte sich Gartenschläger kurz vor, nannte seine Haft- und Arrestdauer, seine Hausstation, von der er kam, und erkundigte sich nach dem Tagesablauf. Danach herrschte eine ganze Weile Ruhe. Alle dort Untergebrachten schienen mit sich selbst beschäftigt.

Zur Mittagszeit kam Bewegung auf die Station. Kalfaktoren schleppten den Gefängnisfraß in Kübeln von Zelle zu Zelle.

»Hast du deinen ›Guten Tag‹?«, fragte der Essensausträger. Gartenschläger verstand nicht und schwieg.

»Nein, erst übermorgen«, mischte sich der Wärter ein.

»Gut, dann ist das dein Essen!«, murmelte der Hausarbeiter und reichte Gartenschläger fünf Scheiben trockenes Brot durch die als Zwischenwand im Mauerwerk eingelassenen Gitterstäbe.

»Was, das ist alles?«, fuhr Michael auf.

Eine Antwort bekam er auf seine Frage nicht. Stattdessen feixten sich der Schließer und der Kalfaktor gegenseitig an. »Der denkt wohl hier im Erholungsheim zu sein.« Und noch ehe eine Erwiderung folgen konnte, war die Zellentür wieder zugeriegelt.

Michael stand mitten im Raum, die Brotscheiben in der Rechten. Er hatte noch keinen Hunger. Etwas ratlos schaute er sich um, dann legte er seine karge Mahlzeit auf den Fußboden, den er vorher in einer Ecke mit seinem Jackenärmel stellenweise etwas abgewischt hatte, und verfolgte die langsam abebbenden Geräusche auf der Station. Schließlich Stille.

Gartenschläger lief ein paar Schritte hin, ein paar Schritte her. Anfangs zählte er noch mit, doch das gab er schnell auf. Einige Liegestütze und ebenso viele Kniebeugen kamen auch nur kurzfristig gegen die Langeweile an. Irgendwann lümmelte er sich mit dem Rücken zur Wand in die Ecke, wo das Brot lag. Lustlos begann er seine Mittagsration aufzuzehren. Dabei döste er vor sich hin, bis ihn die Stimme seines Nachbarn aus einem Tagtraum riss.

»Gartenschläger! Hast du noch Brot übrig?«

»Warum?«, rief er verwundert zurück. »Haste noch Hunger?«

»Ne, aber ab morgen könnten wir uns die Zeit mit Würfelspielen vertreiben!«

Er forderte Gartenschläger auf, eine der Brotscheiben gut durchzukauen. Dann sollte er die Brotmasse zu sechs kleinen Würfeln formen. »Jetzt machst du auf jeder Seite kleine Löcher rein. Und denk dran: Die Punkte auf den sich gegenüber liegenden Seiten müssen immer die Zahl Sieben ergeben!«

Gartenschläger war froh über diesen Vorschlag, denn es lenkte ihn etwas vom aufgezwungenen Nichtstun ab. Unverzüglich machte er sich daran, sein Essen in ein Spiel zu verwandeln. Mit dem Einbringen der Vertiefungen hatte er Schwierigkeiten, aber irgendwie bekam er auch das hin. An einer Wandkante, kaum sichtbar, reihte er Würfel an Würfel. Am liebsten hätte er gleich gespielt, aber die geformte Masse musste erst noch trocknen.

Am frühen Abend wurde es erneut laut auf dem Gang. Abendbrotzeit. Wieder gab es trockenes Brot, auf zweihundertundfünfzig Gramm genau abgewogen, dazu einen Blechnapf mit teeähnlichem Inhalt. Eine Viertelstunde später, gegen 18 Uhr 30, wurden die »Arrestanten« einzeln in den Waschraum geführt, nach drei Minuten musste die Körperpflege beendet sein. Warmes Wasser gab es nur einmal wöchentlich, am so genannten Badetag, der ein wenig Abwechselung in die Eintönigkeit brachte. Denn bei dieser Gelegenheit durften sie zu fünft den Duschraum aufsuchen. Das gegenseitige Schubsen, Drängeln, Lachen, Reden und Rückenwaschen sorgte für die lebensnotwendigen sozialen Kontakte, die bis zum nächsten Badetag vorhalten mussten. Nun konnte man endlich die Stimmen einem Gesicht zuordnen, denn während der Arrestzeit herrschte ansonsten strenge Isolation.

Nach der täglichen »Abendtoilette« hatte man die Gefängniskleidung militärisch-akkurat zusammengefaltet vor der Zellentür abzulegen. Und nur in arm- und beinlanger Unterwäsche kehrten die Häftlinge in den Verwahrraum zurück. Erst jetzt blieb der Gitterverschlag offen, sodass auch nachts der Toilettenkübel benutzt werden konnte. Das Aufsichtspersonal löste noch die mechanische Arretierung der wandseits hochgeklappten Holzpritschen, danach wurde das Licht gelöscht.

Michael Gartenschläger machte sein Bett fertig zur Nachtruhe. Die Pritschenunterlage bestand aus quer zur Liegerichtung aufgenagelten, sieben Zentimeter breiten Brettern mit stark unregelmäßigen Kanten. Das Kopfende war leicht ansteigend hochgestellt, sodass im Schulterbereich eine Schräge schmerzhaft drückte.

Er legte sich auf die hölzerne Unterlage. Die unbequeme Kopfhaltung versuchte er ein wenig dadurch zu mildern, dass er seine Pantoffeln als Kopfunterlage benutzte. Wenn diese sich verschoben, was während einer Nacht häufig der Fall war, rutschte sein Kopf auf die harten und kantigen Holzbretter. Das riss ihn immer wieder aus dem Schlaf. Dazu kam, dass die durchgewetzte Wolldecke nur wenig Schutz vor der aufkommenden Kälte bot. So drehte er sich von einer Seite auf die andere und lag oftmals stundenlang wach, starrte an die Decke und versuchte vergeblich, sich nach »draußen«, in die Freiheit zu denken.

Bereits gegen vier Uhr morgens wurden die Gefangenen geweckt. Waschen, Zähneputzen und Frühstück waren wie am Vorabend organisiert. Lediglich der Malzkaffee war brühend heiß und half, die durchfrorenen Glieder aufzuwärmen. Auch das Brot war noch warm, da die Gefängnisbäckerei bereits gegen zwei Uhr nachts mit ihrem Tagwerk begann. Ein köstlicher Imbiss am frühen Morgen, der jeden Abend aufs Neue freudig erwartet wurde. Dann wurde die Gitterwand wieder verschlossen, sodass der Toilettenkübel als Sitzgelegenheit verwehrt blieb.

Im Laufe des Tages waren die Miniaturwürfel fest getrocknet. Die Würfelaugen hatte Michael zusätzlich mit Zahncreme ausgefüllt, sodass das Spiel begonnen werden konnte. Die Wurfergebnisse brüllte man sich einfach zu, bis Gewinner und Verlierer feststanden. Unter den genannten Umständen ein hervorragender Zeitvertreib.

Nach zwei Tagen verschärften Arrests brach der schon erwähnte so genannte Gute Tag an. Das heißt, der Gefangene bekam an diesem, wie an jedem weiteren dritten Tag zum Frühstück zusätzlich einen Klecks Marmelade und fünfundzwanzig Gramm Margarine, zum Mittag eine warme Mahlzeit und zum Abendessen ebenfalls einen kleinen Brotbelag. Außerdem entschied an diesem Tag der Arrestaufseher, ob der Häftling zusätzlich zu den anderen Vergünstigungen eine Matratze als Pritschenauflage benutzen durfte.

In diesem Rhythmus wiederholten sich die Arresttage, bis der Delinquent mit Strafende wieder in seine normale Zelle zurückkehrte. Die vergangenen drei Wochen hatten Gartenschläger nicht, wie von der Anstaltsleitung erwartet, »diszipliniert«. Im Gegenteil: Er richtete sich innerlich auf, wusste wieder, an wem oder was er sich reiben konnte, wem oder was er widerstehen musste.

Aus einem Schreiben der Anstaltsleitung der STVA Brandenburg an die Mutter Michael Gartenschlägers: »... In Beantwortung Ihres Schreibens teile ich Ihnen mit, dass die Übersendung eines Sonderpaketes abgelehnt werden muss. Der Erhalt eines solchen Paketes bedeutet eine besondere Auszeichnung. Da Ihr Sohn bereits in letzter Zeit einen Sonderbrief als Auszeichnung erhielt, kann Ihrem Wunsch nicht stattgegeben werden.«

Zehn Stunden, von sieben bis siebzehn Uhr, dauerte die Tagschicht in den Zuchthausbetrieben. Die meisten Gefangenen waren in das periodisch wechselnde Früh-, Nachmittag- und Nachtschichtsystem eingebunden, Gartenschläger jedoch wurde – aus welchen Gründen auch immer – nur tagsüber eingesetzt, sieht man einmal von seinen Isolierungsphasen ab.

Die gleich bleibende Arbeitszeit stellte sich für ihn als Glücksfall dar, da er so recht oft mit seinen »Mittätern« Resag und Riediger oder anderen befreundeten Häftlingen zusammentraf, sich freier unterhalten und Gedanken austauschen konnte. Ein kostbares Gut im Meer von Gerüchten und (Fehl-) Informationen, ein, wie man meinte, stabiles Element im Geflecht von Beziehungen, die stets mit Vorsicht zu genießen waren, sofern es sich nicht um freundschaftlich verlässliche handelte. Denn zum einen hatte man sich vor den privilegierten Gewaltverbrechern in Acht zu nehmen, die grundsätzlich die »Sahnepositionen« wie Brigadier zugeschanzt bekamen, zum anderen war der Staatssicherheitsdienst mit Offizieren im besonderen Einsatz (OibE) vor Ort, die sich für alle Interna interessierten und Insassen als Zelleninformanten anwarben. Manchmal war darunter auch ein vermeintlicher Freund, wie man heute weiß und wie in Michaels Fall sein »Schützling« in Brandenburg, Norbert Meier, zeigt. Von Gartenschläger aufgrund seiner etwas labilen, wenig durchsetzungsfähigen Art mit besonderer Fürsorge bedacht, lieferte Meier nach seiner Anwerbung als Informant der Stasi Wissenswertes aus der »freundschaftlichen« Kommunikation. Die Tagschicht wurde lediglich durch eine dreißigminütige Mittagspause unterbrochen, in der die fade, vor allem aber vitaminarme Kost auf den Tisch kam. Zum Ausgleich griff man zur Selbsthilfe. Dann und wann, wenn es die Versorgungslage erlaubte, wurden auf provisorischen Kochstellen, die in dem Gewirr von Maschinen, Werkzeugschränken, Roh- und Fertigteilen leicht versteckt werden konnten, die eintönigen Mahlzeiten etwa mit Bratkartoffeln aufgebessert. Schweineschmalz zum Anbraten gab es in der Anstaltskantine zu kaufen und der Clou waren Zwiebeln, die sich im Tausch gegen Zigaretten durchaus organisieren ließen. Diese »Zweitküchen« waren natürlich verboten, aber eine ganze Reihe von Wärtern schaute oder präziser: roch weg, um den Verstoß gegen die Gefängnisordnung nicht ahnden zu müssen.

Die Betriebe entlohnten ihre Arbeitskräfte monatlich. Den Hauptteil des Verdienstes strich allerdings die Anstaltsverwaltung für Unterkunft und Verpflegung ein. Der Rest, in der Regel etwa zehn Prozent, wurde den Häftlingen in Form von Lebensmittelmarken ausgezahlt, für die sie in einer Art HO-Laden aus dem dürftigen Angebot einige Konsumartikel erwerben konnten. Besonders begehrt waren dabei Zigarillos und Zigaretten – solange der Vorrat reichte. Gute Arbeitsleistung, gar Planübererfüllung wurde mit einer Markenerhöhung, in speziellen Fällen mit urkundlichen Auszeichnungen belohnt, während die weniger Ehrgeizigen oder diejenigen, die zu viel Ausschuss produzierten, mit geschmälerter

Kaufkraft leben mussten. Vor dem Hintergrund der mageren Ver-
köstigung und vielleicht auch der Langeweile entwickelten sich die
Gefängnisbetriebe zu den vergleichsweise produktionsstärksten in
der DDR. Zudem hatten sie den Vorteil, dass die Häftlinge – bis auf
die Sonntage – ganzjährig durcharbeiteten bzw. nur mit erkannten
und akzeptierten Erkrankungen zu freien Tagen kamen.

*1967. Altbundeskanzler Konrad Adenauer stirbt am 19. April im
Alter von 91 Jahren. Im tschechoslowakischen Karlsbad tagen die
kommunistischen Parteien Europas und wiederholen den Vorschlag
zur Einberufung einer europäischen Sicherheitskonferenz. Im Juni
wird der Student Benno Ohnesorg in Westberlin bei einer Protest-
demonstration gegen den Besuch des Schahs von Persien von einem
Polizeibeamten erschossen. Die »Studentenrevolte« nimmt ihren
Anfang.*

Am 1. September endete die Haftzeit für Gerd-Peter Riediger. Auf
Grund »besonderer Bemühungen der Bundesregierung« durfte er
in die Bundesrepublik ausreisen. Da blitzte er wieder auf, der Fun-
ken Hoffnung bei Michael Gartenschläger und Gerd Resag. Wenn
schon das etwas leichtere Schicksal des Kumpels aus Strausberger
Tagen das Interesse der hohen Politik im Westen fand, waren dann
nicht, mussten dann nicht die »Lebenslänglichen« die Nächsten
sein, denen sich, wie Bezirksgerichtsdirektor Ziegler angekündigt
hatte, die Gefängnistore öffneten? Allmählich keimte Zuversicht.
»Es kommt darauf an, das Hoffen zu lernen.« An das Gelingen zu
glauben, das Hundeleben nicht passiv zu ertragen. Der Lebensmut
kehrte zurück.

Am Ende der Tagschicht durfte man duschen, sich umziehen, sich
kurze Zeit bei offenen Zellentüren freier bewegen, plaudern, sich
bereden, Zellennachbarn besuchen. Danach brachten die Kalfaktoren das Abendessen, das sich vom Frühstück nur geringfügig unterschied. Wieder Brot, Margarine oder Butter, zwei Scheiben
Wurst für jeden und einmal wöchentlich zusätzlich Käse oder besser: etwas, das einmal Käse gewesen war. Zumeist überbot er den

Gestank der Toilettenkübel mühelos um ein Vielfaches. Doch der Hunger schluckte so manches, auch den mitgelieferten lauwarmen Tee, dessen geschmackliche Variationen die wildesten Spekulationen anregten.

1968: Der zwölfjährige holländische Kinderstar Heintje verdrängt mit seiner Schnulze »Mama« die Rockbands von der Spitze der Hitlisten. In den USA hingegen triumphiert der Hass: Am 4. April wird der Friedensnobelpreisträger Dr. Martin Luther King, der nach dem Vorbild Gandhis gewaltlos für die Gleichberechtigung der Farbigen kämpfte, erschossen, und unter Befehl des US-Oberleutnants Calley werden die Bewohner des südvietnamesischen Dorfes MyLay wahllos niedergemetzelt. Auf den Straßen Europas rebelliert die Jugend gegen den Muff der Altvorderen. Im Mai verabschiedet der Bundestag die Notstandsgesetze, und am 21. 8. 1968 wird der »Prager Frühling« durch die Armeen der Warschauer-Pakt-Staaten gewaltsam beendet.

Vergeblich warteten Gartenschläger und Resag im Frühjahr auf Anzeichen ihrer bevorstehenden Entlassung. Und als auch im Sommer und Herbst nichts auf eine Änderung ihrer Haftsituation hindeutete, beschloss Michael zum zweiten Mal, die Sache selbst in die Hand zu nehmen. Eine Schikane der Anstaltsleitung zu Weihnachten war dafür ausschlaggebend, dass er einen Monat später einen erneuten Fluchtversuch wagte, den er 1976 gegenüber dem Hamburger Nachrichtenmagazin *Der Spiegel* folgendermaßen beschrieb:
»Jedenfalls, das hat mich so geärgert, dass am 24. Dezember 1968 eine Filzung war, eine Großfilzung, genau Heiligabend. ... Wir waren eine Elf-Mann-Zelle, und da haben wir Torten gemacht und so was alles, und da filzen die und nehmen uns fast alles weg, Kartoffelsalat und so. Und das hat mich so geärgert, dass ich dachte, jetzt haust du ab.
Und dann bin ich in der IFA, das ist der Betrieb im Zuchthaus Brandenburg, wo ich gearbeitet habe, nach Weihnachten durch die Werkhalle gegangen, um mir das passende Gerät zusammenzusu-

chen. Na ja, als ich so durch die Werkhalle ging, fand ich das Gesuchte in Form einer Kiste, in der Werkstücke gelagert werden; das waren meine Bauteile. Das ist praktisch eine Metallkiste, die ist 1,20 Meter lang, 80 Zentimeter breit und 60 Zentimeter hoch. Die hab ich mir genommen, ein Schild drüber gemacht »Gesperrt, Kontrolle TKO«, Technische Kontrollorganisation, die hat dann keiner mehr angefasst, ein Stück Pappe draufgelegt, alles klar.

So, nun hab ich das Gestell, das in der Kiste für die Aufnahme der Bauteile bestimmt ist, in der Drehbank verkürzt, einen doppelten Boden eingelegt und das verkürzte Gestell wieder draufmontiert. Nun ist ja das Problem, dass es mit dem Gewicht der Kiste nicht mehr stimmt, wenn statt der 75 Bauteile, die da reingehören, mit mir zusammen nur noch 15 Bauteile verstaut werden können. Also bin ich in der ganzen IFA rumgelaufen und hab Ballast gesucht.

Und wie ich da so rumhantiere, kommt der Staatssicherheitsdienst und fragt mich: Na, Gartenschläger, was machen Sie denn hier Schönes? Ich sage: Seh'n Sie mal, ich kann doch hier immer nur ein einziges Teil montieren an meiner Maschine. Aber jetzt baue ich mir eine Vorrichtung, da kann ich fünfzehn Teile auf einmal montieren; das wär 'ne Steigerung der Arbeitsproduktivität um tausendfünfhundert Prozent. Sagt der: Mensch, det is ja 'n Ding, na dann machen Sie mal weiter.

Als ich jetzt die Kiste präpariert hatte, nicht wahr, da hab ich zu einem Kollegen gesagt, so, nun geh mal zu dem Gabelstaplerfahrer hin und sag Bescheid, dass er die Kisten rausfahren soll.

Um ein Uhr mittags haben sie gemerkt, dass ich fehle. Nun haben sie gerätselt, wo ist er denn, übern Zaun kann er nirgends gesprungen sein, da ist überall der Schutzstreifen, wo geharkt ist, und so haben sie die ganze IFA mit Tränengas ausgespritzt; ich war aber nicht zu finden.

Ich war mittlerweile in der Kiste schon draußen auf dem Lagerplatz. Und bald kam auch so ein Trecker, der den Hänger in die Stadt bringt, und einer sagte: Nimm doch den auch gleich mit, den Hänger, wo ich drauf bin. Und da sagt der Treckerfahrer: Mensch, ich hab keine Lust, heute noch so viel zu machen. Ich nehm bloß den einen mit. Dann komm ich nochmal her. Sag denen im Werk, der war noch nicht beladen, oder so was.

Und das war mein Pech. Denn hätte der mich mitgenommen, dann wäre ich zwischen Lagerplatz und Werk unbemerkt runtergekommen, hätte mich einfach, ich hatte Zivil an, abgesetzt, alles wäre gut gewesen. Ich höre die Sirene, ich denke, na ja, jetzt musst du dich auf 'ne längere Zeit hier einrichten.

Abends, um neun Uhr etwa, da dachte ich dann, jetzt ist es dunkel genug, jetzt musst du mal auskundschaften, wie du wegkommst. Und da bin ich rausgestiegen, hab mich auf dem Lagerplatz frei bewegt, bin mal hier hin, mal dort hin, und dann dachte ich mir, zum Wald hin, da darfst du nicht, da ist es am dunkelsten, da werden sie die meisten Wachen haben. Geh lieber rüber, da ist auf der anderen Seite von dem Lagerplatz so ein Neubau, kann man sagen, probier ich da, ob ich da weg kann.

Ich bin da drin, klettere eine Heizungsleiter hoch, gucke oben durch ein schmales Fenster und sehe, wie sich irgendwas da unten bewegt, irgendwas Graues. Dass das die Fellmütze von so einem Polizisten war, darauf bin ich nicht gekommen. Ich dachte, 'ne Katze vielleicht oder so. In dem Augenblick kommt der da vor aus dem Schatten, richtet seine Maschinenpistole auf mich und war aufgeregter als ich. Was machen Sie denn hier? Ich sage: Ich gucke mal. Er: Wer sind Sie denn? Na der, den Sie suchen. Wer soll ich sein. Sagt er: Seien Sie ganz ruhig, seien Sie ganz ruhig.

Dann kamen ungefähr zwölf Personen an und haben mich geholt. Der eine, das war einer, der ziemlich gut war, der war in Ordnung. Der hat mit mir geschimpft und hat mich gefesselt, mich aber nicht geschlagen. … Dann kam der Oberleutnant vom Staatssicherheitsdienst die Treppe runter und sagte: Na, Gartenschläger, jetzt hab ich Sie endlich. Und jetzt krieg ich Sie so weit, dass Sie hier auf Knien kommen und um Gnade winseln. Da hab ich gesagt: Na, da können Sie lange warten!«

Als Konsequenz des Fluchtversuches wurden Gartenschläger zunächst erneut einundzwanzig Tage »verschärfter Arrest« aufgebrummt.

Um neunzehn Uhr zählten die Aufseher nochmals ihre »Schäflein«, ehe sie die Verwahrräume verriegelten und zweifach verschlossen. Nun waren die Zwangswohngemeinschaften wieder unter sich und die meisten Männer vertrieben sich die Zeit bis zur angeordneten Nachtruhe mit Brettspielen. Kartenspiele waren offiziell verboten, was aber nicht bedeutete, dass diese Bestimmung eingehalten wurde. Leere Zigarettenschachteln auf Kartengröße geschnitten und mitunter von künstlerischer Hand bebildert, stellten einen praktikablen Ersatz dar, mit dem Skat, gelegentlich auch Siebzehn-und-Vier gespielt wurde. Die Einsätze dabei nahmen sich bescheiden aus und variierten in der Menge je nach Monatszeit: Zu Beginn, nach den Einkäufen, waren sie relativ hoch, doch ab der Mitte verringerten sie sich mehr und mehr. Größtenteils wurde mit Zigaretten bezahlt, ansonsten mit einem Teil der Verpflegungsration, wobei sich die fünfzig Gramm schweren Butterstreifen besonderer Beliebtheit erfreuten.

Gartenschläger beteiligte sich nie daran. Fast jeden Abend vertiefte er sich in Bücher, die auch im Zuchthaus Brandenburg in wöchentlichem Turnus entliehen werden konnten. Obgleich seine Leidenschaft in jener Umgebung ungewöhnlich war, nahm keiner der Mitgefangenen Anstoß daran. Und die ihn belächelten oder aufzogen, suchten hinterher seinen Rat.

Unterstützung fand Michael in seinem väterlichen Freund Voigt, einem promovierten Philosophen, mit dem er sich in endlose fachliche Diskussionen verstrickte und von dem er gerne lernte. So hörte er erstmals von den verschiedenen Theorien der Herrschaft, von den Verflechtungen von Staat, Gesellschaft, Institutionen und Interessengruppen; er erfuhr etwas über die Medici und las Machiavellis *Il Principe*, das klassische Lehrbuch für autoritäre, skrupellose Machtpolitik, mit wachsendem, staunendem Begreifen. Dabei fiel ihm seine Geschichte, sein Richter ein, der sich, so dachte er, gut auf dieses Werk hätte stützen können, sozusagen als Rechtfertigung seines Tuns, das alle Mittel recht findet, wenn es um die Staatsinteressen geht, um die Unterordnung der Moral unter die Politik.

Januar 1969. Der Oberleutnant der Stasi ließ nichts unversucht, seine Drohung an die Adresse Gartenschlägers wahr zu machen. Nach Verbüßung der dreiwöchigen »Hausstrafe« aufgrund seines Fluchtversuches wurden weitere Zwangsmaßnahmen über ihn verhängt. Das heißt, auf Anordnung des Leiters der Strafvollzugsanstalt, Ackermann, wurde »gegen den Strafgefangenen Michael Gartenschläger« eine »Sicherungsmaßnahme« verhängt. Dabei stufte man ihn in die Kategorie »Sondersträfling« mit dem Etikett »EU = erziehungsunwürdig« ein, was bedeutete, dass er zunächst für die Dauer eines Jahres auf einer speziell eingerichteten Isolierstation in verschärfter Einzelhaft gehalten wurde. Damit war jegliche schriftliche oder mündliche Kommunikation mit Dritten – außer mit dem Aufsichtspersonal – unterbunden, der Bezug von Zeitungen und Büchern untersagt und natürlich auch die Vergünstigung, im HO-Laden einzukaufen, ersatzlos gestrichen. Bedenkt man, dass der Begriff »Isolationsfolter«, der während der siebziger Jahre im Zusammenhang mit der deutlich humaneren Unterbringung inhaftierter RAF-Terroristen in der Bundesrepublik für öffentliche Aufmerksamkeit und teilweise Entrüstung sorgte, damit inhaltlich besetzt ist, müsste für Michael Gartenschlägers damalige Situation ein neues, treffenderes Wort gefunden werden.

Michael wusste, was die Stunde geschlagen hatte; dass es eine Gratwanderung bedeutete, die richtigen Mittel zu wählen, um die Absicht, ihn zu zerbrechen, unterlaufen zu können. Vor allem war ihm bewusst, dass er sich nicht provozieren lassen durfte und jegliche physische Auseinandersetzung mit wem auch immer meiden musste. Denn er hatte das dumpfe Gefühl, dass man auch bei ihm nur auf eine aggressive Reaktion wartete, und so mobilisierte er alle inneren Kräfte, um in der zermürbenden Situation ruhig zu bleiben. Doch wie lange würde er das durchhalten? Die Beendigung der Isolation lag im Ermessen der Anstaltsleitung und die würde eine solche Entscheidung gewiss nur in Absprache mit dem Staatssicherheitsdienst treffen. Wie sich also bemerkbar machen in diesem Loch?

Eine Vergünstigung war Michael während der Einzelhaft geblieben: der tägliche Freigang auf dem Gefängnishof. Zwar war er auch dabei allein, aber immerhin außerhalb der Zelle, an einem Ort und auf Hin- und Rückwegen, auf denen sich vielleicht einmal eine günstige Gelegenheit ergeben konnte, sich in Erinnerung zu rufen. Dieser Gedanke beschäftigte ihn mehr und mehr, und als er merkte, dass seine Aufseher allzu penibel darauf bedacht waren, jegliche Kontaktchance zu unterbinden, suchte er nach einer anderen Möglichkeit, auf sich aufmerksam zu machen. Und plötzlich bei einem seiner Freigänge war der Einfall da, kein Plan, eher ein Reflex beim Anblick des gut fünfzig Meter hohen Schornsteins, dessen Sockel mit einer Mauer den Hof abschloss. Ein rasches Schielen zu den Wärtern – sie hatten ihn gerade nicht im Visier –, ein kurzer Spurt, und schon bekam er die ersten, in den Schornstein eingelassenen Stahlsprossen zu fassen, kletterte unbeirrt von dem Gezeter, das er unter sich vernahm, höher und höher, bis er die an der Krone angebrachte Plattform erreichte und verschnaufen konnte.

Erst jetzt und als er sah, dass hektisches Treiben den Hof erfüllte, wurde ihm bewusst, wie gefährlich seine Aktion und ihre Folgen waren.

Wohl noch nie hatte sich ein Ereignis in der Haftanstalt mit einer solchen Geschwindigkeit innerhalb und außerhalb der Mauern herumgesprochen. Die Leitung, alle Angestellten waren auf den Beinen, die Gefangenen drängelten sich an den Fenstern, strömten aus den Werkhallen, winkten nach oben, schrien Unterstützung in die Luft, wurden umstellt, mit Schlagstöcken mundtot gemacht. Auch vor den Toren hatte man den Mann auf der Plattform entdeckt. Immer mehr Menschen versammelten sich am Straßenrand, beobachteten, wie Gartenschläger in einer halsbrecherischen Aktion mit einem herausgelösten Ziegelstein großbuchstabig das Wort »Hunger« in das Mauerwerk ritzte. Einige liefen nach Hause, kamen mit Lebensmitteln zurück, die sie am Gefängnistor abgeben wollten. Doch längst war die Volkspolizei mit jaulenden Sirenen vorgefahren, stellte sich schützend vor das Anstaltstor, löste die Ansammlung auf und riegelte den Bereich weiträumig ab.

Derweil tagte hinter den Mauern ein Krisenstab um den Leiter Oberstleutnant Felix Ackermann. Nach eingehender Beratung entschloss er sich, einen Vollzugsbeamten in die Höhe zu schicken, um mit Michael über einen freiwilligen Abstieg zu verhandeln. Gartenschläger nannte Bedingungen: die Aufhebung der totalen Isolation für die »Absonderungshäftlinge« und eine Erhöhung der Brotration für alle Gefangenen. Überraschenderweise sagte Ackermann ohne weitere Diskussion eine Aufstockung von drei- auf sechshundert Gramm Brot pro Tag zu und garantierte überdies die künftige Erlaubnis zum Bücher- und Zeitungsempfang in der Einzelhaft. Auch den Einkauf gestattete er, zumindest in den Fällen, in denen die Betroffenen über genügend monetäre Rücklagen verfügten.

Ob Gartenschläger den Zusagen des Anstaltsleiters Glauben schenkte oder von der pragmatischen Überlegung geleitet wurde, dass er nicht ewig auf seinem Turm ausharren konnte, mag dahingestellt bleiben. Auf jeden Fall stieg er herunter, nachdem ihm der Emissär das Wort Ackermanns überbracht hatte. Und der Oberstleutnant löste seine Versprechen ein, erließ Michael sogar nach einiger Zeit die Einzelhaft. Warum Ackermann nachträglich nicht mit härteren Maßnahmen reagierte, bleibt vermutlich eines seiner persönlichen Geheimnisse.

Im März 1969 wählt die 5. Bundesversammlung in Westberlin Gustav Heinemann zum Bundespräsidenten und Helmut Kohl wird Ministerpräsident von Rheinland-Pfalz. Am 20. Juli betreten die amerikanischen Astronauten Neil Armstrong und Edwin Aldrin als erste Menschen den Mond. In der Nähe von Woodstock findet Mitte August ein inzwischen legendär gewordenes Open-Air-Rockfestival statt, und im gleichen Monat unternehmen die Westmächte mittels entsprechender Aide-mémoires an die UdSSR den Versuch einer Initiative zur Regelung der Berlin-Frage. Im Ergebnis der Wahlen zum 6. Deutschen Bundestag bilden SPD und FDP die sogenannte »sozial-liberale Koalition«. Willy Brandt wird Bundeskanzler.

Resag und Gartenschläger warteten auch weiterhin vergeblich auf die Nennung ihrer Namen bei Entlassungen, obwohl sie sich zu dem Zeitpunkt bereits acht Jahre in Haft befanden. Vom Tod seiner Mutter wurde Gartenschläger drei Tage später teilnahmslos informiert. Obgleich er sich nichts anmerken ließ, erschütterte ihn die

Mitteilung zutiefst. Er hatte das Gefühl, den letzten Halt in seinem Leben verloren zu haben, und stand kurz davor sich aufzugeben. Wie bei seinem Vater wurde ihm die Teilnahme am Begräbnis der Mutter verweigert. Seinen wütenden schriftlichen Protest beantwortete die Anstaltsleitung mit einer erneuten dreiwöchigen Arreststrafe unter verschärften Bedingungen.

Zu jener Zeit stellte seine Schwester Christa beim Staatsrat der DDR ein weiteres Gnadengesuch, und die Menschenrechtsorganisation Amnesty International forderte an gleicher Stelle Michael Gartenschlägers und Gerd Resags Freilassung. Beide Initiativen endeten erfolglos.

Abrupt endete der »Spiele- und Leseabend« in der Zelle um 21 Uhr 30 mit dem Kommando: »Fertigmachen zur Nachtruhe!« Ähnlich der morgendlichen Prozedur bedeutete dies Schlangen vor den Waschbecken und Eimern. Zahnpflege gewann mit der Dauer der Inhaftierung an Bedeutung, wenn sich erste Schäden aufgrund der unausgewogenen Ernährung zeigten. Zudem wurde von Seiten der Verwaltung eine Vorsorgeroutine nicht für notwendig erachtet. Vielen »Langstrafern« blieb nach ihrer Entlassung nur noch der Zahnersatz.

Um zweiundzwanzig Uhr löschten die Wärter das Licht in den Zellen und ganz allmählich kehrte Ruhe ein. Das unvermeidliche Geschnarche der Mithäftlinge störte nur diejenigen, die vor innerer Unruhe nicht schlafen konnten, und die »Frischlinge«, die sich noch nicht an den strapaziösen Tagesrhythmus gewöhnt hatten.

Die Sonnabende dagegen verliefen meist anders, denn da erzählte immer jemand einen Film nach oder dachte sich eine spannende Geschichte aus. Tausendundeine Nacht in Brandenburg, Märchenstunden im Gefängnis. Und wenn die Fabulierkunst des Erzählers gefiel und seine Phantasie bis Kap Hoorn oder Grönland reichte, erhielt er einige Zigaretten als Honorar oder sonst etwas, das er schätzte.

Für anpassungswillige, ausgewählte Häftlinge gab es gelegentlich die Möglichkeit fernzusehen, soweit keine Kriminal- und Spionagefilme ausgestrahlt wurden. Sie schienen wohl der »Erziehung« abträglich. Gartenschlägers widerspenstige Art erlaubte eine solche Vergünstigung nicht. Selbst vom Politunterricht in Form der obligatorischen Zeitungsschau, die die oberflächliche, unkritische Lektüre der Artikel der *Jungen Welt*, des *Neuen Deutschlands* und anderer SED-Organe beinhaltete, war Michael wegen seiner unmissverständlichen Haltung gegenüber der staatstragenden Partei ausgeschlossen. Diese Entscheidung wurmte ihn keineswegs, da er lieber einen klaren Standpunkt vertrat, als um den Preis der Willfährigkeit in den Genuss der monatlichen Kinofilmvorführung im Mehrzwecksaal der Haftanstalt zu kommen; denn dieses Privileg setzte eine regelmäßige und aktive Teilnahme an den ideologischen Indoktrinationsveranstaltungen – von den Gefangenen auch »Rotlichtbestrahlung« genannt – voraus.

Obgleich Gartenschläger recht hermetisch von der Außenwelt abgeschnitten war, fand er einen Weg, an aktuelle Informationen aus dem Leben jenseits der Zuchthausmauern, ja sogar hinter dem Eisernen Vorhang zu kommen. Gerd Resag war es schon 1966 gelungen, ein reparaturbedürftiges Schwerhörigengerät zu besorgen. Ein Häftling aus der Effektenkammer hatte es ihm im Tausch gegen ein illegales Englischlehrbuch angeboten. Diesen Apparat machte Resag, der technisch versiert war, wieder funktionstüchtig und baute ihn zu einem Rundfunkempfänger um. Von da an konnten sie die relativ nahe gelegenen *Sender Freies Berlin* und *RIAS* hören, Ost-Nachrichten um West-Meldungen ergänzen oder korrigieren und an einen kleinen, ausgesuchten Kreis weitergeben. Die Stasi-»Offiziere im besonderen Einsatz« fahndeten jahrelang erfolglos nach dem ominösen Nachrichtenvermittler. Erst kurz vor der Abschiebung der beiden Häftlinge wurde das Gerät bei einer strengen Durchsuchung der Zellen und Werkhallen gefunden. Auch in diesem Fall drängt sich der Verdacht auf, dass ein eingeweihter Mithäftling den entscheidenden Tipp zum Auffinden des Verstecks gegeben hatte.

Im Jahre 1970 befreit Ulrike Meinhof Andreas Baader während eines Studienfreigangs aus der »Gesinnungshaft«. Die Regierung

Brandt setzt per Grundgesetzänderung das Wahlalter herunter; das heißt, Achtzehnjährige dürfen in der Bundesrepublik zukünftig wählen und ab dem 21. Lebensjahr gewählt werden. An den DDR-Grenzsperranlagen wird der praktische Einsatz einer neuartigen Mine erprobt. Im Abschlussbericht zur Testphase wird es heißen: »Die Splitterwirkung an beschossenen Wildarten: Reh-, Schwarz- und Federwild lässt den sicheren Schluss zu, dass durch SM-70 geschädigte Grenzverletzer tödliche bzw. so schwere Verletzungen aufweisen, dass sie nicht mehr in der Lage sind, den Sperrzaun zu überwinden.« Und am Ende der Fußballweltmeisterschaft in Mexiko wird (West-) Deutschland Dritter und der Nationalmittelstürmer Gerd Müller Torschützenkönig des Turniers.

Für Gerd Resag und Michael Gartenschläger blieb 1970 ein weiteres Geduldsjahr. Wie immer in den vergangenen Frühjahren wuchs auch dieses Mal die Unruhe unter den »Politischen«. Wen erreichte eines der magischen Worte »Aktion«, »Rechtsanwalt Vogel«, »Westen«, »Freiheit«? Doch wieder traf es nicht sie, obwohl sie mittels Radio über die neuesten deutsch-deutschen Entspannungen informiert waren und besondere Hoffnung auf das Treffen des DDR-Ministerpräsidenten Willi Stoph mit Bundeskanzler Willy Brandt in Erfurt setzten. Doch nichts geschah. Und auch ein neuerlicher Antrag der Schwester Gartenschlägers »auf gnadenweise Herabsetzung der lebenslänglichen Freiheitsstrafe auf eine zeitige Freiheitsstrafe« wurde am 11. November 1970 von der »Gnadenkommission des Bezirks Frankfurt/Oder« abgelehnt. Ihr Vorsitzender Meckert vermerkte in seiner Begründung, »dass sich der Strafgefangene Gartenschläger wegen seines gegenwärtigen Verhaltens in der Strafvollzugsanstalt noch weiterhin bewähren muß«. Er konnte sich dabei auf die vorangegangene Stellungnahme des Anstaltsleiters berufen, der in seinem Bericht festgestellt hatte: »Nach wie vor hält er an seinem Vorhaben und seiner Zielstellung fest, der DDR größtmöglichen Schaden zuzufügen, unter allen Umständen und mit allen Mitteln auszubrechen und die BRD zu erreichen ... Charakteristisch für den negativen Verlauf desselben (des ›Erziehungsprozesses‹) ist die unverändert feindliche, von abgrundtiefem

Hass gegen die DDR und sozialistische Gesellschaftsordnung gebliebene politische Einstellung und Grundhaltung des Strafgefangenen Gartenschläger, die er unverhohlen immer wieder aktiv in Wort und Tat zum Ausdruck bringt.«

Zu Beginn des Jahres 1971 wird die »Queen of Crime«, Agatha Christie, von Königin Elizabeth II. geadelt. Im März avisiert Rechtsanwalt Vogel, der seit 1963 auf östlicher Seite den »Freikauf« von Häftlingen aus DDR-Gefängnissen abwickelt, seinen westlichen Gesprächspartnern eine für den Frühsommer geplante Freilassung der Gefangenen Gartenschläger und Resag. Am 3. Mai tritt Walter Ulbricht von seinem Amt als Erster Sekretär des ZK der SED zurück, bleibt jedoch Staatsratsvorsitzender. Neuer Parteichef wird Erich Honecker, der der DDR internationale Anerkennung verschaffen will.

Im gleichen Monat werden vom Unterhändler Vogel und dem Westberliner Rechtsanwalt Stange, der ebenso wie sein DDR-Pendant von Beginn an in die innerdeutsche Aktion involviert war, die Einzelheiten der bevorstehenden »Rot-X-Aktion« – einer der Codenamen für die Häftlingsfreikäufe – besprochen. Vogel bestätigt noch einmal die baldige Entlassung der Letzten der »Strausberger Bande« als verbindliche Zusage. Anfang Juni unterzeichnet Ulbricht in seiner Eigenschaft als Vorsitzender des Staatsrates einen aufgrund der lebenslangen Haftstrafen notwendigen »Gnadenentscheid« zugunsten Michael Gartenschlägers und Gerd Resags, für die sich am 5. Juni, nach neun Jahren und zehn Monaten Leidenszeit, die Zuchthaustore öffneten.

Mitte Mai 1971 überbrachte Rechtsanwalt Stange dem »Hilfswerk der Helfenden Hände e.V.« in Hamburg die gute Nachricht: Nach sechsjährigen Bemühungen würden Michael Gartenschläger und Gerd Resag demnächst aus der Haft entlassen und in die Bundesrepublik abgeschoben werden. Frau Dora Fritzen nahm die Information mit großer Freude und Befriedigung zur Kenntnis. Denn sie hatte 1965 beim damaligen Bundesministerium für gesamtdeutsche Fragen erreichen können, dass die Namen der Strausberger regelmäßig auf die bundesdeutschen »Wunschlisten« des so genannten Häftlingsfreikaufs gesetzt wurden. Doch während Riediger in diesem Zusammenhang bereits nach zwei Jahren, 1967, ausgelöst werden konnte, zeigte man von DDR-Seite aus in Sachen der »Lebenslänglichen« trotz des Insistierens Bonns und privater Kreise kein Einlenken. Jahr um Jahr überging man die Namen Resag und Gartenschläger geflissentlich und ohne nähere Begründung.

Frau Fritzen, eine recht gut betuchte Reederswitwe, hatte Anfang der fünfziger Jahre gemeinsam mit der damaligen Ehefrau des Verlegers Axel Springer, Frau Rosemarie Springer, mit Frau von der Lühe, Frau Greifenhagen, Otto Dinse und anderen wohlhabenden Mäzenen das Hilfswerk gegründet. Ursprüngliches Ziel war die ideelle und materielle Unterstützung bedürftiger Angehöriger von Wehrmachtssoldaten, die sich noch in sowjetischen Lagern befanden. Rasch zeigte sich, dass unzählige Einzelmaßnahmen notwendig schienen, um den wohltätigen Zweck der Organisation zu erfüllen. Also gingen die ehrenamtlich tätigen Mitglieder daran, ein Geflecht von Verbindungskanälen zu staatlichen Stellen, zu Kreisen aus Politik und Wirtschaft zu schaffen.

Insbesondere in den Anfangsjahren mussten die Namen von Betroffenen gesammelt, Anschriften ermittelt und die Daten unter sozialen Gesichtspunkten katalogisiert werden. Darüber hinaus galt es Geldspenden und Konsumgüter zu akquirieren, die hauptsächlich in der Weihnachtszeit, an Geburtstagen und zu sonstigen außergewöhnlichen Anlässen wie Schulbeginn, Kommunionen oder Konfirmationen an die Hilfsbedürftigen verteilt bzw. verschickt wurden.

Als von Anfang an schwierig und mühevoll erwiesen sich dabei die Geschenksendungen in die DDR, da das Ministerium für Staatssicherheit das Hilfswerk schon frühzeitig als »eine von Geheimdiensten gesteuerte Feindorganisation« diffamiert hatte. Um daher einigermaßen sichergehen zu können, dass die Pakete auch tatsächlich die Adressaten erreichten, griff man auf fingierte Absender zurück und wählte möglichst viele verschiedene Postämter als Versandstellen. So kam es, dass die Empfänger oftmals jahrelang nichts über den wahren Spender der weihnachtlichen Präsente oder der persönlichen Geburtstagsüberraschung erfuhren und sich nicht wenig über ihre »neuen« Kontakte im Westen Deutschlands wunderten.

Aus jenen Anfängen heraus rückte bald ein weiterer Personenkreis in das Blickfeld der Hamburger Organisation: die politischen Häftlinge in der DDR und deren Familien, um die sich die Damen und Herren um Dora Fritzen fortan zusätzlich kümmerten. Ob Lebensmittel, Bekleidung oder Kinderspielzeug – alles wurde je nach Bedarf gesammelt und an die Angehörigen versandt. Nahezu zwangsläufig führten diese Aktivitäten zu Überlegungen und ersten praktischen Bemühungen, den aus politischen Gründen Inhaftierten direkt zu helfen. Da es sich dabei um einen äußerst sensiblen Bereich handelte, war man in besonderer Weise auf die schon eingangs erwähnten Kontakte zu Personen angewiesen, die inoffizielle Verbindungen zu maßgeblichen Stellen in der DDR herstellen konnten. Konkret bedeutete dies, die bereits seit den fünfziger Jahren bestehende, diskrete innerdeutsche Vermittlungsschiene vornehmlich über den ostdeutschen Rechtsanwalt Dr. Wolfgang Vogel zu nutzen.

Vogel besaß eine für das SED-Regime – zumindest bis zum Mauerbau 1961 – vorteilhafte Anwaltszulassung in Westberlin. In diesem beruflichen Rahmen geriet er mit der Zeit durch eine Verkettung von Zufällen und persönlichen Bekanntschaften in eine Rolle, die ihm die Stasi ursprünglich nicht zugedacht hatte, nämlich die eines politischen Mittelsmannes. So konnte der joviale Anwalt zum einen auf Westberliner Terrain gute Beziehungen zu Senatsmitgliedern, darunter Willy Brandt und Dietrich Spangenberger, und zu dortigen karitativen schwedischen Organisationen um die Diplomaten Svingel und Backlund aufbauen. Sie waren allesamt direkt oder indirekt sehr bemüht um humanitäre Hilfe für Bedürftige, Verfolgte und Inhaftierte im Ostsektor der Stadt und in der DDR. Zugleich kooperierte Vogel – nicht zuletzt aufgrund seiner Mandatschaften – eng mit der Rechtsschutzstelle der Bundesregierung, einer Art Rechtshilfezentrale, die sich um das Schicksal politisch Verurteilter in der DDR kümmerte und in diesem Zusammenhang ständigen Kontakt zur dortigen Justiz und der gesamten Anwaltschaft hielt.

Zum anderen konnte Vogel als Vertrauter und Berater der damaligen Justizministerin Hilde Benjamin, über seinen Stasi-Verbindungsmann Heinz Volpert, der im MfS-Apparat einen nicht unerheblichen Einfluss hatte, und dessen Freund Josef Streit, der seit 1953 mit dem ZK der SED zusammenarbeitete und 1962 zum Generalstaatsanwalt aufstieg, einiges auf östlicher Seite bewegen, was zu jener Zeit auf dem offiziellen politischen Weg wegen des mehr als frostigen deutsch-deutschen Verhältnisses schlicht unmöglich gewesen wäre. Auf Grund dieser ausgezeichneten Beziehungen gelangen schon früh einige wenige Auslösungs- oder besser gesagt Erlösungsaktionen, die derart geheim blieben, dass nicht einmal Vertreter des eigentlich zuständigen Gesamtdeutschen Ministeriums davon Kenntnis erhielten. Bereits in den fünfziger Jahren, berichtet Vogel, habe er auf Veranlassung der Rechtsschutzstelle hier und da versucht, Mandanten gegen eine Geldzahlung frei zu bekommen. Das sei ihm in zwei oder drei Fällen auch gelungen: Er habe das Geld in Empfang genommen und Volpert übergeben, worauf sich für die Häftlinge die Gefängnistore öffneten. Volpert, betont Vogel, habe das natürlich nicht eigenmächtig entscheiden können, vielmehr habe das mit Streit und der Stasi-Hauptabteilung IX, dem »Untersuchungsorgan«, zu dem Volpert ja nicht gehörte, ausgehandelt werden müssen.

Mit der Abriegelung Westberlins schien die Kooperation zwischen Rechtsschutzstelle und Vogel beendet zu sein, da Westberliner kein Tagesvisum für einen Besuch des Ostsektors erhielten und dem Ostberliner Advokaten die Ausreise verweigert wurde. Persönliche Kontakte waren aber bei den streng vertraulich zu handhabenden Aktionen absolut notwendig. Schon bald jedoch fand sich eine Lösung des Problems in Person des Rechtsanwalts Jürgen Stange, der sich in Westberlin niedergelassen hatte, aber auch noch einen bundesdeutschen Personalausweis besaß, was ihm erlaubte, in die »Hauptstadt der DDR« zu fahren; ihn konnte der damalige Leiter der Rechtsschutzstelle, Werner Commichau, überzeugen, die Zusammenarbeit mit Vogel fortzuführen.

Anfang 1962 geriet der DDR-Anwalt zum ersten Mal namentlich in die westlichen Medien durch seine vermittelnde Rolle beim erfolgreichen Austausch des sowjetischen Spions Rudolf Iwanowitsch Abel, der in den USA inhaftiert war, gegen den US-Piloten Gary F. Powers, der in der UdSSR wegen Spionage verurteilt war, und den amerikanischen Studenten Frederic I. Pryor, der in Ostberlin der Agententätigkeit beschuldigt wurde. Nicht zuletzt Wolfgang Vogels Teilnahme an diesen Verhandlungen schien ihn endgültig als kompetenten Ansprechpartner in solcherlei Angelegenheiten auszuweisen. Nicht nur Rechtsanwalt Stange nahm daraufhin in einem konkreten Fall Kontakt zu ihm auf, sondern auch sein Kollege Reymar v. Wedel, der – so die Aktennotiz des Stasi-Mannes Volpert – sich ausgab, »im Auftrage von einflussreichen kirchlichen Kreisen zu kommen, die daran interessiert sind, mit der Quelle (Vogel, d. Verf.) Fragen zu erörtern, die sich auf folgende Komplexe beziehen sollen: Austausch von Häftlingen, Wiedergutmachung bei Entlassung von Häftlingen und Bereitstellung von Waren im Innerdeutschen Handel, die wir dringend benötigen«.

Wiewohl es bei v. Wedels Vorstoß konkret um die Auslösung eines Ostberliner Pfarrers ging, der wegen Fluchthilfe (an der im Übrigen auch der schwedische Diplomat Svingel beteiligt war) einsaß, kam es im Dezember 1962 zu einem ersten größeren Tausch »Mensch gegen Ware«: Drei Eisenbahnwaggons voll Kalidüngemittel für die DDR-Landwirtschaft ermöglichten die Freilassung von zwanzig politischen Häftlingen und die Zusammenführung von zwanzig Kindern mit ihren Familien im Westen.

Vogels wachsende Publizität als diskreter Vermittler humanitärer Ost-West-Aktionen animierte auch das Hamburger Hilfswerk, sich direkt an ihn zu wenden, nachdem das Gesamtdeutsche Ministerium den Vorschlag, politische Häftlinge »freizukaufen«, als »moralisch anrüchigen Menschenhandel« strikt abgelehnt hatte. Am 7. Januar 1963 suchte Otto Dinse den Ost-Advokaten in dessen Kanzlei auf und bat ihn zu klären, ob und in welchem Umfang die DDR zu Haftentlassungen politisch Verurteilter bei flexiblen Gegenleistungen des Bundeswirtschaftsministeriums bereit sei. Das SED-Regime war bereit.

Nach weiteren Vorgesprächen, in die neben Vogel, Stange und Dinse auch die Rechtsschutzstelle und der Verleger Axel Springer einbezogen wurden, entschied man sich auf Veranlassung Springers entgegen der ursprünglichen Planung doch, die Bundesregierung, zumindest Kanzler Konrad Adenauer und den amtierenden Gesamtdeutschen Minister Rainer Barzel einzuschalten. Nach Adenauers Einverständnis beauftragte Barzel seinen Büroleiter Ludwig Rehlinger, die vertrauliche Offerte nun aber von offizieller Bonner Seite über die Anwälte Stange und Vogel in Ostberlin vorzubringen. Die rasche, ebenso vertrauliche und forsche Antwort lautete: Tausend Häftlinge sollten gegen Geld freigelassen werden, die DDR erwarte eine Namensliste mit den Vorschlägen.

Für die Erstellung der Liste standen Ministerialdirektor Rehlinger rund 12 000 Akten über politische Häftlinge zur Verfügung, die von der Rechtsschutzstelle geführt wurden. Seine ohnehin mühevolle Auswahlarbeit wurde in der Folgezeit noch dadurch erschwert, dass die DDR ihr Erstangebot schrittweise bis auf acht Entlassungen reduzierte, für die eine Gegenleistung in Höhe von 340 000 D-Mark in bar vereinbart wurde. Trotz verschiedentlich abweichender Angaben scheint diese Summe zuzutreffen, da der Freiheitspreis pro Häftling zwischen 1964 und 1977 durchschnittlich bei 40 000 D-Mark lag. Ab 1977 verlangte die DDR in Korrelation zu ihrem wirtschaftlichen Niedergang 95 847 D-Mark – der krumme Betrag sollte den Eindruck des »Kopfgeldes« verwischen. Die Hälfte der acht ausgewählten Häftlinge wurde in »Vorleistung« der DDR im Sommer 1963 abgeschoben, im Gegenzug übergab Rehlinger unter abenteuerlichen Umständen auf dem S-Bahnhof Friedrichstraße Anwalt Stange 170 000 D-Mark. Der Rest des »Geschäftes« wurde wenige Wochen später abgewickelt. Damit kam dieser besondere innerdeutsche Handel in Gang, der bis 1989 andauerte. In diesem Zeitraum wurden für rund 34 000 Haftentlassungen ungefähr 3,4 bis 3,5 Milliarden D-Mark bezahlt.

Der Gesamtdeutsche FDP-Minister Erich Mende, der Rainer Barzel (CDU) im Herbst 1963 ablöste, »industrialisierte« das Geschäft ab 1964, wie Michel Meyer in seinem Buch *Freikauf* schreibt, indem er mit der DDR umfangreichere Freilassungen gegen Warenlieferungen statt Barzahlung in West-Devisen vereinbarte. Zudem rückte man unter seiner Ägide von der ursprünglich ausgehandelten Praxis ab, vornehmlich Inhaftierte mit »nachrichtendienstlichem Hintergrund« Mann gegen Mann auszutauschen; dies vor allem deshalb, da die Anzahl der in der Bundesrepublik wegen Spionage verurteilten Ostblockbürger in keinem Verhältnis zu den in DDR-Gefängnissen Einsitzenden stand. Von daher profitierten in der Folgezeit in erster Linie idealistische Fluchthelfer und Menschen, die auf andere Art und Weise gegen das SED-Regime opponiert hatten, von der Freikaufregelung, die im Übrigen auch von den Amtsnachfolgern Mendes ebenso diskret mitgetragen wurde. Und weiterhin lag die Zusammenstellung der Namenslisten in der Verantwortung Ludwig Rehlingers, der dabei zunehmend nicht mehr nur auf die Akten der Rechtsschutzstelle, sondern auf Hinweise von Familien, bereits abgeschobenen Häftlingen, Parteien, Gewerkschaften, Kirchen und anderen karitativen Organisationen zurückgreifen konnte.

Für die »Überstellung« der Freigekauften in den Westen war das MfS zuständig. Zuvor musste jedoch eine Begnadigung durch das zuständige Gericht oder im Falle einer lebenslangen Haftstrafe durch den Staatsrat erfolgen und das Gericht auf Weisung der Generalstaatsanwaltschaft die vorzeitige Entlassung ohne Rücksicht auf die gesetzlichen Vorschriften anordnen. Waren diese Formalien im Wesentlichen erledigt, informierte Anwalt Vogel seinen West-Kollegen Stange, der das konkrete Datum, den Zeitpunkt und den Ort des Grenzübertritts – im Falle entlassener DDR-Bürger Herleshausen – an eine Dienststelle des Bundesministeriums weitergab. In besonderen Fällen, wie Gartenschläger und Resag, ließ Vogel es sich auch nicht nehmen, die Mitteilung denjenigen persönlich zu überbringen, die lange vergeblich auf den Erfolg ihrer Bemühungen um eine Auslösung aus DDR-Haft gewartet hatten.

Doch kehren wir in das Jahr 1971 zurück. Nach der überaus erfreulichen Nachricht, die Anwalt Stange telefonisch mitgeteilt hatte, kümmerte sich Dora Fritzen gleich um eine Unterbringungsmöglichkeit der beiden avisierten (Noch-)Häftlinge in einem Gästehaus des Hilfswerks in Reinbek, einem Vorort von Hamburg. Zudem organisierte sie noch vor der Ankunft von Gerd Resag und Michael Gartenschläger für die beiden einen sechswöchigen Kuraufenthalt in Bayrischzell am Wendelstein und für die Zeit danach eine zweijährige Umschulungsmaßnahme beim DGB-Fortbildungswerk in Hamburg-Rotenburgsort. Dort sollten die »Ex-Lebenslänglichen« zu »Staatlich geprüften Betriebswirten« ausgebildet werden. Kurzum, der Boden für ein zweites Leben war bereitet, nur ahnten Resag und Gartenschläger noch nichts von ihrer Zukunft.

Die Gefängniswelt durchzieht ein eigener Rhythmus, weitab vom Wechsel der Jahreszeiten, von deren Freuden und Misshelligkeiten. Einzelne Monate, Tage gehen unter im Einerlei, verlieren vor allem für diejenigen an Bedeutung, die das Ende ihrer Haft nicht einschätzen können.
Daher wusste Gartenschläger in irgendeiner Mainacht des Jahres 1971 nur, dass er in seiner Zelle schlief, als ihn das heftige Zurückschlagen der beiden gusseisernen Riegel hochschrecken ließ. Polizeimeister Hermann R., ein untersetzter Mann mit rundlichem Gesicht, das von einer ellenlangen, rötlich schimmernden Riesennase regelrecht in zwei Hälften geteilt wurde und ihm deshalb den Spitznamen »Nasen-Hermann« eingebracht hatte, polterte in den

Verwahrraum, der zu dem Zeitpunkt nur mit drei Gefangenen belegt war.

»Aufstehen! Sachen packen! Aber 'n bisschen dalli!«

Mit dem Kommando riss der Wärter Gartenschläger die Decke weg und schlug mit seinem schweren Schlüsselbund rhythmisch an das stählerne Bettgestell, geradeso, als wolle er damit das blecherne Rasseln eines Weckers imitieren. Michael dachte an eine neuerliche Schikane und suchte, so schnell dies in seinem halbwachen Zustand ging, den vergangenen Tag nach einem Anlass ab, den er für diesen Auftritt gegeben haben könnte. Schon aus Prinzip, aber auch um Zeit zu gewinnen, schob er sich provozierend langsam von seiner Unterlage und murmelte dem Störenfried einige unflätige Verwünschungen entgegen. Doch der Gefängnisaufseher ignorierte die Anzeichen von Protest und befahl in einem für ihn ungewohnt harschen Tonfall: »Sachen packen! Und schön nach Anstalts- und Privateigentum getrennt!«

Gartenschläger rührte sich nicht, blickte sein Gegenüber vielmehr irritiert an. »Was soll das Ganze?«

»Sie gehen heute noch auf Transport.«

»Wieso gehe ich auf Transport?«, fragte Michael nach, doch da hatte »Nasen-Hermann« bereits auf dem Absatz kehrtgemacht und die Zellentür antwortlos zugeworfen.

Für einen Moment stand Gartenschläger wie angewurzelt; in seinem Inneren rumorte es, die Gedanken flogen wild durcheinander. Und da er kaum noch an gute Nachrichten glaubte, fiel ihm als Erklärung für die nächtliche Szene allein eine Strafverschärfung ein, wieder Isolationshaft oder gar – der Tod!? Je deutlicher sich diese Möglichkeiten abzeichneten, desto stärker wühlte es in ihm, bis er sich in den labilen Zustand der ersten Gefangenentage zurückversetzt fühlte. Und ebenso wie damals gelang es ihm auch nun nur mit großer Mühe, sich durch unermüdliches Aufundabgehen im Verwahrraum einigermaßen zu beruhigen.

Noch unentschlossen, ob er sich in das Kommende fügen oder dagegen rebellieren sollte, begann er die Anordnungen des Schließers zu befolgen und seine wenigen Habseligkeiten zusammenzusuchen. Dabei fiel ihm ein Foto in die Hände, das er sehr lange nicht mehr angeschaut hatte. Er war sogar ein wenig überrascht, dass er es überhaupt noch besaß. Darauf war seine ehemalige Freundin abgebildet oder genauer gesagt ihre schlanken Beine, denn die obere Hälfte des Fotos war völlig verknittert. Gartenschläger versuchte sich das vollständige Bild ins Gedächtnis zu rufen, doch musste er sich nach einer Weile eingestehen, dass seine Erinnerung verblasst war. Einzig ihre letzte Verabredung fiel ihm ein, die er nicht wahrnehmen konnte, weil er verhaftet worden war. Um den Tag vor beinahe zehn Jahren nicht zu vergessen, legte er die Fotografie zu seinen Sachen zurück.

Ein zaghaftes Klopfen an der Zellentür unterbrach sein unruhiges Treiben. Offensichtlich stand ein Kalfaktor auf der anderen Seite und flüsterte, als sich Michael bemerkbar gemacht hatte, Unfassbares durch die Ritzen: »Ihr geht nach dem Westen. Die Stasi holt euch heute ab!« Und zur Bestätigung der unglaublichen Mitteilung zählte er eine Reihe von Namen auf, die ebenfalls gerade packten und mit »auf Transport« gehen sollten: Gerd Resag und einige weitere, die Gartenschläger alle gut kannte, weil sie wie er dem Kreis der verurteilten »Staatsverbrecher« angehörten.

Michael zitterte wie Espenlaub, seine Gedanken rasten, überschlugen sich, sein Magen rebellierte, kalter Schweiß brach ihm aus allen Poren und er verspürte Angst, nichts als Angst; vor einer perfiden Falschmeldung aus Rache, aus Missgunst, was auch immer. Ihm wurde schwindelig. Als er es geschafft hatte, sich auf sein Bett zu setzen, wich die Panik langsam der Überzeugung zu träumen. Gleich würde es an der Tür hämmern, 5 Uhr 30, aufstehen …

Die Riegel knallten, die Tür flog auf. »Nasen-Hermann« baute sich im Rahmen auf und konstatierte missmutig, dass Gartenschläger das Sortieren der Sachen noch nicht beendet hatte.

»Nu mal los, Meister«, raunzte er und grinste plötzlich gemütlich, »oder wollen Sie ewig hier bleiben?«

In seiner Stimme schwang ein fast melancholischer Unterton mit, als würden sich zwei Menschen, die lange miteinander zu tun hatten und recht gut miteinander ausgekommen waren, für längere Zeit verabschieden. Vielleicht war es diese Nuance, die Michael aus seiner Lähmung weckte und ihn mit einem Schlag doch an ein gutes Ende glauben ließ; jedenfalls raffte er in Windeseile die restlichen Dinge zusammen und drückte seinen beiden Zellengenossen beim Hinausgehen wortlos die Hände. Auch auf dem weiteren Weg war er so sehr in das versunken, was gerade mit ihm geschah, dass er schweigend, mit geschultertem Wäschebündel hinter dem Gefängnisaufseher hertrottete.

Hinter der vorläufig letzten, aus schweren Gitterstäben gefertigten Zwischentür – sie sollte jedem Unbefugten den Zutritt vom Zellenblock in den angrenzenden Verwaltungstrakt verwehren – erwartete die Ankömmlinge bereits ein baumlanger Kerl. Seine leicht hektischen, unkoordiniert wirkenden Bewegungen verrieten Ungeduld. Ansonsten hatte er rein äußerlich etwas Papageienhaftes an sich: Zu einem schlecht sitzenden Anzug aus braun gefärbter Dederonfaser trug er ein dunkelblaues Oberhemd mit abgewetztem Kragen und eine blutrote Krawatte mit pfenniggroßen, grasgrünen Punkten; dazu ein Paar schwarze Halbschuhe. Wäre Gartenschläger gefasster gewesen, hätte er das Aussehen mindestens mit einem spöttischen Lächeln begrüßt, da es so gar nicht zum herrischen Gehabe des Hünen passte.

Stattdessen antwortete er ungewöhnlich artig, als der Riese nach seinem Namen, Geburtsdatum und seiner Gefangenennummer fragte: »Michael Gartenschläger – 730 010.« Erst diese Legitimation veranlasste sein Gegenüber, die Tür zu öffnen und ihn einzulassen. Dass er dabei »Herr« Gartenschläger sagte, registrierte Michael, und es versetzte ihn ebenso in Euphorie wie der banale Akt, das sortierte Anstaltseigentum ablegen zu können.

»Ich bin Hauptmann im MfS …«, begann der Hüne eine Ansprache, die Gartenschläger nicht wirklich wahrnahm, nicht das geschäftige Treiben im Verwaltungstrakt und auch nicht die Sicherheitsschleuse, die sie auf ihrem Weg zu passieren hatten. Wie in Trance folgte er dem Offizier bis in einen Innenhof, der neben der Stirnwand des Verwaltungsgebäudes von drei rechtwinklig zueinander stehenden, etwa fünf Meter hohen, weiß gekalkten Mauern umgeben war. In eine der Mauern war ein riesiges Stahltor eingelassen, das offenbar in den Außenbereich führte.

Gartenschläger kniff spontan die Augen zusammen, da ihn das

grelle Weiß, das die nächtliche Scheinwerferbeleuchtung stark reflektierte und die Posten, die hoch über der Mauerkrone auf den Wachtürmen ihren Dienst versahen, vor Ermüdung schützen sollte, fast schmerzend blendete. Neben dem Stahltor war ein Kleintransportfahrzeug mit geschlossenem, fensterlosem Aufbau abgestellt, das wegen seiner seitlich lackierten Werbeaufschrift eines Berliner und zudem volkseigenen Backwarenbetriebes unmöglich als Gefangenengefährt auszumachen war. Von daher überraschte es Gartenschläger, dass ihn sein Begleiter mit sanftem Druck in dessen Richtung lenkte. Erst als sich beide bis auf wenige Meter dem Wagen genähert hatten, wurde eine Seitentür wie von Geisterhand aufgeschoben und Michael fast gleichzeitig ins Innere geschoben.

Ein sehr schmaler, quer zur Fahrzeugrichtung verlaufender Gang trennte die Fahrerkabine von der Nutzfläche, die nicht aus Kuchen- und Brotregalen, sondern aus zwei kleinen Käfigen bestand, die den Hundezwingern eines Tierheimes ähnelten. Gartenschläger musste sich in eine der geöffneten Boxen regelrecht hineinzwängen, da dort bereits zwei Gefangene eingepfercht saßen. Den Blick in die Nachbarzelle verwehrte eine Trennwand. Unzweifelhaft aber war sie ebenfalls belegt, denn plötzlich tönte fröhliches Gelächter herüber. Und in einer Pause unverkennbar Resags Stimme: »Michael, bist du da?«

Den Freund in dieser Situation, in diesem Moment zu hören, schnürte Gartenschläger die Kehle zu. Im vertrauten Klang der Worte lag etwas unsinnig Beruhigendes, als ob die Anwesenheit des Schicksalsgefährten der Garant dafür wäre, tatsächlich auf dem Weg in die Freiheit zu sein. Denn vollends überzeugt davon war er noch immer nicht. Mit sichtlicher Anstrengung presste er ein »Ja, Gerd« hervor.

Doch ehe ein Dialog zustande kam, mahnte das Begleitkommando absolute Ruhe an. »Ihr könnt reden, wenn wir außerhalb der Stadt sind!«

Im gleichen Augenblick wurde ein dunkler Vorhang, der unmittelbar hinter der Fahrerkabine an einem über die gesamte Fahrzeugbreite gespannten Drahtseil als Sichtblende aufgehängt war, zugezogen. Die plötzliche Finsternis gepaart mit dem Schweigen stellte eine ungute Mischung dar. Sie warf jeden auf sich zurück, weckte erneut Skepsis und Angst. Dann ein dumpfes Rumpeln – offenbar wurde das Stahltor aufgeschoben –, das Anspringen des Zweitaktmotors, ein ungleichmäßiges Rucken, das den Wagen durchzog … ihre Reise begann. Wo würde sie enden?

Die Fahrt verlief problemlos. Als die Bewegungen des Transporters über längere Strecken gleichmäßiger wurden, wussten sie, dass sie Brandenburg verlassen hatten und sich nun unterhalten durften. Doch allen fiel es schwer, einen Anfang zu finden. Erst als durch einen Spalt am Rande des Vorhangs zur Frontseite Morgenlicht schimmerte, löste sich die Beklemmung.

Gartenschläger wandte sich mehr aus Gefälligkeit an seinen Mitreisenden linker Hand, der ihm mit seinen auch im Dunkeln erkennbaren, weichen Gesichtszügen und der zierlichen Gestalt sehr jung vorkam und seiner Einschätzung nach einer gesprächsweisen Aufmunterung bedurfte. »Weißt du, wohin wir fahren?«

Der Angesprochene blickte, keineswegs begeistert, kurz auf und quetschte sich noch stärker als zuvor in die hintere Ecke des Zwingers. Dann fühlte er sich aber doch genötigt, etwas zu erwidern. »Ist mir egal. Hauptsache, es geht Richtung BRD!«

›Die Stimme passt zum Aussehen‹, dachte Gartenschläger und versuchte ein Gespräch zu beginnen. »Aus welcher Haftanstalt kommst du?«

»Görlitz«, kam es widerwillig knapp zurück.

»Aus dem Frauengefängnis? Was haste denn da gemacht?«

»Blöde Frage! Gearbeitet, wie alle anderen.«

»Bestimmt als Badekalfaktor, oder?« Gartenschläger lachte allein über den seiner Meinung nach gelungenen Witz und bemerkte weder die Unangemessenheit noch wen er eigentlich vor bzw. neben sich hatte.

Ein Nachdenken darüber wurde in dem Moment aber auch mit dem Stoffvorhang beiseite geschoben. Zu märchenhaft war der plötzliche Ausblick in die vorbeifliegende Landschaft. Gierig sog er das Wechselspiel der Farben ein, die tausendfache Unterschiedlichkeit der Natur, die Wiesen, Sträucher und Bäume, die Häuser, Autos und Schilder, die scheinbar unbegrenzte Weite. Gerade sie machte ihn hilflos traurig und wütend im Bewusstsein, eingesperrt ein großes, unwiderbringliches Stück Leben verloren zu haben.

›Wie alt bist du jetzt, Gartenschläger‹, dachte er. ›Siebenundzwanzig, und hast noch in keinem richtigen Betrieb gearbeitet, kein vernünftiges Geld verdient, keinen Urlaub genossen, keine Frauen ausgiebig geliebt, keine Familie gegründet, nichts.‹ Und mit diesen Gedanken kam er sich auf einmal uralt vor.

Erneut wandte er sich zu seinem jungen Nachbarn um und glaubte im selben Augenblick zu halluzinieren: Nun, im Hellen unübersehbar, war aus dem knabenhaften Häftling ein brünettes weibliches Wesen von vielleicht Mitte Zwanzig geworden. Konsterniert, beinahe schockiert verschluckte er die eigentlich geplante Bemerkung und drehte den Kopf ruckartig geradeaus, als hätte er mit seinem Hinsehen an ein Tabu gerührt.

»Entschuldigen Sie den Badekalfaktor«, stammelte er und spürte dabei, wie ihm die Röte ins Gesicht stieg. Trotz der Bankenge versuchte er, ein, zwei Zentimeter beiseite zu rutschen, um der direkten Berührung zu entgehen, die ihm mehr Unbehagen als Wohlbefinden bereitete. Dies misslang natürlich in dem winzigen Käfig, und so musste er Empfindungen aushalten, die ihn an die Zeit der Pionierferienlager erinnerten.

Nach einer Weile merkte Gartenschläger, dass er stocksteif dasaß, gefangen in einer Situation, die ihm mehr Probleme zu bereiten schien als der Haftalltag. Dies wiederum weckte seine Lebensgeister und er suchte angestrengt nach geeigneten Worten, die ihn und seine Lage entkrampfen halfen. Vergeblich. Er erschrak über sich selbst, denn er wusste nicht ansatzweise, wie er ein unverfängliches Gespräch mit dem anderen Geschlecht anfangen sollte.

In dem Moment kam Michael zu Hilfe, dass ein Aufschrei in der Nachbarzelle alle Aufmerksamkeit auf sich zog. Einer der Insassen hatte auf einem Hinweisschild den Namen Karl-Marx-Stadt entziffert. Es löste eine Unruhe in der kleinen »Minna« aus, die alle infizierte. Denn es handelte sich nicht nur um jene Stadt, deren Name 1953 von fanatischen SED-Ideologen annektiert worden war, sondern auch um den Sammel- und Ausgangspunkt des Ost-West-Transfers, von dem hinter vorgehaltener Hand so viel geredet wurde. Gartenschläger wandte sich der jungen Frau zu und fragte sie, ob sie ebenfalls davon gehört hätte. Doch sie antwortete nur mit einem Achselzucken und verkroch sich noch tiefer in ihre Ecke.

›Dann nicht‹, dachte Michael und richtete den Blick nun stur zur Frontscheibe hinaus, bis das Ortseingangsschild von Karl-Marx-Stadt auftauchte und der Sichtschutz erneut zugezogen wurde. Nach kurzer, bewegter Fahrt, die vor allem schlechte Straßen erahnen ließ, verminderte der Wagen deutlich das Tempo, bis er nach zwei- oder dreimaligem Abbiegen schließlich zum Stillstand kam. Stiefelklappern, knappe Kommandos, die Seitentür flog auf, die Käfige öffneten sich, Luft!

»Steigen Sie aus! Sie befinden sich in der Untersuchungshaftanstalt des MfS in Karl-Marx-Stadt. Nennen Sie Ihren Namen und Vornamen! Dort hinein und ausziehen! Ziehen Sie die bereitliegenden Sachen an! Gehen Sie bitte den Gang geradeaus, dann nach rechts! Bitte folgen Sie mir! …«

Michael Gartenschläger war von der Routine, dem schnellen Wechsel der Anordnungen und der ungewohnten Höflichkeit benommen und folgte eher automatisch den Weisungen der MfS-Chargen. Erst mit dem Einschluss in eine der zahllosen Zellen wachte er auf. Vielleicht lag es daran, dass er sich in der vertrauten Umgebung sicherer fühlte. Außerdem teilte er sich den Verwahrraum mit Resag und zwei weiteren Häftlingen aus »Brandenburg«, die ebenfalls im Transporter gesessen hatten.

Den Tag über fanden die vier ausgiebig Zeit, die Geschehnisse und ihre Situation zu diskutieren, letzte Zweifel auszuräumen, ob es wirklich »nach dem Westen ginge«, ein Stück Vorfreude zuzulassen. Insbesondere ihre vergleichsweise zuvorkommende Behandlung wurde ihnen zum sicheren Zeichen der bevorstehenden Abschiebung.

Am frühen Abend brachte ein MfS-Unterfeldwebel das Abendbrot. Es gab Käse, Schinken, Wurst und Heringssalat, wahlweise schwarzen oder Pfefferminztee. Und selbst nach dem etwaigen Bedarf an Tabakwaren wurde gefragt. Geradezu paradiesische Zustände herrschten auf der Abschiebestation, so der erste und vermutlich unauslöschliche Eindruck, den die Häftlinge an diesem Tag gewannen. Doch auch in der Folgezeit wurde fast jeder Wunsch erfüllt, selbst dann, wenn ein Gefangener nach dem offiziellen Einschluss noch um heißes Wasser bat, um sich einen Tee aufzubrühen. Natürlich ahnte niemand, dass sie zwischenzeitlich von »Staatsverbrechern« zu »Devisenbringern« mutiert waren, die eben aufgrund dieser neuen Rolle pfleglich behandelt werden mussten. Aber auch wenn sie es gewusst hätten, hätten sie sicherlich nicht auf den lange entbehrten »Luxus« verzichtet.

Gartenschläger und Resag redeten noch bis spät in die Nacht hinein, schmiedeten Pläne und verwarfen sie wieder, malten sich die Zukunft aus, um die Furcht vor deren Ungewissheit zu mildern. Dabei störte Schlaf nur ... bis er übermächtig wurde.

Am nächsten Tag, gleich nach einem ausgiebigen Frühstück, wurden sie paarweise aus den Zellen geholt. Ein Hauptmann begleitete die beiden Strausberger zu einem Dienstzimmer, das im ersten Stock des Zellenbaus lag und mit edlen Möbeln aus Kirschbaumholz eingerichtet war. An der Fensterseite stand ein großflächiger Schreibtisch, hinter dem ein in Zivil gekleideter MfS-Mitarbeiter saß. Er stellte sich Gartenschläger und Resag nicht vor, aber der Beschreibung nach handelte es sich um Heinz Volpert, den Offizier, der bereits seit 1951 beim MfS seinen Dienst versah und nun für die »Durchführung von Sonderaufgaben Kredit-Häftlinge«, so der interne DDR-Jargon, zuständig war. Diese Bezeichnung sollte die Kopfgeldzahlungen als Anleihen vorgaukeln, obwohl sich die beteiligten Seiten bewusst waren, dass die DDR weder bereit noch in der Lage sein würde, die Milliardenbeträge jemals zurückzuzahlen.

Ohne Umschweife kam der Offizier zur Sache. Er teilte den beiden mit, dass der Staatsratsvorsitzende Walter Ulbricht sie begnadigt habe. »In den nächsten Tagen werden Sie zur Staatsgrenze West gebracht. Ihr Grenzübergang zur BRD ist geregelt.«

Dieser knappen, für die (Noch-) Häftlinge überaus schwerwiegenden Unterrichtung ließ er ebenso emotionslos eine grobe Beschreibung der Fahrtroute und der Reisemodalitäten folgen mit dem Hinweis, dass während der Rastpausen keinerlei Kontakte zu Personen aufgenommen werden dürften, die nicht ihrer Gruppe angehörten.

Daraufhin kramte der Offizier in einem Papierstapel und erklärte dabei den bürokratischen Ablauf der nächsten Tage, die sie noch in der UHA zu verbringen hätten; maximal zwei Wochen, bis alle Formalitäten erledigt wären. »Auf Grund des Ausfuhrverbotes von Mark der DDR-Staatsbank müssen Sie Ihre Geldrücklage hier im Hause verkonsumieren; das heißt, in einer HO-Verkaufsstelle können Sie alle Güter des täglichen Bedarfs sowie gut sortierte und hochwertige Artikel der Bekleidungs- und Lederwarenindustrie der DDR erwerben.«

Endlich hatte er die gesuchten Schriftstücke gefunden. Er bat beide Häftlinge, die Kenntnisnahme der Begnadigungsschreiben Walter Ulbrichts und die Beschlüsse des Bezirksgerichts Frankfurt/Oder auf einem Formblatt zu quittieren. Gartenschläger stutzte, als er den ihm geltenden Beschluss las. Denn darin war zwar vermerkt, dass er aufgrund des Gnadenentscheides und »wegen guter Führung« aus der Strafhaft entlassen würde, jedoch war die Ausreiseerlaubnis in die Bundesrepublik nicht explizit erwähnt. »Die Reststrafe von fünf Jahren und zwei Monaten«, so der Gerichtsbeschluss abschließend, »ist zu einer fünfjährigen Bewährungszeit ausgesetzt.«

»Das Ding unterschreibe ich nicht«, trotzte Michael, und der MfS-Offizier hatte einige Mühe, ihn von der Redlichkeit seiner Ankündigung zu überzeugen. Er erklärte ihm, dass sein Verbleib gegebenenfalls gegenüber staatlichen Kontrollkommissionen glaubhaft dargelegt werden müsse. »Die vorzeitige Haftentlassung ist nicht das Problem«, so der Offizier, »aber die brauchen nicht unbedingt zu erfahren, dass Sie ausgerechnet mit unserer Hilfe Ihren zukünftigen Lebensmittelpunkt in der Bundesrepublik finden werden!«

Diese Verfahrensweise des MfS stellte keineswegs einen Einzelfall dar. Je konspirativer eine Aktion durchgeführt oder ein Vorgang behandelt wurde, desto größer waren die Anstrengungen, nicht nur die Wahrheit zu vertuschen, sondern gleichzeitig eine offizielle Version für uneingeweihte Stellen zu konstruieren, die jeder nachträglichen Überprüfung standhielt.

Die anschließende, halb angedeutete, halb ausformulierte Drohung, eine Unterschriftsverweigerung bedeute die Rückkehr in die Strafvollzugsanstalt Brandenburg, war ein Bluff, verfehlte jedoch nicht ihre Wirkung: Widerwillig bestätigte Gartenschläger die Kenntnisnahme.

An einem der folgenden Tage konnten sich die beiden »Begnadigten« in besagter Verkaufsstelle verlustieren. Sie glich eher einem Warenlager als einem Geschäft. Eine vorgefertigte Liste gab ihnen Auskunft über ihre finanzielle Rücklage, also über jenen Betrag, den sie im Laufe der Jahre durch das teilweise einbehaltene Arbeitsentgelt angespart hatten. Gartenschläger verfügte über ein Guthaben von eintausendundzweihundert Mark. Das Einkaufen selbst geriet zu einem unwirklich-vergnüglichen Ereignis, da sie sich zunächst quer durch die Herrengarderobe probierten und der fremde, seit 1961 nicht mehr gesehene Aufzug des jeweils anderen Anlass zu herzhaftem Gelächter gab. Schließlich trat ihnen ein MfS-Mitarbeiter beratend zur Seite.

»Anzug, Schuhe, Unterwäsche, Socken, Hemden, zwei Krawatten, eine Reisetasche und … und … das macht 1 065 Mark«, stellte der »Verkäufer« fest. Für das Restgeld kauften sich die beiden mehr oder weniger überflüssige Dinge, darunter mehrere Büchsen Ananasscheiben, ein paar Tafeln Schokolade, einige Päckchen Tee.

Am zwölften Tag ihres Aufenthaltes breitete sich schon morgens Unruhe im Zellenbau aus. Von den Gängen her war ständiges Türen- und Riegelklappern zu hören, und andauerndes Stimmengewirr unterstrich nachdrücklich, dass sich etwas Besonderes tat. Gegen elf Uhr wurde auch ihre Zellentür geöffnet und ein Oberleutnant forderte sie freundlich zum Mitkommen auf. Neugierig, aufgeregt und leise redend folgten die vier dem Uniformierten, der sie in die Effektenkammer brachte. Dort erhielten sie ihr gesamtes Eigentum zurück, dessen Empfang sie nach Listenvergleich quittieren mussten. Darauf begann das »zivile Einkleiden«, das zumeist beim Binden der Krawatte ins Stocken geriet. Doch auch das stellte keine unüberwindliche Hürde dar, da ein MfS-Angestellter – auf diese Widrigkeit offensichtlich vorbereitet – unterstützend zur Hand ging. Nach der Prozedur wurden sie wieder in ihre Zelle geführt. Der begleitende Offizier bat sie abschließend, sich zur Abreise bereit zu halten.

Als die Tür hinter ihnen ins Schloss gefallen war, brach unbeschreiblicher Jubel aus. Die Männer lagen sich gegenseitig in den Armen, lachten, weinten, johlten. Irgendjemand in einer Nachbarzelle grölte »*So ein Tag, so wunderschön wie heute* ...« und steckte damit alle auf der Transportstation Untergebrachten an, die lauthals einstimmten. »Ruhe!« brüllte eine Stimme draußen auf dem Gang, was den Gesang jedoch eher anheizte, bis er geradezu provozierend durch die gesamte Haftanstalt dröhnte.

Plötzliches Fußgetrappel, aufknallende Zellentüren, scharfe Kommandos »Raustreten!« beendeten die Ausgelassenheit abrupt; schlagartig tauchten in wohl allen Köpfen ungute Gefängnisbilder auf. Betretenes Schweigen überall, Angstschweiß. Hatten sie sich etwa zu früh gefreut?

Einzeln, im Zwanzig-Sekunden-Takt, mussten die Insassen ihre Zellen verlassen. Ein Spalier von uniformierten MfS-Mitarbeitern wies den Weg. Mehrmals hatten sie dabei auf Befragen ihren Namen und ihr Geburtsdatum zu nennen, ehe sie nach einem Listenvergleich zum Weitergehen aufgefordert wurden. Nach etwa fünf solcher Stationen betrat Michael Gartenschläger den Gefängnishof. Ein uniformierter Oberstleutnant dirigierte ihn per Handzeichen zu einem Mercedes-Bus, der von schwerbewaffneten MfS-Angehörigen unterer Dienstgrade umstellt war. Im Fahrzeug saßen bereits einige Personen, darunter viele bekannte Gesichter und die junge Frau, die er bei seiner Verlegung in die UHA mehr schlecht als recht kennen gelernt hatte. Nun nickte sie ihm aufmunternd grüßend zu, doch er fand nicht den Mut, sich neben sie zu setzen. Es dauerte nicht lange, bis nahezu alle Plätze belegt waren. Zum Schluss stiegen drei in Zivil gekleidete MfS-Mitarbeiter ein, wobei sich einer von ihnen als »Transportleiter« vorstellte. Erst nach einer nochmaligen kurzen Beschreibung der Reiseroute und auf sein Kommando hin ließ der Busfahrer den Motor an, legte einen Gang ein und bewegte das schwere Gefährt langsam auf das Haupttor zu, das sich beim Herannahen – gleichsam ferngesteuert – behäbig öffnete. Direkt hinter der Gefängnismauer scherte vor den Reisebus ein dunkelgrauer BMW ein, ein zweiter setzte sich ans Ende der Minikolonne.

Schon nach kurzer Fahrt hatten sie den Autobahnanschluss erreicht und schlugen die Richtung Eisenach ein. Im Fahrgastraum herrschte angespannte Stille. Jeder ging seinen Gedanken nach, die sich allesamt mit dem Kommenden beschäftigten, mit dem Ungewissen einer Zukunft, die viele überhaupt nicht oder nur bruchstückhaft kannten. Und soweit sich die ehemaligen Häftlinge – wie Michael Gartenschläger und Gerd Resag – an Besuche in Westberlin vor dem Mauerbau erinnerten, war ihnen bewusst, dass sich die Bilder von damals nicht mehr mit den jetzigen decken konnten.

Sie passierten den Verkehrsknotenpunkt Hermsdorfer Kreuz, überquerten das Teufelstal und ließen Jena und Weimar unbeachtet rechter Hand liegen. In der Nähe von Eisenach verlangsamte der Reisebus seine Fahrt und kam kurz vor einer Parkplatzauffahrt zum Stehen. Nur der vordere BMW bog auf den Rastplatz ein. Dort standen bereits drei, vier Trabant, deren Insassen sich eine Pause gönnten. Durch die Fenster des Omnibusses war gut zu beobachten, wie ein Mitfahrer aus dem BMW stieg, sich auf die Grüppchen der Rastenden zubewegte und ihnen anscheinend etwas erklärte. Offensichtlich handelte es sich nicht um eine freundliche Begrüßung, denn die Angesprochenen suchten hastig das Weite. Und erst als der Platz gänzlich geräumt war, rollte der luxuriöse »Gefangenentransporter« im Schritttempo zu seiner Halteposition in der Mitte des Platzes. Der zweite, hintere BMW hatte sich indes quer über die Zufahrtsbahn gestellt, sodass keine weiteren Fahrzeuge einbiegen konnten.

Nach dieser Aktion forderte der für den Transport Verantwortliche zum Aussteigen auf. Draußen hatte die Begleitmannschaft in einem Halbkreis Aufstellung genommen und bildete so eine lebendige Grenze zum restlichen Umfeld. Der Fahrer klappte das Gepäckfach an der äußeren Seite des Gefährts auf und lud einen Getränkekübel sowie einen Karton mit Leberwurstbrötchen und Pappbechern aus. Derweil machte der »staatliche Reiseleiter« die Umstehenden darauf aufmerksam, dass die Rechtsanwälte Vogel und Stange in absehbarer Zeit eintreffen würden und das Warten mit einem kleinen Imbiss überbrückt werden könne. Aber kaum einer nahm etwas von dem Dargebotenen, zu sehr steckte allen die Ungeduld in den Gliedern, endlich über die Grenze zu gelangen. Es verging jedoch noch eine halbe Stunde, bis die Anwälte in Vogels goldmetallic lackiertem Mercedes vorfuhren. Als die beiden Männer ausstiegen, verstummten die Gespräche. Der Ostberliner Advokat ergriff mit freundlich-sanfter Stimme das Wort: »Meine sehr geehrten Damen und Herren«, begann er etwas schwülstig, ehe er fortfuhr, »einige von ihnen kennen mich persönlich, für die anderen: Ich bin Rechtsanwalt Wolfgang Vogel und der Herr neben mir ist Rechtsanwalt Stange aus Westberlin, der im Auftrag der Bundesregierung Ihre Vollzähligkeit in Augenschein nehmen soll.« Dann bat er zum weiteren Vortrag in das Businnere. Mit wenigen Sätzen erklärte er die Grenzpassage und forderte die Anwesenden dringlich auf, hinsichtlich des Transfers gegenüber dritten, uneingeweihten Personen Stillschweigen zu bewahren. Bei Verstößen gegen das Schweigegebot – Vogel sprach nicht von einem Verbot – würden die zuständigen und maßgeblichen Stellen in der DDR empfindlich reagieren. Er wies in diesem Zusammenhang auf das mögliche Schicksal der noch in den Haftanstalten Wartenden hin. Den Hintergrund konnte jeder nachvollziehen und so drückte der bestätigende Beifall vor allem verständnisvolle Solidarität aus.

Vogel versprach, dass er im Rahmen seiner anwaltlichen Möglichkeiten auch weiterhin für die Interessen der Ausreisenden eintreten werde, sei es im Falle der Familienzusammenführung oder bei der Beschaffung der in der DDR zurückgelassenen oder dort verschollenen persönlichen Dokumente. »Ihre Anklageschriften und Urteile sind davon ausgenommen.«

Ebenso wie sein Kollege mahnte auch Rechtsanwalt Stange zur Verschwiegenheit, ehe er nach einer herzlichen Begrüßung, die er auch im Namen der Bundesregierung aussprach, zum formellen Teil überging. Von einer mitgebrachten Liste rief er einzeln die Namen der Anwesenden auf, die mit einem freudigen »Hier!« ihren eigenen »Empfang« quittierten. Danach erklärte er seinen Zuhörern die ersten behördlichen Maßnahmen im Rahmen des Bundesnotaufnahmeverfahrens, die in der Bundesrepublik bereits vorbereitet und noch an diesem Abend zum Tragen kommen würden.

»Ihr heutiges Reiseziel ist die hessische Universitätsstadt Gießen. Dort werden Sie im Bundesnotaufnahmelager für eine Nacht untergebracht und morgen schon können Sie zu jedem Ort Ihrer Wahl weiterreisen.« Stange informierte weiterhin darüber, dass in diesem Lager der Rechtsanwalt Udo Salm die Vorortbetreuung übernehmen werde, da er selbst gemeinsam mit seinem Begleiter nach Berlin zurückkehren müsse.

Nach ihren Vorträgen suchten die Anwälte das Gespräch mit einzelnen Personen. Auch Resag und Gartenschläger wurden von ihnen angesprochen. Stange übermittelte zudem die Grüße einer Frau Fritzen aus Hamburg, die weder Gerd noch Michael kannten. Der Anwalt lächelte und klärte die beiden jungen Männer über das persönliche Engagement der ihnen unbekannten Dame auf. Zusätzlich überreichte er ihnen einen verschlossenen Briefumschlag, den er im Namen Dora Fritzens weitergeben sollte.

»Falls Sie die Einladung annehmen, dann grüßen Sie Frau Fritzen ausdrücklich von mir!« Augenscheinlich kannte Stange den Inhalt des Schreibens.

Resag riss den Umschlag auf. Handschriftlich bat Dora Fritzen darin beide, ihren zukünftigen Wohnsitz in Hamburg zu nehmen. Für eine Unterkunft sei gesorgt, Arbeits- oder Studienplatz garantiert. Angeheftet war ein »Taschengeld zur freien Verfügung«, vier Fünfzigmarkscheine, die überall im Bus herumgereicht und von vielen bestaunt wurden, die noch nie »Westgeld« gesehen hatten.

Zwischenzeitlich hatten sich die Rechtsberater verabschiedet und der »Reiseleiter« kündigte die Weiterfahrt an. Nach einer Viertelstunde auf der Autobahn steuerte der Fahrer kurz hinter Eisenach auf eine Landstraße. Linker Hand führte eine Eisenbahnlinie entlang, die irgendwann die Seite wechselte. Wenige Meter hinter einer Brücke stand ein gelber Wartburg als Sperre quer auf der Fahrbahn. Vor ihm hielt der Autobus an. Ein Oberstleutnant der Grenztruppen – jedenfalls trug er eine entsprechende Uniform – dirigierte das lange Gefährt bei der nun folgenden Rückwärtsfahrt. Mehrere Male musste der Fahrer rangieren, ehe er das schwere Gefährt auf einen holprigen Waldweg gebracht hatte.

Unter den Insassen breitete sich Unruhe aus. Gerd Resag stieß seinen Freund in die Seite: »Was wollen die mitten im Wald?« Er erhielt keine Antwort.

In der nächsten Reihe spekulierte jemand: »Ob die uns hier einfach abknallen?« »Blödsinn!«, kommentierte ein anderer.

Doch das Misstrauen war gesät und wich auch noch nicht, als nach etwa zweihundert Metern Rückwärtsfahrt die Umrisse eines weiteren Reisebusses sichtbar wurden. Erst als dessen polizeiliches Kennzeichen beim Näherkommen als westdeutsches zu erkennen war, legte sich die Aufregung.

»Das GI steht für Gießen«, dozierte einer und trug mit seinem überraschenden Wissen erheblich zur allgemeinen Beruhigung bei. Rückfront an Fahrerfront, so standen beide Fahrzeuge hintereinander inmitten des Thüringer Waldes, unweit der offiziellen Grenzübergangsstelle. Wieder zog der MfS-Kordon auf, ehe man die Reisenden zum Umsteigen aufforderte. Hektisch wechselten sie die Buslinie. Kaum zwei Minuten dauerte die Aktion, dann befahl der »Transportführer« seinen Leuten, in das eigene Fahrzeug einzusteigen und gab das Zeichen zur Abfahrt. Während der vordere Reisebus an der Landstraße links, in Richtung Eisenach abbog, schlug der hintere die entgegengesetzte Richtung ein, was von den Fahrgästen mit einem deutlichen Durchatmen begleitet wurde. Alle starrten suchend aus den Fenstern, denn bald musste der Kontrollpunkt erreicht sein. So fiel kaum jemandem auf, dass sie zu der Stunde die Straße für sich allein hatten. Wie sollten sie auch ahnen können, dass das absolute Geheimhaltungsgebot ihres und aller anderen Transporte selbst die zeitweilige, großflächige Absperrung dieses Grenzbereiches erzwang.

Inzwischen hatte der Fahrer die Geschwindigkeit merklich erhöht, ein Grenzhäuschen huschte vorbei, dann eine Unzahl von Laternenmasten, Abfertigungsgebäude, eine Fahnenstange mit der Staatsflagge der DDR, ein senkrecht stehender Schlagbaum. Michael Gartenschläger hatte, ohne es zu merken, Resags Arm umfasst und drückte nun vor Nervosität und innerem Aufruhr so kräftig zu, dass der Freund ihn lachend abschütteln musste.

Dann verringerte sich das Tempo. Ein ovales Schild mit dem Staatsemblem der Bundesrepublik Deutschland tauchte auf, BGS-Beamte in Tarnjacken am Straßenrand, die die Hand zum militärischen Gruß an die Mütze hoben, die Grenzübergangsstelle Herleshausen war erreicht. Etwas abseits vom Kontrollpunkt des Bundesgrenzschutzes und des Zollgrenzdienstes hielt der Bus an und zwei Herren, die bereits warteten, stiegen zu; einer von ihnen in der Dienstkleidung des BGS, der andere im legeren Straßenanzug, wobei er die Jacke aufgrund des sommerlichen Wetters über dem Arm trug. Er stellte sich als Rechtsanwalt Salm vor und hieß die Frauen und Männer in der Bundesrepublik willkommen. Wohl allen steckte ein Kloß im Hals und niemand hatte überhaupt ein Problem damit, sich in diesem Moment die feuchten Augen zu wischen.

Das Bundesnotaufnahmelager befand sich hinter dem Gießener Güterbahnhof in einer Senke und hatte mit seinen flachen grauen Gebäuden, den asphaltierten Verbindungswegen und den ungepflegten Rasenflächen dazwischen etwas Kasernenhaftes, was einen frühzeitigen »Kulturschock« der Neuankömmlinge verhinderte, da es sie an ihre bisherige, gewohnte Umgebung erinnerte. Andererseits drang der erste triste Eindruck zu kaum jemandem durch; zu groß war die Erschöpfung nach der Anspannung des Tages.
Die Reisegruppe wurde bei ihrer Ankunft vom Leiter des Durchgangslagers begrüßt und während eines gemeinsamen Essens noch einmal auf die anstehenden formalen Abläufe vorbereitet: die Erfassung der persönlichen Daten, die ärztliche Erstuntersuchung und die intensive Befragung durch die dort operierenden Geheimdienste. Dabei suchten die CIA, der BND und der Verfassungsschutz vornehmlich ihre Kenntnisse über die DDR zu ergänzen. Den Abschluss des Aufenthaltes bildeten die Ausstellung eines amtlichen Notaufnahmebescheides, die Auszahlung eines »Begrüßungsgeldes« in Höhe von einhundertundfünfzig D-Mark und gute Wünsche für eine Zukunft, die ebenso befremdlich wie aufregend schien.

Michael und Gerd waren sich vor allen Dingen durch Dora Fritzens Brief schnell einig geworden, Hamburg zum Ausgangspunkt ihres neuen Lebens zu machen. Und als sie dort ankamen und sich beim Hilfswerk meldeten, war alles wie angekündigt eingerichtet –

was sie nicht unbedingt erwartet hatten. Im »Haus Billetal« in Reinbek bekam jeder sein eigenes Zimmer, das erste seit nahezu zehn Jahren. Kein Bettnachbar neben, über oder unter ihnen – das war ein Erlebnis, von dem die beiden noch Jahre später schwärmten.

Die Verwalterinnen des Gästehauses, Frau Kessler und Frau Pötsch, die in den fünfziger Jahren selbst viele Jahre in Gefängnissen des kommunistischen Machtbereichs verbracht hatten, kümmerten sich rührend und vor allem verständnisvoll um die beiden, die ihre neugewonnene Lebenssituation erst einmal verarbeiten mussten. Unterstützung benötigten sie in erster Linie bei der Erledigung all jener Formalitäten, die notwendig waren, um ihre Identität und Existenz in der Bundesrepublik in einem auch für die Ämter zufrieden stellenden Maße zu begründen. Das begann mit der polizeilichen Meldung beim Ordnungsamt und der Beantragung eines westdeutschen Personalausweises, was in gewissem Sinne »konspirativ« zu geschehen hatte. Denn noch oder gerade zur damaligen Zeit war ihre Art der »Übersiedlung«, das Faktum des »Freikaufs«, von allen Beteiligten vertraulich zu behandeln, sodass es nach außen, speziell nicht eingeweihten Behörden gegenüber, ratsam erschien, als ein »normaler« Flüchtling aufzutreten, der mehr oder weniger auf sich allein gestellt war. Kurz gesagt, die direkte Verbindung zum Hilfswerk sollte möglichst ungenannt bleiben. Also gab man als offizielle Adresse nicht das »Haus Billetal« an, sondern ein städtisches Wohnheim, was dann und wann zu halb belustigenden, halb unerquicklichen Missverständnissen führte, vor allem, wenn amtliche Post mit dem Vermerk des Wohnheims »Empfänger unbekannt« an den Absender zurückging.

Andere Personen auf einigen behördlichen Stellen waren in die Sachlage eingeweiht und halfen, soweit es ihre dienstrechtlichen Möglichkeiten zuließen. Darüber hinaus galt es, präventiv mögliche Haftschäden feststellen zu lassen, oder eine eigene Wohnung zu beantragen, oder sich beim Arbeitsamt oder einer Krankenkasse als »aus der SBZ zugezogen« zu melden. (Das Kürzel stand für »Sowjetische Besatzungszone«, die es zwar seit 1949 nicht mehr gab, die aber seinerzeit in bundesdeutschen Amtsstuben nach wie vor für das nachbarliche Staatsgebilde namens DDR verwandt wurde.) Oder zu einem regionalen Ableger der Zentralen Erfassungsstelle Salzgitter für in der DDR erlittenes Unrecht zu gehen oder eine Wiedereingliederungshilfe nach dem Häftlingshilfegesetz (HHG) zu beantragen und beim jeweils zuständigen Oberlandesgericht eine Annullierung des einen selbst betreffenden Urteils in der DDR nach dem Gesetz über innerdeutsche Amts- und Rechtshilfe zu erwirken … und … und … und …

Zwischen all den Wegen fiel das erhoffte freie Atmen schwer und wurde allenfalls durch die Einsicht in die Notwendigkeit und einen vergleichsweise geringen finanziellen Ausgleich aufgewogen.

Dazwischen dachte Gartenschläger zu leben und merkte, dass er keinen rechten Maßstab hatte. Zunächst überbrückte ein Amtsarzt die Unsicherheit, indem er ihn – wie Gerd Resag auch – für sechs Monate krankschrieb. Seine lapidare Diagnose lautete: »Erschöpfungszustand nach erlittener Freiheitsberaubung in der SBZ«. Mit der Krankschreibung verordnete der Arzt in Absprache mit Frau Fritzen einen sechswöchigen Kuraufenthalt in Bayrischzell am Wendelstein. Michael und Gerd genossen die Zeit der Erholung. Bäder, Massagen, ausgedehnte Spaziergänge, frische Luft, die Landschaft, die sie bis dahin nur aus dem frühen Heimatkundeunterricht, von Bildern und aus einigen Filmausschnitten kannten, und die fast ausnahmslose Freundlichkeit der Menschen dort ließen sie die Strapazen der letzten Jahre überraschend schnell vergessen. So konnte der Kurarzt bereits nach vier Wochen eine befriedigende Diagnose stellen. Eine besondere psychologische Betreuung benötigten sie jedenfalls nicht, soweit dies nach dem äußerlichen Zustand beurteilt werden konnte. Es schien, als ob die Leichtigkeit und Unbekümmertheit, die sie überall um sich herum zu spüren meinten, die zwanglosen Gespräche mit Leuten, die sie trafen, der Plauderton und die offenen, folgenlosen Blödeleien schon ausreichten, das seelische Gleichgewicht wiederzufinden. Nur manchmal, wenn ein Windstoß eine schwere hölzerne Tür krachend zuwarf, zuckten sie unwillkürlich zusammen …

Für Gartenschläger war der erste Kurlaub in seinem neuen Leben wie eine positive frühkindliche Prägung. Denn in den folgenden Jahren zog es ihn immer wieder nach Bayern, obwohl er sich auch vom Norden nicht lösen mochte. Denn immerhin hatte er in Hamburg nicht nur große Unterstützung gefunden, sondern rasch Freunde sowie eine erhebliche Anzahl von Leidensgenossen, die es aus dem Zuchthaus Brandenburg oder anderen DDR-Haftanstalten dorthin verschlagen hatte. Ihre gemeinsame Vergangenheit schweißte zusammen und gab jedem ein Stück Rückhalt in der zunächst fremden Welt.

Michael Gartenschläger lebte sich langsam ein, doch sein Versuch, sich auf dem Zweiten Bildungsweg zu qualifizieren, schlug fehl. Während Resag das von Frau Fritzen vermittelte Angebot der beruflichen Weiterbildung mit großem Eifer aufgriff und dementsprechende Lernerfolge vorweisen konnte, quälte sich Michael eher durch den Unterrichtsstoff. Kaufmännische Theorien, Betriebs- und Volkswirtschaftslehre, Mathematik, Statistik lagen ihm offensichtlich nicht, waren ihm eine zu trockene Materie. Ihm fehlte es keineswegs an intellektuellen Fähigkeiten, sondern an dem rechten Zugang zu dem Fachgebiet, das ihn einfach nur langweilte und ihm zu wenig bot, um seine Phantasie anzuregen. Vermutlich war er innerlich zu unruhig und ungeduldig, als dass er sich auf ein langwieriges Studium hätte konzentrieren können. Er wollte ins volle Leben, um möglichst schnell möglichst viel von dem aufzuholen, um das er betrogen worden war. Doch er mühte sich eine ganze Weile auf der Fachakademie, wohl auch um Dora Fritzen nicht zu enttäuschen.

Während dieser Zeit, es war im Juli 1972, lernte ich Michael persönlich kennen. Ich traf ihn im »Haus Billetal«, in dem auch ich nach meinem »Freikauf« aus DDR-Haft eine erste Bleibe finden sollte. Wie der Zufall es wollte, wies mir die Haushälterin, Frau Kessler, eben das Zimmer zu, das Gartenschläger bis dahin bewohnt hatte. Sein Antrag auf eine preisgünstige, genossenschaftliche Wohnung war gerade positiv beschieden worden, sodass er noch seine letzten Sachen ausräumte, als ich einzog. Und da ich schon einmal da war und ein wenig unschlüssig herumstand, spannte er mich in seiner ungenierten Art gleich ein, ihm beim Umzug behilflich zu sein.

Im Grunde war ich froh, dass er mich angesprochen hatte, denn ein rascher persönlicher Kontakt, da war ich mir sicher, würde mir den Weg in die Ungewissheit wesentlich erleichtern. Zudem gefiel mir seine offene, scheinbar unkomplizierte Art und fast noch mehr sein Opel Rekord, in dem ich ihn zu seiner neuen Wohnung begleitete. Ein aufregendes, unvergessliches Erlebnis für mich, da es sich um meine erste Fahrt in einem Privatwagen westlicher Marke handelte! Ich war so fasziniert, dass ich nicht einmal die Hälfte von dem mitbekam, was Michael an Ratschlägen und sonst Wissenswertem unablässig auf mich niederprasseln ließ. Das Wichtigste, das mir aus seinem Redefluss in Erinnerung blieb, war sein Angebot, mir nun seinerseits bei den erforderlichen, umfangreichen Behördengängen zu helfen. Er hielt Wort und brachte mich in den folgenden Tagen wie ein Fremdenführer von Amt zu Amt, wies mich auf Klippen und Untiefen hin. Dabei kam uns, besser gesagt mir in erheblichem Maße zugute, dass er die meisten Sachbearbeiter recht gut kannte. So hatte ich meine Pflichtläufe schon nach kurzer Zeit absolviert.

Zum Schluss hatte er aber noch eine Überraschung parat. »Wir müssen dir noch einen Reisepass besorgen«, entschied er, »denn am Wochenende fahren wir nach Berlin!«

Ich starrte ihn fassungslos an. »Durch die Zone nach Berlin?«, fragte ich ungläubig.

Seine Antwort war eine wegwerfende Handbewegung. Dann holte er zu einem Vortrag aus, in dem er mich über das so genannte Viermächteabkommen vom September 1971 und das darauf fußende Transitabkommen zwischen der Bundesregierung und der DDR-Regierung vom Dezember 1971 aufklärte, wonach unter anderem bei der direkten Durchreise auf den Transitwegen zwar Identitätskontrollen stattfinden durften und eine Visapflicht bestand, jedoch in der Regel keine weitergehenden Kontrollen seitens der DDR-Organe erlaubt waren. Zur Bestätigung und Beruhigung zeigte er mir noch seinen eigenen Pass, der tatsächlich schon mehrere kastenförmige Stempel aufwies, die seine Transitreisen bezeugten.

»Die haben sogar mich in Ruhe gelassen«, grinste er und sah mich erwartungsvoll an.

Michael stieg noch ein Stück mehr in meiner Achtung und ich zollte ihm neidlos Bewunderung für die Courage, sich nach seinen Erlebnissen freiwillig durch die »Höhle des Löwen« gewagt zu haben. Zumindest ansatzweise wollte ich dem nicht nachstehen und stimmte der Reise zu.

In den wenigen Tagen seit meiner Ankunft hatten wir viel Zeit miteinander verbracht, noch mehr geredet und gelacht, sodass es uns beiden vorkam, als würden wir uns schon lange kennen. Ich denke, unser Aufeinandertreffen stellte für mich einen Glücksfall dar, weil wir uns auf Anhieb verstanden, viele Gemeinsamkeiten in privaten und politischen Ansichten, Vorstellungen und Träumen vorhanden waren, auf denen sich eine solide Freundschaft bauen ließ. Und je mehr wir zusammen unternahmen und erlebten, desto tiefer wurde unser Vertrauen zueinander.

Pünktlich holte mich Gartenschläger mit seinem Wagen zu unserer Berlin-Reise ab. Nach einer Dreiviertelstunde ruhiger Fahrt auf dem spröden, grauschwarzen Asphalt der Bundesstraße 5, die sich mit ausladenden Kurven durch das norddeutsche Geestland schlängelt, passierten wir kurz hinter der Lauenburger Elbe-Lübeck-Kanalbrücke einen vorgeschobenen Kontrollposten der DDR-Grenztruppen. Dort prangte eine riesige Plakatwand, auf der alle Reisenden in und durch den »ersten deutschen Staat der Arbeiter und Bauern« schriftlich – mit großen, roten Lettern auf weißem Grund – auf das Herzlichste willkommen geheißen wurden. Wäre mir in dem Moment trotz aller beruhigenden Worte Michaels nicht reichlich mulmig zumute gewesen, hätte ich mich beim Anblick der gesamten Szenerie durchaus dem Sarkasmus hingeben können. Denn die überaus freundliche Begrüßung führte wenige Meter dahinter in ein Reich, das sich mit Draht- und Signalzäunen umgab, dem Besucher rot-weiß getünchte Betonsperren in den Weg legte, hochmastige Flutlichtanlagen aufgebaut hatte, die die Nacht in jedem Winkel des Kontrollbereiches schattenfrei zum Tage verkehren konnten, und eine Batterie von unförmigen Wachtürmen anbot, die wie drohende Finger in den Himmel ragten; davor schwerbewaffnete Grenzsoldaten und permanent gereizt wirkende Kontrolleure, die den Eindruck vermittelten, als dürften ihre schnarrenden Stimmen einzig von dem Gekläffe der scharf abgerichteten, irgendwo im Hintergrund lauernden Hunde unterbrochen werden. Als unbedarfter Besucher hätte man sich fragen müssen: Wenn dies den Eingangsbereich darstellt, was erwartet einen dann erst im Hinterland? Auf ein Handzeichen hin stoppte Michael seinen Wagen neben einem Grenzkontrolleur und kurbelte das Seitenfenster herunter. Anstalten auszusteigen machte er nicht und es verlangte auch niemand. ›Also stimmt es wohl‹, dachte ich, ›dass die uniformierten Wächter zwar die personifizierte Unfreundlichkeit darstellen, sich sonst aber auf die Überprüfung der Pässe und Fahrzeugpapiere beschränken.‹

»Ihre Reisedokumente! Führen Sie Waffen, Munition oder Funkgeräte mit?«

»Nein«, antwortete Gartenschläger wahrheitsgemäß, aber auch provozierend gelangweilt und reichte unsere Unterlagen zum Fenster hinaus. Von dort wanderten sie sogleich in eine Art Pförtnerloge weiter, in der sie für den Reisenden unsichtbar von Angehörigen der Grenzpasskontrolleinheiten (PKE) zwecks Ausstellung des Visums bearbeitet wurden.

Die PKE unterstanden der Hauptabteilung VI im MfS, die in der Hauptsache mit der Sicherung, Kontrolle und Überwachung des Ein- und Ausreise- sowie des Transitverkehrs befasst war. Das heißt, neben der augenscheinlichen Kontrolltätigkeit waren ihre Aufgabenschwerpunkte insbesondere die Datenerfassung und zentrale Speicherung sowie die Recherche zum Reiseverkehr, die Fahndungsprozessführung, die Verhinderung von »Missbrauchshandlungen« und die Abwehrarbeit unter den Angehörigen der Zollverwaltung der DDR. Damit war auch jeder Transitreisende, der nicht mehr vorhatte, als auf dem schnellsten Wege nach Westberlin zu gelangen, automatisch erfasst, sodass ostdeutsche Sicherheitsorgane bei Bedarf – bei einem späteren potenziellen Nutzen der Person für die DDR oder einer Schädigung der DDR – problemlos auf diese Daten zurückgreifen konnten. Diese Kenntnisse über die komplexen grenzpolizeilichen Maßnahmen hatten wir seinerzeit natürlich nicht. Sie wurden erst nach dem Verfall der DDR einer breiten Öffentlichkeit und somit auch mir bekannt.

»Wo wollen Sie hin?«, schnarrte es nun zu uns ins Wageninnere.

»In den amerikanischen Sektor von Berlin.« Die Worte kamen ernst, ruhig und lässig zugleich aus Gartenschläger heraus, obwohl oder gerade weil er ganz genau wusste, dass er damit einen Disput auslöste.

»Also nach Westberlin?«, konterte denn auch gleich der Uniformierte, der einen Ton anschlug, der ausdrücken sollte, wer an dieser Kontrollstelle das Sagen hatte, und der nur ein bestätigendes Ja als Antwort dulden würde.

Obgleich ich Michael zu dem Zeitpunkt noch immer nur flüchtig kannte, war mir klar, dass der Grenzabfertiger damit bei Gartenschläger an den Richtigen gekommen war. Prompt neigte er den Kopf leicht zum offenen Seitenfenster, um dem Uniformierten voll ins Gesicht sehen zu können, und formulierte betont akzentuiert: »Ich kenne keine Stadt, die Westberlin heißt. Ich kenne nur eine Stadt Berlin, die in vier Sektoren geteilt ist, nämlich einen französischen, einen englisch …«

Schon hatte er sein Gegenüber so weit, dass der die Beherrschung verlor. Sichtbar pumpte er sich auf und schnauzte:»Ich kann Ihnen auch die Transitreise nach Westberlin untersagen, wenn Sie mir hier dumm kommen!« Dabei legte er noch einmal allen Nachdruck auf das im offiziellen DDR-Sprachgebrauch zusammengesprochene Wort »Westberlin« – man wollte damit eine strikte Trennung zwischen zwei Städten, Westberlin und Berlin, letztere als Hauptstadt der DDR, verbal manifestieren – und wippte sekundenlang mit einer Stiefelspitze, als würde er nur mehr auf eine passende Reaktion warten.

Blitzschnell deutete Michael die Situation richtig und zog es vor zu schweigen, während ich mich mühte, mein Herz, das mir in die Hosentasche gerutscht war, wieder unter Kontrolle zu bringen. Wirklich erleichtert fühlte ich mich aber erst, als wir unsere Reisepässe wieder in Händen hielten und zur Weiterfahrt aufgefordert wurden.

Einige Kilometer lang sorgte nur das Autoradio für Unterhaltung.

Zwischendurch warf ich meinem Mitfahrer einen verstohlenen Blick zu, um aus seiner Mimik eine innere Reaktion auf die Szene am Kontrollpunkt zu lesen. Doch er gab sich wie immer, summte halblaut die Melodien mit. Als er meine Nachdenklichkeit bemerkte, hob er kurz beide Hände beschwörend in die Höhe und meinte geradezu unschuldig lächelnd: »Mach dir keinen schweren Kopf wegen vorhin. Wir sind jetzt Bundesbürger und können unseren Standpunkt frei vertreten. Oder glaubst du, die Situation an der Grenze wird besser, wenn du dich duckst und die Klappe hältst? Man muss denen da drüben auch im Kleinen immer wieder vorführen, dass es auf der Welt noch etwas anderes gibt als die SED-Einheitsmeinung!«

Ich sagte darauf nichts, begriff aber langsam, was er insbesondere aus den vergangenen zehn Jahren DDR-Zuchthaus mitgebracht hatte und nun zu leben versuchte: Dass nämlich jeder Tag bestehenden Unrechts ein Tag zuviel war und dessen Beseitigung nur durch unermüdlichen, vernehmbaren Widerstand gelang.

Drei Stunden später hatten wir den Kontrollpunkt Staaken – dieses Mal problemlos – passiert. In dem Moment erst verflog das flaue Gefühl in meiner Magengrube. Freiheitlichen Boden unter den Füßen zu haben tat schon verdammt gut. Michael dagegen resümierte kurz und bündig: »Wenn wir jemanden im Kofferraum versteckt gehabt hätten, wäre der jetzt mindestens so erleichtert wie du!«

Wie ernsthaft ihm solche Gedanken an Fluchthilfe zu jenem Zeitpunkt bereits durch den Kopf gingen, ahnte ich nicht. Ich war wohl auch zu beschäftigt mit meiner Vorfreude auf Westberlin, von dem ich schon viel gehört, aber noch nichts gesehen hatte. Nun fungierte mein Chauffeur als Stadtführer und zeigte mir wie auf einer Sightseeingtour nacheinander das Charlottenburger Schloss, den Funkturm, den Reichstag, das Brandenburger Tor, die Siegessäule und natürlich – wie konnte es anders sein – den Ku'damm. Ich war von den Gebäuden und ihrer Geschichte ebenso beeindruckt wie von dem Leben auf den Straßen, zugleich aber auch erschlagen von der Flut der Bilder. Insofern hatte ich nichts dagegen, als er die Führung abbrach und unser gemeinsames Quartier ansteuerte, das uns Norbert Meier, der ehemalige Mithäftling in Brandenburg, angeboten hatte. Er bewohnte mit einer Studentin, die er aus mir unerfindlichen Gründen »Stiefel« nannte, eine Dreizimmerwohnung in der Bundesallee. Norbert freute sich über unser Erscheinen, fügte jedoch gleich bedauernd an, dass er den Abend nicht mit uns verbringen könne, da er eine unaufschiebbare Verabredung im Ostteil der Stadt wahrnehmen müsse.

»Wieso darfst du als Abgeschobener rüberfahren?«, fragte ihn Michael irritiert.

Meier reagierte mit einem Achselzucken. »Keine Ahnung«, meinte er dann, »ich hab's irgendwann mal auf gut Glück versucht und sie haben mich reingelassen. Wahrscheinlich haben sie vergessen, meinen Namen auf die Schwarze Liste zu setzen!«

Michael gab sich mit der Erklärung zufrieden, da auch er schon gehört hatte, dass ehemalige politische Häftlinge der DDR zumindest eine Zeit lang entgegen den üblichen Gepflogenheiten ungehindert in ihre Ex-Heimat einreisen konnten, bis diese Möglichkeit dann von einem auf den anderen Tag versperrt war. Warum sollten nicht auch im SED-Staat bürokratische Wege Sackgassen aufweisen oder langwierig, umständlich und undurchsichtig verlaufen? Die Idee, dass Norberts Reiseprivileg noch andere Gründe haben könnte, kam uns nicht in den Sinn.

Als ich ein gewisses, mir nun schon vertrautes Blitzen in Michaels Augen sah, wusste ich, was in ihm rumorte. »Das versuchen wir auch«, sprudelte es aus ihm heraus, »wenn wir schon mal hier sind!«

Ich fand, dass er mir bei meiner ersten Ausflugstour im freien Westen eindeutig zu viel zumutete, und stellte mich energisch dagegen. Schließlich hatte ich mir vorgestellt, Glanz und Glamour des für mich Neuen zu genießen und nicht in meine gerade abgeschlossene Vergangenheit zurückzukehren. Michael zeigte Verständnis und ließ das Thema – vorerst – fallen. So verbrachten wir die restlichen Nachmittagsstunden mit einem lockeren Stadtbummel, bis Norbert nach einem Blick auf die Uhr zum Aufbruch mahnte. Sein Termin im Osten. Gartenschläger schlug vor, ihn mit dem Wagen zum Sektorenübergang Heinrich-Heine-Straße zu begleiten, um uns auch jenen Teil Berliner Wirklichkeit anzusehen. Doch kaum waren wir dort angelangt und noch ehe ich es richtig begriffen hatte, standen wir mit unserem Fahrzeug in einer Autoschlange inmitten der Übergangsstelle. Ich fühlte mich ein wenig übertölpelt und machte meinem Unmut Luft, sah mich dann allerdings mit zugegebenermaßen wachsender Neugier in der Situation gefangen und händigte Norbert meinen Pass aus. Er ging zum Abfertigungsschalter und überreichte dem diensthabenden Grenzoffizier unsere Papiere, wobei Worte wie »Tagesvisum« und »Hauptstadt der DDR« zu uns herüberwehten.

Wie viele andere vor und hinter uns in der Schlange waren auch Michael und ich ausgestiegen, da die Einreiseprozedur für alle im Schneckentempo verlief. Nach einer Weile kam ein Oberleutnant auf uns zu und fragte noch einmal persönlich nach unseren Namen. Dann musterte er jeden einzeln und gab Norbert als erstem seinen Pass mit der Aufforderung, die Gebühr für das Visum und den Mindestumtausch jeweils in Höhe von fünf D-Mark zu entrichten. Nun wandte er sich Michael und mir zu, wobei er eine geradezu staatstragende Miene aufsetzte. In einer Lautstärke, die wenigstens noch fünf bis sechs Autos weiter deutlich zu vernehmen war, erklärte er uns, dass wir in der DDR unerwünscht seien und dementsprechend aus der Warteschlange ausscheren sollten. Natürlich fuhren sofort die Köpfe aller Umstehenden zu uns herum und gafften, als würden sie durch die Aufführung eines dramatischen Schauspiels aus ihrer Langeweile erlöst.

Ich hätte im Boden versinken mögen, so peinlich war mir die Szene. Michael nahm es gelassener und fragte ruhig nach dem Grund der ablehnenden Behandlung. Doch statt einer Antwort verfiel der Offizier in einen Befehlston, mit dem er uns noch einmal ausdrücklich aufforderte, das Territorium der DDR unverzüglich zu verlassen. Einen Moment lang schien Gartenschläger zu überlegen, ob er weiterdiskutieren solle, dann schüttelte er den Kopf, grinste und stieg ins Auto. »Los komm«, rief er mir sehr viel lauter als notwendig zu, »wir fahren zum Ku'damm. Da darf der nicht hin!«

Die Retourkutsche saß, denn sie zog einige Lacher auf sich, sodass wir hocherhobenen Hauptes und fröhlich winkend wendeten und von dannen fuhren.

Auf der Rückfahrt machten wir einen Abstecher zum »Checkpoint Charlie«, dem Übergang für Angehörige der alliierten Schutzmacht in Berlin sowie sonstige Ausländer in der Kreuzberger Friedrichstraße. Unser Ziel war ein kleines Museum, das direkt neben dem Kontrollpunkt Exponate zur Geschichte der Berliner Mauer darbot. Es war auch für uns eine aufschlussreiche, aber zugleich deprimierende Ausstellung, und Michael mahnte unter dem Eindruck sehr ernst, fast traurig, dann wieder kämpferisch unsere, jedermanns Pflicht an, etwas gegen dieses Unrecht und das, was sich dahinter abspielte, zu tun.

Ihm war plötzlich nicht mehr nach dem bunten, quirligen Gedränge auf einer Flaniermeile zumute und so schleifte er mich zum Potsdamer Platz und zur Bernauer Straße, wo die unsägliche Teilung der Stadt am augenfälligsten zu beobachten war. Für Michael, dessen Leben die Mauer so radikal durchtrennt hatte, ein unbedingtes Muss in jedem seiner Besuchsprogramme, und für mich? Mir fehlte eine solch prägende persönliche Verknüpfung mit dem Bauwerk, sodass mich das Monument der Isolierung und Unterdrückung weiter Teile einer Bevölkerung eher allgemein frösteln machte. Die hochaufgerichteten, einzementierten Steinblöcke, die asphaltierte Leere dahinter, der Stacheldraht, die Bewehrung und Bewachung strömten Todeskälte aus, die mich mit dem Gefühl des Schauderns und der Ohnmacht erfüllte, das mich bei diesem ersten nahen Anblick beinahe zwang wegzulaufen; zu flüchten aus der Perspektivlosigkeit heraus, irgendetwas Wirksames gegen eine Staatsmacht zu unternehmen, die meinte, ihre so genannte Weltoffenheit und Friedensliebe auf so brutale Art schützen zu müssen. »Herzlich Willkommen im ersten deutschen Staat der Arbeiter und Bauern« ... vielen Dank!

Als wir uns an dem Wochenende von Berlin verabschiedeten, nahm ich – noch sehr unbewusst – seine Zerrissenheit mit: die weit gespannte, offene Atmosphäre einer ummauerten, abgeschnittenen Insel im eigenen Land; ein Gefühl, dass die dort gelebte Freiheit die beständige Unzufriedenheit in sich barg, nirgendwo zugehörig zu sein. Die Stadt zeigte sich als das sinnfälligste Beispiel, dass Deutschland unheil war.

In den folgenden Monaten unternahmen wir noch einige weitere Reisen, von denen mir nachdrücklich der Besuch Amsterdams in Erinnerung geblieben ist. Die Stadt strahlte insgesamt eine für mich völlig unbekannte Toleranz aus, die mir das lebendige Abbild von Freiheit schlechthin schien und mich ungeheuer beeindruckte. Und als wir uns von einem der kleinen Boote auf den Grachten durch die Stadt schippern ließen – gemütlich auf einer Holzbank zurückgelehnt, die Beine ausgestreckt –, wusste ich mit einem Mal, was ich in meinem bisherigen Leben vermisst hatte und zum Teil auch in Deutschland noch immer vermisste: das Urgefühl der grenzenlosen Leichtigkeit.

Immer wieder aber machten wir auch einen Abstecher nach Westberlin. Und ein ums andere Mal erinnerte Gartenschläger nach der nur auf die Identitätsprüfung beschränkten Grenzpassage an die »vorzüglichen Möglichkeiten zur Fluchthilfe«. Jedenfalls unter diesem Aspekt betrachtete er die »Leerfahrten« als vertane Chancen, die, so seine wiederholte Schlussfolgerung, »wir zukünftig unbedingt nutzen sollten«. Meinen Bedenken setzte er politische Argumente entgegen. Er sprach sogar von den Geschwistern Scholl, die unter weitaus drastischerer Strafandrohung dem NS-Regime Widerstand geleistet hätten.

»Totalitären Systemen, egal welcher politischen Couleur, muss man aktiv entgegentreten«, dozierte er. »Auch wir können uns dieser Verantwortung nicht entziehen!«

›Große Worte‹, dachte ich insgeheim. Dennoch musste ich mir eingestehen, dass Michael mit seinen Ansichten nicht ganz falsch lag. Und in mir keimte das Gefühl auf, dass er gerade unsere gemeinsamen Reisen nach Berlin nutzte, angesichts des gemauerten Unrechts seinen Widerstandswillen zu stärken – und meinen unmerklich aufzubauen.

Bei einem dieser Besuche wollten wir eine Protestaktion an der Mauer veranstalten. Dazu pinselten wir auf zwei zusammengenähte Bettlaken die Losung: »Mauern-Minen-Stacheldraht. Wie lange noch, Herr Honecker?« und rollten das Transparent in Sichtweite des Grenzübergangs Friedrichstraße in Richtung Osten aus. Doch kaum ein Mensch nahm Notiz von uns, sodass wir uns ziemlich verloren vorkamen. Lediglich einige DDR-Grenzer schenkten uns ihre besondere Aufmerksamkeit, indem sie uns pausenlos mit ihren Dienstferngläsern beobachteten. Schließlich tauchte noch ein Oberst mit seinen Leuten, einem Dokumentationstrupp, auf, die Fotos vom Geschehen anfertigten.

Michael freute sich diebisch, dass wegen unserer kleinen Aktion extra ein hochrangiger Offizier in die Nähe des »Tatortes« beordert worden war, und ich denke, er nahm aus diesem Erlebnis mit, dass offensichtlich schon geringer Aufwand eine deutliche Reaktion auf östlicher Seite bewirken konnte. Eine Erfahrung für ihn, die ihn zu animieren schien, in eben dieser Weise weiterzumachen.

Etwa eine dreiviertel Stunde später – wir demonstrierten immer noch allein vor uns hin – hielt eine Streife der Westberliner Polizei neben uns, die von zwei Militärpolizisten der US.Army begleitet wurde. Die deutschen Beamten forderten uns auf, die »Protestaktion« zu beenden. Wir hätten, so ihre Begründung, die Demonstration anmelden müssen! Ohne behördliche Genehmigung keine politische Bekundung! Michael versuchte zu diskutieren. Vergeblich. Die Streifenpolizisten beharrten auf ihrer Forderung und drohten schließlich sogar, diese kraft ihres Amtes durchzusetzen. Als wir die Aussichtslosigkeit einsahen, gaben wir widerwillig und murrend auf und rollten die Bettlaken zusammen. Die Beamten warteten, bis wir uns zu unserem Auto getrollt hatten, ehe sie ihrerseits in ihre Fahrzeuge einstiegen.

»Die Berliner Polizei als Handlanger des Ostens«, schimpfte Michael plötzlich lauthals hinter ihnen her. Ebenso unvermittelt und entgegen meiner sonst eher zurückhaltenden Art fühlte ich mich mitgerissen und stimmte in die Verbalattacken ein, die die Ordnungshüter allerdings unbeeindruckt ließen.

Wir sahen uns in der Situation ungerecht behandelt und waren nicht in der Lage, allgemeingültige Vorschriften und unser individuelles Tun gegeneinander abzuwägen. Dazu glaubten wir zu sehr an die Notwendigkeit und Richtigkeit unseres Handelns und verstanden ganz und gar nicht, dass man uns dies untersagte. Über die Polizisten hinaus, die ja auch den Staat repräsentierten, gaben wir der Bundespolitik die Schuld, die augenscheinlich nicht unsere Sache vertrat. Zugegeben, ein wenig naiv und undifferenziert gedacht. Doch wie dem auch sei, jener Vorfall bestärkte uns, zukünftig die Politik der DDR-Führung auch ohne offizielle Rückendeckung aktiver anzugreifen als bisher.

Im Herbst 1972 zog Michael Gartenschläger die einzig richtige Konsequenz aus seinen bisherigen Erfahrungen: Er brach die Umschulungsmaßnahme ab und suchte sich entsprechend seinen Neigungen in der Nähe seiner Wohnung eine Anstellung als Tankwart. Im Gegensatz zu heute gehörten zu den meisten Tankstellen damals auch noch kleine Werkstätten, die mit Autoreparaturen ihre durchaus mageren Einnahmen aus dem Benzingeschäft aufbesserten. Das war Michaels eigentliche Profession. Bei Motoren, Getriebe, der Kfz-Mechanik insgesamt konnte er seine Vorbildung, sein technisches Verständnis und seine handwerklichen Fertigkeiten einbringen. Sehr schnell eignete er sich das noch fehlende Fachwissen an, und bereits nach einer relativ kurzen Einarbeitungszeit übertrug ihm der Tankstellenpächter den Autoreparaturbereich.
Der berufliche Erfolg spornte Gartenschläger nicht etwa an, eine bessere Bezahlung zu fordern, sondern sein eigener Herr zu werden, sich einen eigenen Pachtbetrieb zu suchen. Aufgrund des breiten Angebots wurde er schon bald fündig. Anfang 1973 pachtete er eine Freie Tankstelle in der Bergedorfer Kampchaussee.
Fraglos entwickelte Michael einigen Ehrgeiz in seiner beruflichen Selbständigkeit, aber er war sich auch für keine Arbeit zu schade und reparierte noch an Sonn- und Feiertagen in Notfällen die kleinen und größeren Probleme der Autofahrer. Ich denke, er hat schon damals ein Manko der bundesdeutschen Wirtschaft, das unzureichende Serviceangebot, erkannt und für sich eine Lösung gefunden. Dementsprechend florierte sein Betrieb.
Politisch stand er hier im Norden der CDU nahe, besuchte in aller Regelmäßigkeit deren Veranstaltungen, ohne sich jedoch durch eine Parteimitgliedschaft zu binden. Die programmatischen Konturen der Abgrenzung zur SPD bzw. FDP waren seinerzeit bedeutend schärfer gezeichnet als heutzutage. Die Christlichen Unionsparteien standen in der Opposition, während die sozial-liberale

Regierungskoalition gegenüber der DDR den Kurs der »Entspannung« eingeschlagen hatte, dem die Formel Egon Bahrs, des »Architekten« der neuen Ostpolitik, »Wandel durch Annäherung« als Richtschnur galt. Michael Gartenschläger betrachtete diese Politik nicht mit Misstrauen, er lehnte sie rundweg ab. Für ihn war klar, dass die DDR-Einheitssozialisten die sich anbahnende politische Veränderung lediglich als eine weitere Variante der äußeren Bedingungen des »Klassenkampfes« begreifen würden. »Honecker wird ein Minimum an eigenen Kompromissen einbringen, um ein Maximum an Zugeständnissen des Westens herauszuholen«, argumentierte er.

Dies allein war ihm Grund genug sich verstärkt in der Union zu engagieren, die seine Ansichten am ehesten zu teilen schien. Die Wahlen zum 7. Bundestag im November 1972 boten sich als politisches Betätigungsfeld an. Michael rackerte als Wahlkampfhelfer, stellte Hunderte von Plakaten auf, verteilte Handzettel in der Mönkebergstraße und andernorts und nahm aktiv an Dutzenden von Wahlkampfveranstaltungen teil. Seine Diskussionsbeiträge beschäftigten sich vornehmlich mit den politischen Gegebenheiten in der DDR. Dabei begriff er aber recht schnell, dass sich nur eine unbedeutende Minderheit für die Belange der östlich von Elbe und Werra lebenden Menschen interessierte. Diese Erfahrung empfand er als besonders schmerzlich; sicherlich deswegen, weil er im Brandenburgischen verwurzelt war, aber in erster Linie, weil er Deutschland als Ganzes, als Einheit sah und den damaligen Status quo als Unheil.

Mit der Stimmenauszählung erreichte die SPD 45,8, bei den Erststimmen sogar über 49 Prozent. Bei einer Wahlbeteiligung von 91 Prozent war Gartenschläger über das Ergebnis sehr enttäuscht.

Ebenfalls im November 1972 erhielt Michael zuverlässige Informationen, dass einige seiner Freunde unter den ehemaligen Mitgefangenen, scheinbar amnestiert, vorzeitig aus der Haftanstalt Brandenburg entlassen worden waren, jedoch nicht in die Bundesrepublik ausreisen durften. Zuvor bereits, nach seiner eigenen »Begnadigung«, hatte Michael in zahllosen Schreiben an die zuständigen bundesdeutschen Stellen auf das Schicksal dieser Menschen aufmerksam gemacht, ohne dass es zu einem »Freikauf« gekommen war. Nun waren sie frei und unfrei zugleich, denn er wusste, dass sie gegen ihren erklärten Willen in der DDR blieben. Es galt, etwas zu unternehmen.

»Die Staatssicherheit wird sich nicht lange über ihre Entscheidung freuen können«, stellte er kurzerhand fest. »Die Leute holen wir raus!«

Und kaum dass er den folgenschweren Entschluss ausgesprochen hatte, skizzierte er schon die erste Planung, die sich auf die vertraglich vereinbarten Kontrollen im Transitverkehr von und nach Berlin gründete. Keine obligatorische Überprüfung oder Durchsuchung des Fahrzeuginneren inklusive Kofferraum, das schien der springende Punkt, der für den Erfolg einer Fluchthilfe Zuversicht vermittelte. Natürlich blieb immer noch ein erhebliches Risiko, da die DDR-Grenzorgane bei begründeten Verdachtsmomenten eines »Missbrauchs« der Transitvereinbarungen von der Regel der eingeschränkten Kontrollen abweichen konnten. Doch je mehr Michael sich in seine Planungen vertiefte, desto sicherer meinte er jede Gefahrensituation meistern zu können. Außerdem glaubte er an einen persönlichen »Glücksstern«, der ihn leiten würde, solange er einen guten Zweck verfolgte.

Eine Selbstverständlichkeit schien Michael auch, dass ich mich an solchen Unternehmen beteiligte, da er mich ohne jegliche Nachfrage in seine Planung einbaute. Ich reagierte verunsichert, voller Bedenken, sträubte mich und stimmte schließlich doch zu. Vielleicht war es seine Überzeugungsstärke, die mich die möglichen bedrohlichen Konsequenzen verdrängen ließ.

Bei unserem ersten Unternehmen fungierte Bernd Baumfeld, ein gemeinsamer Freund, als Kurier. Er nahm zu Peter Fuchs, der in Bernau bei Berlin lebte, Kontakt auf und trug ihm unser Angebot der Fluchthilfe über die Transitwege vor. Michael kannte Peter von früher und war sich sicher, dass er seine Absicht, in den Westen zu gelangen, nicht aufgegeben hatte. Tatsächlich zeigte sich Peter Fuchs über die unerwartete Chance höchst erfreut und willigte sofort ein, ohne auch nur im Geringsten über etwaige Risiken nachzudenken.

Nach einigen Überlegungen entschieden wir uns für den Heiligabend als günstigsten Termin, da wir wussten, dass selbst im sozialistischen Teil Deutschlands weihnachtliche Tradition einen gewissen Stellenwert behalten hatte und von daher auch mit einer friedlicheren, das heißt: lascheren Abfertigung an den Grenzübergangsstellen zu rechnen wäre. Zudem hatten weder Michael noch ich nahe familiäre Bindungen in der Bundesrepublik, die uns zurückhalten konnten. Als Treffpunkt für den buchstäblichen Einstieg in das Unternehmen hatten wir Fuchs in eine kleine HO-Gaststätte in der Nähe von Quitzow bestellt. Sie lag an der Fernverkehrsstraße 5, etwa fünf Kilometer von Perleberg entfernt in Richtung Ludwigslust.

Schon bei unserer Abfahrt aus Hamburg am Nachmittag des 24. Dezember herrschte ein leichtes Schneegriseln, das die volle Konzentration im Verkehr forderte. Dieser Umstand lenkte aber auch von Grübeleien über kommende Unwägbarkeiten ab und verhinderte an jeder Kreuzung ein nervöses Abbiegen und die Umkehr. Wir fuhren mit zwei unauffälligen Wagen hintereinander her, Gartenschläger im eigenen Opel, ich mit einem Leihfahrzeug. Trotz der schlechten Witterung kamen wir zügig voran und trafen, wie verabredet, gegen siebzehn Uhr an der Raststätte ein. In der mollig warmen Gaststube ein erstes Aufatmen: Fuchs saß bereits erwartungsvoll an einem Ecktisch und – beinahe ebenso wichtig – außer uns hatten noch andere Reisende eine Pause eingelegt. Sie waren aufgrund ihrer Kleidung und ihres Auftretens unschwer als Westdeutsche oder Westberliner zu erkennen.

Ein kurzer Blickkontakt, ein leichtes Kopfnicken Gartenschlägers signalisierten Fuchs, dass die Aktion beginnen konnte. Mit dem Startschuss spürte ich ein Kribbeln aufsteigen, das sich wellenartig bis in die Fingerspitzen ausbreitete und die aufgeschlagene Speisekarte in meinen Händen zittern ließ. Am liebsten hätte ich zur Beruhigung einen Schnaps getrunken, doch der Gedanke an die Null-Promille-Vorschrift in der DDR-Straßenverkehrsordnung ließ mich den Wunsch schnell als zu risikoreich abhaken. Stattdessen versuchte ich es wie Michael mit einem Imbiss, der sich als regelrechte Mahlzeit für wenig Geld entpuppte. Immer wieder ging unser Blick durch die Fenster nach draußen, um zu beobachten, ob sich eventuell ein Wagen der Volkspolizei näherte; aber dort im Schein einer funzeligen Straßenlampe tanzten nur Schneeflocken.

Als wir bemerkten, dass sich einige Gäste gleichzeitig anschickten aufzubrechen, beschlossen wir ebenfalls zu zahlen und uns der Gruppe beim Hinausgehen anzuschließen. Im Pulk, so meinten wir, wäre uns nur eine geringe Aufmerksamkeit gewiss, die uns vor allen Dingen dann auf dem Parkplatz zugute käme. Intuitiv wechselte Gartenschläger noch ein paar Worte mit einem der Reisenden, womit er zu unterstreichen suchte, dass wir zu den sich verabschiedenden Leuten gehörten. Auch Fuchs begriff den Sinn unseres Agierens und schloss sich spontan an. Das Schneetreiben hatte zugenommen. So fiel es noch weniger auf, dass zu Michael ein Beifahrer einstieg. Gemächlich rollten wir hinter den Wagen der anderen Transitreisenden her und bogen ungehindert auf die Fernverkehrsstraße ein.

Kurz hinter dem Städtchen Nauen hielten wir erneut an. Unser Plan sah vor, eine Autopanne vorzutäuschen, die mich »barmherzigen Samariter« veranlasste, das liegengebliebene Fahrzeug im Schlepptau über die Grenze nach Westberlin zu ziehen. Der Zweck der Aktion bestand darin, dass wohl niemand, speziell kein Volkspolizist und kein Grenzkontrolleur, auf die Idee kommen würde, einen Flüchtling in einem langsamen Wagen vorne oder einem gänzlich fahruntüchtigen hinten anzutreffen. Also machten Mi-

chael und ich uns am Motor seines Autos zu schaffen, während
Peter Fuchs die eigens präparierte Rückenlehne der hinteren Sitz-
bank – sie war normalerweise fest verschraubt – herunterklappte
und von dort aus in den Kofferraum unter eine Steppdecke kroch.
Sie sollte ihn vor Kälte und neugierigen Blicken schützen.

Es dauerte bald eine halbe Stunde, bis wir den Zündverteiler so eingestellt hatten, dass der Motor nicht mehr angesprungen wäre,
wenn es denn jemand versuchen wollte. Dann brachten wir das
Abschleppseil an den Fahrzeugen an und tuckerten los. Es wurde
eine quälend langsame Reise, die viel zu viel Zeit zum Nachdenken
ließ. Doch erst als die Flutlichthelle der Grenzübergangsstelle Staaken näher rückte und die Sperranlagen zu erkennen waren, wurde
mir richtig bewusst, auf was wir uns da eingelassen hatten. Ich
überlegte anzuhalten und verwarf den Gedanken sogleich als blanken Unsinn. Schweißgebadet umkrallte ich das Lenkrad, bis die
Fingerknöchel weiß schimmerten.

»Was treibe ich bloß hier?«, schimpfte ich vor mich hin. »Ich könnte in einer warmen Stube sitzen und mich mit einem Glas Punsch
selber beschenken! Stattdessen rutsche ich über Eis und Schnee direkt in die Arme von lausigen DDR-Greifern! Für was eigentlich?
Für endlose Stasi-Verhöre, U-Haft und wieder einige Jahre Gefängnis? Hat die Zuchthauserfahrung noch nicht gereicht? Sicher
kann ich das Gericht milde stimmen, wenn ich denen erzähle, dass
ich für die Freiheit eines Freundes unterwegs war. Ohne Bezahlung! Aus purem Idealismus! Klasse!«

Und je länger ich jammerte, desto sicherer wurde ich, dass an der
nächsten oder übernächsten Ecke plötzlich ein Kommando mit
entsicherten Waffen auf uns zustürmen, die Sirenen aufheulen und
wild kläffende Hunde an meiner Wagenseite hochspringen würden.
Doch nichts tat sich, auch nicht an der dritten und vierten Ecke.
Stille Nacht, heilige Nacht … sogar in Staaken. Selbst der Grenzoffizier, der herankam, musterte mich … *alle Jahre wieder* … freundlich durch das geöffnete Seitenfenster. Worte des Bedauerns fand er
gar für die Fahrzeugpanne … an Heiligabend! … schöne Besche-
rung! Aus der Grenzstation drang Gelächter und ich konnte deutlich erkennen, wie die Diensthabenden gerade mit einem durch-

sichtigen Plastebeutel voll Äpfel, Nüssen und Apfelsinen beschenkt wurden … frohe Weihnachten!

»Frohe Weihnachten« wünschte auch der Kontrolleur, als er mir meine Papiere reichte und die Spur zur Weiterfahrt freigab. Zunächst konnte ich unser Glück nicht fassen und mehrmals würgte ich den Motor ab, bevor ich unseren Kleinstkonvoi endlich ins Rollen brachte. Wenige Augenblicke später tauchte die Westberliner Kontrollstelle auf. Die Polizisten schienen an keinem Gespräch interessiert und winkten uns grußlos auf der Kontrollspur durch. Geschafft!

Im Schritttempo fuhren wir die Heerstraße entlang, hielten jedoch erst nach einigen Hundert Metern außerhalb der Sichtweite der westlichen Beamten an. Peter Fuchs sah etwas mitgenommen aus, als er dem Kofferraum entstieg. Ich sowieso. Gartenschläger griente stolz. Peter schaute sich zweifelnd um, suchte offenbar nach Zeichen, an denen er sich vergewissern konnte, dass er sich wirklich und wahrhaftig im Westteil der Stadt befand. Irgendwo entdeckte er schließlich eine Imbissbude, die zwar geschlossen hatte, aber an der Außenwand eine Coca-Cola-Werbung trug. Nun leuchteten seine Augen, ohne dass er in der Lage war ein Wort herauszubringen. Er umarmte uns, drückte uns und hatte Mühe, die Tränen zurückzuhalten. In diesem Moment löste sich auch bei Michael und mir die Anspannung und wir begannen – drei Männer im Schnee – wie die Kinder herumzuhüpfen, fassten uns an den Händen, tanzten im Kreis, lachten, johlten, sangen lauthals *»Oh, du fröhliche …«*, bis uns die eisige Luft den Atem nahm. Konnte ein Heiliger Abend befreiender verlaufen?

Nachdem wir uns einigermaßen beruhigt hatten, beschloss Michael dem Neuankömmling die Stadt zu zeigen. Es wurde eine unvergessliche Rundfahrt. Auf nahezu leeren Straßen fuhren wir durch einen Lichterglanz, der in jenen Augenblicken allein für uns hergerichtet zu sein schien. Das sonst dröhnende, pulsierende westliche Berlin schwieg, flüsterte allenfalls, wirkte introvertiert und doch behütend. Auf Dächern, Bürgersteigen und Rasenflächen lag Schneeflaum, der sich auch auf der Mauer-Krone niedergelassen hatte und sie beinahe unschuldig wirken ließ. Wir stiegen auf eine der Aussichtsplattformen, um einen oder zwei Blicke Richtung Osten zu werfen. Ich bin mir sicher, in uns allen war auch etwas Wehmut.

Dieser erste Erfolg ermutigte insbesondere Michael Gartenschläger, die Hilfsaktionen nach dem gleichen Muster fortzusetzen. Und natürlich konnte er mir, dem damals eher Zaudernden, dem weniger Euphorischen das Gelingen, seine Einfachheit bei einer wohldurchdachten Planung entgegenhalten, wenn ich begann, in der gut sortierten Kiste meiner Bedenken zu kramen. Jedoch waren meine Einwände nicht unbegründet, denn immerhin hatten wir nicht nur für uns selber ein hohes Risiko in Kauf zu nehmen, sondern trugen auch die Verantwortung für die fluchtwilligen Menschen, die unserem Handeln letztlich bedingungslos ausgeliefert waren. Zudem musste auf Dauer damit gerechnet werden, dass der Staatssicherheitsdienst der DDR unserem Tun nicht tatenlos zusehen und sein Überwachungsnetz auf die Transitwege ausdehnen bzw. es enger flechten würde; dies gewiss auch deshalb, weil wir beileibe nicht die Einzigen waren, die sich auf diesem Gebiet betätigten. Allerdings gehörten wir zu den wenigen, bei denen das kommerzielle Interesse absolut im Hintergrund stand.

Natürlich wusste auch Gartenschläger um die Risiken und kalkulierte sie, so gut es ging, in seine Planungen mit ein. Zudem betonte er immer wieder in manchmal endlos scheinenden Vorträgen, wie wichtig es wäre, stets Besonnenheit zu bewahren und selbst hinsichtlich kleiner Details Sorgsamkeit und Achtsamkeit walten zu lassen. Die häufig wiederholte Mahnung »Man kann nicht vorsichtig genug sein!« wirkte gerade aus seinem Mund widersprüchlich, doch das von ihm zur Schau gestellte Vertrauen auf seinen »Glücksstern« zeigte nur die eine Seite seines Wesens; die andere verlangte akkurate, penible Vorbereitungen und äußerste Konzentration bei der Umsetzung. Dass er diese Ansprüche an sich selbst teils mit dreister, teils mit kritikwürdiger Lockerheit verband, steht auf einem ganz anderen Blatt.

Dennoch könnte man heute meinen – und viele verlieren sich an dem Punkt tatsächlich in Selbst- und Fremdvorwürfen –, wir hätten hinsichtlich der Gefahr eines Verrats aus den eigenen Reihen fahrlässig gehandelt. Damals kam uns nie in den Sinn, einer von uns – Freunde seit der Jugend oder Kameraden, mit denen man lange Zuchthausjahre durchlitten hatte – würde die Staatssicherheit der DDR über ein geplantes Fluchthilfeunternehmen informieren und damit mehrere nahe stehende Menschen gleichzeitig ihrer Freiheit berauben. Vertrauen war für uns die Basis jeder Freundschaft und von daher Verrat nur schwer vorstellbar.

Es handelte sich deswegen nicht um Leichtfertigkeit, da die umgekehrte Einstellung ein grundsätzliches Misstrauen jedem, auch Freunden, Verwandten, Partnern, gegenüber impliziert und Hobbes' Weltuntergangserkenntnis »homo homini lupus« bestätigt hätte. Vertrauen gehabt zu haben, unbedingt an dessen Wert geglaubt zu haben, verdient keine Schuldzuweisung, denn sie würde die Normalität des verratenen Opfers zugunsten des kranken Systems, das den Verrat forderte, und des »anormalen« Verräters verunglimpfen. Nichtsdestoweniger stellt die nachträgliche Erkenntnis des Vertrauensmissbrauchs durch einen so genannten Freund eine der schmerzlichsten Erfahrungen dar. Denn wie einigen bei der BSTU-Behörde (Bundesbeauftragte für die Unterlagen des Staatssicherheitsdienstes der ehemaligen DDR) gelagerten Akten zu entnehmen ist, gab es den Verrat von geplanten Fluchthilfeaktionen auch in unserem Kreis, doch blieb er glücklicherweise ohne Konsequenzen für einen der Beteiligten.

Unsere Erwartung, dass sich die Realisierung der Fluchthilfeaktionen früher oder später schwieriger gestalten würde, führte bereits im Frühjahr 1973 zu Überlegungen, auch Drittländer in unser Engagement einzubeziehen. Dabei galt unser spezielles Augenmerk jenen Ostblockstaaten, die von den Bewohnern der DDR relativ problemlos bereist werden konnten. Die CSSR fiel aufgrund der Nähe zur DDR, vor allem aber wegen des analogen »Grenzregimes« aus der engeren Wahl. Dafür gewannen Ungarn, Rumänien und Bulgarien insofern an Bedeutung, als diese Länder auch von westlicher Seite ohne größere Schwierigkeiten mit dem Ziel Vorderer Orient oder Naher Osten durchquert werden konnten. Auf diesen Transitstrecken bestand also die Möglichkeit, dass sich Ost und West trafen bzw. dass West Ost aufnahm, versteckte und über die nächste Grenze beförderte. Wichtig war dabei nur, den Zweck wiederholter Transitfahrten für die Grenzbehörden plausibel und unverdächtig erscheinen zu lassen, um penibleren Kontrollen zu entgehen.

Hier kamen uns Michaels berufliche Tätigkeit sowie die Tatsache zu Hilfe, dass zur damaligen Zeit in der Türkei, in Griechenland, dem Iran und Irak Kfz-Ersatzteile, Getriebe- und Achsteile, gebrauchte Motoren und neuwertige Karosserieelemente eine heiß begehrte Ware darstellten. Eine ganze Reihe von Unternehmen hatte sich bereits auf den Bedarf eingestellt, sodass wir meinten, innerhalb dieser Händlergruppe unauffällig zu bleiben. Zum Handelseinstieg benötigten wir aber zunächst einmal eine Geschäftsbeziehung. Wir hatten Glück. Nach mehreren Gesprächen und Anfragen fanden wir einen verständnisvollen, in Hamburg ansässigen türkischen Autohändler, der uns eine Kontaktadresse in Babaeski, einer Kleinstadt rund zweihundert Kilometer nordwestlich von Istanbul, gab. Dazu erhielten wir von ihm noch ein handschriftliches Empfehlungsschreiben, das unsere Seriosität unterstrich und uns den Weg zum Geschäftserfolg ebnen sollte.

Ebenso problemlos verliefen die restlichen logistischen Vorbereitungen. Gartenschläger ersteigerte bei einer Auktion ausgemusterter Fahrzeuge der Deutschen Bundespost zwei für unsere Zwecke geeignete, ältere VW-Kleintransporter, die sich in einem guten Zustand befanden. Unsere Ware, diverse Motoren und andere Ersatzteile, konnten wir recht günstig bei einer Autoverwertungsfirma in der Nähe von Oststeinbek erstehen. Wir waren bereit, unsere »Verkaufsreise« konnte beginnen. Zunächst galt es auszukundschaften, ob sich unsere Vorüberlegungen hinsichtlich der Fluchthilfe mit den tatsächlichen Gegebenheiten deckten.

Wir starteten Mitte Mai 1973. Die Reiseroute verlief von Nord nach Süd quer durch Deutschland, dann durch Österreich. Am Loiblpass passierten wir die jugoslawische Staatsgrenze. Unsere Frachtpapiere deklarierten die Autoteile als Schrott, was den dortigen Zoll jedoch nicht in Erstaunen versetzte; offensichtlich bildeten wir damit keine Ausnahme. Nach der dementsprechend problemlosen Grenzpassage gerieten wir auf den »Autoput«, eine der unfallträchtigsten Straßen Europas. Zahllose Fahrzeugwracks säumten die Asphaltbahn und ließen Endzeitvisionen aufkommen. Glücklicherweise wurden wir in keinen »Crash-Test« verwickelt, fuhren unbeschadet am kroatischen Zagreb und serbischen Belgrad vorbei und reihten uns schließlich nach etwa einer Tagesreise an der jugoslawisch-bulgarischen Grenzstation Dimitrovgrad in eine schier endlose Kolonne west- und osteuropäischer Trucks ein. Das stundenlange, nervenzehrende Warten sollte das einzige Hindernis dieser Reise sein. Denn die bulgarischen Zollkontrolleure zeigten sich an uns, dem Fahrzeug und unserer bescheidenen Fracht kaum interessiert.

Ähnlich passabel verlief die Passage an der bulgarisch-türkischen Grenze: Ein kurzer Blick auf die Frachtpapiere, ein anderer auf die ölverschmierte Ware und wir durften unsere Fahrt fortsetzen. Nun war der Zeitpunkt für ein vorläufiges Fazit gekommen: Für die von uns eigentlich geplanten Unternehmungen erwies sich der Weg als finanziell aufwendig, erschien allerdings im Verhältnis zu den Erfolgsaussichten recht günstig. Zudem – das hatten wir vorab eruiert – blieben die Strafandrohungen für »Menschenschmuggel« in den passierten Ländern hinter den DDR-Sanktionen zurück und waren einigermaßen tragbar – ein keinesfalls unwesentlicher Aspekt in unseren damaligen Überlegungen.

Recht zufrieden und guten Mutes fuhren wir nach Babaeski weiter, um nicht nur unsere Tarnung aufrechtzuerhalten, sondern auch in der Hoffnung, über den Verkauf der Ersatzteile unsere Kosten auszugleichen. Die Kontaktadresse und das mitgebrachte Empfehlungsschreiben halfen uns dabei außerordentlich. Überaus zuvorkommend wurde uns ein Käufer vermittelt, der uns mit orientalischem Händlergeschick auch gleich noch unseren VW-Transporter abluchste. Dieses unerwartete Extra-Geschäft bescherte uns nicht nur einen Gewinn, sondern ersparte uns auch die strapaziöse Rückreise. Nun hatten wir etwas Geld übrig, um einen Abstecher nach Istanbul zu machen.

Die zweihundert Kilometer bis dorthin legten wir in heillos überfüllten, stickigen Bussen zumeist auf Nebenstraßen zurück, die vornehmlich aus Schlaglöchern zu bestehen schienen, sodass ich mich bei der Ankunft ebenso zerschlagen fühlte wie nach der weitaus längeren Fahrt durch mehrere europäische Länder. Doch Michael zeigte sich gnadenlos und bestand auf einer sofortigen Besichtigungstour durch die Stadt, die mich letztendlich aber für die Anstrengung entschädigte. Unvergessliche Eindrücke sind mir in Erinnerung.

Irgendwann spürte auch Michael Müdigkeit und Erschöpfung in sich aufsteigen und wir beschlossen, den Abend in aller Ruhe in einem Teegarten in der Nähe der Universität ausklingen zu lassen. Nun erst fanden wir die Zeit, das Erlebte zu überdenken, in unsere ursprüngliche Planung einzubeziehen und Vorteile und Risiken abzuwägen. Ja, es machte Sinn, so kamen wir überein, auch dieser enorme Umweg lohnte sich für eine erfolgreiche Fluchthilfe.

Die Nacht vor unserem Rückflug verbrachten wir aus Kostengründen in einem kleinen Stadthotel, das nicht nur von außen einen heruntergekommenen Eindruck machte; auch im Inneren sprach einiges dafür, dass dort seit längerem nichts mehr repariert und geputzt worden war. Zweifellos eine gewöhnungsbedürftige Umgebung, die einen nahezu zwang, wach zu bleiben. Entsprechend unausgeschlafen, gereizt und genervt vom Verkehrsgetümmel, durch das unser Taxi mehr kroch als fuhr, erreichten wir in letzter Minute unser Flugzeug, das uns via Frankfurt nach Hamburg zurückbrachte.

Trotz des anstrengenden Abschieds besuchten wir die Stadt ab Februar 1974 noch neun Mal, in Begleitung von insgesamt zwölf Flüchtlingen aus der DDR. Zuvor hatten wir sie auf eben der Route mit gleicher Geschäftstarnung in speziellen, unter den öligen Ersatzteilen eingebauten Hohlräumen versteckt durch alle Grenzsperren befördert. Aber davon waren wir noch recht weit entfernt, als wir an jenem Morgen in der aufsteigenden Maschine saßen und uns einen vorläufig letzten – halbwachen – Blick auf das Panorama Istanbuls gönnten.

Im Juni 1973 fuhr Michael Gartenschläger allein nach Rumänien. Der Grund für die Reise war ein Botendienst, den er für eine in Hamburg lebende, deutschstämmige Aussiedlerin in ihrer ehemaligen Heimat ausführen sollte. Für solcherlei Extratouren war Michael immer zu haben, da er gern Neues kennen lernte und in diesem speziellen Fall das Angenehme mit dem Nützlichen verbinden konnte: Rumänien gehörte zu den von uns ausgewählten Ostblockländern, die als potenzielle Treff- und Ausgangspunkte für unsere Fluchthilfen in Frage kamen. So stellte er sich vor, nach weiteren Schleusungswegen Ausschau zu halten.

Während seines Aufenthaltes in Timisoara wohnte Gartenschläger bei einer Pfarrersfamilie, zu der auch eine erwachsene Tochter gehörte, ein »göttliches Mädchen«, wie Michael etwas blasphemisch schwärmte. Wieder einmal verliebte er sich unsterblich und verbrachte dementsprechend viel Zeit mit ihr, in der er keine Scheu hatte, ihr sein gesamtes Leben zu erzählen. Wie er später mir gegenüber zugab, ging seine Mitteilsamkeit sogar so weit, dass er seine Fluchthelfertätigkeit offenlegte, obwohl ihm bewusst war, sich in einem Ostblockstaat aufzuhalten und die junge Frau kaum zu kennen. Aber so war er: vertrauensselig bis zur Selbstgefährdung, wenn Gefühle im Spiel waren oder er meinte, in einen Menschen hineingesehen und den guten Kern entdeckt zu haben.

Dort im rumänischen Pfarrhaus hatte er richtig geschaut. Am Abend vor seiner Abreise fragte ihn das Mädchen, ob er ihren Bruder Stefan über die Landesgrenze und in die Bundesrepublik bringen würde. Es verwundert wohl niemanden, dass Michael zusagte. Nachdem er nach Hamburg zurückgekehrt war, beratschlagten wir gemeinsam die Möglichkeiten der versprochenen Hilfsaktion. Die Planung unserer neu entdeckten »geschäftlichen« Balkanroute war noch zu unausgereift. Besser wäre ein Fluchtweg von Timisoara über Jugoslawien und Österreich. Diese Strecke hatte Gartenschläger bei seinem vorherigen Besuch in Rumänien bereits erkundschaftet. »Die Grenzkontrollen dort«, erinnerte er sich, »werden ähnlich südländisch lasch gehandhabt wie an der bulgarisch-türkischen Grenze.«

Das zweite Problem stellte ein Versteck in einem dafür geeigneten

Fahrzeug dar, da der zweite Transporter noch nicht umgebaut war und uns insgesamt zu auffällig schien. Zu diesem Zeitpunkt hatte sich Michael gerade einen gebrauchten NSU RO 80 zugelegt. Kurzerhand entschloss er sich, die weiteren technisch-praktischen Überlegungen auf seinen eigenen PKW auszurichten, da dessen Ausmaße den Eindruck vermittelten, als ließe sich irgendwo ein Hohlraum abzweigen. Dass dies grundsätzlich möglich war, hatten wir zuvor bereits einer bildlichen Darstellung im Berliner Mauer-Museum entnehmen können. Wir entwickelten einige Konzepte, von denen sich aber die meisten als untauglich erwiesen. Schließlich kamen wir auf die Idee, den normalen Benzintank auszubauen und durch einen voluminösen zu ersetzen, der bis zu zweihundert Liter Treibstoff aufnehmen konnte.

Diese aufwendigen Umbauarbeiten ermöglichte uns Horst Schönfeldt, einer aus Michaels Bekanntenkreis, der damals als Prokurist in einer Firma für Schweißtechnik tätig war. Dass er zudem in Diensten der MfS-Hauptverwaltung Aufklärung (HV A) stand, ahnten wir natürlich nicht. Auf jeden Fall konnten wir das Versteck auf dem Firmengelände ungestört vorbereiten, was immerhin vier Wochen in Anspruch nahm. Dann führte Gartenschläger den Wagen mit dem erweiterten Tank dem TÜV zur amtlichen Abnahme vor. Als Begründung gab er an, den afrikanischen Kontinent bereisen und dabei einige unwegsame Regionen durchqueren zu wollen, wofür ein größerer Benzinvorrat benötigt werde. Das leuchtete ein und Michael erhielt die Zustimmung und die geänderten Zulassungspapiere.

Danach tauschten wir den Großtank gegen einen kleinen, zwanzig Liter fassenden aus, ließen jedoch die äußere Hülle bestehen. Über ein kompliziert konstruiertes Einstiegssystem sollte sich der Flüchtling hinter der Rückenlehne durch einen sich anschließenden Blindraum, der mit aufgeklettetem Filz gut getarnt war, in die verbliebene Tankhöhle zwängen. Der Einstieg war nur mit fremder Hilfe möglich, das Versteck an sich aber genial unauffällig, da es vom Hohlraum her auch noch durch den TÜV amtlich »gesiegelt« worden war. Allerdings ließen die Abmessungen nur einen äußerst unbequemen Aufenthalt zu.

Ende Juli startete Gartenschläger zur Jungfernfahrt. Zeitlich hatte er es so eingerichtet, dass er noch eine ganze Woche mit der Pfarrerstochter verbringen konnte, bevor er sich mit ihrem Bruder Stefan auf den Fluchtweg machte. Sie wählten die E 70, die von Timisoara direkt auf den Kontrollpunkt Moravita an der jugoslawischen Grenze zulief und von dort weiter nach Belgrad führte. Schon in der Nähe der rumänischen Stadt Voiteni zwängte sich Stefan in die blecherne Umhüllung. Ihm blieb nun nichts anderes mehr, als in dem dunklen, engen Verlies dem Gelingen des Unternehmens entgegenzuzittern. Gartenschläger verklettete sorgsam die Verblendung zur Einstiegsluke und drapierte die Rückbank und den Kofferraum mit einigen Reiseutensilien, um einen typisch touristischen Eindruck zu erwecken.

Grenzstation Moravita. Langsam ließ Michael den Wagen ausrollen, hielt vor dem hölzernen Schlagbaum, stieg aus und reichte dem Posten die Papiere. Der warf einen Blick darauf, sah Gartenschläger flüchtig an und verschwand in einem nahe gelegenen Gebäude. Michael atmete durch. ›Alles normal‹, dachte er, ›jetzt noch den Reisepass abstempeln und »Gute Fahrt«, das war's.‹

Tatsächlich trat der Kontrolleur nur wenig später aus der Tür und kam gemächlichen Schrittes auf ihn zu. Doch plötzlich ging alles sehr schnell: Aufgeregte Kommandos, losstürmende Grenzsoldaten, gezückte Waffen – innerhalb von Sekunden war Gartenschläger samt Auto umringt. Einer der äußerst nervösen Männer schrie ihn an und versetzte ihm mit einem Gewehrkolben einen Schlag gegen die Schulter. Obwohl er kein Wort von dem verstand, was ihm zugebrüllt wurde, begriff er in diesem Moment, dass das Fluchthilfeunternehmen aufgeflogen war.

Während Michael von den bewaffneten Grenzkräften in Schach gehalten wurde, begannen zwei von ihnen, das Fahrzeug außen und innen gründlichst zu durchsuchen. Nach einer ganzen Weile hatten sie die Tarnung hinter der Rückbank entdeckt und arbeiteten sich von dort bis zum Versteck vor. Gartenschläger und Stefan wurden in einer Zelle, die sich im Hauptgebäude der Grenzstation befand, untergebracht. Stefan war verzweifelt und jammerte in einem fort, während Michael, aufgrund seiner Vergangenheit erfahrener in solchen Situationen, bereits darüber nachdachte, wie er sich und seinem Begleiter aus der Klemme helfen konnte. Immer wieder wandte er sich an die Wärter und verlangte einen Vertreter der bundesdeutschen Botschaft in Bukarest zu sprechen. Doch damit stieß er zunächst auf taube Ohren. Gegen Abend brachte man ihnen etwas zu essen, danach wurden sie sich selbst überlassen.

Michael fand lange keinen Schlaf. Er grübelte. Was war schiefgelaufen? Wie hatte man ihren Plan entdeckt? Doch so sehr er sich auch mühte, eine eindeutige Erklärung fiel ihm nicht ein. Auch später noch meinte er sich allenfalls erinnern zu können, beim Aussteigen nach dem Stopp vor dem Schlagbaum ein Hüsteln aus Richtung des Verstecks gehört zu haben. Aber sicher war er sich darin nicht. Ob dies tatsächlich den verräterischen Grund darstellte, scheint im Kontext der heute bekannten konspirativen Verbindungen damaliger mitwissender »Freunde« zum MfS zweifelhaft.

Am folgenden Morgen nach dem Frühstück brach erneut Hektik aus. Ständig wurde die Zellentür aufgerissen, um Besucher, wechselnde Offiziere, hereinzulassen, die den »Fang« vom Vortage wortlos begutachteten. Stunden später erst erschien ein deutsch sprechender, ranghoher Angehöriger der rumänischen Grenzpolizei. Michael wiederholte seine Bitte, die Botschaft kontaktieren zu dürfen, und fand dieses Mal zu seiner Verwunderung Gehör. Zuvor jedoch verlangte der Offizier eine Gegenleistung: Er habe den Auftrag, erklärte er, das Geschehen zu rekonstruieren und vor allem filmisch zu dokumentieren, und bat ihn ausgesucht höflich um Mitarbeit. Michael konnte sich zwar nicht recht vorstellen, was damit gemeint war, stimmte aber spontan zu, da er hoffte, dass die Kooperationsbereitschaft bei der Strafzumessung berücksichtigt würde. Wie zur Bestätigung versprach der Offizier denn auch eine faire Behandlung durch die zuständigen staatlichen Behörden. Doch obgleich Michael die Gesprächsatmosphäre als angenehm, zumindest nicht feindselig empfand, gab er sich nicht der Illusion hin, nur mit einer Verwarnung oder einer Geldbuße davonzukommen. Vielmehr hielt er zwei Jahre Haft für realistisch.

Am frühen Nachmittag wurden er und Stefan von dem freundlichen Offizier aus ihrer Zelle ins Freie geführt. Die Vorbereitungen für die Filmaufnahmen im Außenbereich des Kontrollpunktes schienen abgeschlossen, was insbesondere bedeutete, dass die Grenzstation für den normalen Reiseverkehr gesperrt worden war. Jedenfalls waren in Sichtweite keine zivilen Fahrzeuge und Personen auszumachen. Lediglich Gartenschlägers RO 80 stand verloren im Kontrollbereich. Dorthin hatten sich nun die beiden Festgenommenen zu begeben. Der Offizier, der sie begleitete, reichte Michael die Wagenschlüssel und forderte ihn auf, den Kofferraum zu öffnen und minuziös all die Handgriffe zu wiederholen, die notwendig waren, um Stefan in sein Versteck zu helfen. Michael folgte, warf dabei aber dem »Regisseur« immer wieder verständnislose Blicke zu. Doch der schwieg und nickte erst zufrieden, als Stefan im Tankhohlraum verschwunden war.

»Und nun der Sichtschutz«, fuhr der Offizier fast selbstverloren fort, als ob er die reale Ausführung mit seiner inneren Vorstellung davon vergleichen würde. Er beugte sich sogar mit dem Deutschen zusammen in den Kofferraum hinein und half die Blendverkleidung zu befestigen. Und als alles in den Originalzustand zurückversetzt war, fand er nicht nur anerkennende Worte für die Idee und die Konstruktion des Verstecks und der Tarnung, sondern fachsimpelte mit Michael über den Aufwand und die technischen Details.

Inzwischen hatten die Kameraleute zwei Filmapparate so aufgebaut, dass sie das folgende Geschehen aus verschiedenen Perspektiven aufzeichnen konnten, und signalisierten ihre Bereitschaft zum Beginn der Dreharbeiten. Einer von ihnen – offenbar der »Regieassistent«, der ebenfalls sehr gut Deutsch sprach – wies Gartenschläger in den weiteren Ablauf ein. »Sie fahren hundert bis zweihundert Meter auf dieser Straße ins Landesinnere, wenden den Wagen Richtung Kontrollpunkt und warten auf unser Handzeichen. Dann kommen Sie zügig, an der Grenzstation langsamer werdend zurück. Genauso wie gestern, okay?«

Außer einem zustimmenden Nicken fiel Michael dazu nichts mehr ein. In was für einen Film war er hier geraten? Mehrmals schaute er sich um, bevor er sich hinters Lenkrad klemmte, ob irgendwo versteckt sichernde Grenzkräfte lauerten, doch er entdeckte nicht das geringste Anzeichen für eine solche Überwachung. ›So blöd kann man doch gar nicht sein‹, dachte er im ersten Moment und überlegte kurz, einfach Gas zu geben und den Grenzern mit seinem schnellen Auto davonzufahren. Mit dem zweiten Gedanken verwarf er die Idee aber gleich wieder, da es mehr als wahrscheinlich war, dass weiter entfernt Sperren warteten, die schwerlich überwunden werden konnten. Zumindest waren sie nicht zu sehen und damit nicht einzuschätzen.

Die Sonne stand noch hoch, als er aus der Grenzstelle herausrollte, und heizte das Wageninnere binnen Sekunden auf. Gartenschlägers Augen brannten von Schweiß und die Hände wurden so nass, dass sie das Steuer kaum halten konnten. Mit einiger Mühe gelang es ihm, das schwere Fahrzeug an der Zweihundert-Meter-Marke zu wenden. Vor ihm die Grenzstation im gleißenden Nachmittagslicht, schräg unter ihm Stefan, dem es in seinem Blechkanister ebenfalls höllisch heiß sein musste. Michael ließ vor Nervosität den Motor aufheulen, fühlte sich wie ein Formel-1-Pilot auf seinem Startplatz, der auf das Umspringen der Ampel wartet, im Kopf Leere. Plötzlich das Zeichen, der erhobene Arm des Kameramannes am Kontrollpunkt, Gas geben, die halbautomatische Kupplung langsam kommen lassen, anfahren, zweiter Gang, dritter. Der Magen rebelliert, Flimmern vor den Augen, eine verzweifelte Stimme im Ohr … was mach ich bloß, was mach ich bloß? Noch fünfzig Meter, den rechten Fuß zum Bremspedal, er rutscht ab, drückt mit einem Mal wie ein Felsbrocken auf den Gashebel, der Schlagbaum fliegt heran, Augen zu, ein mächtiger Aufprall, Krachen, zersplitterndes Holz, der Wagen schießt weiter vorwärts mitten durch den jugoslawischen Kontrollpunkt, niemand schießt, weiter, weiter, bis die Panik nachlässt und er in einen Waldweg einbiegt.

Als Michael Gartenschläger den Motor ausgeschaltet hatte und sich zurücklehnte, merkte er, dass er immer noch unter einer Schweißdusche saß. Zugleich meldete sich sein Verstand zurück und gab klare Anweisungen: aussteigen, Stefan befreien, den Zustand des Wagens untersuchen. Michael musste feststellen, dass der Schaden an der Karosserie beträchtlich war; auf jeden Fall derart auffällig, dass Stefan und er beschlossen, sich lieber zu Fuß bis zur nächsten Kreisstadt durchzuschlagen und zu versuchen, mit dem Bus oder per Autostopp an die »grüne« Grenze zu Österreich oder Italien zu gelangen. Ohne Papiere würden sie sich für die Aus- bzw. Einreise etwas einfallen lassen müssen. Michael erinnerte sich an das spezielle Verbandskissen im Kofferraum. Es lag an seinem Platz. Er riss es auf und fand zu seiner Freude auch noch die zwischen Mullbinden versteckte Notreserve von fünfhundert D-Mark. Damit, dachte er, ließe sich schon einiges bewegen.

Er sollte sich täuschen. Zwar erreichten sie, wie geplant, die Stadt Vrsac, jedoch in einem Streifenwagen der Polizei und in Handschellen. Denn schneller und intensiver als vermutet, hatten die jugoslawischen Sicherheitsorgane die Suche nach den Flüchtenden aufgenommen und schließlich wenig Mühe, die beiden, die sich ohnedies in dem Gebiet nicht auskannten, einzufangen. Anders als am Kontrollpunkt Moravita wurden sie dieses Mal nicht zusammen in eine Zelle gesperrt, was möglicherweise daran lag, dass sie zwar gemeinsam der vorsätzlichen Sachbeschädigung von Grenzanlagen und der illegalen Einreise beschuldigt wurden, aber nur Michael von einem Gericht der Sozialistischen Föderativen Republik Jugoslawien im Schnellverfahren zu einer Haftstrafe von sechs Monaten verurteilt wurde, Stefan dagegen nach Rumänien abgeschoben werden sollte. Was dort auf ihn wartete, mochte sich Gartenschläger nicht ausmalen. Denn er war sich sicher, dass die Bestrafung weit härter ausfallen würde als sein halbjähriger Freiheitsentzug. Zudem hatte er noch den Vorteil, dass ihm im Gefängnis von Vrsac erlaubt worden war, sich mit der konsularischen Vertretung der Bundesrepublik in Belgrad in Verbindung zu setzen, von wo aus man ihm rechtlichen Beistand versprochen hatte. Insofern versuchte er seinen Leidensgenossen, wenn sie sich bei den Hofgängen trafen, zu trösten, indem er immer wieder betonte, sich nach der Entlassung für ihn bei den bundesdeutschen Behörden einzusetzen. Dabei war ihm zwar bewusst, dass dies aufgrund Stefans rumänischer Staatsangehörigkeit nahezu aussichtslos schien, doch er wusste aus eigener Erfahrung, dass eine konkrete Hoffnung über schwere Zeiten hinweghelfen konnte.

Außerdem wäre er nicht Michael Gartenschläger gewesen, wenn er sich nicht von Beginn der Inhaftierung an in seiner näheren Umgebung umgetan, soweit möglich Kontakte geknüpft hätte, die ihm – wann und wie auch immer – nützlich sein konnten. Und wie es das Schicksal wollte, traf er auf einen Gefängniswärter, der nicht nur leidlich Deutsch sprach, sondern auch einige Zeit ausgerechnet in Hamburg als Gastarbeiter tätig gewesen war. Mehr noch: Er hatte positive Bilder dieser Stadt und ihrer Bewohner mit in die Heimat genommen! Und er hatte dort einen Sohn zurückgelassen, der sich wohl fühlte und gelegentlich etwas von seinem verdienten Geld zu den Eltern schickte. Unter diesen Umständen hegte er Sympathie für den »Hamburger«, sodass Michael sich traute, den Mann schon nach wenigen Tagen zu bitten, ihm und Stefan bei der Flucht aus dem Gefängnis zu helfen. War es Mitleid, Mitmenschlichkeit oder glorifizierte Erinnerung an die ferne Bundesrepublik – auf jeden Fall stellte der Wärter sein persönliches Risiko hintan und entwarf mit Michael zusammen einen Plan, der sie relativ gefahrlos in die Freiheit bringen konnte.

An jedem Wochenende, wusste er zu berichten, versammelten sich zweiundzwanzig Akteure aus dem Kreis der Gefängnisinsassen sowie die übrigen Häftlinge als Zuschauer zu einem Fußballspiel auf dem Innenhof, das ebenso regelmäßig vom gesamten Wachpersonal fachmännisch verfolgt wurde. Um ihrer Begeisterung den rechten Ausdruck zu verleihen, machte dabei – natürlich nur unter den Wärtern – der beliebte Slibowitz, ein hochprozentiger Pflaumenschnaps, häufiger die Runde. Damit bot sich eine günstige Gelegenheit, über die Mauern zu klettern. Wurde man entdeckt, musste man allerdings mit Sperrfeuer rechnen, da die Wärter in einem Zustand sein konnten, in dem sie eine doppelte Anzahl von Flüchtenden wahrnahmen.

Aufgrund dieser minimalen Gefahr zögerten die beiden nicht lange, und gleich am nächsten Wochenende sollte es losgehen. Gartenschläger und Stefan hatten sich krankgemeldet und blieben in ihren Zellen, während die Sportveranstaltung ihren gewohnten Gang nahm. Vorab hatte der Mitorganisator der Flucht, der freundliche Gefängniswärter, dafür gesorgt, dass die Zellentüren nur eingeschnappt, aber nicht verschlossen waren. Um ihm mögliche spätere Schwierigkeiten zu ersparen, kratzten Michael und Stefan für sein Alibi mit einem Löffelstiel einige Steinbrocken aus der morschen Wand direkt neben den Türzargen, um den Eindruck zu erwecken, dass sie allein von innen die Verschließung hatten entriegeln können. Das gesamte Zellengebäude schien ausgestorben, und doch durften sie nicht so dreist sein, die üblichen Ausgänge zu benutzen. Stattdessen kletterten sie durch eine unverschlossene Luke auf das Dach und von dort auf einen Geräteschuppen, der bis an die Außenmauer der Anstalt reichte. Den Rest bildete ein Sprung aus drei Metern Höhe, der schmerzhaft in die Knöchel fuhr, aber unbeschadet überstanden wurde.

Niemand hatte etwas bemerkt. Nachdem sie noch einige Kilometer zusammen zurückgelegt hatten, trennten sich ihre Wege. Jeder wollte sich nun auf eigene Faust durchschlagen, Stefan nach Griechenland, sein Fluchthelfer zur bundesdeutschen Botschaft nach Belgrad. Nach dem, was sie miteinander erlebt hatten, verabschiedeten sich die beiden Männer herzlich voneinander und wünschten sich gegenseitig viel Glück. Was aus Stefan geworden ist, ist nicht bekannt. Seine Spur verlor sich im Nichts.

Jugoslawische Zeitungen berichteten in großer Aufmachung von dem Gefängnisausbruch und rätselten: »Wo ist der mysteriöse Deutsche, der plötzlich wie vom Erdboden verschwunden ist?« Offensichtlich war es ihnen entgangen, dass Michael Gartenschläger nach zweitägigem Fußmarsch die diplomatische Vertretung der Bundesrepublik erreicht hatte. Dort war man bereits über die abenteuerliche Flucht informiert, jedoch ziemlich überrascht, ihn äußerlich etwas derangiert, ansonsten aber wohlbehalten und gut gelaunt vor sich zu sehen. In seinen Erzählungen vor den Botschaftsangehörigen wie auch später westdeutschen Journalisten gegenüber blieb Michael aus Rücksicht auf den Gefängniswärter bei der Version, ohne fremde Hilfe entkommen zu sein, und man glaubte ihm. Dagegen zerschlug sich seine Hoffnung, die Diplomaten bewegen zu können, ihn im Verborgenen oder unter konsularischem Schutz außer Landes zu bringen.

»Dann stellen Sie mir wenigstens einen Pass unter Verwendung eines Pseudonyms aus«, insistierte Gartenschläger. »Kein Mensch wird jemals etwas davon erfahren!«

Doch auch diese Bitte schlug man ihm ab und verwies auf die Rechte und Pflichten einer Auslandsvertretung sowie auf mögliche politische Verwicklungen. Angeboten wurde ihm stattdessen, so lange unbehelligt auf dem exterritorialen Botschaftsgelände bleiben zu können, bis die jugoslawischen Behörden eine legale Ausreise genehmigten. Michael befürchtete, dass Jahre vergehen würden, bevor sich eine solche Lösung abzeichnete und lehnte dankend ab. Einmal mehr vertraute er auf sich und sein Glück und teilte den Diplomaten mit, dass er am folgenden Tag die Botschaft aus eigenem Entschluss und auf eigene Verantwortung verlassen wolle. Diese Entscheidung wurde von seinen Gastgebern sofort unterstützt, sie versorgten ihn mit neuer Kleidung und gestalteten die restlichen Stunden seines Aufenthaltes so angenehm wie möglich. Offensichtlich war man froh, den ungebetenen Gast ohne viel Aufsehen wieder loszuwerden.

Ein Bad, eine Rasur und ausgiebiger, ungestörter Schlaf reichten aus, um Gartenschläger in einen ansehnlichen Menschen zurückzuverwandeln. Nach dem Frühstück erhielt er zum Abschied noch zweitausend Dinar »Zehrgeld« und machte sich per Autostopp auf den Weg über Zagreb nach Rijeka, wo er sich von einem früheren Besuch her ein wenig auskannte. Er hatte sich entschlossen, die Grenze nach Italien bei Triest illegal zu überqueren, und erinnerte sich, dass von Rijeka aus die vielbefahrene E 61 direkt zum Kontrollpunkt Basovizza führte.

Auf den Straßen herrschte dichter Reiseverkehr, Hochsaison für Urlauber. So musste der Tramper nicht lange in der glühenden Sonne stehen, bis er erneut mitgenommen wurde. In Kozina, dem letzten größeren Ort vor der Grenzstation, stieg er aus und ging zu Fuß weiter. Außerhalb der Kleinstadt bog er von der Hauptstraße ab und lief querfeldein auf die Grenze zu. Ganz allmählich brach die Abenddämmerung herein, sodass er sich an der zunehmenden Beleuchtung Triests, die von Hügeln bereits zu sehen war, orientieren konnte. Von Zeit zu Zeit blieb er stehen, um zu verschnaufen und nach verdächtigen Bewegungen Ausschau zu halten, doch nichts rührte sich. Dann sah er den Stacheldrahtzaun in vielleicht dreißig Metern Entfernung vor sich und ein hochaufgerichtetes Holzschild, das auf die Staatsgrenze hinwies. In gebückter Haltung schlich er vorsichtig näher, überlegte, wie er das Drahthindernis am geschicktesten überwand, ohne seine Hose zu zerreißen, als plötzlich, wie aus dem Erdboden gewachsen, zwei Posten vor ihm standen.

Die Gewehrläufe, die auf den »Grenzgänger« gerichtet waren, verhießen ebensowenig Gutes wie der Befehlston, der ihn animierte, sicherheitshalber die Hände hoch zu nehmen. Nach einer kurzen Leibesvisitation wurden ihm Handschellen angelegt. Einer der Soldaten machte über Funk offenbar Meldung, dann nahmen sie ihren Gefangenen in die Mitte und führten ihn zu einem Waldweg, wo sie warteten, bis sich ein Jeep näherte. Michael wurde hineingestoßen und auf eine Polizeistation nach Rijeka gebracht.

Ein deutsch sprechender Polizist führte das Verhör, in dem es zu Gartenschlägers Überraschung nur um die versuchte illegale Grenzüberschreitung ging. Blitzschnell stellte er sich auf die Situation ein und gab sich als Tourist Gerd-Peter Riediger aus, den Freund aus Jugendtagen, von dem er die Personalien und Lebensgeschichte am genauesten kannte. Nun war Märchenstunde angesagt: In schillernden Farben erzählte Michael von »seiner« Vergangenheit in der DDR, der Abschiebung in die Bundesrepublik und diesem ersten Urlaub in Italien. Einen Tagesausflug von Triest nach Rijeka hätte er unternommen, flunkerte er, und schon wären ihm sämtliche Reisedokumente gestohlen worden. »Ich hatte Angst«, fügte er mit Unschuldsmiene hinzu, »dass man mir am jugoslawischen Kontrollpunkt nicht glaubt und mich nicht mehr nach Italien reinlässt.«

Der vernehmende Beamte zeigte sich beeindruckt. Trotzdem blieb Gartenschläger in Gewahrsam und wurde tags darauf einem Richter vorgeführt, der ihn bzw. »Gerd-Peter Riediger« im Schnelldurchgang zu einer Arreststrafe von zehn Tagen verurteilte, die im Polizeigefängnis von Rijeka zu verbüßen waren. Michael, der zuvor doch ein etwas mulmiges Gefühl hatte, spürte Erleichterung und bedankte sich für das milde Urteil. Und da der Richter auf ihn einen jovialen Eindruck machte, entschuldigte er sich gleich noch einmal für sein unüberlegtes Handeln sowie sein überzogenes Misstrauen gegenüber den jugoslawischen Behörden und bat den »ehrenwerten Herrn Richter«, doch eine Begnadigung in Erwägung zu ziehen.

Michael zog wirklich alle Register, verwies auf seine begrenzte Urlaubszeit, die schon in wenigen Tagen ablief, auf das dann herrenlose Reisegepäck, um das sich in Triest niemand kümmern würde, auf die zusätzlichen Kosten und nicht zuletzt auf die Sorgen, die sich seine Angehörigen machten, wenn er nicht rechtzeitig zurückkäme. Der Richter sah ihn einen langen Moment forschend an und versprach dann, über sein Ersuchen nachzudenken. Tatsächlich öffneten sich bereits am übernächsten Tag die Gefängnistore für Gartenschläger. Zwei Polizisten eskortierten ihn zum Grenzübergang und schoben ihn nach Italien ab. Von dort aus war es ein Leichtes, nach einigen Erklärungen und Telefonaten über Österreich in die Bundesrepublik zurückzukehren.

Wieder einmal hatten ihn Glück und Geschick vor Ärgerem bewahrt, doch zufrieden konnte er über das gescheiterte Unternehmen nicht sein. Vor allem beschäftigte ihn, dass er Stefan einem ungewissen Schicksal überlassen hatte. Die beträchtlichen materiellen und finanziellen Verluste – Auto, Kleidung, Reiseutensilien und -spesen, Planungskosten – interessierten ihn dagegen kaum und er wäre niemals auf den Gedanken gekommen, diesen Verlust mit erhöhten Honorarforderungen bei folgenden Fluchthilfen auszugleichen. Es war ihm grundsätzlich zuwider, unbeteiligte Personen für missglückte Aktionen verantwortlich zu machen.

Diesem Unternehmen schlossen sich bis November 1975 weitere, durchweg erfolgreichere an, sodass wir insgesamt einunddreißig Menschen zur Flucht verhalfen.

Michael Gartenschläger kannte fast alle »Freigekauften«, die ihren Wohnsitz in Hamburg nahmen. Dies hing mit seiner kontaktfreudigen Art zusammen, aber auch mit seinem steten Interesse am Schicksal anderer Ex-Häftlinge. Deshalb und aus grundlegender Verbundenheit besuchte er regelmäßig das »Haus Billetal« und begrüßte die Neuankömmlinge.

Zur Zeit, als er dort selbst noch wohnte, lernte er Astrid und Jochen Stener kennen, die im Oktober 1971 in Reinbek eintrafen und im Gästehaus blieben, bis sie im Januar 1972 eine eigene Wohnung beziehen konnten. Astrid war eine sehr attraktive Frau, die auf Männer wirkte und dies auch wusste; Jochen dagegen eher vierschrötig und ein wenig undurchsichtig. Der neue Lebensabschnitt in Hamburg gestaltete sich für beide recht schwierig. Die Tatsache, dass sie ihre kleine Tochter in der DDR zurücklassen mussten, belastete vor allem Astrid sehr stark. Ich hörte später, dass sie sich in ihrer neuen Umgebung nicht zurechtfanden, ihre Wohnung aufgeben mussten und eine Zeit lang in wechselnden Hotels aus Koffern lebten. Schließlich trennten sich die Eheleute und ließen sich scheiden.

Astrid wusste nicht mehr weiter und wandte sich mit der Bitte um Unterstützung an Gerd Resag. Über diesen Weg traf sie nun, im Sommer 1973, wieder häufiger mit Gartenschläger zusammen, der sich wie immer, wenn ihm Hilfsbedürftigkeit begegnete, verpflichtet fühlte beizustehen. Da er verständlicherweise einiges nachzuholen hatte, was Frauen betraf, passierte es häufig, dass er sich Hals über Kopf verliebte, wenn ihm nur eine gewisse Sympathie entgegengebracht wurde. Beide Aspekte führten dazu, dass er Astrid in seiner kleinen Einzimmerwohnung in Hamburg-Lohbrügge aufnahm und mit ihr dort bis zum Herbst 1975 zusammenlebte, bis sie ein Haus in Barsbüttel-Willinghusen für sich mieteten. Die Beziehung der beiden wirkte auf mich sehr kompliziert, es war ein ständiges Pendeln zwischen Anziehung und Ablehnung. Ich wunderte mich immer aufs Neue, dass sie es so lange miteinander aushielten.

Es war an einem Wochenende Mitte Februar 1976, als ich mich spontan entschloss, Michael und Astrid in Barsbüttel zu besuchen. Der Tag zeigte sich seit dem Morgen unverändert zwielichtig grau und bewog augenscheinlich die meisten Bewohner Lohbrügges, nicht einmal ihren Hund vor die Tür zu schicken. Auch mir hatte die Witterung die Laune verdorben und ich hoffte in Gesellschaft auf einen Anstieg meines Stimmungsbarometers.

Die Fahrt dauerte gerade einmal eine Zigarettenlänge, die allerdings ausreichte, eine gewisse Vorfreude aufkommen zu lassen. Doch schon mit dem Öffnen der Tür wurde mir deutlich, dass sich meine Erwartung eines aufmunternden Miteinanders nicht erfüllen würde. Denn wie Astrids vielsagender Begrüßungsblick ausdrückte, hing bei beiden wieder einmal der Haussegen schief. Auch Michael, der im Wohnzimmer abwesend aus dem Fenster starrte, fand zunächst keine Worte. Stattdessen wies er mit einer vagen Handbewegung auf eine aufgeschlagene Zeitung auf dem Couchtisch. Fette Balkenüberschriften und Fotos von drallen Brüsten ließen keinen Zweifel an der Herkunft des Boulevardblattes. Doch diese Bilder konnten wohl kaum der Grund für die greifbare Verstimmung sein; genauso wenig die große Anzeige für eine Karnevalsveranstaltung. Erst bei näherem Hinsehen erkannte ich, dass nicht die plakativ aufgemachten Artikel Aufmerksamkeit verdienten, sondern eine gerade einmal fünfzeilige Meldung, die, scheinbar aus Platzgründen, zwischen die eigentlichen »Wichtigkeiten« geschoben worden war. Lapidar wurde darin mitgeteilt, dass an der innerdeutschen Grenze ein weiterer Mensch bei seinem Fluchtversuch durch einen »Selbstschussautomaten« getötet worden war.

Gedankenverloren kramte Michael in seinen Erinnerungen, und unvermittelt erzählte er mir von Otto, einem Landarbeiter, der nicht länger einer LPG angehören wollte und sich eines Tages auf den Weg machte, einen eigenen Hof zu suchen. Im verminten Grenzstreifen des »Arbeiter-und-Bauern-Staates« verlor er einen

Unterschenkel. Die drei nachfolgenden Jahre im Zuchthaus Brandenburg sollten helfen, ihn von seinen Träumen zu befreien.

Dann sprach er über Wolfgang. Der hatte mit seiner Freundin die Flucht gewagt. Am letzten Drahtverhau entdeckt, starb die junge Frau im Sperrfeuer der »Grenzsicherungskräfte«. Ihr Begleiter hatte das »Glück«, nur an der Hüfte getroffen zu werden. Allerdings löste er im Zurückrobben eine Mine aus, die ihm ein Teil seiner Gliedmaßen wegriss. Fünfeinhalb Jahre hatte er im Zuchthaus Zeit, sich auf seine lebenslange Behinderung einzurichten.

Ich konnte in diesem Moment nachempfinden, was in Gartenschläger vorging; wie die Erinnerung an unverstehbares persönliches Leid aufkocht und überschäumt angesichts der Banalisierung eines vergleichbaren oder noch schlimmeren Schicksals; wenn man mit ansehen muss, dass Medien einem Grenztod zugunsten eines »Pappnasen-Vergnügungstrips« nur eine Miniaturmeldung widmen.

Michael versteckte seinen Zorn darüber hinter Traurigkeit, jedoch in einer Weise, die ihn nicht lähmte, die ihn vielmehr anstachelte aktiv zu werden.

»Wir müssen etwas tun«, murmelte er leise und bestimmt, »diese Brutalität ans Licht bringen, öffentliche Aufmerksamkeit wecken!« Denn wenngleich er die Bonner Annäherungsbemühungen an die DDR sah und die menschlichen Erleichterungen als Konsequenz der Entspannungspolitik begrüßte, reichten ihm diese Erfolge nicht, da damit kein grundlegender Wandel des SED-Regimes verbunden war. Es blieben die alltäglichen Menschenrechtsverletzungen, die Verfolgung und Inhaftierung »asozial(istisch)er Elemente«, die Todesschüsse an den Grenzen und ihre mörderische Minensicherung. Und er wollte nicht verstehen, dass die politische Annäherung – so jedenfalls empfand er es – einseitig leise und behutsam zu geschehen hätte. Er sah nicht ein, dass nahezu ängstlich jeder offene bundesrepublikanische Affront vermieden wurde und selbst bei den schlimmsten Vorkommnissen, wie verblutenden Menschen, eine internationale Anprangerung der SED-Verantwortlichen ausblieb. Stattdessen wurden die Opfer einzig in »scharf« formulierten Protestnoten beklagt – in der Hoffnung, das ständige Unrecht langfristig auf stillen diplomatischen Pfaden und mit harter Westmark beseitigen zu können.

Michael Gartenschläger glaubte, dass der Westen und vielleicht darüber hinaus die Weltorganisationen mehr und offensivere Druckmittel anwenden könnten (wenn sie nur wollten), um die DDR tatsächlich und kurzfristiger zu dem werden zu lassen, was Honecker bereits 1975 proklamiert hatte: zu einem der »weltoffensten Länder«.

Was ihm zudem bei seiner Vergangenheit innerlich zu schaffen machte, war das geistige Klima, das ihm zu jener Zeit vermehrt aus den Medien entgegenschlug. Durchaus im Sog der Entspannungspolitik und der im Westen populär gewordenen Kapitalismuskritik erschien in vielen Artikeln und Sendungen eine »rosarote« DDR-Berichterstattung. In ihr befasste man sich, wie einige Journalisten heute selbstkritisch einräumen, stärker mit positiv wirkenden, oberflächlichen Veränderungen als mit den prinzipiellen Defiziten bzw. mit dem Unrechtscharakter der SED-Herrschaft. Das durch die Medien vermittelte Bild blieb nicht ohne Auswirkung auf die bundesrepublikanische Gesellschaft. Auf der Straße wurde freimütig die zeitgemäße Anerkennung der DDR gehandelt, und vielerorts kursierte die Meinung, dass es »denen da drüben« doch gar nicht mehr so schlecht gehe. In diesem Rahmen nahm es nicht wunder, dass das Ereignis eines zerfetzten Menschen am Grenzzaun in einer nur fünfzeiligen Meldung abgehandelt wurde. Gartenschläger schmerzte diese Gleichgültigkeit ebenso, wie ihn das Minenopfer betroffen machte.

Die in der Folge sporadisch aufkeimenden Ideen Gartenschlägers, nun endlich etwas gegen die unmenschliche Grenzziehung zu unternehmen, schienen mir zu unausgegoren, als dass sie mich hätten überzeugen können. Sie boten Gesprächsstoff, gewiss, gingen jedoch selten über die konjunktivische Form eines »man sollte« oder »könnte doch« hinaus. Die Grenzthematik beschäftigte Michael unentwegt, ob zu Hause, bei mir oder bei der Arbeit, beinahe zwanghaft redete er über sein zurückliegendes Leben, das er weder begriffen noch verarbeitet hatte. Er schien mir in dieser Hinsicht in der Vergangenheit verhaftet, tief getroffen, wie ständig rückwärtsblickend. Tagsüber wurstelte er meist in seiner kleinen Kfz-Werkstatt herum, die er als Teil seiner ehemaligen Pachttankstelle in Bergedorf nach der Übergabe beibehalten hatte. Mir schien es damals oft so, als ob ihm seine Arbeit eine Art Alibi war. Sie diente zwar der Existenzsicherung, doch hatte sie eher nebensächlichen Charakter, weil seine durch die Vergangenheit geprägte Sensibilität immer wieder auf Eigentliches stieß, handfeste menschliche Nöte fand, um die er sich meinte kümmern zu müssen. Sein ausgeprägter Gerechtigkeitssinn ließ ihn sich in eine Sache verbeißen und daran festhalten, selbst wenn er gegen den Rest der Welt stand.

Die kleine Zeitungsmeldung an jenem Februartag und der Kontext, in dem sie stand, gab Michael Anlass, über neue Formen des Widerstands nachzudenken. Er tat es unter anderem dadurch, dass er Gelegenheiten nutzte, das Grenzgebiet nordwestlich von Büchen aufzusuchen, um möglichst nah an der Demarkationslinie zu sein. Vielleicht um das Vergessen zu verhindern. Vielleicht um das ehemalige Zuhause hinter den Zäunen zu sehen. Vielleicht um den Hunden freien Auslauf zu bieten. Wahrscheinlich alles zusammen. Gerne zog er sich in den Wintermonaten dorthin zurück, weil er dann völlig ungestört war. In der wärmeren Jahreszeit verliefen sich in jenem Grenzstreifen schon eher Busladungen deutscher und ausländischer Touristen, die ihre Eindrücke auf Fotos einzufangen suchten. Dass sie dabei aus Richtung Osten mit Feldstechern genau beobachtet und mit Kameras abgelichtet wurden, fanden die meisten aufregend, einige empörend, aber kaum jemand erfasste das ganze Maß der Unmenschlichkeit. In Michaels Augen war das bloße Fotografieren todbringender Anlagen, das folgenlose Erschrecken und schon gar das erregte Stieren mindestens moralisch fragwürdig, eher mehr.

Bei diesen Spaziergängen durch den grenznahen Wald begegneten ihm des Öfteren Streifen des Zollgrenzdienstes oder des Bundesgrenzschutzes. Die Beamten – so sie ihn noch nicht kannten – nahmen dann pflichtgemäß seine Personalien auf und belehrten ihn ebenso über den Grenzverlauf und die Gefahren bei einer Überschreitung der Grenze. Häufiger traf er auf den BGS-Stabsmeister Lothar Vogt, mit dem er sich ausgiebig über die Grenzanlagen unterhalten konnte. In diesem Zusammenhang fand er es mehr als verwunderlich, fast schon beschämend, dass die westdeutschen Beamten zwar das Vorhandensein und die ständige Erweiterung der Selbstschussanlagen bestätigten und insbesondere deren Explosionswirkung beschreiben konnten, jedoch keine Erkenntnisse über die Funktionsweise hatten. Für Michael Gartenschläger beunruhigend unverständlich, denn solche Informationen hätten, breit publiziert, ebenso Menschenleben retten wie Unmenschlichkeit anprangern können. Daher merkte ich, dass es in ihm arbeitete, als er mir von den Gesprächen berichtete, auch weil das Thema »Todesautomaten« seit jenem Abend regelmäßig hochkam, wenn wir uns trafen und redeten.

Astrid war oftmals zugegen, sodass unser Gespräch an diesem Punkt ebenso häufig dahin tendierte, ihre persönlichen Anliegen, die wir durchaus zu den unseren machten, zu diskutieren und das eine mit dem anderen zu vermengen. Nach wie vor bemühte sie sich darum, ihre Tochter und ihre Mutter aus der DDR zu sich zu holen sowie eine Lösung für die Freilassung ihres Bruders und seines Fluchthelfers zu finden, die nach der gescheiterten, von Gartenschläger geplanten Ausschleusung in Haft saßen. Während ihre Mutter für sich und ihr Enkelkind einen Antrag auf »Entlassung aus der Staatsbürgerschaft der DDR« sowie zur »Ständigen Ausreise« gestellt hatte und auf eine dementsprechende Genehmigung hoffen konnte, stellte sich die Hoffnung auf Freilassung des aus DDR-Sicht erst vor wenigen Monaten gefassten »Republikflüchtigen« und seines Unterstützers als sehr unrealistisch dar. Michael war bewusst, dass in dem Fall einige Zeit ins Land gehen musste, bevor überhaupt daran zu denken war, dass etwa Bonner finanzielle Anreize den Zuchthausmauern zum Bröckeln verhalfen. Eine kurzfristige Auslösung schien von daher nur über den Weg des »privat organisierten« Austauschs möglich. Unter anderem kam ihm dafür die ominöse Splittermine »SM-70« in den Sinn. Machte deren Besitz die Machthaber mit der Drohung einer öffentlichen Präsentation erpressbar?

Eine Weile spann ich den Faden mit, ohne die Verwirklichung ernsthaft in Erwägung zu ziehen, diskutierte die Möglichkeit, über den Tausch hinaus Handgeld als Entschädigung für die Inhaftierten zu verlangen, ohne tatsächlich die Konsequenz aus meinen Worten ziehen zu wollen; bis mich Michael direkt und sehr konkret darauf ansprach. »Wir holen so ein Ding«, sagte er, »wir machen das«; das klang elektrisierend, löste bei mir zunächst aber nur Alarmglocken aus: Der Grenzschutz warnte, keiner hatte sich bisher daran getraut, Unwägbarkeiten, ein Himmelfahrtskommando. Keine Frage, den Inhaftierten musste geholfen werden, aber mit Gefahr für Leib und Leben? Ich war mehr als verunsichert und hatte gleichzeitig das Gefühl, dass Michael sich immer sicherer wurde, in Aktion treten zu wollen, dass er für sich bereits eine Entscheidung getroffen hatte.

Allerdings fehlte auch ihm noch die Vorstellung einer geeigneten Vorgehensweise, sodass er meine Bedenken hinsichtlich der Gefahren, die uns bei einem solchen Unternehmen von der streng gesicherten Grenze drohten, kaum entkräften konnte; das schob er auf einen zweiten, noch zu klärenden Schritt, wobei er mir überzeugend versicherte, dass wir alle Planungsdetails gemeinsam erarbeiten und erörtern würden. »Außerdem«, fügte er hinzu, »bin ich der Erste, der von der Sache Abstand nimmt, wenn sich das Risiko als zu hoch erweisen sollte.«

Zunächst einmal suchte er mich grundsätzlich für das Projekt einzunehmen und führte dazu neben dem moralischen Aspekt, den wir eigentlich nicht mehr diskutieren mussten, mehr und mehr die politische Wirkung ins Feld. Sie aber – das wurde uns immer deutlicher – würden wir nicht über den Weg des ursprünglich angedachten, klammheimlichen Tauschhandels erreichen. Wenn, dann musste ein Selbstschussgerät öffentlich präsentiert und für Astrids Bruder und den Fluchthelfer eine andere Lösung gefunden werden. Zur Unterstützung seiner Argumentation erzählte Gartenschläger von einem jüngst geführten Gespräch mit einem CDU-Politiker, den er von seinem »Arbeitskreis« her kannte: Auch dieser habe ihm bestätigt, dass ein Beweis für Menschenrechtsverletzungen durch die DDR vor nationale und internationale Foren gehöre und er in einer solchen Situation seinen Einfluss geltend machen werde. Natürlich stimmte ich dem ebenfalls zu, war aber noch längst nicht so weit, der Theorie ohne weiteres die Praxis folgen zu lassen. Immerhin jedoch erklärte ich mich einverstanden, die Angelegenheit auf den Prüfstand zu bringen. Wir beschlossen, an die Grenze zu fahren und die Sicherungsanlagen gründlich in Augenschein zu nehmen.

Am darauf folgenden Wochenende holte ich Michael gegen Mittag in seinem Haus ab. Er hatte seine Fotoausrüstung mit einem Großobjektiv für Nahaufnahmen unauffällig in einen Rucksack verstaut, lud die Hunde in meinen Wagen und dirigierte mich über Schwarzenbek und Büchen zielsicher durch den kleinen Ort Bröthen ostwärts, bis wir nach gut einem Kilometer von der asphaltierten Straße in den Wald bogen. Auf einem der Forstwege parkten wir das Auto und näherten uns quer durch eine Kiefernschonung, die uns ausreichend Deckung vor einer möglichen BGS-Streife und deren misstrauischen Fragen zu bieten schien, langsam, ohne unnötigen Lärm zu verursachen, einem einfachen Lattengerüst, das den Grenzverlauf markierte. Dort waren in regelmäßigen Abständen Schilder aufgestellt mit der Aufschrift »Halt! Hier Grenze«, die vor dem Weitergehen warnen sollten, sowie an bestimmten Stellen mannshohe, obeliskhafte Grenzsäulen, die mit ihrem schwarz-rot-gelben Anstrich nebst DDR-Emblem jedem deutlich zu machen suchten, dass hier ein Staat seine Souveränität behauptete.

Hinter den steinernen Grenzmarkierungen erstreckte sich freies, nur mit bodendeckendem Kraut bewachsenes Feld, das nach dreißig, vierzig Metern an einem mächtigen, engmaschigen Metallzaun endete; dahinter, weniger gut einsehbar, erneut eine abgeholzte Schneise, ein betonierter Sperrgraben, ein Kolonnenweg für patrouillierende Fahrzeuge, dann wieder Forst. Die Stille war unangenehm, und die menschenverlassene Umgebung, erst recht die stählerne Grenzanlage wirkten bedrohlich, sodass ich am liebsten auf dem Absatz kehrt gemacht hätte. Auch Michael schwieg, hantierte aber stur an seiner Fotoausrüstung herum, schraubte das Teleobjektiv auf und suchte nach einer passenden Astgabel, die er als Stativ benutzen konnte. Schon mit bloßem Auge waren die Minenanlagen zu erkennen, die wie mutierte, überdimensionale Insekten oder wie starre, fremde Vögel in geheimer Ordnung an den Betonpfeilern des Metallgitterzaunes klammerten. Darüber hinaus war nur mehr sichtbar – eher vermutbar –, dass sie untereinander mit Drähten verbunden waren – Genaueres sollten die Aufnahmen zeigen.

Während Michael unablässig den Auslöser betätigte, achtete ich auf ungewöhnliche Bewegungen und Geräusche, die auf Grenzschützer hüben wie drüben, mehr noch auf deren versteckte Beobachtung schließen ließen. Dass ich nichts dergleichen entdeckte, fand ich aber auch nicht ungewöhnlich. Es nährte meine Skepsis gegenüber unserem Vorhaben. Denn mir wurde unter anderem daran deutlich, mit wie viel Unbekanntem wir uns konfrontiert sehen mussten, wenngleich ich mir eingestand, dass die Dreiviertelstunde, die wir hier nun zum ersten Mal verbrachten, kaum Aufschluss über den täglichen Patrouillenrhythmus und die übrige Bewachung geben konnte.

Dass der Bundesgrenzschutz zu jener Zeit personell nicht so ausgestattet war, die Grenze von der Ostsee bis zur Tschechoslowakei optimal zu kontrollieren, wussten wir natürlich nicht, ebenso wenig wie uns bekannt war, dass die östliche Minensicherung mit den »SM-70« den soldatischen Bewachungseinsatz reduzieren helfen sollte. Vielleicht hätte darüber eine Anfrage beim BGS Klarheit verschafft … nun ja. Insofern war uns bewusst, dass wir im Weiteren nur nach dem Prinzip des »learning-by-watching« verfahren konnten; das heißt, wir einigten uns darauf, zusätzlich zur Auswertung der Fotos noch mehrmals an unterschiedlichen Tagen und zu unterschiedlichen Zeiten einige Stunden an der Grenze zu verbringen. Dadurch hofften wir, die Art und Weise und die mit großer Wahrscheinlichkeit zu erwartende Gleichförmigkeit des Wachdienstablaufes erkennen und für unsere Zwecke nutzen zu können.

Michael hatte es eilig, warum auch immer. Kaum dass die Filme entwickelt waren und Abzüge vorlagen, bestellte er mich aufgeregt zu sich. Der Wohnzimmertisch war übersät mit großformatigen Hochglanzfotos. Noch bevor ich es mir richtig bequem machen und mir in Ruhe das Bildmaterial anschauen konnte, drückte er mir einige ausgesuchte Aufnahmen in die Hand, von denen er meinte, dass sie am aussagekräftigsten wären. Sie zeigten zum einen beeindruckend scharf, wie die Schussgeräte an den Betonpfeilern des Metallgitterzaunes befestigt waren: Nämlich mit westlicherseits angeschraubten Halterungsblechen, sodass die Muttern gelöst werden konnten, ohne über den Zaun steigen zu müssen. Ebenfalls zu sehen war ein Metallrohr, das bis zum Boden reichte und offenbar innen ein dickeres Kabel führte; von einer Kappe an der Spitze des Rohrs geschützt, schien es sich dort zu gabeln und lief einerseits zu einem Bolzenmechanismus und andererseits als zweigliedriges Kabel in den Schusstrichter.

Die zweite entscheidende Serie von Fotos machte sichtbar, dass die Splitterminen in drei unterschiedlichen Höhen gegeneinander versetzt und in jeweils gleichen Abständen angebracht waren, wobei die Geräte eines Niveaus mit einem Draht von Halterung zu Halterung verbunden schienen. Ober- und unterhalb dieses Drahtes verliefen zwei weitere Drähte in Längsrichtung, deren Funktion uns genauso unklar blieb wie die des mittleren. Dass einer von ihnen oder das Zusammenspiel aller auslösende Wirkung haben musste, lag auf der Hand – nur welcher Art? Und vor allen Dingen: Würde nur die Sprengladung eines Gerätes explodieren oder die mehrerer gleichzeitig?

Michael hatte einmal zugesehen, wie östliche Pioniere – unter strenger Bewachung natürlich – einen Selbstschussautomaten ersetzten und dabei den Auslösemechanismus mit einem Stift arretierten. Nach einigen Überlegungen verwarf er diese Methode jedoch, da sie ihm wegen mangelnder Detailkenntnis der Anlage zu risikoreich erschien. Stattdessen ging er aufgrund der Kabelanordnung davon aus, dass der Sprengsatz im Trichter elektrisch gezündet wurde; demnach blieb nur, irgendwo Leitungen zu kappen, um einen Stromkreis zu unterbinden. Michael sah darin allerdings nicht das ganz große Problem, da er bei dem von ihm angenommenen ostdeutschen Stand der Technik eine simple Schaltkonstruktion vermutete. Danach sowie aus seiner handwerklichen Erfahrung heraus versteifte er sich darauf, die beiden Trichterkabel zu durchtrennen. »Eigentlich«, so meinte er, »kann da kein ›Saft‹ drin sein, sonst bekommt der Zünder Strom und geht hoch.« Ich war skeptischer und drängte darauf, weitere Möglichkeiten einzubeziehen, alle Wenn und Aber zu prüfen und zu diskutieren, bevor wir auch nur einen Schritt an die Grenze machten.

Insistierte ich derart, verschob Michael das Gespräch gerne auf einen späteren Zeitpunkt oder wechselte das Thema, was mich jedoch nicht davon abhielt, aufzugeben. Denn neben der Entschärfungsproblematik sah ich auch die Schwierigkeit, wie einer allein, auf einer wackeligen Leiter stehend, in drei Meter Höhe unter psychischem Druck und in der Dunkelheit – logisch, dass wir unser Vorhaben nur nachts durchführen konnten – das Gerät, dessen Gewicht wir nicht kannten, gleichzeitig halten und losschrauben sollte. Für Michael hieß die praktikabelste Lösung in diesem Zusammenhang »Schraubzwinge« zum Fixieren der Splittermine während der notwendigen Arbeiten und »Kran«, ein zwei Meter langer Stock mit Plastikseil und Karabinerhaken, mit dessen Hilfe diese notfalls gen Westen gehievt werden konnte – basta. Alle anderen Unwägbarkeiten ließen sich vor Ort klären und selbstredend bewältigen. Wie allerdings nach der geglückten Demontage eines Selbstschussgerätes die benachbarten Automaten reagierten und ob es vielleicht eine Signalleitung zum nächsten Wachturm gab, über die die Grenzposten für uns unhörbar alarmiert wurden, konnte auch er nicht mit Bestimmtheit sagen. Insbesondere letztere Punkte zu klären, sprach für eine praktische Erprobung, der ich zunächst jedoch wenig begeistert entgegensah. Näher und lieber war mir da die Diskussion aus sicherer Entfernung.

Die Thematik stand nun fast täglich an und wurde zwischen uns, manchmal auch im Beisein von Astrid, teilweise hitzig diskutiert. Das eine oder andere Mal kam Jochen Stener, Astrids geschiedener Ehemann, dazu, was mir ganz und gar nicht behagte, da ich es für unangebracht hielt, Außenstehende in unsere Planung einzuweihen. Ich merkte, dass Michael auch nicht wohl dabei war, und verlangte eine Erklärung. Er druckste herum, zierte sich, erzählte mir aber dann doch unter vier Augen, wie Stener erst jüngst unter einigermaßen dramatischen Umständen aus der Versenkung aufgetaucht sei: Eines Abends Anfang März stand er unangemeldet und in offensichtlich angetrunkenem Zustand vor der Haustür in Willinghusen, fuchtelte bedrohlich mit einer abgesägten Schrotflinte herum und forderte ein Gespräch mit seiner Ex-Frau. Michael und Astrid ließen ihn sicherheitshalber herein und konnten ihn so weit beruhigen, dass er irgendwann in der Nacht das Haus friedlich und ohne Waffe verließ. Seitdem gehörte Stener in merkwürdiger Weise dazu, geduldet und von Michael vorsichtig und gleichzeitig eifersüchtig beäugt.

Über die Diskussionen hinaus stimmte ich aber auch weiteren Beobachtungsbesuchen an der Grenze zu, die uns Aufschluss über die Art und den Rhythmus der Patrouillen in West und Ost geben sollten. Natürlich fuhren wir immer wieder in ein und dasselbe von uns inzwischen festgelegte Zielgebiet nahe Bröthen, das nicht nur einsam und schützend bewaldet genug erschien, sondern auch vom BGS dürftig kontrolliert vor allem nachts. In den Stunden, die wir dort verbrachten, sahen und hörten wir in größeren zeitlichen Abständen von Osten das Knattern einer einzelnen Motorradstreife, das Tuckern eines Geländewagens, das Sächseln der Grenzer und ein oder zwei flackernde Lichtpunkte längs des Kolonnenweges; westlich kaum einmal Grenzschützer, ihre Gesprächsfetzen, unter Schritten knackendes Unterholz. Das Ergebnis beruhigte, wenngleich wir im Hinterkopf behielten, dass in der Bewachung jeden Tag Änderungen eintreten konnten. Außerdem verriet unser Blickwinkel nicht, in oder hinter welchen wie zufällig aufgeschichteten Holzstößen, in welcher Mulde, hinter welchem Gebüsch schwer bewaffnete Grenzsoldaten ihren »sozialistischen, friedenerhaltenden« Dienst versahen. Diese Punkte blieben einzukalkulierende Risiken …

Mit den Tagen wurde Michael Gartenschläger kribbeliger. Geredet war genug, er musste etwas tun. So gab er eines Tages ziemlich abrupt das Startzeichen, zur Grenze zu fahren und eine Splittermine zu zünden, um wenigstens in dem Aktionsbereich einen Fortschritt zu erzielen.

Es war die Nacht vom 27. auf den 28. März, als wir unsere Ausrüstung zusammensuchten und einluden: ein paar Schweißdrähte, eine Rolle Angelschnur, eine Kombizange, eine Taschenlampe, einen Sack voll Unbehagen. Eine zwei Meter lange Leiter, aus Latten zusammengezimmert, hatte Michael tags zuvor bereits zu unserem Zielort transportiert und dort versteckt, wo wir – schon fast traditionell – unser Fahrzeug abstellten. Eben nach Mitternacht starteten wir, froh, dass Petrus unsere Unternehmung gnädig begleitete und den Sternenreigen über uns mit Wolken verhing. Die Fahrt verlief einsilbig, jeder hing seinen Gedanken nach, die allesamt jedoch in mehr oder weniger mulmiger Vorausschau um das kommende Geschehen kreisten. Auch der Grenzwald, durch den wir uns mit geschulterter Leiter Richtung Demarkationslinie bewegten, stand schwarz und schwieg – ein stiller Beobachter. Zwischen den letzten Kiefern hielten wir an und verharrten eine gute halbe Stunde, um die Umgebung, so gut es ging, auszuspähen. War da vorne nicht ein merkwürdiger Umriss zu erkennen oder dort rechts nicht ein Klicken zu hören? Die steigende Anspannung trocknete den Mund aus – wir hätten etwas zu trinken mitnehmen sollen! Aus dem entfernteren Dunkel näherte sich ein Brummen mit wippendem Scheinwerfer, eine Kradstreife, die ohne Halt quer durch unser Gesichtsfeld tuckerte. Das Signal für unseren Einsatz! Denn wäre sie hinter dem Zaun auf eine Patrouille getroffen, hätte sie bestimmt für einen kleinen Plausch die Fahrt unterbrochen.

Michael stieß mich leicht an, wir griffen die Leiter und schlichen in gebückter Haltung auf die Grenzmarkierung zu, vor uns nur noch freies Feld bis zum Metallgitter, Schussfeld, letzte Sperre für Sperrbrecher. Und nun wir, zu zweit, bewaffnet mit Zange und Taschenlampe … *wir kommen, wir kommen zurück* … Mit dem ersten Schritt auf mecklenburgisches Terrain kroch Angst in mir hoch … *warum ist die Dunkelheit immer noch so verdammt hell?* … vor den Brüdern mit ihren Kalaschnikows … *das Heidekraut unter den Füßen, es seufzt, es seufzt fürchterlich laut* … vor diesen Scheiß-Splitterminen … *bloß kein Geräusch machen, nicht einmal atmen* … vor dieser feinlöcherigen Wand, die sich mit jedem Meter Annäherung mehr aufrichtete … *ich will weg hier, eine rauchen, irgendwohin, nur weg* …

Direkt am Zaun trug ich immer noch das eine Ende der Leiter. Wir lehnten sie gegen einen Betonpfeiler und verschnauften einen Moment, auch um noch einmal drüben die Lage zu peilen, ruhiger zu werden. Wir hatten bis dahin zu klären vermieden, wer von uns den gefährlichen Part übernimmt, nach oben zu steigen; einer musste hinauf, da es die einzige Möglichkeit schien, sich die Selbstschuss-anlage mit ihren Mechanismen aus unmittelbarer Nähe anzusehen. Die Zeit drängte auf eine schnelle Entscheidung. Wir blickten uns kurz an, dann flüsterte Michael zu meiner Erleichterung ein »Halt fest!« und nahm Leiter und Verantwortung in seine Hände.

Auf jeder zweiten Sprosse verhielt er einen Augenblick und spähte durch das Rhombengitter nach Verdächtigem, sodass mir der Aufstieg eine Ewigkeit zu dauern schien. Am oberen Ende angekommen, beugte er sich auch noch mit seinem ganzen Oberkörper über die scharfkantige Zaunkrone, ließ für drei, vier Momente die Taschenlampe aufleuchten und machte sich danach ebenso vorsichtig auf den Rückweg. Wortlos kippten wir die Leiter und trugen sie in unsere Unterholzdeckung zurück, wo wir die weitere Vorgehensweise besprachen.

Der Augenschein hatte den Eindruck von den Fotos bestätigt: Die Splitterminen auf einer Höhe waren mit jeweils drei straff gespannten Drähten untereinander verbunden, von denen der obere und untere etwas entfernter vom Zaun als der mittlere zu den Halterungen führten. Zudem war sich Gartenschläger nun noch sicherer, dass die Zündung elektrisch erfolgte und demgemäß die Trichterkabel den Entschärfungspunkt darstellten. Es galt also, wie von ihm vorausgesehen, die Detonation durch Ziehen an einem der Drähte auszulösen und zwar aus einer Distanz, die uns vor den herausgeschleuderten Geschossen schützen sollte. Wenn die Sprengladung, so seine Überlegung, trichterförmig streute, würden eh nur einige Prozent in unsere Richtung fliegen und dann noch vom Metallgitter des Zauns aufgehalten werden bzw. abprallen wie flache Kieselsteine von einer Wasseroberfläche. Insofern befanden wir einen Abstand von rund fünf Metern westwärts für ausreichend.

Es war inzwischen nach drei Uhr morgens und empfindlich kühl geworden. Vielleicht rührte mein Frösteln aber auch von der Anspannung her, dem abwechselnden Gefühl, aufgedreht und müde zu sein – ich weiß es nicht. Obgleich wir nicht darüber sprachen, merkte ich, dass es Michael ähnlich ging: Bei aller äußerlichen Gelassenheit zitterte er innerlich mit mir um die Wette. Endlich erschien die Motorradstreife, die wir abwarten wollten, bevor wir zu unserem »terroristischen Anschlag« auf die friedlich schlafende DDR aufbrachen, Zielobjekt »untere Minenreihe«.

Noch im Kiefernversteck hatten wir einen der mitgebrachten Schweißdrähte an einem Ende hakenförmig gebogen und die Angelschnur ein letztes Mal überprüft, dann schlichen wir erneut los. Am Zaun liefen alle Handbewegungen wie eingeübt; den Draht behutsam durch eines der gestanzten Löcher bugsiert, die Schnur an seinem Ende verknotet, den vorderen Haken in einen mutmaßlichen Auslösedraht eingehängt, das dünne Perlonseil auf mäßige Spannung gehalten und Meter um Meter abgerollt, bis die vermeintlich verletzungssichere Entfernung erreicht war, all dies schien mit einem Mal automatisiert, internalisiert, wie Fahrradfahren oder Kupplungtreten vor dem Schalten. Merkwürdig. Allerdings nahmen wir uns keine Zeit weiter darüber nachzudenken, sondern zogen, so gut es ging an den Boden gepresst, mit einem kräftigen Ruck an unserer Auslöseverlängerung und zugleich unsere Köpfe ein – nichts; noch ein Ruck – anhaltende Stille. Enttäuscht-erleichtert, oder umgekehrt, sahen wir uns an: War die Schnur, ungenügend verknotet, vom Schweißdraht gerutscht? Hatten wir eine untaugliche Auslöseverspannung geentert? Wieder zum Zaun ... überprüfen ... der Draht auf der östlichen Seite muss es sein ... beim mittleren neu widerhaken ... zurückkriechen ... ziehen ... es krachte, als wär die gesamte DDR explodiert ... trügerische Ruhe plötzlich.

Immerhin waren wir, wie erhofft, unverletzt geblieben, hasteten zum Zaun, um unsere Gerätschaften einzusammeln, Spuren zu verwischen, und gingen im Unterholz in Deckung. Denn nun – und das war uns für das geplante eigentliche Ziel einer Demontage wichtig – musste sich zeigen, in welcher Zeit und Form sich Aktivitäten auf östlicher und westlicher Seite entwickelten. Kurz nach der Detonation flammte im einige hundert Meter entfernten Beobachtungsturm ein Scheinwerfer auf, der aber bereits nach wenigen Suchbewegungen längs des Zauns aufgab. Michael und ich fühlten uns derweil in unserem Unterschlupf wie im falschen Film, da wir absolut sicher waren, dass unsere drastische Provokation, unsere Attacke gegen die Grenzbefestigungsanlagen eine sofortige Mobilmachung des gesamten Grenzkommandos Nord nach sich zöge. Dem war nicht so. Vielmehr froren wir allein der Morgendämmerung entgegen, versuchten unsere Hände warm zu hauchen, bis endlich – es muss gegen fünf oder sechs Uhr in der Frühe gewesen sein – ein Trabbi-Geländewagen besetzt mit vier Grenzsoldaten auftauchte, die mittels eines aufmontierten Scheinwerfers den Schaden zu entdecken suchten. Nach einiger Mühe hatten sie den Explosionsort gefunden und feuerten eine Leuchtrakete in die Luft, um dem Dienst habenden Sicherungskommando den Weg zu weisen. Es war bereits hell, als gegen acht Uhr, quasi wie verabredet, hüben und drüben Grenzschutztrupps eintrafen, die hektisch die jeweilige Gegenseite fotografierten und zusätzlich jede Bewegung notierten. Hinter dem Zaun wurden Pioniere in den Gefahrenbereich geführt, um die wirkungslose Splittermine auszutauschen. Zum Abschluss der Aktion wurde das Erdreich wieder glatt geharkt.

In gewisser Weise war das Kieferngehölz, in dem wir ausharrten, ganz gemütlich. Darüber hinaus wussten wir nicht so genau, was wir von dem Beobachteten halten sollten. Natürlich war mir nicht bekannt, Michael ebenso wenig, dass von den installierten Selbstschussanlagen Jahr für Jahr mehrere tausend Stück durch hineinlaufendes Wild, Witterungseinflüsse oder technische Mängel explodierten und eine x-beliebige Detonation irgendwo im Grenzverlauf kaum mehr Aufregung bewirkte. Mit oder ohne Begründung – die Konsequenz aus dem Gesehenen war erschreckend. Auf unserer Rückfahrt stellten wir uns vor, wie lange jemand, dessen nächtliche Flucht am Zaun endete, vor sich hinbluten musste, bevor er gesucht und gefunden wurde. Waren die DDR-Bewohner über diese Sachlage informiert? Mitnichten. Informierten die Organe der Bundesrepublik darüber? Nur lückenhaft! War es damit getan, dass man sagte, wer sich in Gefahr begibt, kommt darin um? Oder wer sich erfolgreich, das heißt lebend, aus dieser Gefahr begibt, animiert Nachahmer, wird schuldig an deren möglichem Misserfolg und provoziert eine erhöhte Gewaltbereitschaft der Gegenseite? Und die Gewalttätigkeit vorab? War sie nicht eindrücklich genug, um international ruchbar zu werden, trotz und mit aller Entspannungspolitik?

Als wir in den Morgenstunden in Hamburg ankamen, drückte sich die Sonne sporadisch durch den tief hängenden norddeutschen Wolkenhimmel. Zu wenig um zu wärmen, sodass ich, zu Hause angelangt, unter die Bettdecke kroch, meine Anspannung aufzutauen. An Schlaf dachte ich, fand ihn jedoch nicht. Stattdessen spukten die Bilder der vergangenen Stunden durch meinen Kopf, klammerten sich geradezu an die neuronalen Schaltstellen, um beherrschende Gedanken werden zu können, stumme, redselige Stimmen. Ihr Tenor war eindeutig, sprach von Erfolg, witzelte über den Silvesterknall im März, ließ den Angstschweiß trocknen.

Gut, einen »Todesautomaten« hatten wir zur Explosion gebracht – und was bedeutete das? Immerhin, dass nur ein Gerät Zunder gegeben hatte und nicht zwei, drei oder vier, woraus sich schließen ließ, dass der Auslösedraht, an dem wir gezogen hatten, nur für eine Splittermine zuständig war. Damit war aber keineswegs gewährleistet, dass diese Art der Schaltung für alle anderen Geräte galt; vielleicht waren wir ja zufällig an eine Stelle geraten, an der ein technischer Defekt die Nachbarapparate lahm legte. Zumindest aber wussten wir nun gefährliche von harmlosen Drähten zu unterscheiden und hatten feststellen können, dass die Splitterminen auch ostwärts an den Betonpfeilern angeschraubt waren. Dies bedeutete zusätzlichen Zeitaufwand, den wir einkalkulieren mussten.

All diese Eventualitäten beschleunigten die Fahrt des Karussells in meinem Kopf, sodass ich reichlich überdreht wieder aufstand und eine Weile ziellos durch meine Wohnung lief. Gegen Mittag wurde mir klar, dass ich mich nicht ewig vor mir selbst verstecken konnte. Es machte auch keinen Sinn, sich zu drücken, vielmehr mussten die Dinge geklärt und entschieden werden. Ich fuhr zu Michael, dem ich zumindest an der Augenpartie ansah, dass er die vergangenen Stunden ebenfalls schlaflos verbracht hatte. Ohne viel Umschweife kam ich auf Fragen zu sprechen, die mich beschäftigten, die bei unserer Unternehmung offen geblieben waren. Dabei vergaß ich auch nicht zu betonen, wie wenig Erkenntnisse uns immer noch vorlagen, um einer Demontage den Geruch des wahnwitzigen Heldenstücks zu nehmen. Ich glaube, mir wäre am liebsten gewesen, Gartenschläger hätte mir zugestimmt und die Angelegenheit auf Nimmerwiedersehen verabschiedet. Stattdessen winkte er nur ab mit dem Hinweis, dass sich jedes technisch-praktische Problem lösen lasse. Also gingen wir ins Detail, und einmal mehr stellte sich dabei heraus, wie sehr Michael befähigt war, geradlinig-forsch und mit einfachsten Mitteln auf kompliziert Erscheinendes zuzugehen; in einer Weise, die ihn schon in seinen Auseinandersetzungen mit Gefängnistoren und bei der Durchführung von Fluchthilfeaktionen ausgezeichnet hatte und die irgendwie beruhigte.

Was dagegen überhaupt nicht zufrieden stellte, war, dass er bei Unwägbarkeiten, die sich erst in der Praxis offenbarten, gerne auf das Glück des Tüchtigen pochte. Etwa nach dem Motto: Gestern haben uns zu einer bestimmten Stunde keine Grenzer gestört, also wird es morgen oder in einer Woche ebenso sein. »Lass uns noch ein paar Erkundungsgänge machen«, schlug ich bestimmend vor, denn es lag ja durchaus im Bereich des Möglichen, dass im Anschluss an unser Feuerwerk veränderte Überwachungsmaßnahmen in Ost eingeführt worden waren. Michael stimmte sofort zu, noch am selben Abend meinen Vorschlag in die Tat umzusetzen.

Der Grenzwald, schon vertraute Umgebung, ebenso das Kieferndickicht. Die Ungerührtheit des Zauns machte mich vollends wach. Aus lauter Verachtung und aus erkenntnispraktischen Gründen suchte ich durch ihn hindurchzuschauen. Ein Nachtsichtglas wäre in diesem Moment von Nutzen gewesen, um herausfinden zu können, ob seit dem Vortag neue Holzstöße aufgeschichtet oder künstliche Gebüsche »gewachsen« waren, die Grenzer vor allzu neugierigen Blicken schützten. Wir nahmen nichts dergleichen wahr, auch keine Bewegungen zusätzlicher Patrouillen. Zwischendurch ein brummiges, scheinwerfendes Autoaugenpaar, nach einer halben Stunde ein zweites. Auch im Westen nichts Neues, die ganze Zeit nichts …

Nachdem wir noch eine Weile stumm ausgeharrt hatten, bedeutete Michael mir, den Standort zu wechseln. Also schlugen wir uns parallel zum Grenzverlauf möglichst geräuschlos durch das Unterholz, immer wieder mit ostwärts gerichtetem Beobachtungsblick. Dann und wann verhielten wir, wenn wir meinten, etwas Auffälliges gesehen oder gehört zu haben, und gingen erst weiter, wenn Beruhigung einzog. Irgendwann, es muss nach einem Kilometer gewesen sein, erreichten wir einen nahezu rechtwinkligen Grenzknick, der mir ideal für eine Zigarettenpause schien. Zwar war es nicht unbedingt ein Ort, an dem es sich wohl sein ließ und an dem man Hütten baute, aber er hatte in seinem scharfen Richtungswechsel eine eigentümliche Anziehungskraft. Michael drängte, setzte sich schon in Bewegung, als ich noch versuchte, den Wald vor meiner glimmenden Kippe zu retten. Dreißig, vierzig Meter später hielt er an und deutete mit ausgestrecktem Arm auf eine Stelle am Metallgitterzaun. »Das Ding da oben holen wir!«

Außer meiner Überraschung wusste ich dem nichts entgegenzusetzen, war erleichtert, endlich den Rückweg antreten zu können. Alles schien noch so weit weg zu sein …

Aber bereits am nächsten Abend schrillte das Telefon: Michael Gartenschläger. Ohne lange Vorrede erzählte er mir, dass die Radionachrichten für ganz Norddeutschland dichte Bewölkung und gelegentliche Regenschauer vorhergesagt hätten und dies doch die idealen Bedingungen für unser Vorhaben seien. Worte, die mich spontan zusammenzucken ließen, Muskeln verkrampften, einen Nerv einklemmten. Und ich spürte, dass ich für die anstehende Nacht eine andere Planung haben wollte; keine Ahnung welche, aber auf jeden Fall eine grenzferne; meinetwegen eine sinnlose, alles, nur nicht an die Grenze – an die innerdeutsche und die eigene – gehen.

Doch während ich dagegen argumentierte, wurde mir bewusst, dass ich mich im Kreis drehte: denn wenn wir es nicht in dieser Nacht machten, dann morgen oder in den nächsten Tagen – ich war den Weg so weit mitgegangen, dass der Zielschritt eine unausweichliche Notwendigkeit darzustellen schien. Was mich daneben angesichts meines Zauderns und Zagens fast wütend werden ließ, war Michaels nahezu stoische Ruhe, der ich – nicht nur in jenem Moment – allzu gern Leichtsinnigkeit unterstellte. Andererseits ahnte ich damals, was mir später zur Gewissheit geworden ist, dass seine Ruhe in früh geübter Unerschütterlichkeit gründete, wenn es galt, gegen einen für ihn unerträglichen Zustand Widerstand zu leisten; eine ihn absolut verpflichtende Haltung.

Wir verabredeten, uns am späten Abend in seinem Haus zu treffen. Das hieß vier, fünf Stunden Zeit totzuschlagen – merkwürdig martialischer Ausdruck für Nutzlosigkeit – oder sich eine relativ lange Weile in Geduld zu üben – ebenso unerquickliche Lektion im Zeichen von Nervosität. Eine Phase, die so kurz erscheint, dass man nichts beginnen möchte, und die im Moment der unschlüssigen Untätigkeit ewig dauert, mit ständig schielendem Blick auf den Uhrzeiger, der sich in aller Offenheit besonders verschwörerisch träge gibt. Die Leidtragende war meine Lunge, da ich eine Zigarette nach der anderen rauchte. Zwei Stunden vor Mitternacht setzte ich der Ewigkeit ein Ende, klemmte mir eine Arbeitskombi unter den Arm und fuhr nach Barsbüttel. Vor Gartenschlägers Haus stand mit geöffnetem Kofferraumdeckel sein Wagen. Michael, schon im Tarnanzug, einem dunklen Overall, kam gerade um eine Ecke und verlud Gerätschaften ins Auto: Seitenschneider, Ringschlüssel, Taschenlampe, eine Rolle Angelschnur, einen zusätzlichen Koffer Verbandszeug. Unsere Begrüßung fiel knapp aus, wobei ich den Eindruck hatte, dass er meinem Blick auswich. Und als ich mich zum Haus umdrehte, wurde mir auch klar, warum: Aus der halb offenen Eingangstür lugte der Kopf von Jochen Stener hervor, dann ein Arm, der mir zuwinkte.

Ich wusste sofort, dass seine Anwesenheit kein Zufall war, er vielmehr der Dritte im Bunde bei unserem Vorhaben sein sollte. So schnell, wie der Ärger in mir hochschoss, rannte ich hinter Gartenschläger her, der sich in das Dunkel des Gartens verdrückt hatte. Die Vorhaltungen, die ich ihm machte, waren berechtigt; schließlich hatten wir von Anfang an vereinbart, alle Entscheidungen gemeinsam zu treffen. Michael fand denn auch kaum eine Rechtfertigung, wies nur zaghaft darauf hin, dass eine dritte Person gerade beim ersten Mal unserer Sicherheit dienen könnte. Er hatte Recht, wirkte aber gleichzeitig so, als ob er damit nur die halbe Begründung lieferte. Und als das Gelächter von Astrid und Jochen aus dem Wohnzimmer zu uns drang, ahnte ich, dass Michael einen auch für ihn unangenehmen, aber aus seiner Eifersucht begreifbaren Kompromiss geschlossen hatte.

Ich winkte kopfschüttelnd ab und ging ins Haus, wo ich mich für den Einsatz umzog. Im Wohnzimmer die letzte gründliche Lagebesprechung. Noch einmal den Ablauf durchkauen, die Aufgabenverteilung, die Eventualitäten, die Vollständigkeit des Werkzeugs. Kombizange zum Durchschneiden von Kabeln und Drähten, Ringschlüssel verschiedener Größen, um die Halterungsschrauben lösen zu können, Schraubzwinge zum Festklemmen der Mine, Verbandszeug für etwaige Verletzungen. Wir überlegten, dass es am sichersten wäre, wenn zwei von uns sich direkt an den Zaun begäben, Gartenschläger den Abbau bewerkstelligte und Stener oder ich die Leiter halten und gegebenenfalls beim Abbau der Splittermine helfen würde.

Astrid sorgte immer wieder für Kaffeenachschub, tänzelte unruhig umher und gab wohlmeinende Kommentare zu unserem Unternehmen ab. Jochen fläzte sich recht gelangweilt in einem Sessel und griente eigentlich nur zu allen Punkten, die wir ernsthaft zu erörtern suchten. Irgendwann quälte er sich hoch, ging in den Flur und kam mit einer Pistole zurück, die er demonstrativ vor sich auf den Wohnzimmertisch legte. »Für alle Fälle«, hieß seine Begründung, mit der er untermauern wollte, wie kaltschnäuzig er an die Sache heranging; als wäre sie für ihn eine Dutzenderfahrung in einem erfüllten Leben. Dass er dabei Astrid angierte, entging mir nicht.

Wir hatten uns auf Mitternacht zugeredet an diesem 29. März 1976. Es wurde Zeit aufzubrechen. Die Kleinstadt Büchen schlief bereits, nur hier und da schimmerte ein Licht hinter Fensterscheiben. Außerhalb des Ortes, Richtung Nordosten, wurde die von Bäumen gesäumte Straße schmaler. Unsere Autoscheinwerfer maßen eine Breite, die nie und nimmer auszureichen schien, ein entgegenkommendes Fahrzeug reibungslos zu passieren. Das Dorf Bröthen war gänzlich ausgestorben. Die zwei, drei Straßenlampen funzelten sich mühsam durch feuchte Nieselschwaden; fehlten nur dürre, windgetriebene Sträucher, um aus der letzten Ansiedlung vor der Grenze eine gruselige Filmkulisse werden zu lassen. Hinter dem Ortsausgangsschild versank die Realität vollends. Durch die Mondlosigkeit mindestens verdoppelte Dunkelheit. Undurchsichtige Edgar-Wallace-Witterung, schrie nicht irgendwo auch ein Käuzchen?

Links der Landstraße und relativ weit entfernt von unserem Zielort stellten wir den Wagen ab, verteilten die Werkzeuge und wählten einen abgelegenen Waldweg, der uns zur Grenze führte. Bereits während der Fahrt hatten wir kaum miteinander gesprochen, und auch jetzt, bei unserem Fußmarsch fiel kein Wort. Zu hören war nur ein ununterbrochenes, hintergründiges Rauschen in den Baumwipfeln, dazwischen das Knacken – in dieser Umgebung ein Krachen – trockenen Kleinholzes, auf das wir unvermeidlich traten. In dieser Nacht schienen sich die Augen nicht an die Dunkelheit gewöhnen zu wollen, sodass wir abwechselnd das eine oder andere Mal ins Stolpern gerieten. Von nirgendwo her ein Vogellaut oder Wildgeräusch, kein noch so fernes Verkehrssummen, kein Schimmer in der Schwärze; Todeszone, nicht von dieser Welt, ohne erkennbare Dimensionen, außerhalb des Zeitkontinuums, ängstigend.

Plötzlich blieb Gartenschläger stehen und raunte uns kurz das Wort »Kran« zu. Richtig – vor lauter Aufregung hätten wir fast vergessen, einen geeigneten, möglichst zwei Meter langen Stab zu organisieren, der kräftig genug war, die angepeilte Trophäe zu tragen. Und hier mitten im Wald konnten wir es wagen, die Taschenlampe für Sekunden aufblinken zu lassen, um im Unterholzgewirr den passenden Ast zu finden. »Hier, den nehmen wir.« Stener kappte überflüssige Zweige und testete die Stabilität. Ich übernahm das knorrige Stück, das ich wie einen Wanderstab benutzte.

Je näher wir der Demarkationslinie kamen, umso vorsichtiger bewegten wir uns. Wenn wir mit unserer Ausrüstung jetzt einer BGS- oder Zollstreife begegneten, hätten wir einen echten Erklärungsnotstand. Doch sie kontrollierten in dieser Nacht wohl einen anderen Abschnitt, sodass wir ungestört hintereinander auf ihrem schmalen Trampelpfad parallel zum Zaun auf den Grenzknick zumarschieren konnten. Bei jedem zweiten Schritt fuhren unsere Köpfe automatisch zur Seite, suchten hinter der Metallgitterwand etwas Auffälliges zu entdecken, doch die Bewacher drüben schienen sich ebenfalls in einem anderen Bereich aufzuhalten.

Auf dem freien, schon ostdeutschen Feld zwischen Holzbarriere und dem Sitzplatz der »Todeskrähen« schwebte leichter Nebel über dem Boden. Am Grenzknick bogen wir noch nicht links ab, sondern gingen ein Stück geradeaus in die Schonung hinein, wo wir vor zwei Tagen zwischen wild verrankten Brombeerbüschen unsere Leiter versteckt hatten. Unser Ziel, von Gartenschläger willkürlich ausgesucht, lag nur fünfzig Meter weit entfernt in südlicher Richtung; dort wollten wir erst einmal zur Ruhe kommen, dabei die gegenüberliegende Seite beobachten, um bei den eigentlich risikoreichen Aktivitäten vor unliebsamen Überraschungen einigermaßen sicher sein zu können. Darin lag jedoch eine Schwierigkeit: Denn genauso wie uns die Wetterverhältnisse schützten, machten sie potentielle Angreifer unsichtbar oder doch wenigstens schwer und spät erkennbar. Deshalb war es wohl auch mehr der Wunsch, zumindest ein Gefühl von Gefahrlosigkeit zu bekommen. Meine beiden Mitstreiter, Jochen vorneweg, drängten zur Eile.

Mir gefiel eine solche, wie ich fand, unangebrachte Leichtfertigkeit überhaupt nicht. Aber das Wort der Mehrheit war entscheidend. Demgemäß ließ ich mich auf das für mich verfrühte Vorgehen ein, Michael mit der Angelschnur anzuleinen, ihn samt Werkzeug, Leiter und Jochen Richtung Zaun abzurollen und aus der mir zugewiesenen Position über … ja über ihr Leben zu wachen. So simpel und klar und zugleich buchstäblich kaum einsehbar sind manchmal existentielle Dinge.

Bevor die beiden losschlichen, bot Stener mir seine Waffe an, da er meinte, dass ein Warnschuss vielleicht unmissverständlicher wäre als die Schnur-Warnung; für mich kompletter Blödsinn, denn Knall plus Mündungsfeuer würden nicht nur das entferntere Umfeld hüben wie drüben alarmieren, sondern zudem die Lokalisierung unseres Standortes erleichtern. Ich blieb beim lautlosen, unsichtbaren Leinenzug. Die Pistole nahm ich dennoch an mich, und ich gestehe, dass sie mir ein beruhigendes Gefühl der Sicherheit gab, einsichtiger ausgedrückt: vorgaukelte. Nach wenigen Metern sah ich Michael und Jochen nur mehr als schemenhafte Umrisse. Die Angelschnur hatte ich um meine rechte Hand gewickelt, während ich mit der linken darauf bedacht war, den silbrigen Perlonfaden weit genug über Bodenhöhe zu halten, damit er sich nicht im Heidekraut verfing. Zentimeter für Zentimeter glitt er zwischen Daumen und Zeigefinger hindurch, bis ich an einem kurzen Ruck merkte, dass Michael stehen geblieben war.

Mehr noch strengte ich meine Augen an und sah in einer Mischung aus wirklichem Beobachten und Vorstellung, dass die Leiter aufgerichtet wurde und ein Etwas hinaufkletterte. Die Angelleine in meinen Händen spannte sich schräg nach oben, an ihrem vorderen Ende löste ein Arm Muttern, bis zu mir hörbares, metallisches Klacken, knatschiges Ansetzen der Schraubzwinge, Zündkabel am Trichter durchschneiden, lautlos, nur phantasiert, Abstieg. Weiter keine Gefahr in Ost und West. Zwei Umrisse nahmen die Leiter und huschten zehn Meter nach rechts, ich ihnen nach mit dem Signalseil, gleiche Höhe, wichtig.

Sämtliche Selbstschussapparate waren, von meiner Position aus gesehen, nach links ausgerichtet. Insofern ging Michael von der Überlegung aus, dass er, um nicht verletzt zu werden, mindestens zwei Geräte rechter Hand entschärfen musste; sollte die Mine linker Hand bei der Demontage ebenfalls explodieren, würde es zwar erheblichen Lärm verursachen, jedoch niemanden treffen und uns nach der bisherigen Erfahrung genügend Zeit lassen zu verschwinden, bevor östliche Grenzsoldaten auftauchten. Also die Leiter vor der benachbarten Reihe der tödlichen Apparate angelehnt, hinauf, Kabel durchkneifen, einmal durchatmen, hinunter, weiter, die Prozedur zum dritten Apparat.

Nachdem bis dahin alles reibungslos verlaufen war, sah ich, dass Michael und Jochen sich Zeit ließen, um zum ursprünglichen Ziel zu gelangen. Mir wurde mulmig dabei, denn mir schien, ihre Aktivität hätte eine ganze Region aufwecken können. Und als sie zum ersten Betonpfeiler des Metallgitterzaunes zurückgekehrt waren, hatte ich auch noch den Eindruck, dass sie recht laut miteinander redeten. Ich hielt es auf meinem Lauerposten nicht mehr aus und lief gebückt, die Angelschnur um meine Hand aufwickelnd, auf die beiden Gestalten zu. Obwohl ich zu keuchen meinte wie von einem Asthmaanfall heimgesucht, fuhr Jochen erst erschrocken herum, als ich drei Schritte hinter ihm war. »Euch kann man meilenweit hören«, flüsterte ich und beobachtete gleichzeitig aus den Augenwinkeln, wie Michael, über den Zaunrand gebeugt, noch einmal schraubte, den Ringschlüssel hinter sich warf, nach der Kombizange griff und sechsmal kräftig zudrückte. Ein Jaulen zerrissener Saiten – er hatte die Verspannungsdrähte gekappt. Dann umfasste er mit der rechten Hand die obere Halterung der Splittermine, ruckte und rüttelte an dem Metallungetüm, bekam es frei und streckte es wie einen Weltmeisterpokal in den schwarzen Nachthimmel.

Getan, geschafft, überlebt. Der nächste Gedanke hatte nur drei Buchstaben und hieß: »weg«. Doch das sah Gartenschläger anders: Noch auf der obersten Sprosse, auf der Höhe seines Triumphes, fingerte er aus der Brusttasche eine Kleinbildkamera mit Blitzwürfel und verlangte nach einem Foto; vielleicht nach einem Beleg, der die eigene Grenzsituation bannte oder die flüchtige Zeit überdauerte.

Wir machten die Aufnahme und beeilten uns dann, herumliegendes Werkzeug und den »Kran«, der sich als überflüssig erwiesen hatte, einzusammeln und uns gen Westen zurückzuziehen. Die Leiter blieb angelehnt, weil wir nicht dachten, hier noch einmal zu erscheinen, und zugleich deutlich machen wollten, mit welch einfachen Mitteln die DDR zu düpieren war. An unser Glück in jener Situation, an die uns begünstigenden Umstände ungestörten Tuns, dachten wir im Angesicht des Erfolgs nicht. Was uns fehlte, war der Jubel, der sich beim Anblick ratlos umherirrender Bewacher einstellen sollte. Darauf warteten wir, zwischen westdeutschen Kiefern versteckt, eine Stunde oder mehr, ohne dass sich irgendetwas tat. Je weiter der Morgen graute, desto mehr ließ er uns enttäuscht über die ungemachten Fotos von zeternden Grenzoffizieren zurück. Wir beschlossen umzukehren. Ebenso ungehindert wie wir gekommen waren und unser Nachtwerk verrichten durften, gelangten wir zu unserem Wagen, luden die Gerätschaften ein und fuhren heim.

Der Zollbeamte Martin Krause war am frühen Morgen als Erster zur Stelle, entdeckte die zurückgelassene Leiter am Metallgitterzaun und die Lücke auf dem obersten Draht durch den unfreiwillig entflogenen Metallvogel. Der Beamte machte Meldung und bezog einen Beobachtungsposten. Doch der Mann musste sich noch eine gehörige Weile gedulden, bis es im Osten unruhig wurde. Erst am nächsten Tag und auf seinen Zuruf an eine DDR-Grenzstreife »Euch hat man eine Splittermine geklaut« hin rollten auf dem Kolonnenweg ein P3-Geländewagen und ein Mannschaftsfahrzeug an, denen an die zwanzig Uniformierte entstiegen. Während vier oder fünf Grenzsoldaten am Waldrand eine provisorische Feldstellung errichteten, näherte sich der restliche Trupp dem Tatort. Besichtigung, Lagebesprechung, Aufgabenverteilung. Nachdem man sich einig war, dass der Angriff von West nach Ost stattgefunden hatte, wurde eine Metallplatte im Zaun gelöst und zwei Mann, Hauptleute, »feindwärts« durchgeschleust, Spurensicherungsgeräte in der Hand, Kameras im Anschlag. Zwei weitere folgten, die Sicherungskräfte zu sichern, mögliche Fluchtgedanken bei den Kameraden schon im Ansatz zu ersticken. Möglichst. Wenn nicht, blieb der Griff zur »Kalaschnikow«.

Auch die Spezialkommission der Untersuchungsabteilung 9 bei der Bezirksverwaltung für Staatssicherheit (BVfS) aus Schwerin rückte zur kriminaltechnischen »Tatortarbeit« bzw. »Ereignisortdokumentation« an. Fuß- und Fingerabdrücke wurden genommen und abgelichtet, ebenso der Zoll im Westen und der später zustoßende BGS – warum auch immer – permanent durch Ferngläser beäugt. Natürlich stellte man auch unsere Leiter sicher. Im Laufe des Tages gewann die Angelegenheit dadurch an Bedeutung, dass nacheinander zwei Oberste, neun Oberstleutnante, vier Majore und fünf zusätzliche Hauptleute erschienen, um die Sachlage persönlich in Augenschein zu nehmen. Zu guter Letzt rückten Minen-Pioniere an, die eine neue »SM-70« installierten, die lahm gelegten neu schärften, die Souveränität wiederherstellten.

Wir hätten einen Tag später in unser Versteck zurückkehren sollen, hätten uns anschauen sollen, wie einfach eine Gasse durch den Zaun geschaffen wurde, wie sich schwer bewaffnete Kräfte vor dem

(links) Das Foto des 17-jährigen Michael Gartenschläger wurde 1961 wenige Wochen vor seiner Inhaftierung aufgenommen. (Foto: Privatbesitz v. Ch. Köckeritz)

(unten) Foto des »Tatortes« (Foto: Privatarchiv Lienicke)

(oben) Auf der Anklagebank (v. l. n. r.) Jürgen Höpfner (18), Gerd-Peter Riedinger (18), Karl-Heinz Lehmann (17), Michael Lehmann (17) Michael Gartenschläger (17) und Gerd Resag (17). (Foto: Privatarchiv Lienicke)

(oben) Strafvollzugsanstalt Brandenburg-Görden. Gartenschläger verbrachte hier fast sieben Jahre seiner lebenslangen Zuchthausstrafe. (Foto: Privatarchiv Lienicke)

(oben) 3-Mann-Zelle in den 60er Jahren (Foto: Museum Viadrina, Frankfurt a. d. Oder)

(oben) Splittermine vom Typ »SM-70« am Grenzzaun. (Foto: Dieter Schmidt)

(oben) Michael Gartenschläger 1976 an der Grenzsäule 231 (Foto: Kai Greiser)

(oben) Stellvertretender Minister für Staatssicherheit und Leiter der Arbeitsgruppe des Ministers (AGM), Generalleutnant Alfred Scholz. Er leitete die gesamte Aktion »SM-70«. (Foto: BstU, Sig.Nr.: MfS-HA II/Fo/873 – Bild 118)

(oben) Ratlosigkeit macht sich breit. Wer hat die Mine abgebaut? Was ist zu tun zur »Gewährleistung der Grenzsicherung«? (Foto: Stadtarchiv Geesthacht, BGS-Sammlung)

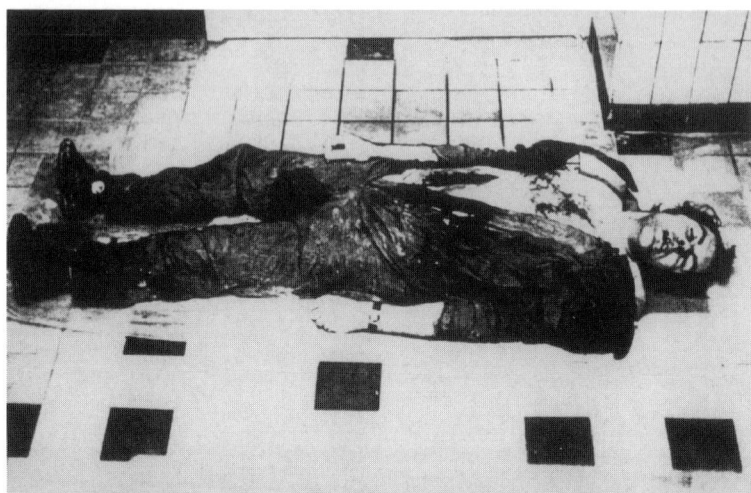

(oben) »Wie die Sektion aufzeigt, kam es bei der unbekannten männlichen Person zu mehrfachen Schußverletzungen. Als für die Todesursache entscheidende Verletzung ist der Brustdurchschuß zu werten …) (Zit. Aus dem Sektionsprotokoll v. 1. 5. 1976) (Foto: Privatarchiv Lienicke)

(oben) Die Angeklagten und ihre Verteidiger: Peter R., Frau RA Dr. Woweries, Uwe W., RA Dr. Osterloh, RA Dr. Diestel und Wlater L. (v. l. n. r.) (Foto: Privatarchiv Lienicke)

Zaun bewegten, auf dem Feld, das wir eher als Niemandsland begriffen. Aber vielleicht hätten wir uns auch täuschen lassen durch die Atmosphäre, die dort herrschte; die weniger verbissen-ernst als müßig-locker schien, die Platz für das eine oder andere Scherzwort ließ und so gar nicht auf erschütterte Grundfesten der DDR hindeutete. Von den höheren Ebenen der »Sicherheitsorgane« dagegen, vornehmlich von denen im MfS, wurde die Aktion von Anfang an als »besonders schweres Vorkommnis« gewertet.

Zwar wurden nach dem »Diebstahl« noch in üblicher Weise und auf den eingefahrenen Meldewegen die Kommandostellen der regulären Grenztruppen informiert, doch erreichte in diesem Fall die Meldung ungewöhnlich schnell auch Stasichef Mielke und seinen engeren Stab. Dort reagierte man vor allem deshalb verunsichert-aggressiv, weil die mit Splitterminen bestückte »Anlage 501« gegen Angriffe gesichert erschien. Zudem geisterte in Mielkes Gedanken die obskure Idee, der amerikanische Geheimdienst stünde hinter der Aktion; auf jeden Fall sah man nun, da der »Feind« tatsächlich einen der verleugneten »Todesautomaten« in Händen hielt, die noch frische internationale Anerkennung gefährdet. Entsprechend dieser Einschätzung ging die MfS-Führung zunächst davon aus, dass den »Minendiebstahl« kein Einzeltäter ausgeführt haben konnte; außerdem hielt man es für wahrscheinlich, dass der Coup nur gelungen war, indem eigene Leute, die mit der Entwicklung oder der Installation der Splitterminen befasst waren, Verrat geübt hatten. Die Konsequenz daraus war, dass die operative Bearbeitung des Vorkommnisses nicht, wie sonst üblich, auf irgendwelchen Unterabteilungsebenen belassen oder der zuständigen Bezirksverwaltung überantwortet, sondern der HA I als »einzig kompetentem Organ« übertragen wurde. Doch auch das nicht in gewöhnlicher Weise.

Ganz allgemein oblagen der Hauptabteilung I der Schutz der NVA und der Grenztruppen und die damit verbundene politisch-operative Gewährleistung der personellen und funktionellen Sicherheit der Verbände, Truppenteile, Einheiten und Einrichtungen. Ihre wesentlichen Aufgaben waren die Spionageabwehr einschließlich des Geheimnisschutzes, die Verhinderung von Fahnenflucht, die

Unterdrückung von Auswirkungen der ideologischen Diversion, die Bekämpfung von Diversions- und Terrorhandlungen sowie die Durchführung von Sicherheitsprüfungen innerhalb der NVA und der Grenztruppen; dazu gehörten auch die Erforschung des Stimmungs- und Meinungsbildes unter dem Personal, das frühzeitige Reagieren auf negative Anzeichen und die Weiterleitung der Ergebnisse an die jeweiligen Kommandeure und die höheren Dienstvorgesetzten.

Entsprechend diesem Aufgabenfeld gliederte sich die HA I in die Bereiche Äußere Abwehr und Aufklärung und war auf allen Verantwortungsebenen der Truppen vertreten. Im Gegensatz zu anderen Hauptabteilungen des MfS wurde die HA I streng zentralisiert von Ostberlin geführt und dort im Jahre 1976 von Generalleutnant Karl Kleinjung und den Verantwortlichen für die Bereiche Abwehr und Aufklärung geleitet. Unter dem Leiter der HA I rangierten sein Sekretariat, die Auswertungs- und Kontrollgruppe, mehrere Unterabteilungen sowie die Verwaltung.

Kleinjung unterstanden Stellvertreterbereiche, von denen einer beim Kommando Grenztruppen in Pätz bei Potsdam angesiedelt war. Er wurde von Oberst Manfred Dietze (1989 Generalleutnant) angeführt, dem Oberst Erwin Zillich für die Abteilung Abwehr und Oberst Günter Nieter für die Aufklärung zur Seite standen. Untergeordnete und gleich strukturierte Bereiche befanden sich bei den Grenzkommandos Nord, Mitte und Süd. Den Bereich Nord mit Sitz in Stendal leitete Oberst Raimund Bartl, die dortige Abteilung Aufklärung Oberstleutnant Greulich mit seinem Stellvertreter, Oberstleutnant Klaus Both, die Abwehr Oberstleutnant Helmut Heyduck und Oberstleutnant Tyra. Letzterer war erst in den Märztagen 1976 auf die Stellvertreterposition berufen worden und galt intern als »harter Hund«.

Schließlich existierten weitere HA I-Unterabteilungen bei den einzelnen Grenzregimentern, die wiederum Mitarbeiter in den Bataillonen führten. Im Grenzregiment 6, Schönberg, zu dessen Gebiet unser Tatort gehörte, waren für die Abwehr Major Fritz Vierke und für die Aufklärung Major Eberhard Bartelt zuständig; ihm unterstanden die Sonderoffiziere Horst Kubisch und Ewald Schulz, die – wie ihre Kollegen in allen anderen Unterabteilungen – aufgrund ihrer besonderen Kenntnisse und Befugnisse im jeweiligen Grenzabschnitt spezielle Aufgaben zu erfüllen hatten: So organisierten sie das Zusammenwirken von Grenztruppe und Staatssicherheit, beurteilten bei Zwischenfällen als Erste die Lage und befragten Grenzverletzer, führten inoffizielle Mitarbeiter, durften »feindwärts« operieren und waren darüber hinaus in Zusammenarbeit mit der Hauptverwaltung Aufklärung (HVA) des Markus Wolf dafür verantwortlich, dass Schleusungen von Agenten konspirativ durchgeführt werden konnten. Entsprechend waren die »Sonderaufklärer« auch nicht den Führungsebenen der Grenztruppen weisungsunterstellt, sondern umgekehrt befugt, den Grenztruppenangehörigen Befehle zu erteilen.

Am Tag nach der Minendemontage leitete der Generalstaatsanwalt der DDR ein »Ermittlungsverfahren gegen Unbekannt« wegen ungesetzlichen Grenzübertritts und nachfolgender Beschädigung von Grenzsicherungsanlagen ein, ohne dass auch hier die »SM-70« explizit genannt wurde – wie auch, offiziell gab es sie ja nicht! Weitaus wichtiger war allerdings, dass Oberst Dietze als Stellvertreter der Leitung der HA I dem Minister für Staatssicherheit u.a. die Durchführung »operativer Maßnahmen im Zusammenwirken mit der Grenztruppe zur Gewährleistung der Sicherung des Gerätes 501 gegen weitere mögliche provokatorische Handlungen des Gegners« durch den Einsatz von zusätzlichen Posten »mit entsprechender Technik zur Dokumentation aller gegnerischen Handlungen« vorschlug. Offenbar wollte er nicht so recht an einen geheimdienstlichen Hintergrund glauben.

Die Meldung veranlasste Mielke, über den Leiter der Arbeitsgruppe des Ministers (AGM) Alfred Scholz und über den Leiter der HA I, Karl Kleinjung, Oberst Manfred Dietze vom Kommando Grenztruppen anzuweisen, den Hergang wie die Hintergründe und potenziellen Hintermänner lückenlos aufzuklären. Demgemäß beauftragte Dietze den stellvertretenden Bereichsleiter Aufklärung im Grenzkommando Nord, Oberstleutnant Klaus Both, einen Sachstandsbericht anzufertigen sowie einen Maßnahmeplan zum Schutz der gefährdeten Grenzabschnitte vor weiteren Übergriffen zu erarbeiten. Seinen Ermittlungen lagen die schriftliche und bildliche Dokumentation der Spezialkommission IX der BV Schwerin zugrunde, Vernehmungsprotokolle der Grenzposten und die Einsatzplanung, die vorrangig darüber Aufschluss geben sollten, wer wie möglicherweise von der eigenen Seite her handlangerisch tätig geworden war. Both tappte dabei ziemlich im Dunkeln und schlug vor, präventiv Scheinposteneinsätze entlang dem Kolonnenweg durchzuführen, zur Täterermittlung im westlichen Vorfeld »aufklärerisch« aktiv zu werden und gleichzeitig intern zu überprüfen, welche Personen Kenntnisse über die »Todesautomaten« besaßen und in Frage kamen, diese an den »Feind« weiterzugeben. Mit dem vorläufigen Bericht und seinem Vorgesetzten Dietze begab sich der Oberstleutnant zum stellvertretenden Minister Scholz, der die Unterlagen entgegennahm und mit der Neuigkeit aufwartete, dass der Täter als Gartenschläger, Michael, wohnhaft in Hamburg, ermittelt sei.

Irgendwie begann der Tag danach für mich stinknormal. Und gleichermaßen hasste und liebte ich diesen Zustand, wenn die Uhr keine Eile verlangte und ich dösend zu mir finden konnte. So kamen mir die besten Gedanken. Gedanken, die das Alltägliche anders als in der gewöhnlichen Mühle analysierten und strukturierten, die sich mutig-grenzüberschreitend gaben – was die letzte Nacht assoziativ nahe legte. Eine zweite Person im Raum, Ablenkung jedweder Art waren in der Situation Gift, wie der Tabakqualm, den ich inhalierte und trotz Warnungen der Ärzte nicht missen wollte.
Plötzlich klingelte das Telefon. Gartenschläger hörte sich gereizt an, als er nach meinem Verbleib fragte, so als hätten wir uns zu einem bestimmten Termin verabredet, was eindeutig nicht der Fall war. Er wollte mich ohne Umschweife in Barsbüttel sehen, konnte aber doch nicht umhin, mir nun schon zu erzählen, dass ein BND-Mann bei ihm angerufen und ihm auf den Kopf zugesagt habe, dass er ihn für den »Dieb« der »SM-70« halte. Ohne eine Bestätigung oder ein Dementi abzuwarten, wurde ihm bedeutet, dass man bereit sei, D-Mark 2500 für die Überlassung der Mine zu zahlen.
Dieses Angebot brachte zweifelsohne eine neue Qualität in das

ernste Spiel, weil Michael Gartenschläger bis dahin an alles andere gedacht hatten, nur nicht daran, aus seiner Unternehmung Kapital zu schlagen. Ich versprach, sofort loszufahren. Mir purzelte einiges durch den Kopf: Da war Michael ohne Auftrag, ohne jegliche Hintergrundorganisation aktiv geworden, und sah sich nun, wenige Stunden nach der »Tat«, einer Institution gegenüber, die zumindest ihn als Täter erkannt hatte und eigentlich dafür stand, Nicht-Öffentlichkeit zu wahren. Deshalb hatte sich meine Einstellung bereits gefestigt, noch bevor ich bei Gartenschläger angelangt war: Selbst für eine weitaus höhere Summe war ich an einem Geschäft mit dem BND nicht interessiert, und ich war mir sicher, Michael dachte genauso.

Ich war froh, dass ich Astrid und Michael allein antraf, Jochen Stener sich anderweitig vergnügte oder ausruhte. Wir diskutierten noch einmal das BND-Angebot und den Anruf des BGS-Mannes, der, wie Michael nun anfügte, auch vorgeschlagen hatte, sich mit dem Verfassungsschutz in Hamburg in Verbindung zu setzen. Obgleich ich nichts Schlimmes befürchtete, war es mir doch nicht recht, dass zu diesem frühen Zeitpunkt schon so viele Stellen über seine Täterschaft Bescheid bekamen. Er dagegen hatte keinerlei Bedenken und schlug vor, Jochen und mich namentlich aus allem herauszuhalten. Wir kamen überein, umgehend den Weg in die Medien zu suchen. Dort galt es insofern zu sortieren, als wir nur mit einem Blatt oder Blättern zusammenarbeiten wollten, das oder die nicht nur auflagenstark waren, sondern auch unserer Einschätzung nach von ihrer redaktionellen Tendenz her Gartenschlägers Unternehmen und seine Motive in unserem Sinne, mindestens jedoch fair würdigten.

Dabei war es nicht einmal so, dass wir uns im Vorhinein oder in den Folgetagen akribisch mit den verschiedenen Medien auseinander gesetzt hatten; vielmehr gingen wir an die Auswahl ebenso locker heran wie an alle unsere Aktivitäten. Daher blieben in unserem Gedankennetz die Zeitschrift *Quick*, alternativ das Hamburger Magazin *Der Spiegel* hängen, die wir parallel kontaktieren wollten.

Ich übernachtete an diesem Tag in Barsbüttel auf dem Sofa und fand Michael, nachdem ich mich am nächsten Morgen einigermaßen klar fühlte, auf seinem Trimm-Dich-Pfad. Er war unverschämt fit und überschüttete mich gleich mit tausend Ideen. Ich winkte ab und verabschiedete mich in meine Firma. Einerseits fiel es mir nicht leicht, mich auf die Arbeit zu konzentrieren, da mir die Ereignisse und Überlegungen durch den Kopf geisterten, andererseits beruhigte mich mein volles Vertrauen in Gartenschläger, was auch immer er tun würde. Aber es war mir auch wichtig, informiert zu sein, sodass ich nach Feierabend wie selbstverständlich zu ihm nach Hause fuhr.

»Den Verfassungsschutz kannst du abhaken, und mit der *Quick*, das läuft«, meinte Michael, doch hatte ich das Gefühl, dass da noch ein wenig mehr im Raum schwebte. Das musste ich ihm allerdings erst umständlich aus der Nase ziehen, nämlich die schon umgesetzte Idee, bei der Ständigen Vertretung der DDR in Bonn anzurufen und dort den Deal auszuhandeln, die Splittermine im Austausch gegen Astrids Bruder und den Fluchthelfer, ausreichendes Handgeld für die beiden und einen zusätzlichen Betrag als Schadensersatz für den beschlagnahmten PKW zurückzugeben. Diese Idee war nicht neu und eigentlich längst ad acta gelegt. Insofern schrieb ich sie in dem Moment auch nicht Michael zu, sondern Astrids manchmal merkwürdigem Einfluss, was mich wieder einmal gegen sie aufbrachte.

»Und die Öffentlichkeit?«, hielt ich dagegen.

Michael grinste vielsagend. »Wir holen nach deren Freilassung noch ein zweites Ding vom Zaun!«

Mein Vertrauen zu Michael sank gegen Null. Ich konnte nur noch den Kopf schütteln, wollte aber immerhin wissen, was bei seinem Gespräch herausgekommen war. Seine knappe Antwort lautete, dass man ihn zurückrufen würde.

Schon am nächsten Tag kamen die Dinge stärker ins Rollen. Wie Michael telefonisch berichtete, hatte er Besuch von der Kripo, die ihm einen Durchsuchungsbefehl präsentierte und sein Haus umpflügte, ohne allerdings der Splittermine habhaft zu werden. Von wem auch immer über die Täterschaft Gartenschlägers informiert – ob vom BGS, BND oder Verfassungsschutz –, hatte sich die Staatsanwaltschaft Lübeck veranlasst gesehen, ein Ermittlungsverfahren wegen des Verdachts der Sachbeschädigung oder des Diebstahls und eines Verstoßes gegen das Waffengesetz einzuleiten. Gestützt von der Sichtweise des schleswig-holsteinischen Justizministeriums galt es offenbar als unstrittig, die Demontage eines Selbstschussautomaten als »Wegnahme fremden Eigentums« einzustufen und von der zuständigen westdeutschen Behörde den ersten Zugriff zu verlangen, da es sich bei DDR-Territorium rechtlich um Inland handelte und man dem Legalitätsprinzip verpflichtet sei. Zudem sollte geklärt werden, ob das Mitführen einer »SM-70« mit dem unbefugten Tragen einer Waffe vergleichbar, zumindestens aber als ein »Verstoß gegen das Kriegswaffenkontrollgesetz« zu qualifizieren wäre. Auf eine vergleichende Nachfrage der Tageszeitung *Die Welt* äußerten sich die Justizministerien in Hessen und Niedersachsen gleichlautend, während der bayerische Staatsminister Hillermeier keine Stellungnahme abgeben wollte. Hinsichtlich einer Strafverfolgung auf Bundesebene sah sich dagegen niemand genötigt, etwas zu unternehmen, da sich das Bundesjustizministerium und das Bundesinnenministerium gegenseitig die Zuständigkeit zuschoben. Der damalige schleswig-holsteinische Justizminister Henning Schwarz (CDU) untermauerte das Vorgehen mit den Worten: »In einem Rechtsstaat hat die Staatsanwaltschaft alle denkbaren Straftaten zu verfolgen. Der Rechtsstaat bewährt sich gerade darin, dass dieser Auftrag ohne Ansehen der Person und ohne Rücksicht auf die von der Person verfolgten Zwecke und der politischen Umstände erfüllt wird.« Dem widersprachen nur wenige öffentlich; einer von ihnen, Günter Bertram, Vorsitzender Richter im Landgericht Hamburg, hatte den Mut entgegenzuhalten: »Minister Schwarz nimmt zu Unrecht an, die Staatsanwaltschaft habe ›alle denkbaren Straftaten zu verfolgen‹. Ihre Amtspflicht bezieht sich nicht auf denkbare, sondern beschränkt sich auf reale Handlungen, sofern für deren Strafbarkeit ›zureichende Anhaltspunkte vorliegen‹ …

Vor allem aber: Das Strafrecht befasst sich nur mit rechtswidrigen Taten. Da die Einrichtung der Todesautomaten jedoch rechtswidrig war und ist, … verstößt die Vernichtung der Anlagen nicht gegen das Strafgesetz.

Herr Schwarz singt das Hohelied auf Rechtsstaat und Legalitätsprinzip mithin auf dem falschen Bein: Vernünftige juristische Überlegungen sprechen von vornherein dagegen, staatsanwaltschaftliche Ermittlungen einzuleiten. Tut man es doch, sind die Gründe wohl nicht primär strafrechtlicher Natur ...«

Obwohl Michael die Enttäuschung über die Reaktion der Justiz deutlich anzumerken war, winkte er mit der Bemerkung ab, dass sie das Schussgerät ja nicht gefunden hätten und wir wie geplant weitermachen könnten. Woher die Lübecker Behörde zu dem Zeitpunkt allerdings schon wusste, dass wir die Splittermine Illustrierten übergeben wollten, blieb uns rätselhaft. In diesem Zusammenhang erzählte Gartenschläger, er habe beim *Spiegel* angerufen, sich dabei jedoch vorsichtiger verhalten und zunächst einmal seinen Namen unerwähnt gelassen. Er legte eine kunstvolle Pause ein, wahrscheinlich um meine Neugier anzustacheln, was ihm hervorragend gelang.

»Red schon«, drängte ich ihn, »haben sie Interesse gezeigt?«

Spaßeshalber ließ er mich noch eine Weile zappeln, bevor er mich, nun wieder ernst, über das Ergebnis des Gesprächs informierte.

Ziemlich naiv hatte er die Vorstellung gehabt, ohne Umschweife direkt mit einem zuständigen Redakteur verbunden zu werden, musste jedoch erfahren, dass dafür einige Vorläufe zu bewältigen waren. Im Nachhinein auch für ihn einsehbar, da er nachvollziehen konnte, nicht der erste und einzige anonyme Anrufer zu sein, der vorgab, hochbrisantes Material in Händen zu halten. Doch Michael Gartenschläger wäre nicht Michael Gartenschläger gewesen, hätte er sich beeindrucken und von seiner Linie abbringen lassen. So beharrte er darauf, ein tatsächliches DDR-Geheimnis lüften zu können, fügte nur hinzu, dass es die Grenzsicherungsanlagen beträfe, und verlangte nachdrücklich, mit der Chefetage verhandeln zu wollen. Einige Augenblicke später hatte er einen kompetenten Partner in der Leitung, der bei der gleichbleibenden Erzählung aber offensichtlich das journalistische Gespür hatte, hinter den Worten Substanz zu erahnen. Auf jeden Fall schlug er ein Treffen für den nächsten Vormittag in der Brandstwiete, dem Sitz des *Spiegels* vor, dem Michael zustimmte. Dabei sollte und wollte er Fakten auf den Tisch legen.

Wir waren uns schnell einig, dass wir mit dem Hamburger Magazin ein ideales Forum für unser Anliegen gefunden hätten: kompetent, bissig, unerschrocken und vor allem national wie international in der Presselandschaft als seriös anerkannt. Und darum ging es uns ja: nicht einen lauen Wellengang im Schnapsglas auszulösen, nicht in einer dunklen Ecke zu hocken, um sich ungehört heiser zu schreien oder allzu leicht mundtot gemacht zu werden, sondern eine meerweite Sturmflut zu entfachen, die einfach niemand übersehen, übergehen konnte. Michael bat mich, einen Tag Urlaub zu nehmen, ihn zu begleiten, zumindest draußen im Auto auf ihn zu warten, und ich merkte daran, wie wichtig ihm dieser Termin war. Er sollte um neun Uhr stattfinden; daher versprach ich, ihn eine Stunde früher abzuholen.

»Bevor ich's vergesse«, meinte er dann noch, »die Bonner DDR-Vertretung hat sich gemeldet; sie wollen ihren Selbstschussautomaten nicht zurück und auch keinen Austausch!«

Was hatte das nun wieder zu bedeuten? Schätzten die Diplomaten Gartenschläger als Bluffer ein oder glaubten sie eine Veröffentlichung – auf welche Art auch immer – verhindern zu können!? Seltsame Reaktion, aber eine, die zur Vorsicht mahnte. Überhaupt, dachte ich, eine etwas verrückte Situation, in der wir uns befanden; wenig schien an dem Platz, den wir uns ausgemalt hatten: ein West-Staatsanwalt, der Ost-Interessen verfolgt, und ein Ost-Parteiregime, das die Preisgabe eines militärischen Geheimnisses im Westen und eine damit angekratzte Reputation zulässt. Irgendetwas stimmte da nicht, obwohl ich mir sicher war, dass die Erde immer noch eine Kugel war und der Himmel über Lohbrügge auch am nächsten Tag noch verhangen sein würde.

Als ich am nächsten Morgen pünktlich bei Gartenschläger ankam, erfuhr ich von Astrid, er sei zeitig in seine Werkstatt gefahren, da er meinte, noch schnell etwas reparieren zu müssen. Tatsächlich fand ich ihn dort unter einer geöffneten Motorhaube hantieren. Im Gegensatz zum Vortag war er die Seelenruhe persönlich und hatte für sich entschieden, dass die Presseleute durchaus warten könnten und vor allem auch würden, wenn ihr Interesse echt wäre. Auf meine Frage nach dem »Todesautomaten« deutete er mit einem Schraubenschlüssel in eine Ecke der Werkstatt, wo ein abgewetzter brauner Lederkoffer zwischen alten Reifen stand. Ich wusste, Michael legte keinen großen Wert auf Äußerlichkeiten, doch musste ich mir beim Anblick des schäbigen Behältnisses eingestehen, für ein Treffen mit einem renommierten Verlag die Vorstellung von einer gehobeneren Verpackung gehabt zu haben.

Während Michael mit einer Engelsgeduld seine Arbeit fortführte, wurde ich immer nervöser. Punkt halb zehn platzte mir der Kragen. Ich fuhr ihn an, ob er mich auf den Arm nehmen wolle und wann er gedenke, sein ölverschmiertes Hinterteil in Bewegung zu setzen. Michael machte den Eindruck, als habe ihn jemand geweckt, und legte eine schuldbewusste Miene auf, sodass es mir schwer fiel, länger als einen Augenblick sauer auf ihn zu sein. Immerhin packte er das Werkzeug beiseite, betrachtete versonnen seine verschmutzten Hände und entschloss sich mit einer gewissen Verzögerung das Waschbecken anzusteuern. Derweil verstaute ich den Koffer in meinem Wagen und setzte mich hinters Lenkrad, auf dem ich mit den Fingern die Sekunden heruntertrommelte.

Nach einer Ewigkeit bequemte sich Michael auf den Beifahrersitz und konterte meinen erstaunt-entsetzten Blick ob der Arbeitskombi, die er immer noch trug, mit der Bemerkung: »Ich denke, wir haben es eilig!?!«

Ich musste doch grinsen, als ich ihm nachschaute, wie er im Blaumann, den uralten Koffer in der rechten Hand, gemächlich auf die Eingangstür des Verlags zuging. Bei seinem Outfit hätte es mich nicht gewundert, wenn die Pförtnerloge bereits die Endstation gewesen wäre. Offensichtlich aber kam er durch, und ich konnte aussteigen, um mir die Beine zu vertreten und den Kopf zu lüften. Typisches Aprilwetter: vorbeifliegende Wolkenformationen, kurzfristig aufblitzende Sonnenstrahlen, kalte Regenschauer, die auf das Pflaster klatschten. Irgendwo trank ich einen Kaffee oder zwei, spulte noch einmal den Film der letzten Tage ab. Wussten oder ahnten wir wenigstens, auf was wir uns eingelassen hatten?

Es muss nach zwölf Uhr gewesen sein, als Michael mit der Sieger-pose des hochgestreckten Daumens auf mich zustrebte. Ohne viele Worte zu verlieren, dirigierte er mich in die gegenüberliegende Schankwirtschaft, wo er Sekt für mich und Orangensaft für sich bestellte. Er wirkte fahrig, wie unter Strom, sodass ich mich geduldete, bis er sich einigermaßen gefasst hatte. Dann legte er ungefragt los: »Also ich zum Pförtner hin von wegen Termin mit dem Chef-redakteur und so ... der ruft an, schickt mich los ... erst ins Vor-zimmer ... noch 'ne Anmeldung ... ich dann rein ... die haben mich angeguckt wie 'n Weltwunder.«

Verständlicherweise. Denn da stand ein Mann im Raum, der vom Äußeren den Eindruck erwecken konnte, als würde er fragen wol-len: Haste mal 'ne Mark? Der auf jeden Fall wenig Anlass gab zu glauben, er könnte Kontakte haben, die ihm Zugang zu explosivem Material verschafft hätten. Nach einem Moment der sprachlosen Verwunderung waren es die Redakteure, die, erfahren genug, zu ihrem Alltagsgeschäft zurückfanden und die Offenlegung des An-gebots einforderten.

Der Auftritt des Koffers! Wie Michael berichtete, legte er ihn mit Showeinlage auf den Konferenztisch und erlebte sein zweites Wa-terloo, als sich die Schnappschlösser, da verrostet, nicht ohne wei-teres öffnen ließen. In seiner Werkstatt kein Problem, aber in dieser Umgebung? Schließlich half ein silberner Brieföffner als eine Art Dietrich. Erneut schien sich Enttäuschung bei den Journalisten breit zu machen. Offenbar waren sie darauf eingestellt gewesen, Mikrofilme oder wenigstens doch Dokumente mit dem Vermerk »Streng geheim« vorzufinden und nicht ein Ding aus zusammen-geschweißten Rohrstücken, einem Trichter oder Hörrohr und ab-geschnittenen Drahtenden!

Weder der Chefredakteur noch der ebenfalls anwesende Journalist Manfred Müller wusste das Gerät zu identifizieren, und auch als Gartenschläger es als »Selbstschussgerät« deklarierte, konnten bei-de den Apparat nicht einordnen. Grenzzaun, Todesautomat, tote Flüchtlinge – das half. Doch mit der Erkenntnis, um was es sich bei dem Apparat handelte, kam bei den Journalisten auch eine gewisse Scheu auf, sich ihm zu nähern. Michaels Beteuerung, dass das Ding nicht mehr explodieren könne, bewirkte da wenig; andererseits war den *Spiegel*-Leuten an einer ersten raschen Bestätigung gelegen, dass das Metallteil tatsächlich eine ostdeutsche Mine darstellte. In dem Fall, das wussten sie, lag eine Sensation vor ihnen. Ein Mitarbeiter aus ihrer Rechtsabteilung, von dem bekannt war, dass er zu Zeiten seines Bundeswehrdienstes zum Feuerwerker ausgebildet worden war, wurde herbeigerufen. Er sollte jene vorläufige Einschätzung vornehmen.

Nur wenig später erschien der Mann und machte sich sofort daran, das Rohrgestell unter die Lupe zu nehmen, was die Umstehenden gespannt beobachteten. Schließlich nickte er, wie sich selbst zustimmend, mit dem Kopf, verwies auf den Zündmechanismus, den augenscheinlichen Sitz der Sprengladung, die durchtrennten Kabel sowie auf einen Schriftzug »Brieselang«, der auf eine DDR-Herkunft deutete, und diagnostizierte: Gerät in dem Zustand ungefährlich, mit großer Wahrscheinlichkeit authentisch; absolute Gewissheit könne aber nur eine Laboruntersuchung bringen. Der Jurist sprach aber auch gleich rechtliche Folgen an, die die Aneignung und der Besitz einer solchen Waffe möglicherweise nach sich zögen, was Gartenschläger bestätigen musste. Es entspann sich eine Art presserechtlicher Diskussion, in der viel von öffentlichem Interesse, Informationspflicht, Zeugnisverweigerungsrecht und Informantenschutz die Rede war, bis sich die Journalisten darauf einigten, die Story zu bringen und die »SM-70« nach der technischen Auswertung und der Berichterstattung dem Bundesnachrichtendienst zu überlassen.

Die Redakteure hatten es nun eilig, das Ganze vertraglich zu regeln, und einer fragte Michael nach seiner Honorarvorstellung für die Überlassung der Splittermine und der Geschichte. Die erwartungsvollen Blicke der Männer um ihn herum irritierten ihn; er ahnte darin eine Erfahrung, die es zur Selbstverständlichkeit hatte werden lassen, Informationen und Material zu kaufen – das gelegentlich notwendige Geschäft vor der journalistischen Aufarbeitung. Für Gartenschläger eine ziemlich fremde Welt, an die er sich aber recht schnell gewöhnte. So rettete er sich erst einmal in den Vorschlag, der *Spiegel* könnte ja die Kosten übernehmen, die ihm eventuell aus der Strafverfolgung entstünden, und dann noch etwas für seinen Aufwand drauflegen. Die Zeitungsleute hatten eindeutig nicht den ganzen Tag Zeit und suchten eine, wie ihm schien, drohende Pokerpartie abzukürzen, indem sie ihre Honorarvorstellung auf den Verhandlungstisch warfen.

»Mir fiel die Klappe runter«, erzählte Michael im Café und beantwortete meinen fragenden Blick mit einem beinahe geflüsterten: »12 000!« Ein Angebot, dem er rasch zustimmte, denn schließlich war er ja auch kein weltfremder Träumer, dem Luft und Ideale zum Leben genügten. Allerdings ahnte er wohl damals nicht, dass ihm die Geldannahme noch jahrelang nachgetragen würde. Vielleicht hätte er sich dann anders entschieden.

Während die Vertragsunterlagen vorbereitet wurden, zog sich Journalist Müller mit Michael in ein anderes Zimmer zurück und ließ sich von ihm über seine Vergangenheit, seine Motive, die Planung und das Detailgeschehen an der Grenze berichten. Außerdem verabredeten sie noch eine Ortsbesichtigung an der Demarkationslinie für den übernächsten Tag, wobei neben weiteren Erläuterungen veranschaulichende Fotos geplant waren.

»Das wird eine Artikelserie; der Erste davon erscheint schon Mitte April. Und dann wollen wir mal sehen, was passiert!«

Das klang richtig ein bisschen stolz aus seinem Mund, aber auch kämpferisch, da er fest damit rechnete, dass nach dem Erscheinen des Berichtes die DDR-Regierung vor der Weltöffentlichkeit Rede und Antwort stehen müsste. Das Unternehmen schien auf die Zielgerade eingebogen zu sein.

Intuitiv wusste ich, dass Michael von nun an vor Ungeduld brannte, unsere Unternehmung schwarz auf weiß gedruckt zu sehen oder mehr noch die Reaktionen darauf: Der öffentliche Aufschrei und handfester politischer Druck, der weitere Entspannung zwischen den Staaten vom Abbau der tödlichen Splitterminen abhängig machte.

Einige Tage später meldete sich der Redakteur Manfred Müller bei Gartenschläger, um ihm mitzuteilen, dass der erste Teil der Geschichte tatsächlich in der *Spiegel*-Ausgabe am 12. April erscheinen werde; die technische Laboranalyse nähme allerdings noch eine Weile in Anspruch, man rechne in zwei Wochen mit den Ergebnissen. Mit der Ankündigung geriet Michael geradezu aus dem Häuschen und startete einen Rundruf durch seinen Freundes- und Bekanntenkreis, um jeden Einzelnen auf den Kauf exakt jener Montagsausgabe einzuschwören. Er selber fieberte dem Magazin schon am Sonntag entgegen und nervte mich so lange, bis ich ihm vorschlug, um Mitternacht zum Zeitungskiosk am Hauptbahnhof zu fahren, wo zu der Stunde die ersten Exemplare auslägen. Natürlich folgte er dem Hinweis.

Ich schlief schon und hatte Mühe, das Klingeln an der Wohnungstür richtig einzuordnen. Halbwach und überhaupt nicht begeistert nahm ich wahr, wie Michael in bester Laune die Zeitschrift vor meinen Augen hin und her schwenkte. Und kaum hatten wir uns gesetzt, schlug er das Heft genau an der richtigen Stelle auf, schob es mir hin und forderte mich auf, sofort zu lesen. Über dem Artikel mit der Überschrift *Schnell das Ding vom Zaun – Wie ein DDR-»Todesautomat« in den Westen kam* – war ein Foto von ihm platziert, das ihn im Nadelstreifenanzug, Feldstecher in der Hand, an der Demarkationslinie zeigte; daneben eine Lageskizze des »Tatortes«, oben eine schematische Darstellung der am Metallgitterzaun montierten Minenreihen.

»Bisschen arg gestellt, das Bild mit dir«, entfuhr es mir. Doch Michael schnaubte nur und tippte mit dem Finger auf den Text, um auf das Eigentliche hinzuweisen. Ich versuchte mich zu konzentrieren, aber da ich mich laufenden Kommentaren ausgesetzt sah, wurde es nur ein grobes Überfliegen; das reichte allerdings aus, um seine Meinung bestätigen zu können, dass die Veröffentlichung einigen Rummel verursachen würde.

»Rummel? Mit der Sensation treten wir eine Lawine los«, polterte er. »Wart's ab, Honecker wird sich vor der UNO verantworten müssen!«

Sein Wort in Gottes Ohr … ich hatte so meine Zweifel.

Tatsächlich war die Resonanz sowohl in den Medien als auch auf der politischen Bühne dürftig. Gewiss gab es die eine oder andere Reaktion, doch blieben sie kleinformatig oder halboffiziell. Wir hatten den Eindruck, »man« nahm zur Kenntnis, fand das »fragwürdige Abenteurertum« Gartenschlägers fast ebenso schlimm wie das Vorhandensein und die menschenrechtsverletzende Wirkung der Splitterminen und ging zur Tagesordnung über. Insofern blieb nur die Nachfrage eines kanadischen Waffensammlers, der für die Beschaffung einer weiteren »SM-70« exakt 50 000 D-Mark bot, bemerkenswert. Und der US-amerikanische Pressevertreter, der Gartenschläger aufsuchte und mit ihm an die Grenze fuhr, um sich vor Ort ein eigenes Bild machen zu können.

Dabei trafen sie auf Michaels BGS-Bekannten Vogt, der ihn zum eigenen Schutz eindringlich vor Folgeaktionen warnte und ihm erklärte, welche zusätzlichen Sicherungen der Osten inzwischen eingeführt und eingebaut hätte. Neu war daran, dass nachts nun in regelmäßigen, zeitlich kurzen Abständen LKWs mit aufmontierten Scheinwerfern den Kolonnenweg befuhren und die Sperranlagen ableuchteten. Das war's, mehr sicht- und lesbare Aufmerksamkeit schienen wir nicht erzielt zu haben. Das deutsche Staatsgewissen schlief – hoffentlich hatte es ein sanftes Ruhekissen …

Michael ließ sich seine Enttäuschung nicht anmerken, er beschäftigte sich bereits mit anderen Ideen und Projekten; vor allem mit einer Erkenntnis, die ihn wegen der persönlichen Tragweite besonders traf: ein vermeintlicher Freundesverrat! Ausgerechnet Gerd-

Peter Riediger schien als Stasi-Spitzel entlarvt, da er trotz seiner Beteiligung an einem aufgeflogenen Fluchthilfeunternehmen weiterhin in die DDR reiste. Hatte uns sein ungehinderter und folgenloser Besuch im März den ersten schmerzlichen Hinweis geliefert, dass er ein Verräter sei, so scheuchte uns seine Ankündigung, Mitte April, zu Ostern, wieder zu seiner Mutter nach Ostberlin fahren zu wollen, erneut auf. Lag seinem Vorhaben Naivität oder Dreistigkeit zugrunde? So recht wussten wir es nicht.

Trotz unserer eindringlichen Warnungen fuhr Gerd-Peter, informierte sogar die Ostbehörden über seine Einreise, indem er in üblicher Weise eine Aufenthaltsgenehmigung beantragte, die von seiner Mutter auf einem Ostberliner Amt abgeholt werden musste, ihm aber erst verspätet nach Hamburg zugesandt wurde. Zu dem Zeitpunkt, am 15. April, befand sich Riediger bereits auf der Transitstrecke Lauenburg–Berlin, und er hatte die Vorstellung, von West- nach Ostberlin mit Tagespassierschein zu reisen, bis die Aufenthaltsgenehmigung von seinem Freund Friese nachgesandt würde. Das, was dann geschah, liest sich in einem später gefertigten Polizeiprotokoll so: »Ich war früh von zu Hause losgefahren und kam gegen 12.30 Uhr beim Grenzübergang Staaken an. Wie üblich reichte ich meinen Reisepass zur Kontrolle hin. Als der DDR-Beamte mit meinen Papieren zurückkam, forderte er mich sofort auf, links herauszufahren. Ein zweiter Beamter, scheinbar ein Offizier, trat hinzu. Man baute um mein Fahrzeug eine so genannte Sichtblende, sodass ich für den anderen Verkehr nicht mehr zu sehen war. Dann forderte man mich auf, auszusteigen und den Zündschlüssel steckenzulassen. Gleichzeitig erklärte mir der Offizier, dass ich vorläufig festgenommen sei. Da ich zu diesem Zeitpunkt keinen Anlass zu dieser Maßnahme gegeben hatte, war für mich klar, dass man bereits auf mich gewartet hatte. Auffällig war ferner, dass sich weitere Grenzposten in der Nähe meines Wagens aufhielten.

Ich wurde durchsucht und mit Handschellen gefesselt. Dann führte man mich in ein Fahrzeug, das wie ein Bauwagen aussah und auf dem Gelände der Kontrollstelle stand. Ich wurde in eine Zelle eingesperrt und blieb dort erst einmal ungefähr eine Stunde.

Aus der Arrestzelle wurde ich herausgeholt, als ein Lada eintraf, in dem drei Zivilisten saßen, die sich als MfS-Angehörige vorstellten. Sie brachten mich zu ihrer Dienststelle nach Berlin-Lichtenberg ... Ich fühlte mich zunehmend unwohl, da mir noch nicht klar war, worauf das Ganze eigentlich hinauslaufen sollte, bis ein weiterer MfS-Mann, nach seinem Gehabe ein Vorgesetzter, hinzukam. Er sprach mich noch einmal direkt auf Gartenschlägers ›Grenzprovokation‹ an und suchte von mir Einzelheiten über den Ablauf des SM-70-Diebstahls zu erfahren; dazu konnte ich aber nicht mehr mitteilen, als ich aus dem *Spiegel*-Artikel wusste.

Bei dem Frage-und-Antwort-Spiel geriet der neue Vernehmer immer mehr in Rage, bis er schließlich losschnauzte, dass man sich von so einem Typen wie Gartenschläger die Republik nicht kaputtmachen ließe und mit allen Mitteln gegen ihn vorgehen würde! Dann äußerte auch er, dass ich meine Handlungsweise zum Nachteil der DDR wiedergutmachen müsste, und verließ den Raum. Mir dämmerte, welche Hintertür sie mir anboten, und prompt kamen sie auf den Punkt, dass ich ihnen Informationen verschaffen sollte. Irgendwie war ich erleichtert, weil ich über den Weg heil in den Westen zurückkam und mir dort, so stellte ich es mir vor, immer noch überlegen konnte, ob und in welcher Form ich mit dem MfS zusammenarbeitete.

Es war fast Mitternacht, als man mich gehen ließ, versehen mit einer Kontakttelefonnummer in Ostberlin sowie den Anweisungen, mich am nächsten Tag telefonisch zu melden und am 19. April an der Trabrennbahn in Karlshorst zu erscheinen, um meinen Führungsoffizier zu treffen.«

Riediger, der in der nächtlichen Vernehmung auch von einer Handgranate in Gartenschlägers Besitz fabuliert hatte, erschien pünktlich am vereinbarten Ort. Der Führungsoffizier und ein weiterer Stasi-Mitarbeiter hatten ihn bereits erwartet. Nach einer überaus freundlichen Begrüßung wurde Riediger aufgefordert, mit seinem Wagen ihrem Lada zu folgen, der aus Berlin heraus Richtung Norden fuhr. Ziel war ein kleines Seelokal, in dem Gerd-Peter bei Kaffee und Kuchen den Auftrag erhielt, Gartenschläger und dessen Umfeld auszukundschaften, Absichten und Planungen in Erfahrung zu bringen, Anschriften und Fahrzeugkennzeichen von Personen zu notieren, die mit Michael in Kontakt standen, nicht gezielt zu fragen, sondern eher so weiterzuleben wie bisher. Riediger atmete auf: Was man verlangte, war so schwammig formuliert, dass auch der »Verrat« von Konfektionsgrößen als adäquate Information durchgehen müsste. Solange sich die Zusammenarbeit derart harmlos gestaltete, hatte er keine Gewissenskonflikte zu befürchten. Mit der Anordnung, sich am 15. Mai erneut zu treffen, fuhr Gerd-Peter noch am selben Tag nach Hamburg zurück.

Obgleich Michael Gartenschläger nicht einmal ahnte, was seinem Jugendfreund zugestoßen war, nährte diese Fahrt zusätzlich sein Misstrauen, das Gerd-Peter von da an mehr anlasten wollte, als er jemals bereit war zu tun. Es wäre wohl für uns alle damals gut gewesen, wenn er sich offenbart hätte.

Oberstleutnant Both konnte mit seiner bisherigen Arbeit zufrieden sein: Die von ihm vorgeschlagenen »Maßnahmen zur Verhinderung eines weiteren Minendiebstahls« waren umgesetzt worden, interne und externe Ermittlungen zu Tätern und Helfershelfern liefen. Und da nun, wie er durch Generalleutnant Scholz erfahren hatte, der Hauptakteur identifiziert war, erhielt er vom Leiter der AGM die Weisung, zur Person Gartenschläger Hinweise aus der gesamten Republik einzufordern, alles über ihn vorhandene Material zu sichten und zu sammeln und in einem Sachstandsbericht zu verarbeiten.

Both machte sich von Stendal aus auf den Weg ins Ministerium zur Hauptabteilung XII, der zentralen Auskunfts- und Archivstelle; dort fand er mehrere abgeschlossene und abgelegte Aktenbände zu Gartenschlägers Jugend-»Verbrechen« und seiner Haftzeit sowie den Hinweis auf einen laufenden Vorgang, in dem gegen Michael wegen »staatsgefährdendem Menschenhandel« von der Bezirksverwaltung Berlin ermittelt wurde. Noch während er die Unterlagen studierte und mit den übrigen Informationen in Einklang zu bringen suchte, wies ihn Generalleutnant Kleinjung an, bei der Hauptabteilung VIII in Berlin-Köpenick, die u.a. für Beobachtungs- und Ermittlungstätigkeit zuständig war, aktuelles Material in Sachen

Gartenschläger aufzunehmen. In der Dienststelle wurde ihm die Tonbandaufzeichnung von Riedigers Vernehmung vorgespielt und das Protokoll zur Einsicht vorgelegt. Da Michael darin tendenziell als berechnend und gefährlich dargestellt wurde, als einer, der seine Ziele, darunter die »SM-70«, notfalls mit dem Einsatz von Pistole und Handgranate zu erreichen sucht, kam Both vor dem Hintergrund sämtlicher Unterlagen zu einem konkreten Täterprofil: Es charakterisierte Gartenschläger als risikobereiten, hartnäckigen, draufgängerischen Anarchisten, der zu allem bereit war, in seinem Tun jedoch unberechenbar. Zudem hielt es der »Aufklärer« für ausgemacht, dass der Hamburger »Terrorist und Menschenhändler« jederzeit weitere Aktionen gegen den »Arbeiter-und-Bauern-Staat« unternehmen könnte. Als Both begann, die Ergebnisse und seine Einschätzungen in einem neuerlichen Bericht zusammenzufassen, machten wir uns ein zweites Mal auf den Weg, eine Splittermine vom Zaun zu holen.

Die vom *Spiegel* als Nachtrag zum Erstbericht veröffentlichte technische Analyse der »SM-70« bestätigte alle bisherigen Vermutungen. Michael hatte intuitiv richtig gehandelt, als er die in den Sprengtrichter führenden Kabel durchschnitt, um eine Explosion zu verhindern. Auch konnte verifiziert werden, dass der Auslösemechanismus des von uns demontierten Gerätes tatsächlich nur eine Mine detonieren ließ. Dem Trichter entnahmen die Experten 112,07 Gramm Sprengstoff, der sich auf fünf verschiedene Sprengladungen verteilte. Durchtrennte oder zog man den am Metallgitterzaun gespannten Auslösedraht in Längsrichtung, wurden eine Sprengkapsel sowie die umgebende Übertragungsladung gezündet, die den gesamten Trichter zur Explosion brachten. Die Wirkung war brutal: 118 Stahlwürfel schleuderten heraus und rissen noch in 25 Metern Entfernung alles Lebendige auf, das sie trafen. In der Expertise las sich dies nüchtern so: »Die Splittereinlage besteht aus Stahlwürfeln mit einer Kantenlänge von durchschnittlich vier Millimetern und 0,5 Gramm Gewicht. Die Würfel sind in Paraffin zwischen zwei Aluminiumkegeln eingebettet. Die Kegel sowie der Trichtermantel aus Aluminium ... erzeugen bei der Explosion eine zusätzliche Splitterwirkung.« Hätten nicht westdeutsche Regierende weltweite Aufmerksamkeit erzielt, wenn sie diese Verachtung der Menschenrechte öffentlich sanktioniert hätten? Und verdiente nicht spätestens zu diesem Zeitpunkt der Zynismus des DDR-Außenministers Fischer, der immer noch behauptete, die Minen wären Attrappen, eine harsche Antwort?

Am 22. April erreichte Gartenschläger ein Brief der »Arbeitsgemeinschaft 13. August« aus Berlin. Der eingetragene, gemeinnützige Verein, von dem Journalisten Dr. Rainer Hildebrandt gegründet, war und ist seit 1963 Träger eines Museums am Checkpoint Charlie, wo in Reaktion auf den Mauerbau immer wieder aktualisierte, dokumentarische und künstlerische Ausstellungen über die innerdeutsche Grenze stattfanden, Pressekonferenzen und Diskussionsforen, die allesamt ein Ziel hatten: unermüdlich auf die Verbrechen des Stalinismus hinzuweisen und zum gewaltfreien Widerstand gegen Menschenrechtsverletzungen, speziell in der DDR, aufzurufen.

Michael Gartenschläger war bei einem seiner Berlin-Besuche im Mauer-Museum gewesen, aber darüber hinaus kannte er die »Arbeitsgemeinschaft« nur vom Namen und die Person Rainer Hildebrandt zuvor gar nicht. Man hatte von der »SM-70«-Aktion gelesen, hieß es in diesem Brief, und äußerte dabei ein gewisses Bedauern, dass das Gerät bereits anderweitig vergeben worden war; sie hätten sich sehr gut vorstellen können, die Mine in ihrem Museum einer breiten Öffentlichkeit zu präsentieren. Immerhin aber wollte man auf dem Weg mit Michael in Kontakt treten und lud ihn zu einem Besuch in Berlin ein.

»Siehst du«, strahlte Michael, »langsam, aber sicher tut sich doch was. Man muss nur Geduld haben.«

So war er: ein winziger Lichtschein im Tunnel und schon obenauf! Wir saßen in seinem Wohnzimmer, und ich merkte eine Unruhe an ihm, die auf mehr deutete als die Freude über die Reaktion der Berliner Arbeitsgemeinschaft. Aber ich fragte nicht, wartete einfach ab, was da kommen würde. So redeten wir geraume Zeit über Belanglosigkeiten, bis er auf den Punkt kam.

»Eigentlich«, so eröffnete er seinen Monolog, »war das doch ein

Kinderspiel, das Ding vom Zaun zu holen, oder? (Aha) Und vor allem wissen wir jetzt, wie das läuft. (So, so) Wäre doch keine Sache, nochmal hinzugehen. Rauf auf die Leiter, zack-zack und weg. (Herrje) Stell dir das bloß mal vor, das Ding direkt vor der Mauer in Berlin aufzubauen. Jede Menge Leute gehen da hin und gucken sich das Gerät an. Das wär's doch, das isses doch, was wir wollen … oder«, fügte er fast beschwörend an.

Ich zeigte ihm einen Vogel und hielt ihm ziemlich barsch entgegen, welche erweiterten Sicherungen die Grenze erfahren hatte, und dass die Militärs da drüben mit Sicherheit keine Lust hätten, sich noch einen Automaten klauen zu lassen.

Doch es war wie immer: Nach einer halben Stunde Drängelei hatte Michael mein Nein butterweich geknetet, was mich ebenso nervte wie belustigte. Keine Frage – er hatte ein Charisma, dem ich mich schwer entziehen konnte, zumal ich ihm Recht geben musste. Wer gibt schon auf der Zielgeraden auf?

Nach meiner Zustimmung ging alles sehr schnell. In kurzer Beratung entschieden wir, noch in derselben Nacht loszulegen und wieder in dasselbe Grenzgebiet zu fahren, da wir uns dort auskannten und hofften, dass die Bewacher hüben wie drüben nicht so rasch mit unserer Rückkehr rechneten. In aller Eile zimmerten wir eine neue Leiter, suchten das schon gewohnte Werkzeug zusammen, zogen die dunkle Arbeitskombi über, packten Angelleine und schwarze Schuhcreme ein und vertrieben uns die Zeit, bis wir den Eindruck hatten, dass die Nacht undurchsichtig genug für unser Vorhaben wäre. Und nachdem Astrid und Michael noch einmal ausgiebig-fruchtlos über Sinn und Unsinn der Aktion gestritten hatten, fuhren wir los, weniger angespannt als beim ersten Mal, eher solide aufgeregt, konzentriert vor einer schwierigen Aufgabe.

Auch der Wald vor der Grenzsäule 231 schien mir nicht mehr so unheimlich, die Stille nicht mehr so drohend, nur der Zaun glänzte weiterhin kalt. Gänsehaut spürte ich, als wir nach einiger Beobachtung gebückt die Leiter zu ihm hintrugen. Zwischendurch, in gestopptem zehnminütigem Rhythmus, Kleinlastwagen auf dem Kolonnenweg mit einem dritten, schwenkbaren Scheinwerfer, dessen

Licht über das Metallgitter streifte. Sonst kein sichtbarer Mensch, keine Wärter, die auf uns warteten, kein Klicken oder Klacken einer »Kalaschnikow«. Ein Uhu grüßte weit entfernt. Zwar hatten wir denselben Grenzstreifen wie bei der ersten Demontage gewählt, waren jedoch nicht so dreist, exakt den inzwischen ersetzten Automaten gleich wieder mitzunehmen. Vielmehr hatten wir eine Zaunstelle ausgesucht in der Nähe des Platzes, an dem wir ganz zu Anfang eine Mine zu Testzwecken hatten hochgehen lassen. Die Prozedur begann: Zwei Meter in die Höhe klettern, vorsichtig umschauen, die Zündkabel des rechten Nachbargerätes durchkneifen, wieder der Rundblick in die Dunkelheit ... ein LKW näherte sich in gemächlichem Tempo! Gartenschläger stieg hastig herunter, kippte die Leiter um. Eilends suchten wir Deckung zwischen den Bäumen hinter der Demarkationslinie. Für einige Sekunden huschte grelles Licht über uns hinweg, ohne an uns haften zu bleiben – der Spuk tuckerte weiter. Einige Augenblicke lang rührten wir uns beide nicht, warteten auf etwas Ungewisses.

»So wird das nix«, flüsterte Michael, als ich neben ihm hockte. »Wir müssen, wenn die jetzt alle paar Minuten mit ihren Scheinwerfern leuchten, gleich am Zaun Deckung suchen.«

Er hatte Recht, die Gefahr der Entdeckung war bei dem ständigen Hin und Her sehr groß. Mit einem mulmigen Gefühl schlichen wir eiligst zum nächsten Betonpfeiler im Zaun, zu unserem eigentlichen Zielobjekt. Erneut nach oben, trotz allem umsichtig hantieren, zwischendurch hinab, wenn sich der Lichtkegel näherte, Beute suchte ... nervig, die Unterbrechungen. Schließlich aber hatte Michael es geschafft, sparte sich dieses Mal das Triumphgeheul, kletterte mit dem Schießgerät einfach nur herunter, klemmte es sich unter den Arm und griff nach der Leiter, die wir erst einmal im Westwald ablegen und später holen wollten. Keine Geschenke mehr an die DDR, auch kein billiges Lattengerüst!

Es war ungefähr zwei Uhr morgens, als wir bei Michael zu Hause ankamen und gleich darangingen, in einem verwilderten Teil des Gartens nach einem Versteck für die Mine zu suchen. Wir fanden es am Rande des Grundstücks, wo Michael eine Kompoststelle angelegt hatte. Dort neben der selbstgezimmerten Umrandung unter Tannenzweigen, quasi im Mist, glaubte er es vor der Polizei sicher; denn nach der bisherigen Erfahrung rechnete Michael fest damit, dass ein neuerliches Ermittlungsverfahren mit einhergehender Hausdurchsuchung eingeleitet werden würde, was sich schon am nächsten Tag bewahrheitete. Auch die Vergehen, nämlich Diebstahl, Verstoß gegen das Waffengesetz, waren trotz gegenteiliger juristischer Einschätzungen gleich geblieben. Bemerkenswerterweise musste einige Wochen später, Anfang Juni, ein Vorwurf von der Kripo und Staatsanwaltschaft Lübeck revidiert werden, als man die zweite demontierte Mine beschlagnahmt und selbst kriminaltechnisch untersucht hatte: Der Wissenschaftliche Rat im Kriminalpolizeiamt Kiel kam dabei nämlich zu dem Schluss, dass die »Bestimmungen des Waffengesetzes (WaffG) vom 19.2.1972 ... auf dieses Gerät nicht anzuwenden« seien!

Dem vorgreifend hatte Michael sich überlegt, den Automaten zu entschärfen und die Sprengladung eigenhändig der Polizei in Barsbüttel zu übergeben, um so nur noch im Besitz einer Metallkonstruktion zu sein, die mit etwas Phantasie auch die »Documenta« in Kassel hätte ergänzen oder – für uns in dem Moment entscheidender – leichter den Weg ins Berliner Mauer-Museum finden können. Ungelöst war dabei allerdings das Problem des Transportes: Keiner von uns konnte sich auch ohne »Gefahrgut« auf den Transitweg begeben und die Luftroute war für einen Transport wegen der scharfen Kontrollen ausgeschlossen. Von daher mussten wir jemanden finden und zur Mitarbeit überreden, der in Ost und West bisher nicht sonderlich aufgefallen war und kaum zum Kreis der Verdächtigen gezählt werden konnte; und natürlich musste derjenige nervlich in der Lage sein, das Gerät im Auto oder in der Eisenbahn durch alle Grenzstationen zu bringen. Nach einigem Überlegen kamen wir auf Herbert Friese, der Westberlin ohne Schwierigkeiten ansteuern konnte und als bester Freund von Gerd-Peter Riediger nie und nimmer Gefahr lief, von ihm verpfiffen zu werden. »Das kriegen wir hin«, meinte Michael zuversichtlich und hatte das Thema damit abgehakt.

Er wirkte aufgekratzt, so als wäre er gerade aufgestanden und richtig tatenhungrig. »Ob da wohl schon Alarm ist?«, sinnierte er in mein Dauergähnen.

Ich winkte ab. Warum sollten die Grenzwächter – wie beim ersten Mal – Notiz von unserer Aktion nehmen?

In diesem Punkt irrte ich mich: Aufgrund der ersten Minendemontage war zumindest die Grenztruppe im Osten in der Zwischenzeit wachgerüttelt. Exakt um 0 Uhr 14, als Michael Gartenschläger den Auslösedraht durchschnitt, wurde über den damit verbundenen Signaldraht im nächstgelegenen Führungspunkt technischer Alarm ausgelöst. Ein diensthabender Unterfeldwebel benachrichtigte sofort den für die Alarmzone zuständigen Zug der 12. Grenzkompanie, der sich wenige Minuten später in Bewegung setzte, um in dem angezeigten Bereich nach der Ursache zu suchen. Wir hatten Glück, dass sie einige Zeit benötigten, die genaue Schadensstelle zu lokalisieren. Insofern konnte der Zugführer nur noch die weitere Entwendung einer »SM-70« an die Grenzkompanie Leisterförde melden, von wo die Nachricht wiederum an den Führungspunkt des Bataillons Lassahn weitergeleitet wurde. Gegen 2 Uhr 30 wurden Mielke, sein Stellvertreter Bruno Beater und der Leiter der AGM Scholz sowie die MfS-Hauptabteilungen VII, IX, XXII und die Zentrale Auswertungs- und Informationsgruppe (ZAIG) über den erneuten »Diebstahl« einer Splittermine unterrichtet. In der »Information 376/76« wurde mitgeteilt, dass Einsatzkräfte des Grenzregimentes Schönberg die Tatortsicherung übernommen hätten, eine Untersuchungskommission unter Leitung des Chefs der HA I–Aufklärung beim Grenzregiment 6 gebildet sowie die zuständige »Spezialkommission« bei der Untersuchungsabteilung 9 der Bezirksverwaltung Schwerin informiert worden sei.

Mit der ersten Helligkeit des 23. April hatte sich ein ansehnlicher Trupp Grenzschützer beiderseits der Demarkationslinie gegenübergestanden, die einander beobachteten, fotografierten, aufmerksam aufeinander achtend, kühl-distanzierter als sonst, verunsichert, misstrauischer …

Gartenschläger tauchte gegen halb acht dort auf, freute sich über den Aufmarsch und begegnete (nahezu selbstverständlich) BGS-Stabsmeister Vogt, der ihn zur Seite nahm und erneut eindringlich warnte, sich nicht noch einmal an der Stelle blicken zu lassen. Geduldig hörte er sich die Ansprache an, war irgendwie fasziniert von dem, was sich vor seinen Augen abspielte, von der Spurensuche hüben und vor allem drüben, vom Aufwand, der getrieben wurde – ja, und vielleicht auch von seinem Mittendrinsein als Verursacher, der einem Grenzaufklärer zurufen konnte: »Was macht ihr da? Den ›Kameraden‹, den ihr anbringt, holen sie euch doch sowieso wieder weg!«

War es seine Haltung oder der gleiche Gedanke, der einen westdeutschen Grenzjäger dann veranlasste, einem Kollegen auf der anderen Seite zuzurufen: »Zwei haben wir schon, den dritten kriegen wir auch noch. Dann könnt ihr den Zaun abbauen!« Kalter Krieg mit heißen Worten …

Nachdem der Leiter der Bezirksverwaltung für Staatssicherheit Schwerin, Oberst Werner Kohrt (1989 Generalmajor), die ersten Informationen über den Hergang des Minendiebstahls und die Situation am Grenzknick erhalten hatte, fasste er die Ergebnisse mit einem vagen Hinweis auf den möglichen Täter Gartenschläger in einem Fernschreiben zusammen, das mit dem Vermerk »dringend« an Generalleutnant Kleinjung abgeschickt wurde.

Die Nachricht löste in Ostberlin großes Entsetzen und Hektik aus. Wie bei besonders schweren Vorkommnissen, die Chef-Sache waren, üblich, wurde die Meldung sofort an Erich Mielke weitergereicht. Es war im Ministerium allgemein bekannt, dass der Genosse Minister auf Misserfolge und Missstände mit Wutanfällen reagierte. Und nun hatte dieser Verbrecher offensichtlich erneut zugeschlagen! Es reichte. Wenn er von den Grenztruppen und den anscheinend unfähigen eigenen unteren Chargen auf herkömmlichem Wege nicht aufgehalten werden konnte, dann wurde es Zeit, zu drastischeren Mitteln zu greifen. Mielke tobte in seiner cholerischen Art. Die Grenztruppenkommandeure, allesamt Versager! Für ihn waren wir – wie andere Oppositionelle auch – sicherlich nur »Drecksäcke«, die zur Strecke gebracht werden mussten!

Was das bedeutete, muss Generalleutnant Kleinjung klar gewesen sein. In direkter Reaktion – und wohl auch zur Beruhigung – ließ der Leiter der HA I seinem Minister eine selbst verfasste »Sofortinformation« über die Durchführung von »Maßnahmen in Fortsetzung derer vom 02.04.76« zukommen. Konkret beinhaltete dies, nun »operative Kräfte der HA I« im Grenzbereich der bisherigen Minendemontagen einzusetzen und Hinterhalte »feindwärts« der Sperranlagen anzulegen, aus denen heraus die »Spezialkämpfer« nach Abschluss einer genauen Erkundung des Geländes agieren sollten.

Parallel dazu wies Kleinjung seine Abteilungen Aufklärung und Äußere Abwehr an, in der Angelegenheit weiter umfassend zu recherchieren. Tatsächlich fand man eine »Sofortinformation« aus der Abteilung XXII, in der es hieß: »Durch eine zuverlässige inoffizielle Quelle wurde unserer Diensteinheit bekannt, dass die Diebstähle von Geräten 501 / Minen SM 70 aus den Grenzsicherungsanlagen der Staatsgrenze West der DDR am 1. April 1976 (Irrtum im Datum) und 23. April 1976 von dem Gartenschläger … ausgeführt wurden.« Eine weitere Information »einer in Kontakt zu Gartenschläger stehenden Person« lautete, dass er plane, in absehbarer Zeit einen dritten Selbstschussautomaten zu demontieren.

Das Ergebnis der vom Leiter der HA I veranlassten Recherchen bildete ein mehrseitiger handschriftlicher Text, der Stasi-Chef Mielke vorgelegt und von ihm mit seinem Namenszug bestätigt wurde. Er enthielt neben dem bisher ermittelten Sachstand zu Gartenschläger eine »Planungskonzeption« hinsichtlich des erwarteten nächsten Angriffs auf die »Staatsgrenze West«, wobei die Varianten der Festnahme und der Liquidierung ausführlich dargestellt waren. Die Realisierung sollte von der Einsatzkompanie der HA I-Äußere Abwehr, die in Schulzendorf bei Berlin stationiert war, übernommen werden. Demgemäß waren die Verantwortlichkeiten auf den Leiter der Abteilung Äußere Abwehr, Helmut Heckel, seinen Stellvertreter Erich Schwager, der für alle Belange der Spezialeinheit zuständig war, und den Kompaniechef Wolfgang Singer verteilt. Zudem wurden die vorgesehenen Einsatzkader teilweise namentlich benannt sowie ihre Ausrüstung und die Zeitabläufe aufgeführt. Unterzeichnet war das Konzept von Generalleutnant Kleinjung und der Leitung der Äußeren Abwehr.

Nachdem der Operationsplan durch Mielkes Unterschrift grund-

sätzlich abgesegnet war, bestimmte Kleinjung nach kurzer interner Beratung den Stellvertretenden Leiter der Abteilung Äußere Abwehr im Grenzkommando Nord, Stendal, Oberstleutnant Tyra, zum Leiter der Arbeitsgruppe »SM-70«, da ihm genügend Kompetenz und Konsequenz für die Aktion zugetraut wurde. In Folge dieser Anweisung wurde er für die Dauer des Einsatzes aus seinem Unterstellungsverhältnis zu seinem Vorgesetzten Raimund Bartl herausgelöst und direkt dem Befehlsbereich des Kleinjung-Stellvertreters Manfred Dietze beim Kommando Grenztruppen in Pätz zugeteilt. Darüber hinaus wies der Leiter der HA I ein vorbereitendes Arbeitsgruppentreffen an, das in den Vormittagsstunden des 24. April 1976 in Schönberg beim Grenzregiment 6 sowie in der Nähe der Grenzsäule 231 stattfand. Teilnehmer: Oberstleutnant Tyra, Oberst Erwin Zillich, Hauptmann Wolfgang Singer, sein Stellvertreter Leutnant Reinhard Kasten sowie ein Major Meyer aus der Arbeitsgruppe des Ministers. Letztgenannter, der eine Instrukteursfunktion für bestimmte, dem MfS zugehörige Eliteeinheiten innehatte, war anwesend, da Teil der Beratung sein sollte, bei der bevorstehenden Aktion die dafür geeignetste »Kampfgruppe« auszusuchen und einen effektiven Hinterhalt anzulegen. Einen nochmaligen Fehlschlag wollte und konnte sich niemand leisten. So war auch Generalleutnant Scholz sehr daran gelegen, dass die Angelegenheit »Gartenschläger« endlich aus der Welt geschafft werde. Die Ergebnisse der Beratung und Diskussion hielt Oberstleutnant Tyra protokollarisch für die Entscheidungsträger fest: »... Zur wirksamen Bekämpfung und Ergreifung der Täter erscheint es zweckmäßig, die Bearbeitung des vermutlichen Täters Gartenschläger durch OSL Both mit den Maßnahmen, die von der Arbeitsgruppe durchgeführt werden, eng zu koordinieren und weitgehend unter Einhaltung der Konspiration abzustimmen ... Beginnend mit dem 25. April 1976, 21.00 Uhr bis 3.00 Uhr des nachfolgenden Tages, nach Schaffung von 3 notwendigen Gassen in der Anlage 501 Einsatz von 2 Postenpaaren der Abteilung Äußere Abwehr unter Führung eines operativen Mitarbeiters feindwärts der Anlage 501 mit dem Ziel der Festnahme oder Vernichtung der Täter ...«
Nach Auswertung beider Minendiebstähle ging die Arbeitsgruppe

davon aus, dass der dritte »Angriff« im näheren Umkreis von Hamburg, des Nachts und nur in bestimmten, für die Tatausführung günstigen Grenzabschnitten erfolgen würde. Entsprechend diesen Vorgaben wurde veranlasst, die Maßnahmen in besonders »provokationsgefährdeten« Abschnitten im Bereich des Grenzregimentes 6 und weiter südwärts bis Boizenburg in solchen, die schon in der Zuständigkeit des Grenzregimentes 8 lagen, umzusetzen.

Hinsichtlich der Konspiration erforderte die Realisierung zudem, dass die Abschnitte für die Dauer des nächtlichen Einsatzes von den regulären Grenztruppen geräumt wurden und die MfS-»Kämpfer« gewöhnliche Uniformen trugen, sodass sie weder von eventuellen westlichen Beobachtern noch von den im Einsatzraum stationierten Truppenangehörigen im täglichen Umgang von normalen Grenzsoldaten zu unterscheiden waren. Dazu bedurfte es einer Nahtstelle zwischen der MfS-Sondergruppe und den jeweiligen Bataillonsstäben bzw. deren Kompanien zur Feinabstimmung und Detailregelung. Gleichzeitig sollten die mit der Koordinierung betrauten Personen in der Lage sein, die Spezialeinheit in die Örtlichkeiten an der Grenze, »freund- und feindwärts«, einzuweisen sowie die Schlupflöcher im letzten Zaun, die so genannten Gassen, zu öffnen. Da es den Abwehr-Leuten bei den Grenztruppen verboten war, sich so weit westlich vorzuwagen, forderte Oberstleutnant Tyra für das Gebiet der bisherigen Tatorte beim Leiter der HA I-Unterabteilung Aufklärung, Oberst Bartelt, in Schönberg die beiden ihm unterstellten Sonderoffiziere Horst Kubisch und Ewald Schulz an. Für die Dauer des Einsatzes sollten die beiden Offiziere direkt mit ihm zusammenarbeiten.

Nach ihrer Einweisung in die geplante Aktion durch Tyra und den ersten Eindrücken, Vorschlägen und dem Ergebnis des Arbeitsgruppentreffens fuhr Kompaniechef Singer noch am 24. April zum Leiter der Äußeren Abwehr, Oberst Heckel, nach Berlin, der den Bericht entgegennahm und nach Rücksprache mit Kleinjung für die schnelle praktische Umsetzung grünes Licht erteilte. Singer wurde angewiesen, einen offiziellen, schriftlichen Maßnahmeplan anzufertigen und möglichst rasch vorzulegen sowie umgehend im Kompaniestandort in Absprache mit den Zugführern fähige Kräfte zusammenzustellen. Bereits am Spätnachmittag machte sich das Sonderkommando auf den Weg zur Grenze und bezog die zugewiesene Unterkunft im Kasernenbereich der Grenzkompanie Leisterförde, wo Leutnant Kasten, der die logistisch notwendigen Vorbereitungen getroffen hatte, bereits auf sie wartete. Die leerstehenden, barackenähnlichen Gebäude standen etwas abseits von den Unterkünften der regulären Grenzsoldaten und befanden sich in einem recht verwahrlosten Zustand. Zudem lagen die Räumlichkeiten direkt hinter den Zwingern der für den Grenzdienst ausgebildeten Kompaniehunde. Die Tiere werden sich mit entsprechender Lautstärke nur langsam an ihre neuen Nachbarn gewöhnt haben.

Ohne Murren ob dieser Unannehmlichkeiten richteten sich die »Kämpfer« provisorisch ein, und Punkt 23 Uhr hatten die ersten von ihnen ihre zugewiesenen Sicherungsabschnitte und Hinterhaltsstellungen eingenommen.

Oberstleutnant Tyra hatte sich derweil im Bereich der Schönberger Stasi-Unterabteilung Abwehr ein Dienstzimmer einrichten lassen und arbeitete an seinem ersten Bericht. Sein Vorschlag, im Weiteren mit dem »Aufklärer« OSL Both in Sachen Gartenschläger zu kooperieren, stieß allerdings höhererseits auf wenig Gegenliebe: Denn Both erhielt, da er den zweiten Minendiebstahl nicht hatte verhindern können, einen derben Rüffel, durfte nur noch seinen Sachstand schriftlich fixieren und wurde aus dem folgenden Geschehen ausgeblendet. Jetzt war die »wirkliche« Staatssicherheit in Aktion getreten ... der »Grenzterrorist« konnte kommen ...

Die ausbleibenden öffentlichen Reaktionen auf die erste »SM-70« hatten Michael doch reichlich frustriert. Insofern bewirkte das Interesse der Berliner »Arbeitsgemeinschaft 13. August« einen nachhaltigen Motivationsschub. Nicht nur durch die mögliche Ausstellung eines »Todesautomaten« im Mauer-Museum tat sich ein Forum auf, sondern auch durch die briefliche Ankündigung Dr. Hildebrandts, auf dem bevorstehenden »1. Internationalen Sacharow-Hearing« in Kopenhagen das völkerrechtswidrige Selbstschussgerät vorzustellen sowie Gartenschlägers Hafterlebnisse zu erörtern. Zu dieser Veranstaltung waren den Worten Hildebrandts zufolge Journalisten aus der ganzen Welt eingeladen, die in der Lage waren, das in der Person Michael Gartenschlägers repräsentierte DDR-Unrecht weltweit zu veröffentlichen. Vielleicht konnten sie ja den Puls des Weltgewissens beschleunigen!?

Michael jedenfalls sprühte bei dieser Perspektive vor Tatendrang. Nicht, dass er sich nun ausschließlich mit der »SM-70«-Angelegenheit beschäftigt hätte, aber sein Verhalten zeigte, dass die Sache erst einmal Priorität besaß. So fuhr er, nachdem er bereits einen Tag vorher die Situation an der Grenze nach unserer zweiten Demontage beobachtet hatte, am 24. April erneut zum Grenzknick. Er wollte sehen, ob sich auf der östlichen Seite nach der wiederholten »Minen-Demontage« erkennbar Ungewöhnliches tat oder ob auch dieses Mal die übliche Ruhe zurückgekehrt war, als sei eigentlich nichts passiert. Und tatsächlich schien das Gras an dieser Stelle schneller als anderswo alle Geschehnisse zu überwachsen, denn er fand die Sperrzone wie immer – gefährlich friedlich. Und sollte er in jenem Moment zufällig die Stasi-Offiziere Singer, Kubisch und Bartelt hinter dem Zaun entdeckt haben, die dabei waren, seine Falle vorzubereiten, er hätte auch an ihnen keine Auffälligkeit festgestellt. Dass er – fast schon routinemäßig – Stabsmeister Vogt auf westlichem Kontrollpfad traf und ihm einmal mehr zusagen musste, künftig den deutsch-deutschen Status quo zumindest im dortigen Grenzabschnitt zu respektieren, rundete das Bild des Gewohnten zusätzlich ab.

Michael log nicht, als er versprach, im Raum Bröthen nicht mehr aktiv zu werden, aber er war planetenweit davon entfernt, der Brutalität des ostdeutschen Grenzregimes gegenüber so etwas wie Akzeptanz oder Toleranz aufzubringen oder seine Art von Widerstand gegen die Hoffnung auf einen Erfolg langdauernder politischer Verhandlungen einzutauschen. Die Geduld konnte er nicht aufbringen; nicht, solange es Opfer gab – in welcher Form auch immer.

Zwischendurch hatte er mit Dr. Hildebrandt in Berlin telefoniert und ihm mitgeteilt, dass er der »Arbeitsgemeinschaft« ein Selbstschussgerät zur Verfügung stellen könne, ohne jedoch den bereits in seinem Besitz befindlichen »Todesautomaten« zu erwähnen. Sie verabredeten sich für den 26. April im Haus am Checkpoint Charlie, wo sie Details und die notwendigen Aktivitäten besprechen wollten. Blieb das Problem des Transportes, das wir bislang nur theoretisch gelöst hatten. So flog Michael mit dieser vorläufigen Unklarheit nach Berlin, wo er zunächst seinen Freund Norbert Meier aufsuchte. Die beiden hielten auch nach Beendigung unserer Fluchthilfeaktionen Ende 1975 zumeist telefonischen oder brieflichen Kontakt. Von daher war es nahezu selbstverständlich, dass Michael sich aus alter Verbundenheit an Norbert wandte. Er konnte nicht ahnen, dass Meier als IM »Werner Höfer« mindestens bis Dezember 1975 von der MfS-HA VII geführt wurde und unter anderem vom Stasi-Major Gallin beauftragt war, Informationen über Michael zu liefern.

So gingen die beiden auch gemeinsam am vereinbarten Tag zu Rainer Hildebrandt ins Mauer-Museum und ließen sich die Ausstellungspläne für die »SM-70« erläutern. Von der Begrüßung an herrschte zwischen den Männern eine beinahe vertrauliche Atmosphäre, die Michael Gartenschläger veranlasste, nun doch vom bereits erfolgten zweiten Minenabbau zu erzählen. Sie machte es ihm auch leicht, über Persönliches zu reden, auf Nachfrage von Rainer Hildebrandt hin die schicksalhaften Wendungen in seinem Leben darzulegen.

»Die Erlebnisse im Zuchthaus«, resümierte er sehr ernst, »festigten in mir die Überzeugung, dass sinnvoller Widerstand gegen das Unrechtssystem in der DDR nicht nur ein Recht, sondern eine Pflicht ist. Ich habe umfangreiches Material über politisch Inhaftierte und ihre Peiniger sammeln und sicherstellen können und möchte dazu irgendwann unbedingt ein Buch schreiben.«

Gerade die letzten Worte nahm Dr. Hildebrandt begeistert auf und schlug Michael spontan vor, den Weg in die Öffentlichkeit gemeinsam zu gehen. Der schwieg eine Weile. Dann sagte er leise: »Ich bin noch nicht ganz so weit, denn ich glaube, der Unrechtscharakter der DDR kommt besonders in den Selbstschussanlagen und in der Tatsache ihres weiteren Ausbaus – trotz der Ablösung Ulbrichts – zum Ausdruck. In der Hinsicht habe ich noch etwas zu erledigen.«

Hildebrandt sah ihn nachdenklich-forschend an und appellierte an ihn, nicht das Opfer seiner Erfolge zu werden. »Mit den Veröffentlichungen im *Spiegel* und den zwei Demontagen haben Sie das erdenkliche Maximum erreicht!«

Michael Gartenschläger antwortete nicht, sah seinen Gesprächspartner nur ein wenig gedankenverloren, aber mit festem Blick an. Rainer Hildebrandt erinnert sich: »Er hatte ein Todeszeichen auf seiner Stirn … Ich streckte ihm meine Hand entgegen und bat ihn um das Versprechen, kein weiteres Gerät mehr abzubauen … Gartenschläger nahm die entgegengestreckte Hand nicht an, auch nicht, als ich darlegte, wie effektiv gerade er weltweit arbeiten und das Gerät interpretieren kann. Es wurde konkret über seine Mitwirkung auf dem bevorstehenden Sacharow-Kongress in Kopenhagen gesprochen. Darüber und über seine Mitwirkung bei uns wollte er bei seinem bevorstehenden Besuch am 4. 5. 76 mit mir sprechen. Gartenschläger besaß ein – auch von meinen Argumentationen nicht beeinflussbares – Selbstvertrauen …«

Als ich Michael nach seinem Berlin-Besuch traf, war er sehr zufrieden mit dem bisher Erreichten. Er machte einen aufgeräumten Eindruck, als habe er einen wichtigen Schritt getan, einen, der durchatmen ließ. Im Gegensatz zu Rainer Hildebrandt sah ich kein »Todeszeichen« auf seiner Stirn …

Kurz bevor Gartenschläger nach Westberlin reiste, war er zur Staatsanwaltschaft Lübeck geladen und erneut zum Verbleib der zweiten demontierten Splittermine befragt worden. Doch auch vor dem Staatsanwalt hielt Michael seine Darstellung aufrecht, beim Abbau des »Todesautomaten« durch eine östliche LKW-Streife gestört worden zu sein. Vor Schreck und in der Hektik des Rückzugs hinter die Demarkationslinie hätte er das Gerät dann auf DDR-Gebiet verloren.

»Ich kann in den nächsten Tagen aber nochmal zur Grenze fahren und gucken, ob ich es wiederfinde«, fügte er mit bierernster Miene hinzu.

Offenbar glaubte ihm der Staatsanwalt und informierte sofort die

Grenzschutzabteilung 3 in Schwarzenbek über Gartenschlägers Ankündigung. Am Montag, dem 26. April – also an dem Tag, an dem Michael Gartenschläger bereits auf dem Weg nach Berlin war –, sahen die bundesdeutschen Grenzschützer Anzeichen, dass er die angekündigte Suche am Grenzknick in die Tat umsetzen wollte. Demgemäß wurden von der BGS-Leitstelle gegen neun Uhr vormittags unverschlüsselt informierende Funksprüche an ihre Grenzstreifen mit folgendem Inhalt abgesetzt: »Achten Sie bitte auf einen BMW 2500, Pol. Kennz. OD-DP 21. Wenn Sie ihn sehen, verfolgen Sie ihn, und sobald der Besitzer dieses Wagens das Gebiet der DDR betreten sollte, rufen Sie bitte über Funk an ... und nehmen Sie ihn in Gewahrsam ... Die SM 70, die er wahrscheinlich versucht abzubauen, beschlagnahmen.«

Fahndungsaufrufe, die – selbstverständlich – von der »Funkaufklärung« der DDR-Grenztruppen mitgeschnitten und sofort an den Einsatzleiter Tyra weitergeleitet wurden; der wiederum meldete in einem Sofortfernschreiben an den Leiter der HA I, Generalleutnant Kleinjung, die »Alarmierung der gesamten Einsatzkräfte der Äußeren Abwehr und der HA I beim Grenzkommando Nord mit dem Ziel der Festnahme oder Vernichtung des zu erwartenden Täters ...«; wobei anzumerken ist, dass sowohl die eingeweihten Beteiligten des MfS als auch die des BGS wussten, dass der BMW meist von Gartenschläger gesteuert wurde. Der in jenem Fernschreiben ebenfalls übermittelte Funkspruch an die BGS-Streife 24, aus dem ihr konkreter Standort nicht hervorvorging, konnte durch Analyse der Funkaufklärung wie folgt präzisiert werden: »2000 Meter nordöstlich der Ortschaft Lanze BRD gegenüber der Ortschaft Bickhusen Krs Hagenow Bz Schwerin, der Standort der BGS-Streife liegt demzufolge in Höhe der Grenzsäule«. Exakt an dieser Stelle glaubte man nun von ostdeutscher Seite, des Täters habhaft werden zu können.

Die zuständigen Stasi-Offiziere waren gewarnt und man hatte sich blitzschnell auf die aktuelle Situation eingestellt. Und wie um die Sachlage zu bestätigen, informierte Tyra seine Vorgesetzten Kleinjung, Dietze und Bartl ebenfalls noch an diesem Tage über einen Artikel in der *Schleswig-Holsteinischen Landeszeitung*, der unsere zweite Minendemontage behandelte und eine mögliche Täterschaft Gartenschlägers anklingen ließ. Doch man wartete an diesem 26. April bis zum frühen Morgen des darauf folgenden Tages vergeblich auf Michaels Kommen. Währenddessen müssen Oberstleutnant Tyra Zweifel an der Standortbestimmung des bevorstehenden »Angriffs« beschlichen haben, da sich an der vermuteten Stelle rein gar nichts tat; dagegen versammelte sich der BGS, der uns ja ebenfalls zu treffen glaubte, im sensiblen Sicherungsabschnitt 12 am Grenzknick. Entsprechend meldete Tyra per Fernschreiben an Kleinjung: »Im Zeitraum seit 26.04. 21.00 Uhr bis 27.04., 04.30 Uhr, war im Bereich des Sicherungsabschnittes 12 – Leisterförde – eine erhöhte Aktivität des Gegners festzustellen. Die Zufahrtswege aus der BRD zum Grenzverlauf wurden durch Streifen des BGS/ZGD bis ca. 30–50 m vor Staatsgrenze abgesichert. Ihre Handlungen wurden überwiegend offen geführt, und es wurde eine hohe Dichte der gegnerischen Posten erreicht. Charakteristisch war, dass seitens des BGS, GZD ein sehr geringer UKW-Funkdienst durchgeführt wurde.«

Wiewohl sich bei den Beteiligten aufgrund dieses Ergebnisses eine gewisse Enttäuschung breit gemacht haben dürfte, ist davon auszugehen, dass die sich an jenem Tag zuspitzende Situation zusätzlich zu den »inoffiziellen« Informationen, die eine baldige Aktion verrieten, den Eindruck vermittelte: Es liegt etwas in der Luft … beinahe greifbar …

Weisungsgemäß hatte der Leiter der Einsatzkompanie Hauptmann Singer im Stammobjekt Schulzendorf kurzfristig einen Maßnahmeplan für die Operation »SM-70« angefertigt, den er mit Datum 26.4.76 seinem direkten Vorgesetzten Heckel zur Durchsicht und Unterschrift vorlegte. Mit der zusätzlichen schriftlichen Bestätigung Kleinjungs bildete der Plan die »offizielle« Grundlage für den Einsatz; »offiziell« insofern, als das Schriftstück durch seine formale Aufmachung (Briefkopf der HA I Abt. Äußere Abwehr, Abschrift durch Singers Sekretariat) und die eher allgemein formulierte Zielstellung normalen Akteneingang finden konnte.

In der Niederschrift wird hervorgehoben, dass »die Einsatzkräfte … entsprechend den geländemäßigen und kräftemäßigen Voraussetzungen ... ausschließlich ca. 200 m östlich und 200 m südlich des Grenzpfeilers 231« mit der Zielstellung, »weitere Angriffe auf die SM-70 zu verhindern und den oder die Täter festzunehmen bzw. zu vernichten«, handeln werden.

Der gesamte Plan enthält mehrere Auffälligkeiten: So basiert er auf der Gewissheit, dass im Sicherungsabschnitt 12, im direkten Umfeld der bisherigen Tatorte, ein weiterer Demontageversuch in kurzem zeitlichem Abstand stattfinden werde; nur diese Gewissheit rechtfertigte den aufwendigen Einsatz des Sonderkommandos, da die Spezialeinheit aufgrund ihrer personellen Stärke nur punktuell, zu bestimmten Ereignissen an bestimmten Orten und aufgrund ihrer strukturellen Aufgabenstellung nur für einen relativ kleinen, überschaubaren zeitlichen Rahmen aktiviert wurde. Das heißt, für eine dauerhafte oder auch nur halb- oder ganzjährige Sicherung etwa des Grenzknicks bei Bröthen bzw. Wendisch-Lieps kam diese Einheit nicht in Frage.

Woher nahm demgemäß also die Hauptabteilung I die Gewissheit, wenn nicht durch zusätzliche (IM-)Informationen? Aus unseren beiden »SM-70«-Aktionen und Gartenschlägers Äußerung (»die holen sie euch sowieso wieder weg«) den Grenzsoldaten gegenüber zu schlussfolgern, dass ein dritter »Diebstahl« in einigen Tagen oder wenigen Wochen bevorsteht, ist zwar mit viel Phantasie möglich, aber keinesfalls zwingend. Sehr viel wahrscheinlicher wäre die Annahme gewesen, dass die »Täter« mit zwei geglückten Versuchen genug hätten oder einen weiteren – wenn überhaupt – in großem Zeitabstand und sicher in einem deutlich entfernteren Grenzabschnitt starten würden. Wenngleich sich hier einwenden lässt, dass nicht nur im Sicherungsabschnitt 12, sondern auch in anderen, südlicheren Abschnitten mit Hinterhaltposten bestückte Fallen gestellt wurden, so bleibt doch die Unbestimmtheit der zeitlichen Dimension und des »Überhaupt«. Außerdem hatte der eingegrenzte Handlungsraum bei der Gesamtplanung und -durchführung von Anfang bis Ende eindeutige Priorität. Auch der abgehörte, verräterisch-alarmierende Funkverkehr und der Aufmarsch des BGS am 26. April können die Gewissheit nicht begründen, da die MfS-Kräfte zu dem Zeitpunkt bereits eingesetzt waren und Singers

Maßnahmeplan eher eine nachträgliche schriftliche Fixierung darstellt.

Auffällig an dem Papier ist darüber hinaus, dass es bereits in der Einleitung den Eindruck erwecken will, als sei es bei dem Einsatz vorrangig um »die Verhinderung weiterer Grenzprovokationen« gegangen und dann erst, quasi als Nebeneffekt, um die Ergreifung bzw. Vernichtung eines oder mehrerer (unbekannter) Täter. Im Klartext heißt dies, dass entweder der nicht nachvollziehbare Glaube existierte, man könne mit der Beseitigung eines Tatausführenden das Problem weiterer Minendemontagen lösen (was sich in der Folgezeit denn auch als Irrtum erwiesen hat), oder dass der Anschein auf das Gegenteil deutet: dass nämlich der befristete Sondereinsatz in erster Linie einer speziellen Person galt und die Verhinderung seines erneuten »Diebstahls« ein positiver Nebeneffekt sein würde. Im Gegensatz zum anfänglichen, handschriftlichen Operationsplan und dem Protokoll über das Arbeitsgruppentreffen des Leiters Tyra taucht im offiziellen Maßnahmeplan der Äußeren Abwehr Gartenschlägers Name nicht mehr auf. Wäre es nicht völlig harmlos und für jeden verständlich gewesen, im Rahmen der Zielstellung des Einsatzes den »mutmaßlichen Täter Gartenschläger« zu erwähnen, wenn die Aufgabe tatsächlich darin bestanden hätte, ihn unter allen Umständen »nur« festzunehmen, wie Jahre später von Seiten der MfS-Beteiligten vehement behauptet wurde und weiterhin wird?

Dazu passend gibt der Maßnahmeplan außerdem – im Gegensatz zur Feuerführung – keinerlei Auskunft darüber, wie und wann genau denn eine solche Festnahme erfolgen sollte.

Natürlich war die MfS-Führung nicht so naiv anzunehmen, mit der Eliminierung Gartenschlägers den Minenabbau an sich zu unterbinden. Dafür strebte man die Umsetzung von Maßnahmen an, die etwa zeitgleich mit, aber unabhängig vom Einsatz des Sonderkommandos begonnen und darüber hinaus im gesamten Verlauf des »Eisernen Vorhangs« überall dort, wo »Todesautomaten« installiert waren, mittels einer technischen Umrüstung der »SM-70« zur Verhinderung ihrer Demontage fortgeführt wurden.

Jene »pioniertechnischen Arbeiten« begannen mit dem 26. April im

Bereich des Bröthener Grenzknicks auf einer Länge von 3,5 Kilometern und wurden in den folgenden Wochen und Monaten auf alle als besonders gefährdet eingestuften Abschnitte der »Staatsgrenze West« ausgedehnt. Bei der Sachlage sowie hinsichtlich des Zeitpunkts der schon eingeführten, stärkeren Postenbewegungen durch die regulären Grenztruppen, der Errichtung offener und verdeckter Beobachtungsbunker und der erhöhten stationären und mobilen Beleuchtungskontrollen fragt man sich, ob die Vielzahl der eingeleiteten und bereits umgesetzten Maßnahmen nicht bei weitem ausgereicht hätte, jeden weiteren Minen-»Diebstahl« zu verhindern?!

Nach Ansicht des Stellvertreters des Ministers und Chefs der Grenztruppen Generalleutnant Ernst Peter reichte diese zusätzliche »Perfektionierung« jedoch nicht aus. Dementsprechend forderte er zwei Tage nach der Erschießung Michael Gartenschlägers in einer Rede vor Generälen und Offizieren den »Einsatz ... ausgewählter und ausgebildeter Kräfte feindwärts der Anlagen 501 und deren forcierte Umrüstung, um Voraussetzungen dafür zu schaffen, dass die Provokateure im Ergebnis ihrer weiteren Angriffe auf die Grenzsicherungsanlagen vernichtet werden«.

Und der Stellvertreter des Chefs der Grenztruppen und Chef des Stabes Generalmajor Schütz kündigt im darauf folgenden Monat in seiner »Information über Handlungen des Gegners der Sperranlagen 501« noch eine weitere Verschärfung des Schusswaffengebrauches an: »Die unmittelbare brutale Gewaltanwendung seitens der Diversanten zur Verhinderung ihrer Festnahme muss vorausgesetzt werden. Aus diesem Grunde ist die sofortige Feuereröffnung der feindwärts eingesetzten Kräfte, ohne Anruf, erforderlich.«

Pflichtgemäß registrierten die Wachhabenden auf der westlichen Seite der Landesgrenze zur DDR am 26. April die »pioniertechnischen« Aktivitäten im Raum Bröthen zwischen Piperkaten und Bürgerhof. Umgehend informierte das Grenzzollkommissariat Büchen den Kommandeur des Grenzschutzkommandos Küste in Bad Bramstedt, von dessen Stabsbereich aus noch am selben Tag eine Erklärung für die Presse herausgegeben wurde, mit der Bitte, die Nachricht zu veröffentlichen. Gleichzeitig setzte die Büchener

Zolldienststelle auch das vorgesetzte Hauptzollamt Lübeck Ost über die neue Sachlage in Kenntnis, die wiederum an das 8. Kommissariat der Kripo Lübeck, das mit den polizeilichen Ermittlungen in der Strafsache »Gartenschläger« betraut war, weitergeleitet wurde. Auch dort gingen die Beamten – ähnlich selbstverständlich wie die Mitarbeiter der Staatssicherheit – davon aus, dass Gartenschläger sich an einen dritten Abbau einer »SM-70« wagen würde und zwar erneut im Umfeld der Grenzsäule 231. Daher versuchte man ab dem Nachmittag des 27. April in regelmäßigen Abständen bis in die Abendstunden des nächsten Tages – allerdings vergeblich –, ihn telefonisch zu erreichen, um ihn aufgrund der veränderten Situation an der Grenze vor einer weiteren Aktion zu warnen. Ein Gespräch kam nicht zustande, da sich Michael Gartenschläger zunächst in Berlin aufhielt und nach seiner Rückkehr ständig unterwegs war.

Auch Astrid konnte kein Gespräch entgegennehmen, da sie, wie des Öfteren, wenn Michael länger abwesend war, zu der Zeit bei den Schönfeldts in Hamburg übernachtete. Ich kannte Renate und Horst Schönfeldt nur flüchtig, wusste, dass sie das Schicksal der meisten von uns teilten: Inhaftiert in der DDR, freigekauft, Notaufnahmelager Gießen, »Heim der helfenden Hände« in Reinbek, wo sie Michael kennen lernten. Von ihm hatte ich auch gehört, dass Schönfeldt als Prokurist arbeitete, sich seit neuestem aber mit einem Partner aus Lüneburg zusammengetan hatte, mit dem er unter anderem Geschäfte im Nahen Osten abwickeln würde. Wenn das Thema eher nebenbei darauf kam, beließ es Michael bei Andeutungen, was mich jedoch weder störte noch neugierig machte. Einmal mehr ahnte er nicht, dass Schönfeldt – wie Meier – bereits während seiner Haftzeit vom MfS als IM angeworben worden war und für die MfS-Hauptabteilung Aufklärung (HV A) arbeitete.

Die telefonischen Bemühungen der Kripo Lübeck in allen Ehren, aber ich war am frühen Morgen des 27. April durch meine Zeitungslektüre ebenfalls schon auf den Stand der Dinge hingewiesen und hatte mir vorgenommen, die Seite mit der Kurzmeldung für Michael aufzubewahren. Wie so oft, wenn eine Sache, mit der man sich intensiv beschäftigt, die Aufmerksamkeit derart fokussiert, dass man in der Unzahl der Wahrnehmungsreize nahezu automatisch immer wieder über ebendiese Sache stolpert, war ich beim Durchblättern der Tageszeitung *Die Welt* an nur einer Überschrift hängengeblieben *Mehrfach-Detonation* und las weiter: »An der Zonengrenze bei Büchen, wo Gartenschläger die Todesautomaten entfernt hatte, sind von Pionieren der Grenztruppen zusätzliche Splitterminen an den Metallgitterzaun angeschraubt worden. Nach Feststellung des Grenzschutzkommandos Küste in Bad Bramstedt sind die neuen und alten Todesautomaten so angeordnet worden, dass bei jedem Versuch, sie zu entfernen, sofort mehrere SM-70 detonieren. ... Dies macht nach Ansicht der BGS-Leute das Abschrauben einer SM-70 unmöglich.«

›Schwein gehabt!‹, dachte ich mir. Doch schon meine zweite Überlegung fragte: War die noch mörderischere Sicherung der Grenze Sinn und Zweck unseres Unternehmens? Wollten wir nicht, statt ein Mehr an Splitterminen, ihren Abbau erreichen? Nun schienen – als Konsequenz unseres Tuns – die Grenzbefestigungsanlagen für Fluchtwillige um ein Vielfaches gefährlicher zu werden ... mir war mulmig zumute. Irgendetwas musste geschehen.

Am nächsten Tag meldete sich Michael telefonisch zurück. Ich wollte mich mit ihm treffen, aber er hatte keine Zeit, meinte mit Astrid noch einige Dinge erledigen zu müssen. Außerdem, so erzählte er geradezu beiläufig, wäre er am Grenzknick mit einem Fernsehteam verabredet, das einen Bericht über die Demontagen vorbereite. »Du weißt doch«, fuhr er dann fort, »am Dreißigsten muss ich nochmal zur Vernehmung und vorher, also morgen, will ich den ›grünen Jungs‹ hier in Barsbüttel den knalligen Inhalt der Mine auf den Tisch legen. Wenn die dann immer noch glauben, dass der Rest 'ne Waffe ist, wandere ich aus!«

Danach schilderte er mir kurz den Erfolg seiner Berlin-Reise, bevor ich endlich zu Wort kommen durfte. Für einen Moment schien die Leitung tot, als ich ihm den Artikel aus der *Welt* vorgelesen hatte. Dann räusperte sich etwas und eine gepresst klingende Stimme sagte: »Das guck ich mir selber an. Komm morgen nach der Arbeit vorbei.« Damit legte er den Hörer auf.

231

Wie Aufzeichnungen des BGS belegen, traf eine Streife mit Stabsmeister Vogt am 28. April an der Grenzsäule 231 tatsächlich auf Gartenschläger und ein Filmteam, das den Beamten gegenüber vorgab, für das *ARD*-Fernsehen einen Beitrag zu drehen. Dafür sollte Michael so realistisch wie möglich den Minenabbau demonstrieren, sodass er sich, als der Bundesgrenzschutz hinzukam, bereits fünfzehn Meter weit auf DDR-Territorium in Richtung Metallgitterzaun befand. Natürlich mussten die westdeutschen Beamten vor diesem »Grenzübertritt« warnen. Lothar Vogt rief Gartenschläger zurück und achtete mit seinen Kollegen im Weiteren darauf, dass die Dreharbeiten die östliche Seite nicht provozieren konnten.

Dort blieb es ungewöhnlich ruhig, so als wären die Aktivitäten den Grenzschützern hinter dem Zaun keine Aufmerksamkeit wert. Das war schon deshalb ungewöhnlich, weil der Grenzabschnitt ja seit dem 24. April unter Bewachung des MfS-Sonderkommandos stand und auch tagsüber permanent Posten in diesem Bereich eingesetzt waren. Üblicherweise – das belegen die östlichen Reaktionen in den Tagen zuvor und einen Tag später – dokumentierten die MfS-»Kämpfer« einen solchen Auflauf an der Demarkationslinie umfassend. Doch nichts von all dem geschah. Im Gegensatz zur östlichen Aufmerksamkeit und Hektik bezüglich der Grenzereignisse am 24. und 26. April finden sich weder schriftliche Beobachtungsmeldungen über die Anwesenheit eines Filmteams und die Dreharbeiten noch irgendwelche Chiffriertelegramme zur Information der Einsatzverantwortlichen oder Alarmierungsanweisungen für die HA I beziehungsweise die Grenztruppen.

Diese Untätigkeit erscheint zu dem vorherigen und späteren Verhalten des MfS derart gegensätzlich, dass es zu dem Schluss verleitet, die Einsatzgruppe sei auf das besondere Vorkommnis vorbereitet gewesen! Wenngleich wir keinen endgültigen Nachweis dazu führen können, haben unsere Recherchen zumindest aber ergeben, dass das »Filmteam« entgegen der eigenen Bekundung weder von der *ARD* noch vom *ZDF* stammte.

Dieser Hintergrund wirft nicht nur die Frage auf, wer sich hinter dem angeblichen Fernsehteam verbarg, er lässt auch mutmaßen, dass der Drehtermin am Grenzknick vom MfS eingefädelt und konspirativer Teil der Operation gegen Gartenschläger war. Denn in der Situation wäre es ein Leichtes gewesen, ihn in die DDR zu entführen.

So gesehen scheiterte das MfS-Unternehmen am 28. April wohl einzig an dem zufälligen Auftauchen einer BGS-Streife, die sich jedoch nicht veranlasst sah, die Angaben der Filmleute zu überprüfen; Gartenschläger allerdings auch nicht. Als weitaus fahrlässiger sehen wir aber an, dass dieses schriftlich belegte Ereignis in keiner Weise weder 1976 noch nach 1990 Beachtung in den staatsanwaltschaftlichen Ermittlungen zum Mordfall Gartenschläger gefunden hat, obwohl gründliche Recherchen dazu den Strategiehintergrund und die Zielstellung der gesamten MfS-Operation wahrscheinlich hätten erhellen können. Zumindest hätte es zum Verständnis und zur Bewertung beitragen können, mit welcher Ausschließlichkeit (und damit Verantwortlichkeit) die Ausschaltung Gartenschlägers geplant und durchgeführt worden war.

Am Morgen nach dem Drehtag hatte es das Lübecker 8. Kommissariat endlich geschafft, mit Gartenschläger zu sprechen, ohne dass ihm viel Neues berichtet werden konnte. Was ihm in jedem Fall nicht mitgeteilt wurde, war, dass die »Politische Polizei Lübeck« in diesen Tagen auch mit der Direktion Verbrechensbekämpfung (VB), Abteilung Staatsschutz (S), beim Polizeipräsidenten in Berlin (West) in Verbindung stand. Von dort wurde nämlich tags zuvor ein verschlüsseltes Fernschreiben an die Staatsanwaltschaft Lübeck gesandt, das Gartenschlägers Berlin-Besuch behandelte und auf künftige Aktivitäten verwies. Wie in zahllosen anderen Fällen belegbar, ist davon auszugehen, dass dieses Telex von der MfS-Hauptabteilung III, also der »Funkaufklärung« mitgeschnitten und dechiffriert wurde.

Michael Gartenschläger bedankte sich für den Anruf und die Hinweise »artig«, wie er mir gegenüber etwas schelmisch hinzufügte. Zu dem Zeitpunkt stand es für ihn bereits fest, dass er mittags zum Grenzknick fahren würde, um in aller Offenheit und bei Tageslicht die veränderten Gegebenheiten mittels eines Fernglases zu beobachten – aus Interesse, aus Neugier, mit konkreter Absicht, ich weiß es nicht. Ich weiß es vor allem deshalb nicht, weil zu jener frühnachmittäglichen Stunde noch kein gemeinsamer Entschluss existierte, dort oder anderswo eine dritte Splittermine zu demontieren. Während Gartenschläger sich von der Demarkationslinie aus insbesondere die Neuanordnung der »SM-70« anschaute, starrten ihn aus Richtung Osten, versteckt im nahen Wald, mehrere Ferngläser an, die von den tagsüber »freundwärts« eingesetzten Posten des MfS-Sonderkommandos in Händen gehalten wurden. Die Männer erkannten in ihm ihr »Zielobjekt«, sie fotografierten ihn und meldeten die Beobachtung an den Einsatzleiter Tyra weiter, der daraufhin weisungsgemäß seine vorgesetzten Stellen per Chiffriertelegramm informierte.

In Schönberg herrschte Aufregung. Als der Fotofilm eingetroffen war, konnte man es kaum abwarten, bis er entwickelt vorlag. Sonderoffizier Kubisch, der sich darum kümmerte, war noch in der Dunkelkammer, als Major Fritz Vierke, der Leiter der dortigen Stasi-Unterabteilung Abwehr, hereinstürmte. Er schien sehr nervös und verlangte die Bilder von Gartenschläger. Sie lagen aber im Fixierbad und mussten eigentlich noch gewässert und getrocknet werden. Dem Major war das egal; er nahm die Abzüge an sich und verschwand kommentarlos.

Kurze Zeit später wurde eilig eine Dienstbesprechung einberufen, auf der Michaels Konterfei seinen Häschern gezeigt wurde. »Merkt euch sein Gesicht, Genossen! Der Mann ist bewaffnet und kreuzgefährlich!«, mahnte der referierende Offizier. »Wenn er sich der Staatsgrenze nähern sollte, dann ist mit Sicherheit davon auszugehen, dass er rücksichtslos von seiner Schusswaffe Gebrauch machen wird.«

Nahezu alle »Kämpfer« waren anwesend und wurden, konkreter als vor dem Einsatz in ihrem Stammobjekt nahe Berlin, mit der grundlegenden Zielstellung vertraut gemacht. Laut Protokollbuch der Sondereinsatzkompanie waren nun vor Ort die »Spezialkräfte«: Leutnant Reinhard Kasten, als stellvertretender Leiter verantwortlich für die Einsatzgruppe, sowie die Unteroffiziere Knut Borowsky, Detlef Braun, Klaus Hasselluhn, Norbert Heidenreich, Bernd Helmsdorf, Uwe Hertel, Wilfried Himpel, Ralf-Uwe Höhn,

Arend Holschuh, Carl-Heinz Jorck, Wolfgang Kliebe, Bernd Kramer, Herbert Linß, Hans-Jürgen Lübke, Jürgen Meyer, Peter Raupbach, Hartmut Riemann, Uwe Wienhold, wobei kurzfristige Änderungen der Besetzung offensichtlich nicht notiert wurden. So ist nicht vermerkt, dass der Zugführer Krech durch Leutnant Walter Lieberamm ausgetauscht wurde. Alle Unteroffiziere waren, bevor sie zum Dienst in der Einsatzkompanie verpflichtet wurden, in der Unteroffiziersschule IV der Grenztruppen in Perleberg von hauptamtlichen Stasi-Mitarbeitern ausgesucht und nach einer konspirativen Anwerbung zur »inoffiziellen Mitarbeit« auf die Zentralschule der HA I in Lassahn am Schaalsee delegiert worden. Dort wurden sie im Objekt Stintenburg im Zuge eines Spezialtrainings zu »Einzelkämpfern« ausgebildet. In diesem Programm hatten der körperliche Nahkampf, die Schießausbildung sowie das Erlernen von Überlebenstechniken Priorität. Gezielt sollten die nun als »Kämpfer« geführten Soldaten darauf gedrillt werden, den »Gegner« in der direkten Auseinandersetzung keineswegs zu schonen, sondern »zu vernichten oder zu schädigen«.

Die Verpflichtungserklärungen, die die Berufsunteroffiziere in dem Zusammenhang abzugeben hatten, waren denn auch in ihrer Diktion eindeutig. Einer von ihnen, Herbert Linß, erklärte sich als IME »Helmut Lange« z. B. bereit, »alle Aufgaben, die (ihm) seitens des MfS gestellt werden, unter Einsatz (seiner) ganzen Person und unter Ausnutzung der erhaltenen speziellen Ausbildung durchzuführen«. Zudem ergab sich daraus die Konsequenz, dass er über die »Aufgabenstellung und die damit verbundenen Fragen nur mit den (ihm) bekannten Mitarbeitern des MfS, die von diesen speziellen Aufgaben Kenntnis haben, sprechen« durfte. Und schließlich versicherte er schriftlich, »das in ihn gesetzte Vertrauen niemals, auch nicht unter Druck, Drohung, Gewalt oder Versprechung (zu) enttäuschen (und) die Kampfaufträge entsprechend den erhaltenen Einweisungen so durch(zu)führen, wie es von (ihm) verlangt wird«.

Mit der Dienstbesprechung und der Einweisung vor Ort waren die Zusammenstellung und Positionierung der Postenpaare verbunden. Dabei orientierte man sich im Grundsatz an Singers Maßnahmeplan, modifizierte jedoch einige Details vor dem Hintergrund der ersten praktischen Erfahrungen mit den konkreten Gegebenheiten im Grenzgelände. Von daher wurden in Absprache mit dem Einsatzleiter Tyra zwei »feindwärts« eingesetzte Gruppen (je drei »Kämpfer«, ein Zugführer) bestimmt, die ihren nächtlichen Dienst an zwei etwa 12 km voneinander entfernten Schwerpunkten versahen: Wer zur ersten Gruppe gehörte, ist nicht mehr verifizierbar. Die zweite »tschekistische« Kampfeinheit wurde zunächst von Leutnant Kasten geführt. Er wurde ersetzt durch Leutnant Walter Lieberamm, der als Zugführer mit den »Kämpfern« Wienhold, Raupbach und Linß die Hinterhaltstellung gegenüber der Grenzsäule 231 bezog. Wie alle anderen Kommandomitglieder trugen sie Pistolen sowie Maschinenpistolen der Baureihe »Kalaschnikow KM, Kal. 7,62«, deren einklappbare Schulterstützen eine größere Beweglichkeit erlaubten als die sonst üblichen Maschinenwaffen der Grenztruppen; dazu zwei Magazine zu je dreißig Schuss Munition. Allein der Zugführer der einen Kampfgruppe sowie Raupbach und Wienhold aus der anderen Gruppe führten je ein leichtes Maschinengewehr mit sich.

Da nicht nur Gewissheit über einen in Kürze erfolgenden Anschlag bestand, sondern auch darüber, dass der erwartete Täter Gartenschläger mit Pistole und – der abstrusen Phantasie Riedigers aus seinem vorösterlichen Stasi-Verhör folgend – mit Handgranate an der Grenze erscheinen würde, entbehrt es jeglicher Logik, davon auszugehen, dass die MfS-Kräfte im vorgelagerten Gelände ohne weiteren Eigenschutz und adäquate Absicherung von hinten blieben. Das heißt, um ihre Gefährdung gering zu halten, mussten sie zum einen selbst die Möglichkeit haben, den sich nähernden »Feind« frühzeitig wahrzunehmen, was zu jener Jahreszeit und des Nachts schlechterdings nur mit Restlicht aufhellenden oder auf Infrarotlicht basierenden Ferngläsern zu erreichen ist. Dass die »feindwärts« eingesetzten Leute entsprechend ausgerüstet waren, belegen auch die von Leutnant Reinhard Kasten unterschriebenen »Nachweisblätter über die Teilnahme der an der Aktion »SM-70« zum Einsatz gekommenen Genossen«. In diesem Zusammenhang gewinnt auch die Aussage des Grenzsoldaten Erhard T. eine besondere Bedeutung. T., der bis zu seiner Flucht am 2. März 1975 in der 12. Grenzkompanie Leisterförde seinen Wehrdienst abgeleistet hatte, gab im Mai 1976 zu Protokoll: »Mir ist bekannt, dass sich in der Kompanie ›Nachtzielgeräte‹ für die MPi's befinden. Über die Anzahl kann ich nichts sagen. Ich und auch meine Kamaraden sind an solchen ›Nachtzielgeräten‹ nicht ausgebildet worden. Sie wurden auch im normalen Wachdienst nicht benutzt.«

Wenn schon nicht in der gegen Gartenschläger gerichteten Aktion, wann hätten dann die teuren optischen Geräte zum Einsatz kommen sollen?

Zum anderen mussten die Männer in vorderster Linie vorgewarnt werden können, wenn die weiter entfernt platzierten Beobachtungsposten Verdächtiges entdeckten. Dazu bedurfte es einer lautlosen Verständigungsmöglichkeit zwischen den Frontkämpfern und einem ihnen relativ postierten Verbindungsmann, die mit einem Feld- oder Funktelefon kaum gegeben war. Die im Maßnahmeplan der Äußeren Abwehr geforderte »Verbindung über Draht« wurde daher so ausgelegt, dass im Kfz-Sperrgraben in Höhe des Grenzknicks ein Posten eingerichtet wurde, von dem aus eine Signalleine durch den Metallgitterzaun ins Vorfeld führte. Durch unterschiedliches Ziehen an der Leine konnte damit eine gewisse Kommunikation stattfinden.

Der Posten selbst verfügte über ein Feldtelefon, das ihn mit den Beobachtungspaaren am Waldrand rechts und links des Knicks und mit einer speziell für diesen Einsatz installierten Führungsstelle verband, sodass ein internes, von dem der Grenztruppen unabhängiges Meldenetz existierte. Die Führungsstelle lag mitten in einem Waldstück direkt gegenüber dem Grenzknick und bestand aus dem Dienstfahrzeug des Hauptmanns Kubisch, der darin mit seinem Genossen Ewald Schulz und zusätzlichen Sonderoffizieren umschichtig Dienst tat. Neben dem Telefondraht zu den Beobachtungsposten liefen in diesem Befehlspunkt vor Ort noch zwei weitere Leitungen zusammen: Die eine führte zur Führungsstelle der Grenzkompanie 12, die in einem Beobachtungsturm untergebracht war. Sie diente der Absprache von Detailregelungen hinsichtlich der

Organisation der täglichen Streifengänge im Grenzabschnitt sowie dessen abendlicher Räumung von den Grenzsoldaten und der konspirativen Übernahme durch die HA I-Truppe. Zudem musste gewährleistet sein, dass in der Zeit, in der allein die Einsatzkompanie für die alleinige Sicherung verantwortlich war, Unbefugten, also auch Grenztruppenangehörigen, der Zutritt zu diesem Bereich verwehrt wurde; dafür besaß Kubisch die Schlüsselgewalt über die nächstgelegenen, in den Abschnitt führenden Gassentore »Leisterförde« und »Schmugglertor« im Grenzsignalzaun, der im Abstand von 500–700m das vordere Sperrgebiet zum Hinterland abschottete. Darüber hinaus war mit dem Bataillonsstab Lassahn und den Kompaniechefs vereinbart, dass alle zugehörigen Grenzaufklärer für die Dauer des MfS-Einsatzes Rufbereitschaft hatten und jeweils ein Teil von ihnen des Nachts die Gassentore bewachte und in einer Entfernung von rund vierhundert Metern östlich und südlich des Grenzknicks Flankenschutz für das Einsatzkommando betrieb.

Schließlich musste mit dem Diensthabenden im Führungspunkt der Grenzkompanie geklärt werden, wann exakt die »SM-70« im Umkreis der Grenzsäule 231 allabendlich außer Betrieb und allmorgendlich in Betrieb gesetzt wurden, da dies technisch nur von jenem Beobachtungsturm aus möglich war. Natürlich hatten die Splitterminen unscharf zu sein, wenn zirka dreißig Meter östlich des Grenzknicks plötzlich, wie bei einem Defekt, ein, zwei Scheinwerfer ihr Licht verloren, Schatten heranhuschten, eine der unteren Streckmetallplatten im Zaun losschraubten, und vier Gestalten mit Waffen, Decken und anderem Gerät hindurchkrochen, die nach wenigen Metern und kurzer Suche in Bodenmulden zwischen Heidekraut ein unbequemes Nachtplätzchen fanden. Hatten sie ihre befohlenen Positionen eingenommen, wurde die Zaunplatte lose eingehängt und der Scheinwerfer-»Defekt« ebenso plötzlich behoben.

Den westlichen BGS- und Zollgrenzdienststreifen war die Manipulation nicht entgangen. Im Zusammenhang mit der verstärkten Bautätigkeit auf östlicher Seite nach den ersten Demontagen – Beobachtungsbunker, zusätzliche Scheinwerfer – und den vermehrten Patrouillen waren den bundesrepublikanischen Grenzschützern die neuen abendlichen Aktivitäten hinter dem Zaun Grund genug, mittels Infrarotaufklärung zu versuchen, Details des Geschehens zu erkennen. Die Beobachtungen wurden vom 25. bis 29. April durchgeführt, dann jedoch ergebnislos abgebrochen. Zu professionell hatten sich die »Kämpfer« getarnt.

Dies wird zusätzlich dadurch belegt, dass es auch dem Zollgrenzdienstbeamten Dieter Schmidt nicht gelang, sie zu entdecken. Denn der bezog während seines Streifenganges am Abend des 29. April 1976 Posten bei einem Unterstand rund fünfundzwanzig Meter südlich vom Grenzeck. Und da sich sein Schäferhund Athos schon eine Weile in jenem Bereich auffällig unruhig zeigte, völlig anders als bei allen früheren Patrouillen, beschloss der Zöllner, von seiner Position aus die Grenze über einen längeren Zeitraum besonders aufmerksam zu beobachten. Doch nichts rührte sich, nichts gab sich zu erkennen, obwohl Schmidt sehr angespannt etwa vier Stunden im Unterstand ausharrte. Insofern ist nicht nur von einer exzellenten Tarnung des Sonderkommandos, speziell der vier Männer »feindwärts« auszugehen, sondern auch von ihrer ausgebildeten Einzelkämpfer-Fähigkeit, über Stunden regungslos mit ihrer jeweiligen Umgebung zu verschmelzen.

Die dritte Leitung – eine Standleitung –, die aus der Führungsstelle herausführte, reichte bis in das Dienstzimmer des Einsatzleiters Tyra in Schönberg, sodass Meldungen von der Grenze umgehend dorthin weitergegeben und umgekehrt Befehle von dort oder indirekt von der MfS-Zentrale in Berlin entgegengenommen werden konnten.

Den verdeckt am Waldrand und im Kfz-Sperrgraben lauernden Wachposten fiel laut Maßnahmeplan auch die Aufgabe zu, ihren Mitkämpfern im Vorfeld in Notsituationen Feuerschutz zu geben oder persönlich zu Hilfe zu eilen. Durch die dicht gewirkten Metallrhombengitter zu feuern, wäre bei den zu erwartenden Querschlägern allerdings einer Selbstgefährdung gleichgekommen, und zur einzigen Gasse im Zaun vorzudringen oder sich gar erst eine neue zu »erschrauben«, hätte alles andere als eine rasche Unterstützung bedeutet.

So gesehen, fungierten sie allein als Beobachter und Melder, wobei ihnen für ihre Aufgabe restlichtaufhellende Nachtsichtgeräte zur Verfügung standen; damit konnten Bewegungen auf westlicher Seite festgestellt, Personen jedoch nur in Umrissen wahrgenommen werden. Da die Apparate technisch keinen Strahl aussandten, waren sie nicht zu orten, erlaubten ihrerseits durch die eingebauten Spezialfilter aber eine gegnerische Infrarotbeobachtung zu lokalisieren.

Eine weitere, im Maßnahmeplan nicht vorgesehene Postierung wurde auf östlicher Seite im Eckpunkt des Grenzknicks, wenige Meter hinter den vorgelagerten Kräften, eingerichtet. Dort waren schon im Laufe des Aprils zwei zusätzliche, auf ungefähr 1,50 Meter hohen Pfählen befestigte, schwenkbare Scheinwerfer installiert worden, die normalerweise ein Stück weit die Schenkel des Grenzwinkels ausleuchteten. Bei diesen Lichtquellen am Boden lag nun ein Mann des Sonderkommandos, der die vornehmliche Aufgabe hatte, die Scheinwerfer im Bedarfsfall Richtung Bundesrepublik zu drehen, um einen weitläufigen Bereich vor dem Zaun zu erhellen.

In den wenigen Tagen Anwesenheit der Einsatzkompanie war eine gewisse Normalität eingekehrt: Die »Kämpfer« hatten ihre dauernde Einteilung erfahren, wussten, ob sie »freund- oder feindwärts«, tagsüber oder nachts eingesetzt wurden und hatten sich an den Rhythmus der zeitlich gleichbleibenden Wechselschichten gewöhnt. Die dienstfreie Zeit verbrachten sie in ihrer vorübergehenden Unterkunft unter sich, waren angewiesen den Kontakt mit den regulären Grenzsoldaten zu meiden, sodass solche Treffen nur in geringem Umfang und dann eher zufällig stattfanden. Bei aller sich einschleichenden Routine wurden die MfS-Kräfte vor jedem Dienstantritt neu »vergattert«, das heißt, je nach Funktion in ihren speziellen Tages- bzw. Nachtauftrag eingewiesen. Diese Befehle behandelten auch den Ladezustand der mitgeführten Waffen, der sich für die vor dem Zaun eingesetzten Männer in unüblicher Weise präsentierte: Wurden die Maschinenpistolen sonst mit nur angeschlagenem Magazin entladen getragen, so war nun die Unterladung angeordnet, bei der die Waffen gespannt waren und die Patronen sich bereits im Lager befanden, also ein schnelleres Schießen erlaubte. Um einer größeren und rascheren Beweglichkeit willen erhielten die beiden »Kämpfer«, die jeweils das leichte Maschinengewehr führten, die zusätzliche Anweisung, dessen Aufstellfüße am Lauf zu fixieren. Die Technik war so bereitet, die Leute eingeschworen.

Nachdem Michael Gartenschläger am 29. April am Grenzknick aufgetaucht, gesichtet und abgelichtet worden war, wuchs die Spannung schlagartig. Oberst Dietze hatte einen Hinweis von Generalleutnant Scholz – quasi aus Mielkes Vorzimmer – weitergeleitet, nach dem der Bereich um die Grenzsäule 231 in besonderer Weise zu sichern sei; Gerüchte und Informationen aus Gartenschlägers Umfeld machten die Runde, die den Blick immer stärker auf die Nacht vom 30. April zum 1. Mai zentrierten, die erzählten: Er kommt, er kommt! Innerer und äußerer Alarm waren die Folge … die Grenzsoldaten der Kompanie Leisterförde erhielten Ausgangssperre, die Grenzaufklärer wurden in höchste Alarmbereitschaft versetzt …

AM ENDE ANGEKOMMEN

Es gibt Tage, an denen die Zeit, die doch sonst immer zuverlässig monoton fortschreitet, zähklumpig wirkt, dornröschenschläfrig, einfach unlustig. Richtig ist natürlich, dass unsereins jenes Kontinuum verkürzt oder dehnt, pulsartig beschleunigt oder ermüdet lahmen lässt. Also ich war nicht besonders gut drauf an diesem vorletzten Apriltag und schaute bis zum Nachmittag öfter auf die Uhrzeiger als auf meine Arbeit. Meine Laune hob sich auch nicht bei der durchaus realistischen Vorstellung, den halben Abend mit Michael in ein ernsthaftes Gespräch oder noch ärger in eine kontroverse Diskussion verstrickt zu sein. Weit eher war mir nach der erträglichen Leichtigkeit des Unsinns zumute, des platten, entspannenden Herumblödelns, das nichts in Frage stellt, niemandem etwas abverlangt, nur sich selbst genügt. Aber ich hatte zugesagt, nach Barsbüttel zu kommen, und wer weiß, dachte ich, vielleicht entwickeln sich die Dinge wider Erwarten ja so, wie ich es mir insgeheim wünschte.

Pech gehabt: Als ich im Wohnzimmer den spartanisch gedeckten Abendbrottisch sah und betretenes Schweigen zwischen Astrid und Michael erlebte, war mir klar, dass weder Völlerei noch ein rauschendes Fest bevorstanden, sondern nur die banale Alltäglichkeit. Die beiden hielten sich denn auch nicht lange meinetwegen mit höflicher Konversation auf und kehrten nach einer knappen Begrüßung schnell zu ihrem angefangenen Streit zurück.

»Ich will nicht, dass du nochmal zur Grenze gehst«, warf Astrid ihrem Lebensgefährten vor, der sein Essen nicht anrührte. »Zwei von diesen Mistdingern reichen doch wohl!«

»Was du willst, interessiert doch keinen«, pöbelte Michael zurück.

»Wenn du bestimmte Sachen nicht kapierst, geh in die Küche und räum auf oder grab den Garten um!«

»Ach, ich kapiere nicht ... das musst ausgerechnet du mir erzählen.« Astrid wurde richtig kiebig. »Die Schweine da drüben machen den Zaun noch schärfer, aber Herrn Gartenschläger stört das nicht. Herr Gartenschläger meint, er ist der Größte und Schlaueste und muss da nochmal hin. Aber bitte, fahr los und lass dich umbringen, ich halte dich nicht auf. Oder was sagst du dazu, Lothar?«

Sie hatte mich auf dem falschen Fuß erwischt, da ich mich noch nicht an der Reihe fühlte. Daher fiel mir zunächst nichts Besseres ein, als zu fragen: »Habt ihr ein Bier im Haus?«

Michael prustete los, was Astrid veranlasste, wütend aufzustehen und demonstrativ den Raum zu verlassen.

»So ganz Unrecht hat sie ja nicht«, hielt ich ihm vor, als wir allein waren. »Und überhaupt, was soll das Gerede von ›wieder an die Grenze‹?«

»Komm, lass uns rausgehen.« Ohne eine Erwiderung abzuwarten, ging er zur Tür und verschwand Richtung Garten.

Als ich ihn eingeholt hatte, drehten wir nebeneinander im Gleichschritt Kreise auf der kleinen Rasenfläche hinter dem Haus, wobei er von seinen nachmittäglichen Beobachtungen am Grenzknick erzählte, noch einmal von Berlin, dem Mauer-Museum und Hildebrandt, von den Möglichkeiten dort, aber auch von deren Grenzen, die er gerade nach dem heutigen Eindruck begreife, und dass man doch noch sehr viel mehr tun müsse, um die Menschen hier und überall wachzurütteln. »Glaub mir, Lothar«, sagte er, »Hildebrandt reicht nicht, wir müssen da noch was organisieren; irgendwas, an dem niemand mehr vorbeikommt.«

Für einen Moment war ich perplex, weil ich nicht wusste, auf welchen Punkt er hinauswollte: auf eine weitere, andersartige Grenzaktion oder auf eine völlig neue Idee?! Natürlich hatte ich nach den Meldungen über die verschärften Sicherungsmaßnahmen an der »Staatsgrenze« auch das Gefühl, etwas unternehmen zu müssen, das diese von uns nicht bedachte Brutalisierung aufhob; nur hatte ich noch keine rechte Vorstellung, was dem entgegenzustellen sei. Michael schien da insofern einen Schritt weiter, als er die Überzeugung vertrat, dass wir zunächst einmal den eingeschlagenen Weg fortsetzen, die konkrete, durch die »Todesautomaten« repräsentierte Menschenrechtsverletzung mit ebendiesem Mittel bekämpfen sollten und später das Unrechtsarsenal mit einer allgemeineren, umfassenderen Aktion. Er wollte also tatsächlich wieder an den Zaun und eine dritte Mine holen.

»Bei dem Risiko jetzt? Bist du irre?«, wandte ich aufgebracht ein. »Die Geschichte mit der Arbeitsgemeinschaft ist noch nicht mal richtig in Gang gekommen, da redest du schon von ungenügendem Ergebnis. Lass uns doch erst mal abwarten. Und außerdem: Selbst wenn das nächste Ding klappen sollte, weißt du dann auch, was wir mit der Mine anfangen?«

Michael hüllte sich eine halbe Gartenrunde lang in Schweigen, suchte wohl nach beschwichtigenden Worten. »Erstens«, hob er danach an, »will ich genauso wenig wie du tot am Zaun hängen bleiben; mir sind die Probleme an unserem Grenzeck nach den Umbauten durchaus bewusst. Das heißt doch aber noch lange nicht, dass es jetzt anderswo genauso aussieht. Oder meinst du, die Jungs drüben haben die gesamte Grenztruppe, NVA, Stasi und 'nen Haufen Volkspolizeihelfer mobilisiert, um in einem Rundumschlag innerhalb von zwei, drei Tagen über tausend Kilometer Zaun zu schärfen? Bei der Bürokratie? Vergiss nicht, auch da herrscht noch urdeutsche Mentalität!«

Er tippte sich vielsagend an die Stirn. »Und zweitens: Heute bekam ich einen Anruf von *Reuters*, dieser Presseagentur. Wir plauderten ein bisschen über die bisherigen Sachen und dabei kam mir eine glorreiche Idee, die ich denen natürlich auch gleich mitgeteilt habe. Hör zu: Die Ständige Vertretung der DDR in Bonn, die haben doch bestimmt eine Mauer oder einen Sicherheitszaun um ihr Gebäude; genau da, am besten am Eingang, klemmen wir so'n Selbstschussgerät an. Mit Batteriekasten und Warntafel: ›Achtung Minen – Lebensgefahr!‹ Für alle sichtbar, vor allem für unsere Entspannungspolitiker!« Michael legte eine kunstvolle Pause ein. »*Reuters* war begeistert. Die kommen mit Fotografen und einem Kamerateam und schicken die Bilder rund um den Globus!«

Nun fehlten mir die Worte, und ich wusste auch, warum. Denn wieder einmal zog mich seine schlichte, aber überaus symbolträchtige Idee sofort in ihren Bann. Daher wies ich nur auf den Aufwand hin, den es bedeuten würde, den gesamten Grenzverlauf nach einer neuen, geeigneten Stelle abzusuchen. Michael nickte zustimmend. »Das ist aber auch das einzige Problem, das wir haben.«

Ganz so einfach sah ich es nicht. Denn wenn wir einen Ort gefunden hätten, an dem die »Todesautomaten« noch nicht komplexer ausgerichtet und verdrahtet waren, müssten wir uns immerhin auf die dortigen, uns fremden Gegebenheiten einstellen, also besondere Vorsicht walten lassen. Zudem verlangte dieser Plan Eile, da wir damit rechnen mussten, dass mit jedem Tag ein weiteres Stück Grenze tödlicher würde.

Inzwischen waren wir ins Wohnzimmer zu Sessel und Sofa zurückgekehrt, und Michael spendierte nun Bier und Orangensaft. Astrid hatte sich irgendwo in eine andere Ecke des Hauses verzogen. Wir schienen nun den Punkt erreicht zu haben, an dem nicht alles, aber vieles gesagt war und andere, leichtere Themen unser Gespräch bestimmten. Mitten in das beginnende Geplänkel hinein grinste Michael an einer absolut unpassenden Stelle so, dass ich ihn etwas irritiert ansah.

»Mir ist zur ›besonderen Vorsicht an der Grenze‹ etwas eingefallen«, meinte er erklärend. »Wir machen es wieder zu dritt. Nicht mit Stener, keine Angst, mit Wolf-Dieter.«

Offenbar blickte ich verständnislos.

»Mit Uebe, Mensch«, half mir Gartenschläger auf die Sprünge. »Erinnerst du dich nicht an unseren Kneipenbesuch nach der ersten Mine? Wolf-Dieter war auch da und tönte mit am lautesten, weshalb wir ihn nicht mitgenommen hätten. Den packen wir uns, wenn er so versessen darauf ist!«

Ich hatte leichte Zweifel, ob man Uebes damaligen Kommentar zu fortgeschrittener, feuchtfröhlicher Stunde wirklich ernst nehmen konnte. Michael winkte ab. »Den kriegen wir schon hin. Außerdem: Wen willst du sonst fragen? Oder hast du 'nen zuverlässigen Freund oder Verwandten im Ärmel?«

Ich antwortete mit einem Achselzucken und wandte dann ein: »Denkst du, wir können ihn kurzfristig überreden? Falls wir ihn in der nächsten Zeit überhaupt zu Gesicht bekommen.«

Michael machte eine wegwerfende Handbewegung. »Wolf-Dieter überreden? Pah. Er war doch derjenige, der rumgeprahlt hat, dass wir ihn immer und überall für eine Aktion engagieren könnten. Und ihn treffen, ist simpel. Morgen ist Freitag, und freitags hängt er nach Feierabend immer zu Hause mit seiner Freundin ab. Wir machen einen Überraschungsbesuch bei ihm – und das war's.« Meinen ungläubig-irritierten Blick deutete er richtig.

»Ja, morgen«, reagierte er gereizt, »denn morgen liegt die Nacht zum 1. Mai vor uns. ›Tag der Arbeit‹, Großkampftag im Arbeiter- und-Bauern-Staat. Weißt du, was das bedeutet? Vor den offiziellen Kundgebungen und Paraden wird gefeiert, bis der Arzt kommt. Und zwar von allen, einschließlich den Grenzern. Tanz in den Mai. Dämmert's nun bei dir?«

Irgendwie schien das sein Schlusswort zum Abend gewesen zu sein, denn er stand auf und streckte mir die Hand zum Abschied entgegen. Ich fühlte mich aufgedreht und beschloss, meinen Wagen vor meiner Haustür abzustellen und in angemessener Fußmarsch- weite noch einen Schlummertrunk zu genießen. Das Ambiente der Lokalität war mir in dem Moment nicht wichtig und so gab ich mich auch mit der erstbesten Gaststätte und dem einzig angebote- nen, nicht näher bezeichneten Weißwein zufrieden, der mich aller- dings ins Grübeln brachte, statt zu entspannen. Phantasien gingen mir durch den Kopf, die das geplante Unternehmen in düsterem, bedrohlichem Licht erscheinen ließen. Doch schon beim zweiten Glas funktionierte wieder einmal die Verdrängung, die derart be- ruhigte, dass ich es plötzlich völlig in Ordnung fand, mich mit mei- nen Nebenmännern gesprächsweise auf die speziellen Probleme in ihrem Stadtviertel, das auch das meine war, einzulassen; mir waren sie bisher unbekannt geblieben. In gewisser Weise war ich den Leu- ten nun sogar dankbar, dass sie mich einbezogen – es gab den An- schein von Zugehörigkeit! –, aber auch, dass sie mich ziehen ließen, als ich es wollte.

Der Freitag ist normalerweise ein angenehmer Tag; zwar noch mit Restarbeit behaftet, aber auch voller Vorfreude auf das Wochenen- de, mit der Aussicht, lange ausschlafen zu können, mittags zu früh- stücken, alle Uhren zu ignorieren, die Nacht zum Tag zu machen und überhaupt der gewohnten Pflichterfüllung zu entkommen.

Natürlich hätte dieser Freitag im Jahre 1976 unter anderen Umständen auch für mich einen Wermutstropfen enthalten, da ihm der 1. Mai folgte, also der gesetzliche Feiertag, der auf den sowieso arbeitsfreien Sonnabend fiel. Aber die Umstände waren eben anders und so gönnte ich mir eigenwillig die zusätzliche betriebliche Ruhepause, als hätte ich versehentlich auf den Kalender vom Vorjahr geschaut.

Meinen antiquarischen, dickbauchigen Rasselwecker hatte ich auf halb acht gestellt, doch als ich das erste Mal auf seine Leuchtziffern starrte, beschloss ich ihn schlafen zu lassen. Ich war eine Stunde vor der zwischen uns vereinbarten Klingelzeit hellwach. Träge und bleischwer brach der Morgen an, kühl und ungemütlich. Mir fiel ein, dass Gartenschläger mich zum Frühstück eingeladen hatte, was die Vorstellung von Butter, zwei Sorten Marmelade und der Aufforderung: Bringst du Brötchen mit?! heraufbeschwor und mich nicht gerade euphorisch stimmte, aber doch die Aussicht bot, etwas in den Magen zu bekommen. Zwischendurch der Blick aus dem Fenster. Wie wacht eine Stadt auf – falls sie überhaupt schläft? Der *Norddeutsche Rundfunk* spielte »Weck-Musik«, was immer das sein mag, von penetrant fröhlichen Moderatoren präsentiert, die den Eindruck erweckten, als sei Munterkeit der Lebenssinn schlechthin. Punkt sieben hatte die Dudelei ein vorläufiges Ende, die Sendung wurde deutlich seriöser: Nachrichten, die ich allerdings entgegen meiner sonstigen Gewohnheit nur mit halbem Ohr verfolgte. Allein ein Satz fand meine Aufmerksamkeit: »Berlin. Die Alliierten Stadtkommandanten protestierten gegen die für morgen in Ostberlin geplante Militärparade ...« Wenigstens etwas, aber eben auch wieder nur verbale Bekundungen ohne Schärfe, ohne Biss, ohne Konsequenzen, schon fast ritualisiert in den Tagen der »gutnachbarlichen Beziehungen« zwischen Ost und West. Viertel nach sieben. Ich zog eine Jacke über, packte Turnschuhe ein und begab mich nach unten zu meinem Wagen. Einige Blocks weiter kaufte ich die Frühstücksbrötchen und fädelte mich mit einiger Mühe in den zu dieser Stunde nicht enden wollenden Verkehrsstrom ein, der mich in mäßigem Tempo bis Barsbüttel führte.

Ich traf früher als verabredet ein. Beinahe wortlos ließ Astrid mich ins Haus. Nach kurzer Zeit schnaufte Gartenschläger von seinem Frühsport zur Tür herein und verschwand nach einem raschen Blick auf mich und das angerichtete Frühstück – exakt zwei Marmeladengläser, Butter, Kaffee sowie die von mir mitgebrachten Brötchen – gleich unter die Dusche. Ich hatte es nicht eilig, merkte nur, dass mich das untätige Warten niederdrückte. Endlich kam Michael und machte sich, weitaus hungriger als Astrid und ich, über die morgendliche Tafel her. So gut es dabei ging, redete er nur über Belanglosigkeiten; es war offensichtlich, dass er, wahrscheinlich im Nachklang ihres vorabendlichen Streites, gewisse Themen im Beisein von Astrid nicht anschneiden wollte. Und auch als sie für einen Moment den Raum verließ, raunte er mir nur halblaut zu: »Der Friese kommt nachher. Astrid soll ihn noch ein bisschen weich kochen für den Minentransport, du weißt schon. Ich hoffe, sie macht das auch.«

Als Astrid zurückkam, war sie bereits fertig angezogen und bat mich, umgehend aufzubrechen. Wir hatten am Vorabend verabredet, dass ich sie, da sie keinen Führerschein besaß, zu einigen Erledigungen chauffieren würde. Sie nannte mir mehrere Anlaufstationen in unterschiedlichen Stadtteilen, die wir nacheinander anfuhren und abhakten. Die meiste Zeit schwieg sie, aber ich merkte, dass es in ihr arbeitete. Schließlich, wir befanden uns schon auf dem Rückweg, sprudelte es aus ihr heraus: Dass es Schwachsinn sei, noch einmal an den Zaun zu gehen, das Risiko den Einsatz nicht lohne und ich als Michaels Freund dafür verantwortlich sei, ihn davon abzuhalten. »Auf dich hört er. Wenn du nicht mitmachst, bleibt er auch zu Hause.«

Damit hatte sie nicht Unrecht, jedenfalls was den heutigen Tag betraf. Es bedeutete jedoch, dass ich nicht nur meine Zusage zurücknehmen, sondern vor allem Motiv und Zweck der Aktion in Frage stellen müsste. Dazu hatte ich mich trotz aller Bedenken auch emotional viel zu tief eingelassen, sodass ich mich in jenem Moment einzig in der Lage fühlte, beruhigend auf Astrid einzuwirken und ihr zu versprechen, mit meinem ganzen Einfluss die Gefahrengrenze sehr eng zu ziehen. Auch wenn ich ihr gegenüber einige Ressentiments hatte, nun tat sie mir Leid. Sie schien wirklich besorgt, und, naja, Tränen hatten mich schon immer hilflos gemacht.

Als wir in den Weg zu Michaels Haus einbogen, war es bereits kurz vor zehn. Eile war geboten: Er sollte in wenigen Minuten bei der Polizei einem Staatsanwalt aus Lübeck Rede und Antwort stehen und ich ihn – natürlich – begleiten. Tatsächlich wartete Michael bereits vor dem Gartentor an der Bordsteinkante und winkte trampermäßig mit hochgestrecktem Daumen und breitem Grinsen im Gesicht.

»Deine Bierruhe möchte ich haben«, sagte ich, als ich losfuhr. »Übrigens, du hast mir gar nicht erzählt, was die gestern zu der Sprengladung gesagt haben, die du ihnen gebracht hast.«

»Tja, was sagt man, wenn der Mund offen steht? Gestaunt haben sie, verunsichert waren sie, ordentlich Schiss hatten sie. Haben den Kram nur mit Fingerspitzen angefasst. Und mich sonst richtig beamtlich auf heute verwiesen.«

Auch die bevorstehende Vernehmung schien Michael nicht sonderlich nervös zu machen. Vielmehr erweckte er den Eindruck, als wäre sie für ihn eine gute Gelegenheit zum Disput über Recht und Unrecht, über die Maßstäbe der Strafverfolgung, letztlich über seine unschuldige Handlungspflicht und deren schuldhafte Interpretation. Ich denke, aus seiner Sicht wollte er in der Polizeistation Barsbüttel diskutieren, aufklären, überzeugen – die kapitalen, politisch motivierten Verbrechen an Menschen zur Sprache bringen, ihre Methodik und sein, mehr noch: das Widerstandsrecht aller. Wenigstens das war unlösbar in ihm verankert, hätte jeglicher Gehirnwäsche, jeglicher psychisch-physischen Folter getrotzt und wollte gleichzeitig stets nach außen, sich artikulieren, sich aussäen, fortpflanzen. So etwas kann man nicht überreden, mundtot machen, festnehmen und wegschließen, nur ausradieren – wenn man es nicht erträgt …

Ich hielt kurz vor dem Eingang des Polizeigebäudes, um Michael aussteigen zu lassen, und suchte dann in Ruhe einen Parkplatz. Wir hatten ausgemacht, dass ich auf ihn warten würde, und so vertrieb ich mir die Zeit mit einem Stadtrundgang. Gegen halb zwölf schlenderte ich langsam zurück und sah Michael schon von weitem auf dem Bürgersteig hin und her wandern und, als er mich entdeckte, schnelleren Schritts auf mich zustreben. Meinen fragenden Blick beantwortete er mit einem Achselzucken und der Bemerkung: »Die Ermittlungen gehen weiter. Solange die den Todesautomaten nicht in Händen halten und untersucht haben, ob's 'ne Waffe ist, bleibt alles offen. Und warum der Abbau auch westjuristisch Diebstahl sein soll, hab ich nicht begriffen. Also: Lass uns noch einige Vorbereitungen für den heutigen Abend treffen.«

Der Nachmittag verging wie im Fluge. Ich hatte sogar Zeit, noch einmal nach Hause zu fahren, und als ich zu Gartenschläger zurückkehrte, wartete ein Rest Abendbrot auf mich und zwei Pakete Butterbrote, die als Proviant für unseren Nachtausflug gedacht waren. Zwischen Astrid und Michael herrschte wieder Funkstille. Ich konnte mir denken, worum es dabei ging. Immerhin sprach Michael aber noch mit mir und berichtete, dass er Uebe erreicht habe und wir bald zu unserem Überredungsbesuch aufbrechen würden. Danach sollte Astrid zu Renate Schönfeldt gefahren werden, bei der sie übernachten wollte.

»Und mit Meier in Berlin hab ich telefoniert«, fügte Gartenschläger hinzu. »Ich bin doch nächste Woche mit Hildebrandt verabredet, da kann ich Norbert gebrauchen. Andeutungsweise hab ich ihm erzählt, dass was läuft und er froh sein kann, gemütlich die Beine ausstrecken zu dürfen, der alte Schnarchhahn.« Michael und seine manchmal in zu viele Richtungen ausgestreuten Andeutungen, naja.

»Na ja« vor allem deshalb, weil mit dem heutigen Wissen davon auszugehen ist, dass in Gartenschlägers Umfeld vom MfS nicht nur Inoffizielle Mitarbeiter(innen) platziert worden waren, sondern auch seine Kontakte beobachtet und notiert wurden. Und da gerade Meier aufgrund seiner DDR-Vergangenheit und seiner Stasi-Informationsdienste im Visier der Staatssicherheit war, scheint es mehr als wahrscheinlich, dass auch jenes Telefonat mit den verräterischen Hinweisen von der »Funkaufklärung« der HA III mitgeschnitten und als eine so genannte Sofortinformation über einen bevorstehenden Grenzgang Gartenschlägers an die AGM und/ oder die HA I weitergeleitet wurde.

Seine zuvor gezeigte Gelassenheit war einer ansteckenden Fiebrig-
keit gewichen, die ihn zur Hast drängte. Er sprach und bewegte
sich unruhig, suchte innerhalb weniger Minuten drei- oder viermal
die Toilette auf und trieb zur Eile an, als würden wir einem anfah-
renden, letzten Zug hinterherhecheln. Mein späterer Spott darüber
war ihm gewiss.

Wolf-Dieter Uebe wohnte, ähnlich wie ich, nicht gerade beschau-
lich, sondern in einem jener Silos, in grauer Anonymität. Vor dem
Haus bat Michael mich, im Wagen zu warten, da Uebe und ich uns
kaum kannten und diese Fremdheit ihn möglicherweise abschreck-
te. Mit der Regelung hatte ich keine Probleme und wünschte ihm
viel Erfolg.

»Keine Sorge«, kam es zurück, »er ist mir sowieso einen Gefallen
schuldig«, was bei Gartenschläger zumeist bedeutete, dass die Leute bei ihm in der Kreide standen.

Am Straßenrand harrte ich mit zwiespältigen Gefühlen aus; einerseits war es mir ganz recht, dass ich die Sabbelei nicht mit anhören
musste, andererseits hätte ich doch gern Mäuschen gespielt, um die
überraschende Überrumpelung in allen Facetten mitzubekommen.
Irgendwo in meinem Innern gab es auch eine Ecke, in der ich unser
Vorgehen mies fand, aber diese Ecke war verdammt klein …

Die Uhr am Armaturenbrett leuchtete Viertel nach acht, als Astrid
und Michael aus dem Haus traten und einstiegen. Noch bevor ich
den Mund aufmachen konnte, legte er sichtlich amüsiert los: »Alles
Paletti, Uebe macht mit. Er packt jetzt seine Klamotten und in einer
Stunde holen wir ihn ab.«

Astrid teilte seine Begeisterung offensichtlich nicht, verkroch sich
vielmehr unruhig auf der Rückbank. Und kaum hatte ich den Motor angelassen, begann sie erneut mit ihrer Sorgenleier, was sich
Michael zirka einen Kilometer lang ruhig anhörte. Dann stoppte er
mich und ihr Gezeter, indem er ihr nach einigen nutzlosen Ruppig-
keiten mit beschwörend gefalteten Händen versprach, nicht an den
Grenzknick zu gehen, sondern Richtung Uelzen, auf von uns un-
berührtes Terrain. »Bei Bröthen holen wir nur unsere Leiter aus
dem Wald, mehr nicht.«

Astrid schniefte – ob aus Trotz, Verzweiflung oder Beruhigung

251

konnte ich nicht erkennen. Die Verabschiedung vor Schönfeldts Wohnung fiel dementsprechend knapp aus, wir beide, Gartenschläger und ich, waren infiziert, wir wollten los.

Renate Schönfeldt war an diesem Abend ebenfalls allein. Horst, ihr Mann, hielt sich geschäftlich in London auf. Sie würde noch mit ihm telefonieren in den nächsten Stunden, ihm erzählen, dass Astrid da wäre und Michael unterwegs. So waren einige informiert über das, was wir vorhatten, zu was wir aufgebrochen waren: Schönfeldt, Meier, Astrid Stener, der vom MfS frisch angeworbene Gerd-Peter Riediger, Friese … wer sonst noch von Bedeutung?

Gartenschläger und ich hatten uns bereits bei unserem Aufbruch in Barsbüttel fertig gemacht. Wir zogen beide einen dunkelblauen Overall und dunkle Turnschuhe an und verstauten die notwendigen Werkzeuge und Geräte im Kofferraum. Michael schien eine besonders kalte Nacht zu erwarten, da er für sich einen langen schwarzen Mantel mitnahm. Schließlich legte er noch seine »Espana Star«, eine Selbstladepistole mit dem Kaliber 7,65, für die er eine Waffenbesitzkarte besaß, sowie die abgesägte Schrotflinte, die er Jochen Stener abgeluchst hatte, zu den übrigen Utensilien. Meinen fragenden Blick beantwortete er mit der lapidaren Bemerkung: »Für Uebe. Falls was schief läuft, kann er einen Warnschuss abgeben.«

Die Fahrt zu Uebe nutzte ich, um mich mit Michael über einige grundsätzliche Dinge hinsichtlich unserer Aktion zu verständigen, da mir die Ausgangssituation gefahrvoller erschien als bei den anderen Demontagen. Vor allem stellte sich die Frage, was wir tun würden, wenn die Grenzanlagen in der Umgebung der niedersächsischen Kleinstadt Uelzen ebenfalls schon umgebaut waren. Nach einigem Hin und Her meinte Gartenschläger: »Wir machen es wie zu Anfang: Da wir sowieso zum Grenzknick müssen, um die Leiter zu holen, zünden wir da eine der neu verdrahteten Minen. Dann sehen wir doch, was passiert. Und wenn das zu heftig wird, können wir immer noch abbrechen.« Eine sinnvolle Vorgehensweise, wie mir schien. Ich war einverstanden.

Es war kurz vor neun, als uns Wolf-Dieter die Wohnungstür öffnete. Er blickte uns nicht gerade begeistert entgegen, wirkte eher missmutig, dass wir ihn wirklich abholten. Michael ging ungerührt darüber hinweg und wollte gleich die Sachen sehen, die er Uebe aufgetragen hatte mitzunehmen. Doch die lagen weder bereit, noch hatte sich Wolf-Dieter umgezogen, sodass wir gemeinsam begannen, die passende Bekleidung zusammenzusuchen: eine blaue Arbeitskombi, Pullover, eine zweite wärmende Hose, Turnschuhe, die allerdings erst noch mit einem Spray schwarz eingefärbt werden mussten. Uebe war – wer konnte es ihm verdenken – hypernervös, stellte permanent Fragen zum weiteren Verlauf, die Michael jedoch nur vereinzelt beantwortete, vor allem wohl, um ihn nicht unnötig zu verunsichern. Auf der halbstündigen Fahrt zur Grenze, vertrösteten wir ihn, würden wir die notwendigen Details besprechen, ihn spätestens jedoch vor Ort einweihen und einweisen. Glücklich war er nicht darüber, aber er machte auch keinen Rückzieher und stieg bereitwillig in Gartenschlägers Wagen ein. Es ging auf halb zehn zu.

Im Bereich der 12. Grenzsicherungskompanie war entgegen unserer Annahme nichts von den Feierlichkeiten zum »Internationalen Kampftag der Arbeiterklasse« zu spüren. Bereits am Nachmittag war Leutnant Lieberamm in Leisterförde eingetroffen. Wie in der handschriftlichen Vorausplanung festgelegt, sollte der Zugführer mit Beginn der Nachtschicht die Führung der »feindwärtigen« Einsatzgruppe übernehmen. Es herrschte Alarmstimmung, die sich zu knisternder Spannung verstärkte, je näher der Abend heranrückte. Mit Einbruch der Dunkelheit bereiteten sich die Männer der Spezialeinheit, die die brisante Nachtschicht von 21 Uhr bis 3 Uhr morgens zu übernehmen hatten, auf ihren Einsatz vor. Etwa eine halbe Stunde vor Dienstantritt, vor der Abfahrt im Barkas-Kleinbus zum Grenzknick, wurden sie, getrennt nach der vorgesehenen Funktion und einzeln, noch einmal »vergattert«, noch einmal auf ihre spezielle Aufgabe eingeschworen. Dass der »Täter« Gartenschläger in dieser Nacht an die Grenze kommen würde, schien klar zu sein. Auch dass es zu einer Schießerei mit vielleicht sogar »einem Toten« kommen könnte, wurde dem einen oder anderen mit auf den Weg zum Grenzabschnitt gegeben. Von daher ist eine gewisse Unsicherheit oder mehr noch: Ängstlichkeit in den Köpfen der durchweg jungen »Kämpfer« nicht auszuschließen. Der kontrollierende Griff zur Maschinenpistole mag dieses Gefühl gemildert, aber dafür die Entschlossenheit, den Gegner zu vernichten, gestärkt haben.

Als die Einsatzgruppe am Gassentor »Schmugglerweg« in den Grenzknickbereich einfuhr, war das Gebiet bereits von den regulären Grenztruppen geräumt. Das Transportfahrzeug rumpelte noch etliche Meter auf einem holprigen Weg bis zu einer Waldlichtung, etwa zweihundertfünfzig Meter vom »Handlungsraum« entfernt. Eine letzte Zigarette, ein paar aufmunternde Worte, eine kurze Überprüfung der mitgeführten Waffen, dann setzten sich die Männer in Bewegung. Der Baumbewuchs reichte bis nahezu an den »Ersten Grenzzaun«, sodass sie eine Zeit lang verdeckt auf die zugeteilten Positionen vorrücken konnten: Die »Kämpfer« Kliebe und Höhn bezogen mit ihren »Kalaschnikows« und einem Nachtsichtgerät einen Posten am Waldrand, von dem aus sie den Grenzverlauf in Ost-West-Richtung einsahen, Klaus Hasselluhn und ein weiterer Mann einen zweiten Beobachtungspunkt, der den Blick in Nord-Süd-Richtung erlaubte. Der »Kämpfer« Knut Borowsky begab sich zur Restlichtaufklärung in den Kfz-Sperrgraben nahe der Winkelspitze des Metallgitterzauns, in der sich sein Mit-»Kämpfer« Hertel flach auf dem Boden platzierte, um im Bedarfsfall die dort installierten Scheinwerfer zu bedienen. Schon zu Beginn der Nachtschicht waren diese beiden Leuchten eingeschaltet, aber so gedreht, dass sie relativ schwach ein kurzes Stück der Zaunschenkel erhellten.

Nicht weit von Borowsky entfernt schlüpften vier drahtige Gestalten durch eine gelöste Metallplatte im Zaun: Stasi-Leutnant Walter Lieberamm, Unteroffizier Peter Raupbach, Unterfeldwebel Uwe Wienhold und Unterfeldwebel Herbert Linß mit Planen und Decken, die sie in unmittelbarer Nähe des Grenzknicks »feindwärts« ausbreiteten. Zugführer Lieberamm und Raupbach legten sich darauf so, dass sie nebeneinander in Richtung Osten schauten, Wienhold vom Winkeleck weg gen Süden, der vierte Mann Richtung

Norden, zur Grenzsäule 231. Zusätzlich führten sie einen batteriebetriebenen Handscheinwerfer mit, den sie zwischen sich aufstellten; mit ihm konnten sie ihr Vorfeld ausleuchten. Zur Absicherung und Warnung war einer der »Kämpfer« durch eine Signalleine mit dem nahe postierten »Beobachter« Borowsky verbunden. Während die vier lautlos durch den Zaun und zu den Liegeplätzen schlichen, waren die umgebenden Scheinwerfer – wie in den vorangegangenen Nächten – auf »Defekt« gestellt; nur an diesem Abend blieben sie es auch, was eine unwirkliche Atmosphäre erzeugte: Zwei Funzeln im Knick, dann Dunkelheit, in der Ferne wieder Helle.

An den Schnittstellen des vom MfS gesperrten Vierhundertmeterbereiches rechts und links der Grenzsäule 231 hielten reguläre »Grenzaufklärer« Wache, den Kolonnenweg befuhren in regelmäßigen Abständen Kleinlaster mit »feindwärts« gerichteten, gleißend hellen Scheinwerfern; der Führungspunkt der Grenzkompanie Leisterförde war mit besonders ausgewählten Soldaten ausreichend besetzt und eingewiesen – der Eindruck des Üblichen.

In der mobilen Schaltstelle des Stasi-Sonderkommandos hatte bis in den Abend hinein Hauptmann Schulz seinen Dienst verrichtet, per Telefon Meldungen bearbeitet und notwendige Maßnahmen koordiniert. Mit dem Schichtwechsel um einundzwanzig Uhr wurde er von Hauptmann Kubisch abgelöst, blieb jedoch in der Führungsstelle, da ihn in der Kaserne, in die er hätte zurückkehren können, »pure Langeweile erwartete«, nichts mit sich anzufangen wusste oder einfach nur diensteifrig erscheinen wollte. Kubisch übernahm das Kommando, meldete sich beim Einsatzleiter Tyra in Schönberg, setzte sich mit den Wachhabenden im Führungsturm der Grenzkompanie in Verbindung, überprüfte die Funktionstüchtigkeit der Leitungen zu den Beobachtungsposten – das feinmaschige Netz stand, der Feind konnte kommen.

Gartenschläger fuhr blind, so auswendig kannte er die Strecke. Einige Kilometer hinter Bröthen in Richtung Langenlehsten bog er von der Kreisstraße links, gegenüber dem Grenzwaldstück, in eine Schneise ab, wo wir den Wagen verdeckt parkten. Wortlos stieg

Michael aus, öffnete den Kofferraum, zog seinen Mantel über und steckte Ringschlüssel und Kombizange ein. Seine Pistole hatte er zuvor schon in der rechten Tasche deponiert.

»Wir müssen uns noch anmalen«, sagte er halblaut und reichte uns, nachdem er sich selber Hände und Gesicht geschwärzt hatte, eine Dose Schuhcreme. Mitten in diese Prozedur hinein hielt er Wolf-Dieter die Schrotflinte entgegen und erklärte ihm, so als wäre unsere Bewaffnung die selbstverständlichste Sache der Welt, im dünnen Schein der Kofferraumbeleuchtung die Handhabung. Uebe war reichlich irritiert. Obgleich er sich nicht äußerte, merkte man an seinem tiefen Durchatmen, dass ihm wohl erst in diesem Moment der Ernst der Situation aufging; dies war kein dummer Jungenstreich, den wir vorhatten, kein Räuber-und-Gendarm-Spiel, sondern ein Unternehmen mit realer Gefährdung, bei dem man Kopf und Kragen riskierte. Michael und ich verständigten uns mit einem Blick und bemühten uns, Gewehr und Pistolen in den Rang von Nebensächlichkeiten zu heben.

»Wir werden die Dinger nicht benutzen müssen«, meinte ich zu Uebe. »Sollten uns wider Erwarten die Grenzer stören, brüll ich oder du ›Halt. Bundesgrenzschutz!‹ Dann trauen die drüben sich nicht, irgendwas zu machen.« Er wirkte wenig überzeugt und nahm die Schrotflinte wie ein rohes Ei entgegen.

Michael musste noch eine Dose Cola hinunterstürzen und warf danach recht achtlos den Kofferraumdeckel zu, was uns für einige Sekunden erschrocken erstarren ließ: In der nächtlichen Grabesstille kam das Geräusch einer Detonation gleich, die bestimmt meilenweit zu hören gewesen war.

»Idiot!«, zischte ich und spürte mit einem Schlag ein mir bekanntes Kribbeln von den Zehenspitzen den Körper hochkriechen. Es war also wieder so weit: Die Aufregung, die sich speziell in diesem Waldstück so gern und leicht mit Angst paarte, legte mir ihre Fesseln an und suchte mir unvernünftige Eile zu befehlen, das Kommende viel zu rasch hinter mich zu bringen. Von da an wusste ich nicht mehr zu unterscheiden, ob ich vor Kälte zitterte oder innerlich vibrierte.

»Im Notfall findet ihr den Zündschlüssel hier«, erinnerte Michael und schob die Autoschlüssel ins Auspuffrohr. Dann nahm er mich aber doch noch einmal zur Seite und drückte mir eine schmale Kladde und zwei Zettel in die Hand. »Schuldenbuch und Einzahlungsquittungen von heute«, erläuterte er. »Im Buch sind alle meine Außenstände aufgelistet. Wenn man mich am Zaun einkassiert, schickst du die Belege zum Anwalt Vogel, damit er sehen kann, dass Geld vorhanden ist für meinen Freikauf.«

Ich machte spontan eine Bewegung, ihm die Unterlagen zurückzugeben, um die bei unseren vergangenen Aktionen mehr oder weniger unausgesprochen gebliebene Möglichkeit auch in diesem Moment zu verdrängen, doch er drehte sich brüsk um und marschierte mit Uebe los. Also blieb mir nichts anderes übrig, als die Papiere einzustecken und hinter ihnen herzulaufen. Nach einigen Metern hielt Michael an, schnippte mit den Fingern und bat mich, zum Wagen zurückzugehen, da wir den Schweißdraht und die Angelschnurrolle vergessen hatten. Diese Geräte benötigten wir unbedingt, um eine Mine zünden zu können. Da der Kofferraumdeckel klemmte, dauerte es eine Zeit, bis ich die beiden wieder eingeholt hatte. Bei Feuerzeugbeleuchtung – manchmal sind Raucher wirklich nützlich – bog Michael mit seiner Kombizange ein Drahtende zu einem Haken, das andere zu einer Öse, an der die Angelleine verknotet wurde.

Trotz Dunkelheit hatten wir kurz danach auch die Leiter gefunden, die Michael mit zur Grenze nehmen wollte. Ich sah den Sinn nicht ein, doch er argumentierte, dass wir ja aufgrund der veränderten Gegebenheiten nicht wissen könnten, ob es sinnvoll wäre, in der unteren, mittleren oder oberen Reihe einen der »Todesautomaten« zu zünden. ›Meinetwegen‹, dachte ich und schulterte das Sprossenteil am vorderen Ende, Uebe am hinteren.

Damit gingen wir zunächst weiter waldeinwärts, bis wir auf einen schmalen Weg stießen, der parallel zur Demarkationslinie verlief. In ihn bogen wir nach rechts ein und setzten unseren Gänsemarsch fort. Jeder unserer Schritte verursachte in meinen Ohren entsetzlichen Lärm, sodass ich mich schon nach zwanzig, dreißig Metern damit abgefunden hatte, unverrichteter Dinge wieder abzuziehen, weil die Grenzschützer hüben wie drüben ob des Krachs in Hundertschaft auf uns warteten. Dieses Gefühl vertrieb kurzfristig die Aufregung.

Mein Empfinden verstärkte sich noch dadurch, dass Michael auf unserem Schleichpfad plötzlich beiseite trat und sich ins Unterholz übergab. »Scheiß Cola«, kotzte er heraus, und nur mir war klar, dass sein Magen gegen die Anspannung, die er so ungern eingestehen mochte, rebellierte; selbst das Erbrechen schallte durch die Gegend wie eine stotternde Lautsprecheransage. Doch er winkte ab und deutete die weitere Marschrichtung voraus.

Ein, zwei Minuten später wandten wir uns auf unserem Weg direkt der Grenze zu. Dort reichte der Wald fast bis an die Demarkationslinie heran, sodass für unsere Zwecke ideale Beobachtungsmöglichkeiten gegeben waren. Als wir stehen blieben, stieß ich Gartenschläger an und zeigte auf sein Handgelenk. Er schob den Ärmel zurück und hielt mir seine Armbanduhr entgegen, deren Ziffern ziemlich grellrot 22 Uhr 30 leuchteten. Die Zeit drängte. Wir suchten eine Bodenmulde, in der wir alle drei nebeneinander Platz fanden, und blickten angestrengt zum Zaun hinüber, der dunkel zurückstarrte. Wieso waren die Scheinwerfer ausgeschaltet? Nur rechts von uns, im Grenzwinkel, blinkten zwei Lichter, die aus der Entfernung wie heimelige Stubenlampen wirkten. Irgendetwas stimmte hier nicht. Doch so sehr wir uns auch mühten, Ungewöhnliches hinter dem Zaun zu entdecken, wir fanden nichts; die grauschwarzen Schattierungen blieben unbeweglich und unheimlich still. Auch der LKW, der für Michael und mich wie gewohnt – und beinahe wie eine Beruhigung – in gemächlichem Tempo den Kolonnenweg abfuhr und mit seinen Zusatzscheinwerfern jeweils für Sekundenbruchteile Segmente der Sperranlagen erhellte, zeigte uns nichts Besonderes; keine Erhebung, die wir nicht schon kannten, keinen huschenden Deckungsversuch eines unachtsamen Postens. ›Wohl irgendein Kurzschluss drüben‹, redeten wir uns ein. Ich ließ mir von Michael erneut die Uhrzeit zuflüstern. Da alles ruhig blieb, konnten und wollten wir von dieser Stelle aus geradewegs zum Zaun. Als ob Gartenschläger meinen Gedanken erraten hätte, meinte er: »Wir sollten bald loslegen.«

Plötzlich ein deutlich vernehmbares Klacken. Metallisch klang es, als ob sich jemand am Gitter des Zauns zu schaffen machte oder eine Waffe durchgeladen würde. Unwillkürlich riss ich den Kopf hoch und stierte nach der Ursache, dass mir die Augen wehtaten. Doch ich entdeckte nichts und machte mir bewusst, dass das Geräusch bei der absoluten Stille, die uns umgab, ebenso aus der Nähe wie aus mehreren hundert Metern zu uns herübergedrungen sein konnte.

»Hast du das gehört?«, raunte ich Gartenschläger zu. »Da ist was!« Er antwortete nicht. »Das musst du doch gehört haben, das Klappern«, stimmte Uebe zu. »Ich glaub sogar, ich habe Schritte gehört.«

»Ihr spinnt beide«, erwiderte er gereizt. »Guckt doch hin, da ist nichts. Wenn überhaupt, war's eine fette Krähe, die auf dem Zaun gelandet ist.«

Für einen Moment war ich verunsichert: Hatte er das Geräusch tatsächlich nicht wahrgenommen? Immerhin klagte er nach der Minenexplosion vor einigen Wochen über ein taubes Gefühl auf einem Ohr. Dann aber schwante mir, dass seine Ignoranz Teil einer eigenen Strategie sein konnte. Hatten wir Leiter und Werkzeuge wirklich nur »für alle Fälle« mit an diesen Ort geschleppt? Wäre es nicht bei Michael Gartenschläger sehr gut denkbar, dass er entgegen unserer Abmachung insgeheim doch plante, hier, auf seinem Terrain die dritte Mine zu demontieren, wenn wir alle erst einmal einen Eindruck von Sicherheit gewonnen hatten? Unter der Voraussetzung würde er auch weiterhin taub bleiben.

Je wahrscheinlicher diese Interpretation für mich wurde, desto wütender machte sie mich. Am liebsten wäre ich aufgesprungen und lauthals fluchend von dannen gestapft. Doch ich blieb liegen und machte meinem Ärger nur im Flüsterton Luft, was ihm natürlich alles an Wirkung nahm. Allerdings bestand ich vehement darauf, sofort zu unserem eigentlichen Ziel in die Nähe von Uelzen zu fahren. Wir waren eh spät dran. Michael zeigte sich wenig begeistert, maulte vor sich hin, erklärte sich jedoch einverstanden, als er auch von Wolf-Dieter keine Unterstützung zum Bleiben erhielt.

Für den Rückweg benutzten wir den Streifenpfad des Zolls und Grenzschutzes, der – dienstintern »Philosophenweg« genannt –

direkt an der Demarkationslinie entlangführte, bis zur Grenzsäule 231. Von dort wandten wir uns wieder waldeinwärts Richtung Kreisstraße. Michael murrte wie ein trotziges Kind, das seinen Willen nicht bekam. Schließlich blieb er abrupt stehen und drehte sich auf dem Absatz um. »Ich zünd doch noch schnell ein Ding. Die sollen merken, dass ich da gewesen bin. Wenn ihr nicht mitkommen wollt, mach ich's alleine.«

Michael Dickschädel! Ich hatte es geahnt, wollte es nur nicht wahr haben und fühlte mich augenblicklich hin- und hergerissen: Mitmachen oder stur bleiben?

Als er sich in Bewegung setzte, war meine Entscheidung gefallen – ich trottete hinterher und zog wie an einem imaginären Band Wolf-Dieter Uebe mit. Die Leiter legten wir noch rasch neben dem betonierten Forstweg ab, auch weil sie sich ständig im Geäst verhakte und das Knacken der brechenden Zweige verräterisch sein konnte.

»Wo willst du denn hin?«, fragte ich reichlich irritiert.

»An die Ecke«, flüsterte er zurück. »Im Schein der Lampen muss ich nicht so lange fummeln, bis der Schweißdraht richtig eingehängt ist.«

Ich musste zugeben, dass er damit Recht hatte. Trotzdem war mir nicht geheuer. Mit jedem Schritt auf die Grenze zu schienen mir die Scheinwerfer hinter dem Zaun mehr und mehr zu Irrlichtern zu werden, zu Sirenen, die uns lautlos anlockten, zu magischen, nur uns zugedachten Punkten. Meine Aufregung steigerte sich.

Als wir erneut an der Grenzsäule standen, war es etwa Viertel vor zwölf. Wir sahen noch einmal zur Metallwand hinüber, nichts rührte sich. Dann brachte Gartenschläger Uebe zu seinem Beobachtungsplatz, der ihm linker Hand in zehn Metern Entfernung günstig erschien. Von dort konnte Wolf-Dieter beide Seiten des rechtwinkligen Zaunverlaufs einsehen. »Es wird schnell gehen«, gab Michael ihm zum Abschied mit.

Zu zweit schlichen wir um den Knick zum nordöstlichen Schenkel und fanden nach gut fünfundzwanzig Metern in der Nähe eines Zollunterstandes den Ort, an dem ich bleiben und beobachten sollte. Auch ich hatte freien Blick auf das etwa dreißig Meter breite, vor dem Zaun liegende Brachland in östlicher Richtung. Einen Moment lang standen wir uns noch gegenüber, bis Michael mir seine Faust freundschaftlich vor die Brust stupste und in der Dunkelheit verschwand.

Der Beobachtungsposten Kliebe hatte uns mit Hilfe seines Nachtsichtgerätes als Erster im Visier, als wir unser Unternehmen abbrechen wollten und von der Mulde aus auf dem Rückweg waren, direkt auf das am Grenzknick vor dem Zaun lauernde Postenpaar Lieberamm und Raupbach zu. Da Kliebe nur schemenhafte Bewegungen und einen Leuchtpunkt beobachtete, ließ er, um sicherzugehen, die Wahrnehmung durch seinen Kameraden Ralf-Uwe Höhn bestätigen. Dann machten sie umgehend dem Sonderoffizier Kubisch in der mobilen Führungsstelle Meldung und berichteten irrtümlicherweise von »feindlicher Infarot-Aufklärung«.

Im Führungsfahrzeug brach Hektik aus; Kubisch informierte kurz Hauptmann Schulz, der noch mit im Wagen saß, und fast gleichzeitig über die Standleitung den Einsatzleiter Tyra in Schönberg. Der forderte, von nun an permanent auf dem Laufenden gehalten zu werden. Tyra seinerseits – davon ist bei der damaligen Diensthierarchie im MfS-Bereich und der Bedeutung des Geschehens auszugehen – wird die Feststellung an der Grenze unverzüglich an Generalleutnant Kleinjung weitergeleitet haben.

Die Spannung wuchs, schien nahezu mit bloßen Händen greifbar. Kubisch und Schulz befahlen sich selbst, Ruhe zu bewahren, kühlen Kopf, nur keinen Fehler zu machen. Die übrigen Beobachtungsposten mussten informiert werden, allen voran Borowsky im Kfz-Sperrgraben, der als Einziger die Möglichkeit hatte, die »Kämpfer« vor dem Zaun zu warnen. Die Minuten verstrichen. Dann Tyra auf der einen Leitung, der wissen wollte, ob es etwas Neues gab, auf der anderen erneut Unteroffizier Kliebe mit einer zweiten Wahrnehmungsmeldung, die wieder durchgegeben wurde, auf einmal Stille, lautes Atmen im Führungswagen. Nach einer kurzen Diskussion über den richtigen Zeitpunkt rief einer der Sonderoffiziere in der nahe gelegenen Führungsstelle der Grenzkompanie an und fragte in scherzhafter Form, ob ein Angler zugegen wäre. Falls ja, würde der sich freuen, »da der Fisch nun an der Angel zupfte ...« Am anderen Ende war von Seiten der Grenztruppen nur der »Grenzaufklärer« Franke zugegen, alle weiteren Personen gehörten der HA I an. Mit der Meldung über die zuvor festgestellten »Bewegungen auf gegnerischem Territorium« wurde Franke umgehend und ohne weitere Begründung von einem der anwesenden Stasi-Mitarbeiter in die drei Kilometer entfernte Leisterförder Kaserne beordert. »Sie haben sich dort so lange in Bereitschaft zu halten, bis wir Sie zurückrufen!« Naturgemäß folgte der »Grenzaufklärer« dem Befehl, ohne jedoch den Sinn zu verstehen ...

Mit an Sicherheit grenzender Wahrscheinlichkeit ist davon auszugehen, dass auch Borowsky informiert wurde und seinerseits den »feindwärts« eingesetzten »Kämpfern« unsere Bewegungsrichtung signalisierte; falls seine Kameraden diese Beobachtung nicht schon selbst gemacht hatten. Es ist deshalb eine Beinahe-Gewissheit, weil das plötzliche Erscheinen von »Schemen« – ganz gleich, ob es sich dabei um westliche Grenzstreifen oder »Provokateure« handelte – immer das Sicherheitsrisiko beinhaltete, entdeckt oder »angegriffen« zu werden. Zudem galt es, unter allen Umständen den befohlenen Auftrag auszuführen, was nur gewährleistet werden konnte, wenn die Koordination und Weitergabe aller Wahrnehmungen so frühzeitig wie möglich funktionierten.

Auch als wir an der Betonbahn umkehrten und uns wieder der Grenzsäule 231 näherten, hatte uns Borowsky fest im restlichtaufgehellten Visier. Er beobachtete, wie wir unsere Positionen bezogen, und nahm nach einer angespannten Weile wahr, wie eine einzelne Gestalt in gebückter Haltung direkt auf die Zaunecke und zugleich ahnungslos auf die lauernden »Kämpfer« in ihrer Hinterhaltstellung zuging, Schritt für Schritt, Meter um Meter, gelegentlich innehaltend, lauschend. Borowsky griff, ohne sein Nachtsichtglas abzusetzen, mit einer Hand zum Feldtelefon, meldete mit hektischer Stimme einem der Sonderoffiziere im Führungsfahrzeug, dass der »Grenzverletzer« nur noch wenige Schritte von der Falle entfernt wäre.

Der Fall der Fälle, das Unwahrscheinliche, fast Unmögliche, das, was niemand vorhersehen konnte, war eingetreten: Gartenschläger, der Feind, lief ihnen genau in die Arme. Es ist kaum anders denkbar, als dass sich in dieser Situation höchster Anspannung Wienhold, der ursprünglich von der Grenzsäule weggeblickt hatte, vorsichtig umdrehte und gemeinsam mit Linß den Entgegenkommenden nicht mehr aus den Augen ließ. Zwar wird Linß Jahre später behaupten, er wäre noch bis in die sich zuspitzende Situation hinein beinahe eingeschlafen, aber dem widersprechen mehrere Führungsberichte und schriftliche »Einschätzungen« zu seiner Person, in denen seine »absolute Zuverlässigkeit« hervorgehoben wird. Lieberamms handschriftliche Beurteilung von Anfang Mai 1976 bestätigt zudem, dass Linß während des Einsatzes »seinen konsequenten Klassenstandpunkt« vertrat und eine »hohe Einsatzbereitschaft« zeigte. Wie hätte es auch anders sein können, handelte es sich bei Linß doch ebenfalls um einen besonders ausgesuchten und zuverlässigen »Genossen« einer Kampfeinheit, deren Ausbildung ja gerade darauf ausgerichtet war, sich bei den befohlenen Sonderaufgaben auf den Punkt genau zu konzentrieren.

Auch Zugführer Lieberamm und sein Untergebener Raupbach hatten ihre Lage verändert, sodass alle vier »Kämpfer« nur mehr ein schmales Segment in der Fluchtlinie des Winkelecks beobachteten. Etwa zehn Meter vor ihnen verharrte der »Schemen« halb stehend noch einmal, schien in die Dunkelheit zu lauschen, eine mögliche Gefahr spüren zu wollen. Raupbach, gerade zwanzig Jahre alt, umklammerte krampfhaft nervös sein Leichtes Maschinengewehr, zwang sich zu atmen. Sein Zugführer neben ihm lag regungslos, schien abgeklärter, erfahrener, vielleicht auch kaltschnäuziger zu sein. Dies jedenfalls legt seine Personalakte nahe, denn darin wird ihm von seinem Kompaniechef Singer »eine vorbehaltlose Bereitschaft, jede Aufgabe wahrzunehmen und sie mit Mut und Entschlossenheit zu realisieren«, bescheinigt, »ohne dabei Härten zu scheuen«.

Gartenschläger, der Gegner, bewegt sich wieder, robbt voran, noch sechs Meter, noch fünf … sie werden sich entscheiden müssen …

Ich hatte Michael nicht mehr im Blick, da ihn die Dunkelheit verschluckt hatte, als er gebückt über das Heidekraut des Vorfeldes auf den Zaun zuhielt – ich fühlte ihn. Dabei überkam mich mit einem

Mal Schüttelfrost. Meine Zähne schlugen so hart aufeinander, dass ich Angst hatte, mit dem Lärm das gesamte Zonenrandgebiet wachzurütteln. Ich zwang meine Kiefer zusammen, doch die Angst blieb, setzte sich unter der Kopfhaut fest, spaltete mir den Schädel. Mein Magen rumorte, das Sonnengeflecht brannte, ich wollte schreien »Komm zurück!« – keinen Ton brachte ich heraus. Und dabei wusste ich plötzlich instinktiv, dass wir nicht alleine an diesem Ort waren, so wie man in einem Raum, blind vor Schwärze, die Anwesenheit einer anderen Person spürt. Genau in der Sekunde wuchs Gartenschlägers Silhouette vor meinen Augen, nahm irgendetwas Gestalt an im Vorfeld, richtete sich auf aus dem Bodenkraut. Kein Laut. Einen Bruchteil später flammte ein Blitzgewitter auf, Mündungsfeuer, infernalisches Knattern, Krachen, Jaulen, Pfeifen … das Jüngste DDR-Gericht.

Da der gesamte Bereich zwischen mir und dem Grenzknick so ruhig im Dunkeln lag, dass man eine Stecknadel hätte niederfallen hören, kam das Einsetzen des knallenden Stakkatos derart überraschend, dass ich fürchterlich erschrocken zusammenfuhr. Ich dachte, Michael hätte einen Auslösedraht betätigt, und vier, fünf Splitterminen wären gleichzeitig explodiert. Doch nahezu im selben Augenblick wusste ich, dass dies nicht stimmte, dass der höllische Lärm von automatischen Waffen herrührte. Vier Mündungsführer brannten sich augenblicklich in meine Pupillen ein. Erneut sekundenlange Stille. Mein Verstand setzte aus. Nur das Kleinhirn gab noch Befehle, Panik zuzulassen, Muskeln zu aktivieren, die Flucht zu ergreifen. Plötzlich gleißendes Licht überall, wieder Feuerstöße aus automatischen Waffen.
Ich rannte blindlings los, parallel an der Grenzlinie entlang, dann quer durchs Unterholz, wo mir Zweige und Äste Gesicht und Hals blutig rissen. Ich stolperte, schlug hin, raffte mich wieder auf, bis ich schließlich in eine tiefe Erdmulde stürzte und keine Kraft und keinen Mut mehr fand, mich zu bewegen.
Mir ist bis heute nicht klar, wie lange ich zusammengekrümmt in der Kuhle lag. Um mich herum roch es stark modrig, doch so wie ich mich fühlte, wäre es mir recht gewesen, ganz und gar darin zu

versinken. Ich weiß nicht mehr, ob ich Stimmen gehört habe. Ich wollte nur weg, mich in Sicherheit bringen. Aber wie? Mit dem Auftauchen dieser Frage spürte ich meine Gedankenwelt zurückkehren, und mit ihr ein Stück Erinnerungsvermögen. Michael. War er tot oder nur verletzt? Lag er noch im Vorfeld und verblutete? Ich befürchtete das Schlimmste, da ich während der gesamten Dauer meiner panischen Flucht das Bellen der »Kalaschnikows« gehört hatte. Konnte er in einem solchen Kugelhagel überleben?! Wir waren anscheinend allesamt beschossen worden. Und wenn sie uns suchten und genau in diesem Augenblick durch den Wald strichen? Vorstellen konnte ich mir, dass sie dreist genug wären, sich in einer Blitzaktion auf bundesdeutsches Gebiet zu wagen.

Erneute Angst kroch in mir hoch, aber ich musste mir Gewissheit verschaffen und schob meinen Kopf vorsichtig über den Rand der Mulde. In gerader Linie vor mir, etwa vierzig, fünfzig Meter entfernt, sah ich den Grenzknick und sein Vorfeld, die wie ein schauriges Bühnenbild ausgeleuchtet waren. Keine Menschenseele, nur hinter dem Zaun schien Bewegung. Wo waren meine Begleiter? Ich traute mich nicht zu rufen, erst recht nicht, als irgendwo im Wald Äste knackten. Kamen sie jetzt, die Grenzsoldaten? Ich musste weg von hier, am besten zum Auto, das zugleich auch unser Sammelpunkt war.

Ein kurzes Durchatmen, dann robbte ich auf allen vieren von Bodenvertiefung zu Bodenvertiefung, möglichst jegliches Geräusch vermeidend, alle paar Meter horchend, weg von der Bedrohung. Endlich, nach einer scheinbaren Ewigkeit, fühlten meine Hände kalten, feuchten, glatten Stein, was mich wie selten in meinem Leben erleichterte. Warum auch immer – der betonierte Forstweg gab mir Sicherheit, als ob erst dort die eigentliche Grenze verlief, hinter der ich nicht mehr zu fassen war. Ich richtete mich auf und begann zu laufen in der irrwitzigen Hoffnung, am Ende meines Weges einen blöde grinsenden Michael Gartenschläger und einen lässigen Wolf-Dieter Uebe auf mich warten zu sehen. Doch nur der BMW stand dunkel und verlassen an seinem Platz. Hastig, mit zitternden Händen steckte ich mir eine Zigarette an und fingerte die Wagenschlüssel aus dem Auspuff.

Was sollte ich jetzt tun? Polizei, BGS alarmieren oder zur Grenze zurück? Ich ließ mein Gefühl entscheiden. Zum ersten Mal nahm ich bewusst meine Pistole in die Hand, lud die Waffe durch und legte sie schussbereit neben mich. Schweiß brach mir aus. Dann startete ich den Motor und fuhr im Schritttempo rechtsseitig auf meinem Fluchtweg wieder in den Wald hinein. Als ich den immer noch strahlenden Grenzwinkel zwischen den Bäumen schimmern sah, hielt ich an und drückte nach einem Moment der Überwindung sekundenlang die Hupe, dann noch einmal und noch einmal ... Schreie, die ich selber nicht zustande brachte. In den Pausen steckte ich den Kopf aus dem geöffneten Seitenfenster, um besser hören zu können, nichts. Kein morscher Zweig verriet auch nur den leisesten Schritt. So konnte es nicht weitergehen, ich benötigte Hilfe.

Mit diesem Entschluss legte ich den Rückwärtsgang ein, setzte mit überhöhter Geschwindigkeit und kreischenden Reifen zur Landstraße zurück und raste Richtung Bröthen. Die Uhr im Wageninneren zeigte die erste Viertelstunde nach Mitternacht an. Verzweifelt hielt ich nach einer Telefonzelle oder einer beleuchteten Kneipe Ausschau und sah beides nicht. Erst in Büchen, in der Nähe des Bahnhofs, fand ich, was ich suchte, und hoffte, dass man dort das Telefonbuch nicht entwendet und die Verbindungsschnur heil gelassen hatte. Zum Glück war alles in Ordnung, und es gelang mir trotz meiner Aufregung recht schnell, die Nummer des BGS in Schwarzenbek zu finden. Sogar passendes Kleingeld hatte ich.

Meine Meldung ging in Schwarzenbek um halb eins ein. In den folgenden Minuten wurden eine im Raum Lauenburg stehende Streife über Funk zum Tatort beordert und eine Bereitschaftsgruppe in Marsch gesetzt. Ihnen folgte der diensthabende Kommandeur Holtmann und seine Mitarbeiter. Kurz bevor mich der BGS-Konvoi erreichte, schaltete ich das Fernlicht ein und fuhr auf der Forststraße in Richtung Grenze voraus. Etwa auf halber Strecke erfassten die Scheinwerfer plötzlich etliche Meter entfernt eine Gestalt, die seitlich aus dem Gebüsch taumelte: Uebe! Ich stieg in die Bremse und stürzte aus dem Auto, erleichtert, erschrocken, angstvoll. War er verletzt? Augenscheinlich nicht. Ähnlich wie ich vorher stand er unter Schock. »Micha ist tot«, stammelte er, »die haben ihn einfach abgeknallt!« In seinen Augen stand das blanke Entsetzen. Ich rüttelte ihn an der Schulter. »Woher willst du das wissen?«

»Ich hab Micha das letzte Mal gesehen, als er mitten im Vorfeld auf einer hellen Fläche hockte. Dann war er wieder im Dunkeln verschwunden. Und urplötzlich fing die Schießerei an. Bis dahin Totenstille. Die haben alle auf einmal geschossen, Dauerfeuer. Ich hab mich vielleicht erschrocken und gleich den Kopf eingezogen.«

»Und dann?«

»Ich wollte nur noch weg. Dabei muss ich Geräusche gemacht haben. Jedenfalls ging die Schießerei sofort wieder los, in meine Richtung. Und mit den Scheinwerfern haben die mich gesucht. Als der Lichtkegel immer näher auf den Platz zukam, an dem ich lag, hab ich einfach die Schrotflinte abgedrückt, bin aufgesprungen und durchs Unterholz in den Wald rein. Ich weiß gar nicht, wo ich langgelaufen bin. Irgendwo hab ich mich hingeworfen und mich erst mal ausgeruht. Dann knackte es ein Stück von mir entfernt mächtig, als ob ein paar Leute durchs Unterholz kommen. Da hab ich lieber die Flinte weggeschmissen. Aber es kam dann doch keiner.«

Wolf-Dieters Erzählung hatte vielleicht eine Minute gedauert, dann waren wir am Ende des Plattenweges angekommen, von wo aus man nur mehr zu Fuß zur Demarkationslinie gelangen konnte. Als wir ausstiegen, hielt auch schon der Konvoi hinter uns, und sofort wurden wir von BGS-Beamten umringt, die uns getrennt voneinander bereits auf dem Weg zum Grenzknick zu den Geschehnissen befragten. In der Zwischenzeit war auch Stabsmeister Lothar Vogt, in Begleitung des Oberleutnants Arriens eingetroffen, Minuten später die kurzfristig zusammengestellte Bereitschaftsgruppe, die zur Verstärkung der Sicherheit eingesetzt wurde.

An der Demarkationslinie schwärmten die BGS-Leute aus, suchten aus ihrer dienstlichen Sicht die Situation in den Griff zu bekommen, aufzuklären, das heißt, zu beobachten, zu koordinieren, während sich Vogt, der ja in besonderer Weise in den »Fall Gartenschläger« involviert war, vor Ort noch einmal detailliert die Abläufe schildern ließ. Grenzschützer in Tarnjacken schleppten ein schweres Maschinengewehr heran und bauten in vorderster Linie eine Sicherungsstellung auf. Nach wie vor aber lag das Heidefeld vor dem Zaun verwaist, unheimlich sanftmütig. Nur der Bereich dahinter schien in gelegentliche Bewegung zu geraten. Nach unseren Berichten und ihren ersten eigenen Eindrücken informierte der Kommandeur der BGS-Abteilung III/7, Krüger, das Grenzschutzkommando Küste in Bad Bramstedt über die Sachlage. Dazu gehörte auch die vermutete Möglichkeit, dass Gartenschläger noch im Vorfeld liegen könnte, da dort »zurückgelassene Bündel« zu sehen waren. Insofern bat man um Zustimmung zur Vorbereitung einer Bergungsaktion. Eine Entscheidung darüber wurde jedoch von Bad Bramstedt aus mit der Begründung verschoben, zunächst einen Krisenstab bilden zu müssen.

Angespanntes Abwarten. Plötzlich, gegen zwei Uhr morgens, gingen auf der DDR-Seite die Lichter aus. Kribbelnde Nervosität. Die Männer am und um das aufgestellte Maschinengewehr entsicherten die Waffen. Vogt wies seine Leute an, Lichtmasten, Kabelrollen und einen Stromgenerator von einem Material-LKW heranzuschaffen, um nun den Grenzbereich von Westen auszuleuchten. Zur Abstimmung dieser Aktion nahm ein BGS-Mann erneut Funkkontakt zum Grenzschutzkommando Küste auf, erhielt von dort jedoch die Nachricht, dass die Zuständigkeit und Weisungsbefugnis in der Sache zwischenzeitlich vom Bundesinnenministerium übernommen worden wären. Man werde sich wieder melden, wenn eine Klärung vorläge. Die erfolgte überraschend schnell, besagte allerdings, dass die Bonner Regierungsstelle die Anweisung erteilt habe, jede Provokation der DDR-Seite zu unterlassen; darunter falle auch die Beleuchtung des östlichen Territoriums von bundesrepublikanischem Gebiet aus! Nicht einmal die BGS-Beamten an der Grenze verstanden diese Form der Zurückhaltung. Als die Morgendämmerung einsetzte, mussten sie zusehen, wie die Bündel und restliche Gegenstände von DDR-Grenzaufklärern aus dem Vorfeld hinter den Metallgitterzaun gebracht wurden.

Zuvor bereits hatte man ein Einsehen mit Uebe und mir und brachte uns zur Vernehmung nach Schwarzenbek. Noch einmal die Ereignisse schildern, Protokolle lesen und unterschreiben. Danach erneutes Warten, bis Kripobeamte aus Lübeck erschienen, um uns noch einmal zu befragen. Längst war es helllichter Tag, als auch noch der Leitende Oberstaatsanwalt Oswald Kleiner eintraf und mit Uebe und mir wieder zum Grenzknick fuhr. Rekonstruktion des Geschehens, im Halbschlaf, aufgedreht. Wo war Michael?

Beim Einsetzen der Schießerei waren auch die Offiziere in der mobilen Führungsstelle zusammengefahren. Spontan sprang Kubisch aus dem Wagen und lief Richtung Metallgitterzaun, um sich ein eigenes Bild vom Geschehen zu machen. Im Grenzwinkel hatte Unteroffizier Hertel auf Lieberamms Kommando »Licht an!« ruckartig die beiden Scheinwerfer in »feindwärtige« Richtung gedreht. Noch immer hämmerten die Maschinenwaffen, wahllos, wie sich der »Kämpfer« Höhn erinnert, der uns vorher bereits akkustisch wahrgenommen und seitdem beobachtet hatte. Und er sah auch, »wie ein Soldat (es muss Raupbach gewesen sein) mit dem LMG kniend aus der Hüfte schoss«. Mit der ersten Feuereinstellung sprang Unterfeldwebel Linß auf, legte seine »Kalaschnikow« beiseite und lief zu dem auf dem Rücken Liegenden hin. Ein Arm Michael Gartenschlägers war angewinkelt aufgerichtet, so als wollte er das Unwiderrufliche in einer letzten Anstrengung abwehren. Linß fasste nach der verkrampften Hand und verspürte einen matten Gegendruck. »Der lebt noch!«, rief er seinen Kameraden zu. Doch statt dem offensichtlich Schwerverletzten zu Hilfe zu eilen oder einen Arzt anzufordern, zerriss ein scharfes Kommando Lieberamms die momentlang gespenstische Ruhe: »Weg da vorne!« Und erneut hallten Schüsse durch die schweigende Nacht.

Inzwischen hatte Borowsky telefonisch Hauptmann Schulz über seine Beobachtungen im Vorfeld unterrichtet, der daraufhin über die Standleitung sofort mit dem Einsatzleiter Tyra verbunden war. Im Dienstzimmer in Schönberg hielt sich auch der Leiter der Äußeren Abwehr beim Kommando der Grenztruppen in Pätz, Oberst Zillich, auf, der an diesem für alle entscheidenden Abend die Ereignisse aus mittelbarer Nähe verfolgen sollte. Die beiden Stasi-Offiziere nahmen die Meldung vom Grenzknick emotionslos hin, Tyra fand es in dem Moment sogar wichtiger, Hauptmann Schulz zurechtzuweisen, da der ja nach Dienstschluss nichts mehr in der mobilen Führungsstelle zu suchen hatte. Er beorderte ihn zum Gassentor »Schmugglerweg« mit dem Auftrag, dafür zu sorgen, dass bis auf Widerruf kein Unbefugter in den Grenzabschnitt gelangen konnte.

Nachdem Leutnant Lieberamm keinerlei Bewegung mehr im »gegnerischen Raum« ausmachen konnte, befahl er den sofortigen Rückzug ohne jede Absicherung aus dem taghell ausgeleuchteten Vorfeld des Grenzzauns. »Kämpfer« Linß sollte alle Gegenstände um den Niedergeschossenen herum aufsammeln und, da alles sehr schnell gehen sollte, die Waffen der anderen (sic!) sowie Planen – so viel er tragen konnte – zur Öffnung im Zaun schaffen. Lieberamm selbst schleppte den leblosen Körper zusammen mit Wienhold und Raupbach vorweg zum Zaundurchlass, wo »freundwärts« der Scheinwerferposten Hertel half, den Erschossenen hindurchzuziehen und in den Kfz-Sperrgraben, in die Nähe des Beobachtungspostens Borowsky, zu tragen. Nur kurze Zeit später reichte Linß zunächst die »Kalaschnikows« und eine Deckenplane nach und folgte dann seinen Leuten mit dem im Heidekraut gefundenen Seitenschneider, dem Ringschlüssel und der Pistole Gartenschlägers. Vielleicht waren ihm diese Gegenstände aus den Manteltaschen gerutscht, als die »Kämpfer« den Sterbenden über den Boden schleiften. Kaum dass Linß durch die »Gasse« gestiegen war, hängte ein Posten die abgeschraubte Stahlmatte wieder ein. Der Grenzzaun war in seinen Ursprungszustand zurückversetzt.

Die Stimmung unter den Schützen war mehr als gereizt. Aber nicht etwa weil sie die »Tatortspuren« gesetzwidrig verwischt und somit die objektive »Ereignisortarbeit« der MfS-Kriminalisten erschwert hatten; vielmehr stritten sie miteinander in einer Weise, die darauf schließen ließ, dass irgendetwas Unvorhergesehenes bei ihrer Aktion passiert war oder einer von ihnen einen Fehler begangen hatte. Geht man davon aus, dass das metallische Geräusch, das wir an unserem ersten Beobachtungsplatz 250 Meter östlich der Grenzecke gehört hatten, von einem der »Kämpfer« vor dem Zaun verursacht worden war, ist der Ärger innerhalb der Gruppe nachvollziehbar. Denn die »Kämpfer« mussten erkannt haben, dass wir kurz nach dem metallartigen Klappern unsere Aktion abbrachen, und schlussfolgern, dass diese Unachtsamkeit die Erfüllung des Auftrages verhindert hatte. Bekanntermaßen und tragischerweise aber kamen wir zurück …

Dass Lieberamm sich als Zugführer später gegenüber dem Minister für Staatssicherheit für die »Disziplinlosigkeit« rechtfertigen musste, scheint verständlich; verständlich aber auch, dass der verantwortliche Pechvogel wenige Tage danach ebenfalls mit dem »Kampforden für Verdienste an Volk und Vaterland« in Silber und einer Geldprämie ausgezeichnet wurde, da die Aktion gegen Michael Gartenschläger letztlich doch noch abgeschlossen werden konnte und die Leistung der handelnden »Kämpfer« mit dem verbrieft seltenen Prädikat »Sehr gut« versehen wurde.

Noch im Kfz-Sperrgraben kam ein Offizier (nach der vorliegenden Teilnehmerliste jener Nachtschicht kann es nur Kubisch gewesen sein) hinzu, der Michaels Tod feststellte und beim Weitertransport der Leiche über den Kolonnenweg bis zum Waldrand half. Dort trafen sie auf den Wachposten Kliebe, der nun seinerseits mit anpacken musste, den schweren Leichnam zum Führungsfahrzeug im Wald zu tragen, da Leutnant Lieberamm kurzfristig ausfiel: Er kotzte sich alle Anspannung und die Seele aus dem Leib. Linß, der zwischenzeitlich zu dem Trupp aufgerückt war, überreichte dem Sonderoffizier die aufgefundene Pistole und die beiden Werkzeuge. Der entnahm der Waffe das gefüllte Magazin, zählte die eingelegten Patronen und befahl die »Kämpfer« zum Sammelpunkt der Einsatzgruppe, an den Platz, an dem sie für gewöhnlich von ihrem Transportfahrzeug zur Dienstzeit hingebracht und abgeholt wurden.

Die gesamte Bergungsaktion war schnell vonstatten gegangen, sodass die Telefone im Führungswagen nicht lange unbesetzt geblieben waren. Kubisch konnte nun der Leitung in Schönberg ausführlich über den Ablauf und den Erfolg des Einsatzes berichten. Daraufhin informierte Tyra den Chef der HA I, Generalleutnant

Kleinjung in Berlin, der die Jubelmeldung wiederum an General-leutnant Scholz weitergereicht haben dürfte. Er selbst begab sich zum Kommando der Grenztruppen nach Pätz, wohin er auch seinen Stellvertreter und dortigen Leiter Oberst Dietze beorderte. Es ist vorstellbar, dass er ihn noch in der Nacht äußerst aufgeräumt empfangen hat.

Noch bevor Sonderoffizier Kubisch seinen Bericht nach Schönberg absetzte, hatte Tyra den Leiter der BVfS Schwerin, Oberst Dr. jur. Werner Korth, über das »besondere Vorkommnis an der Staatsgrenze« informiert. Der alarmierte die Mitarbeiter der Untersuchungskommission der Abteilung 9 und beorderte sie zur »Ereignisortarbeit« am Grenzknick. In Schwerin war man offensichtlich nicht auf den nächtlichen Einsatz vorbereitet, da der Abteilungsleiter, Oberstleutnant Trautenberger, bereits schlief. In der nun ausbrechenden Hektik vergaß er, die bei seiner Figur durchaus notwendigen Hosenträger anzulegen, was sich im Nachhinein als recht hinderlich erwies. Der Kriminaltechniker Major Herbert Dey musste durch den zuständigen Referatsleiter, Oberstleutnant Johannes Eder, aus seiner eigenen Geburtstagsfeier herausgeholt werden; obwohl angetrunken, sollte er mitfahren. Als die Gruppe mit einem Fahrer und einem weiteren Mitarbeiter vollzählig zusammengetrommelt war, machte sie sich auf den Weg zum Grenzsicherungsabschnitt 12.

Inzwischen hatte Einsatzleiter Tyra den diensthabenden Leiter des Regimentsmedizinischen Punktes im Grenzregiment 6 in Schönberg, Gerald Meinig, angewiesen, zur Grenztruppen-Kompanie nach Leisterförde zu fahren, von wo aus er von einem MfS-Offizier in den Bereich des Grenzknicks und zu Gartenschlägers Leiche gebracht wurde. Der Arzt leuchtete mit einer Taschenlampe in die Pupillen, suchte den Pulsschlag und konnte nur noch den Tod feststellen. Nach Augenschein erklärte er mindestens eine der Schussverletzungen als Todesursache. Fragen stellte er keine, wohlwissend, dass eine befriedigende Antwort ausbleiben würde. Zurück in seiner Schönberger Dienststelle füllte er den erforderlichen Totenschein aus und übergab ihn in fünffacher Ausfertigung den Mitarbeitern der dort zuständigen Unterabteilung der HA I.

Leutnant Lieberamm und seine drei (Mit-)»Kämpfer« hatten noch der Untersuchung der Leiche durch den Arzt zugesehen, da sie sich zufällig in der Nähe aufhielten. Den jungen Raupbach schauderte es, als er im Schein einer Taschenlampe das zerschossene und im Unterschenkelbereich beinahe abgetrennte Bein erblickte. Er wandte sich entsetzt und angewidert ab, und auch bei den anderen machte sich betretenes Schweigen breit; vielleicht war jeder plötzlich allein mit seinem Gewissen, mit der Verantwortung gegenüber dem Toten, der vor ihnen lag und dessen blutdurchtränkte Kleidung erahnen ließ, welche Verwundungen ihn ums Leben gebracht haben mussten. Irgendwann und wie zur Befreiung fuhr ein Wartburg mit zivilem polizeilichem Kennzeichen vor, in den sie einzusteigen hatten und der sie direkt in ihr »Stammobjekt« nach Schulzendorf brachte. Eine recht ungewöhnliche Verfahrensweise, denn bei einem sonstigen derartigen Zwischenfall an der »Staatsgrenze« hätten sie normalerweise auf den Militärstaatsanwalt und die Mitarbeiter der Spezialkommission bei der Untersuchungsabteilung 9 der BVfS warten müssen, um für deren Untersuchungsbericht detailliert vernommen zu werden – und nur der zuständige Militärstaatsanwalt war in der Regel befugt den Abmarsch der »Tatbeteiligten« zu erlauben. Doch was ist bei einer solch konspirativen Aktion schon üblich? Und welche Bedeutung haben in der Situation schon gesetzliche Vorschriften? Offensichtlich keine, denn auf Anordnung des Generalleutnants Alfred Scholz wurde die staatsanwaltschaftliche Befugnis per Befehl ganz einfach aufgehoben.

Konsequente Konspiration sollte auch die folgenden Geschehnisse wie ein roter Faden durchziehen. Als der Kleinbus mit der Schweriner Untersuchungskommission vor dem Gassentor »Schmugglerweg« hielt, verwehrte Hauptmann Schulz ihm weisungsgemäß die Durchfahrt. In seiner Zeugenvernehmung im Jahr 1991 erinnerte sich der ehemalige MfS-Offizier an die nächtlichen Ereignisse: »In diesem ›B-1000‹ saß Herr Trautenberger, den ich persönlich kannte und von dem ich wusste, dass er die Untersuchungskommission der Bezirksverwaltung des MfS Schwerin leitete. Er wollte in den Grenzabschnitt einfahren. Ich hatte jedoch strikten Befehl, keine Person in den Abschnitt zu lassen. Es kam zu einem Streit darüber, in dessen Verlauf ich sogar androhte, von der Schusswaffe Gebrauch zu machen, falls jemand versuchen sollte, in den Grenzabschnitt zu fahren.«

Die groteske Situation hielt so lange an, bis sein Dienstvorgesetzter Major Eberhard Bartelt vorfuhr und die Durchfahrgenehmigung erteilte. Bartelt war von Tyra zuvor zum Tatort beordert worden, um dort das Kommando zu übernehmen und Hauptmann Kubisch abzulösen. Die Männer der Abteilung 9 fuhren nun in Begleitung Bartelts bis zum Kfz-Sperrgraben am Großen Grenzknick. Hier wollten sie ihre erkennungsdienstliche Arbeit im festen Glauben beginnen, einen Fall wie jeden anderen vor sich zu haben. Demgemäß spielte sich Abteilungsleiter Trautenberger, auf seine Zuständigkeit pochend, zunächst einmal mächtig auf, als er erfuhr, dass die »feindwärts« eingesetzten Kampfkräfte bereits abgereist waren. Die Situation hatte etwas Slapstickartiges, da er sein Gepolter immer wieder unterbrechen musste, um seine Hose (wegen der vergessenen Träger) hochzuziehen, und sein Unmut dadurch immer mehr ins Lächerliche abrutschte. Durch einige wegweisende Erklärungen vor Ort und über das Telefon der Standleitung zu Tyra begriff er jedoch relativ schnell, dass er sich mit seinem Eifer in dieser Nacht großen Ärger mit höheren Stellen einhandeln konnte.

Immerhin aber informierte Bartelt die Mitarbeiter der Untersuchungsgruppe darüber, dass bei dem Zwischenfall jener »Provokateur« Gartenschläger ums Leben gekommen war, der zuvor bereits in dem Bereich zwei »SM-70« abgebaut habe: Er sei bewaffnet gewesen und bei der Festnahme erschossen worden. Damit konnten die Schweriner das aktuelle Geschehen – wenn auch nur oberflächlich – einordnen, da sie jeweils nach den vergangenen Ereignissen die kriminaltechnische Tatortarbeit vorgenommen hatten. Genau diese wurde ihnen jedoch im weiteren Verlauf der Nacht zum 1. Mai untersagt – und zwar wider alle gesetzlichen Vorschriften. Kriminaltechniker Dey, zu dem Zeitpunkt noch angetrunken von seiner Geburtstagsfeier, übernahm lediglich die gesammelten Beweisstücke – Seitenschneider, Ringschlüssel, Angelschnurrolle, Pistole –

und will eine eingeklemmte Patronenhülse als Beleg dafür, dass Gartenschläger das Feuer eröffnet hatte, festgestellt haben. Zudem durchsuchte er auf Anweisung Trautenbergers die Kleidungsstücke der Leiche, fotografierte sie und überzog die Hände des Toten mit Plastiktüten. Danach wurde der leblose Körper von zwei »Kämpfern« in einen Sack gesteckt und auf die offene Ladepritsche eines LKW, der zwischenzeitlich aus dem Fuhrpark der Schweriner Stasi-Behörde eingetroffen war, verfrachtet und unter Aufsicht von Dey und Eder in das Gerichtsmedizinische Institut Schwerin gebracht.

Um drei Uhr morgens setzte Einsatzleiter Tyra eine schriftliche Bestätigung der erfolgreichen Aktion per Chiffriertelegramm an Kleinjung ab und informierte zugleich das Kommando der Grenztruppen über den Grenzzwischenfall. Die an den Diensthabenden Stellvertreter des Kommandeurs des Grenzkommandos Nord, Oberst Kaltofen, offiziell übermittelten Informationen wurden in der »Tagesmeldung zu ›Handlungen des Gegners im eigenen Grenzgebiet‹« folgendermaßen wiedergegeben: »Am 30. 04. 1976, 23.45 Uhr, erfolgte im Abschnitt 2000 m WNW der Ortschaft Leisterförde Krs. Hagenow, Grenzsäule Nr. 231 die Festnahme einer männlichen Person unter Anwendung der Schusswaffe, in deren Folge die Person getötet wurde.« (!)
Und nachdem man auch die Kommandoebene des Grenzregiments 6 grob über das Vorkommnis unterrichtet hatte, wurden von dort weitere Grenzaufklärer, die in jener Nacht Rufbereitschaft hatten, über Melder alarmiert und in den Bereich des Ereignisortes geschickt. Dort übernahmen sie zusätzlich zu den verbliebenen Posten der MfS-Spezialeinheit Sicherungs- und Beobachtungsaufgaben und sammelten bei zunehmender Helligkeit vor dem Metallgitterzaun die von den »Kämpfern« zurückgelassenen Gegenstände ein.
Als Walter Lieberamm, Uwe Wienhold, Peter Raupbach und Herbert Linß in den frühen Morgenstunden am Standort ihrer Einheit eintrafen, hatten sie noch kein Wort miteinander gewechselt. Was hätte es auch zu reden gegeben!? In Schulzendorf wurden sie schon vom Kompaniechef Singer und Oberstleutnant Heckel erwartet. Letzterer war noch in der Nacht von Kleinjung in die Dienststelle

Schnellerstraße befohlen und über die Vorkommnisse sowie die Rückkehr der »Kämpfer« informiert worden. Die übermüdeten Männer erstatteten einen knapp gehaltenen Bericht, der von Singer protokolliert wurde. Danach durften die »Kämpfer« duschen und ihre Dienstkleidung gegen die bequemere Ausgehuniform tauschen. An Ausruhen war jedoch nicht zu denken. »Antreten! Abmarsch!« Keinerlei Lockerung im Befehlston. Wieder zwängten sich die »Kämpfer« in den Wartburg, der sie auf Weisung Kleinjungs ins Ministerium beförderte.

Für sie muss es ein großer Moment gewesen sein, gemeinsam mit einem der ranghöchsten Offiziere im MfS persönlich die Planerfüllung, sprich: die »Vernichtung des Grenzprovokateurs Gartenschläger« zu melden. In dem holzgetäfelten Saal, in den sie geführt wurden, war alles für ein kleines Frühstück arrangiert worden: kaltes Büfett, Kaffee, Saft, Sekt. Zwei Herren in hochdekorierten Uniformen, die man sonst allenfalls von Ferne zu sehen bekam, blickten ihnen aufmerksam entgegen: Generalleutnant Bruno Beater, Erster Stellvertreter des Ministers, und Generalleutnant Alfred Scholz, Leiter der Arbeitsgruppe des Ministers. Zugführer Lieberamm nahm Haltung an und machte in knappen Sätzen Meldung.

»Danke, Genosse«, ergriff Scholz das Wort. »Ich darf Sie ausdrücklich auch im Namen des Ministers für Staatssicherheit, des Genossen Erich Mielke, zu Ihrer ausgezeichneten Leistung beglückwünschen.«

Nach der Begrüßung folgte eine kurze, mit politischen Floskeln durchtränkte Ansprache, der Scholz sehr ernst, an alle gewandt, hinzufügte, keine Aufarbeitung und Auswertung des Geschehens zu veranlassen und in besonderer Weise dafür Sorge zu tragen, dass alle an der Aktion »SM-70« Beteiligten zu absoluter Verschwiegenheit verpflichtet würden.

Danach lockerte er die Atmosphäre, indem er zum Büfett bat. Man nahm sich Zeit, plauderte, scherzte, soweit dies von Seiten der »Kämpfer« in dem für sie ungewohnten Rahmen möglich war. Stolz breitete sich in ihnen aus; sie waren sich bewusst, dass ihnen für ihre eher unteren Dienstränge mit dem Empfang und mehr noch mit der angekündigten Auszeichnung eine außerordentliche

Ehrung zuteil wurde. Scholz zog bei einer passenden Gelegenheit Leutnant Lieberamm zur Seite und flüsterte ihm eine Vertraulichkeit ins Ohr. Lieberamm schaute sein Gegenüber ungläubig an. Doch der nickte nur gütig wohlwollend. Geraume Zeit später verstummte die kleine geschlossene Gesellschaft und nahm Haltung an, als eine weitere Person den Raum betrat. Zugführer Lieberamm schlug die Hacken zusammen:

»Genosse Minister! Ich melde Ihnen, dass wir gestern Nacht gegen 23 Uhr 45 an der Staatsgrenze West ...«

Während die »tschekistische« Kampfgruppe in Berlin ihre erste Auszeichnung erhielt, begann im Schweriner Institut für Gerichtliche Medizin in der Güterbahnhofstraße der Direktor des Instituts, Dr. med. Winfried Wolf, auf Anordnung des anwesenden Militärstaatsanwaltes Löwenstein mit der Sektion »einer unbekannten männlichen Leiche«. »Zeichen des Todes vorhanden. Totenstarre nur geringfügig ausgeprägt. Leichenkälte erkennbar, jedoch noch nicht vollständig«, diktierte der Mediziner seinen ersten Befund einer Schreibkraft, die wie alle anderen Anwesenden, von Löwenstein und Wolf abgesehen, dem MfS angehörte.

Statt des vorgeschriebenen zweiten Arztes und eines sonst üblichen Sektionsgehilfen aus dem Institut gingen dem Gerichtsmediziner bei der Obduktion die Stasi-Offiziere Dey und Eder der »Spezialkommission« Schwerin zur Hand. Kriminaltechniker Dey fotografierte Gartenschlägers Leiche und nahm Fingerabdrücke; Dr. med. Wolf verglich derweil die Stoffdurchtrennungen an den Kleidungsstücken mit den dazugehörigen Hautdefekten: »Vollständig blutdurchtränktes weißes Unterhemd mit mehreren Zerreißungen ... im Bereich der Rückenmitte hinten. ... In der linken seitlichen Rückenpartie vier Hautdurchtrennungen ... saumartige Eintrocknungen der Wundränder.«

Penibel gab Dr. Wolf seine äußeren, etwas später seine inneren Besichtigungen mit teilnahmsloser Stimme zu Protokoll. Die Stenographin vermied dabei, ihre Blicke auf den blechernen Tisch zu lenken, der unweit von ihr unter einer lichtstarken Lampe stand. Sie war froh, als sich der Arzt endlich seiner OP-Handschuhe entledigte und die blutbefleckte Gummischürze abband. In Übereinstimmung mit den Anwesenden wurde auf die notwendigen Röntgenaufnahmen gänzlich, auf die gerichtsverwertbaren Zusatzuntersuchungen vorerst verzichtet. Das dafür erforderliche Material wie die Bekleidung, Haare, Blut, Urin, Teile von Leber, Niere, Hirn sowie ein aus der Leiche herausgelöstes Projektil wurde vom Pathologen an den Mitarbeiter des »Untersuchungsorgans« Dey übergeben. In seiner Zusammenfassung der Leichenschau konstatierte Dr.Wolf schließlich: »Wie die Sektion aufzeigt, kam es bei der unbekannten männlichen Person zu mehrfachen Schussverletzungen. Als für die Todesursache entscheidende Verletzung ist der Brustdurchschuss zu werten, (wobei es) neben Lungenzerreißungen insbesondere auch zu ausgedehnten Zerreißungen der Herzvorhöfe kam ... Bezüglich der Schussdistanz können Aussagen nur nach Untersuchung sämtlicher Kleidungsstücke auf so genannte Nahschusszeichen gemacht werden ... Ein abschließendes gerichtsfachliches Gutachten kann erst nach Abschluss der Ermittlungen, insbesondere der kriminaltechnischen Untersuchungen der Kleidungsstücke und Kenntnis der Ereignisortsituation erfolgen ...« Doch ebenso wenig wie an jenem Morgen die Hände auf Schmauchspuren untersucht wurden, blieb eine spätere diesbezügliche Begutachtung der Kleidungsstücke aus, was zusammen objektiv hätte belegen können, ob Gartenschläger geschossen hatte oder nicht. In einer nachträglichen gutachterlichen Stellungnahme von 1993, die allerdings nur auf dem Schweriner Sektionsprotokoll basierte, kam Prof. Dr. med. Schneider vom Institut für Rechtsmedizin der FU Berlin zu der Einschätzung, dass »bei dieser Schussverletzung auch eine rasch einsetzende ärztliche Hilfe nichts mehr auszurichten vermocht hätte«.

Nach Beendigung der Sektion wurde Dr. Wolf zur absoluten Verschwiegenheit verpflichtet, die Eintragung in das Sektionsbuch des Instituts strengstens untersagt und das dazugehörige Protokoll, das er zu unterschreiben hatte, beschlagnahmt. Der bei der Obduktion anwesende Staatsanwalt Löwenstein machte sich einige Notizen, erhob aber keinen Widerspruch gegen das auch nach der DDR-Strafprozessordnung massiv manipulierte Verfahren.

Dey und Eder verabschiedeten sich mit freundlichen Worten für das Verständnis in diesem besonderen Fall und machten sich gemeinsam mit der Stenographin auf den Weg in ihre Dienststelle. Dort am Demmlerplatz entwickelte der Kriminaltechniker Dey den von ihm gefertigten Film und fuhr weisungsgemäß zusammen mit seinem Referatsleiter Eder und sämtlichen verfügbaren Unterlagen sowie anderen Beweisstücken – auch jenen von den ersten »Minendiebstählen« – zur Dienststelle der Hauptabteilung IX in die Freienwalder Straße nach Berlin-Hohenschönhausen. Im Fotolabor des dortigen »Arbeitsbereiches Spezialkommission« (ABSK, HA IX/6) machte Dey Abzüge, verfasste anschließend einen provisorischen Bildbericht und übergab ihn samt den beigebrachten Materialien dem leitenden Mitarbeiter, Major Kumpf. Ein gerichtsmedizinischer Abschlussbericht, der noch von Dr. med. Wolf in seinem Sektionsbericht als erforderlich angekündigt worden war, wurde auf Weisung des Leiters der AGM Generalleutnant Scholz nicht mehr in Auftrag gegeben. Lediglich die Pistole Gartenschlägers wurde in der Technischen Untersuchungsstelle des MfS begutachtet, wobei man anhand der festgestellten Schmauchablagerungen nur zu der vagen Einschätzung kam, dass eine Schussabgabe »unlängst« erfolgt sein müsste; das heißt, ein genaues Datum konnte nicht zweifelsfrei bestimmt werden. Auch für die angeblich eingeklemmte Patronenhülse wurde keine eindeutige Ursache nachgewiesen. Am wahrscheinlichsten erschien eine Behinderung des Verschlussrücklaufs durch Kleidung oder sonstige nahe Gegenstände. Eine Überprüfung der Polizeitechnischen Untersuchungsstelle Berlin aus dem Jahre 1992 schließt dagegen die Möglichkeit einer Funktionsstörung beim Schießen nicht aus, die bei einer praktischen Erprobung mit einer baugleichen Waffe tatsächlich ohne äußere Einwirkung aufgetreten war. Unberührt von der Klärung der Ursache bleibt allerdings, wer im Jahre 1976 die Ladehemmung letztendlich herbeigeführt hatte …

Noch am Morgen des 1. Mai unterrichtete das MfS den Generalstaatsanwalt der DDR, der gemäß Paragraph 98 der Strafprozessordnung ein Ermittlungsverfahren gegen »Unbekannt« einleitete sowie die bereits von Löwenstein angeordnete Sektion nachträglich verfügte. In den dazugehörigen Begründungen heißt es u.a. und von der bereits erwähnten »Tagesmeldung der Grenztruppen« völlig abweichend: »In den späten Abendstunden des 30. 4. 1976 erfolgte im Kreis Hagenow im Zusammenwirken mehrerer Personen vom Territorium der BRD aus eine bewaffnete Grenzprovokation mit terroristischem Anschlag auf Angehörige der Grenzsicherungskräfte der DDR. Eine durch dunkle Kleidung und gefärbtes Gesicht getarnte Person drang mit einer Pistole bewaffnet in das Gebiet der DDR ein und eröffnete auf Grenzsicherungskräfte der DDR gezieltes Feuer. Die auf dem Territorium der BRD verbliebenen Personen wandten ebenfalls Schusswaffen gegen die Grenzsicherungskräfte der DDR an ... Neben der Feststellung der Todesursache sind alle Fakten zu sichern, die für die Identifizierung des Unbekannten von Bedeutung sein können ...«

Im Laufe des Vormittags unterrichtete Mielke den Staatsratsvorsitzenden Erich Honecker auf der Ehrentribüne zu den offiziellen Maifeierlichkeiten in Berlin über die nächtlichen Ereignisse im Grenzgebiet zum schleswig-holsteinischen Herzogtum Lauenburg. Und während der in der Uniform eines Generalobersten gekleidete Minister für Staatssicherheit dem Staats- und Parteichef die Einzelheiten der Aktion in seiner selbstgefälligen Art schilderte, paradierte ihnen zu Füßen eine behelmte Formation des Wachregimentes »Feliks E. Dzierzynski« mit preußischer Genauigkeit im Stechschritt vorbei. Ihr dreifaches, donnerhallendes »Hurra, Hurra, Hurra« übertönte die begleitende Marschmusik und kam einem symbolischen Siegesruf gleich. Die beiden Apparatschiks winkten beiläufig, aber wohlwollend zurück. Die Befriedigung in ihren Gesichtern galt sicherlich nicht nur der unten vorbeimarschierenden Manifestation militärischer Macht.

Zur gleichen Stunde erschienen nahe der Grenzsäule 231 alle, die in diesem Grenzbereich Rang und Namen hatten: Der Leiter der HA I-Unterabteilung Abwehr, Major Fritz Vierke, nebst Regimentskommandeur Hinz aus Schönberg, Stasi-Chefaufklärer Tutas, Bataillonskommandeur Moritz aus Lassahn sowie mehrere Obristen von den nahe gelegenen Grenztruppenteilen und aus dem MfS.

Längst schon hatte Sonderoffizier Kubisch die Telefonleitungen des abgeschotteten, einzig für die Aktion eingerichteten Meldenetzes gekappt und die mobile Führungsstelle aufgelöst, als schwer bewaffnete Grenzsoldaten mit Lastern herangekarrt wurden, die den Grenzabschnitt großflächig gegen etwaige »Angreifer« abzusichern hatten. Pioniere machten die für die Nachtschicht abgeschalteten Selbstschussautomaten wieder scharf und reparierten die angeblich defekten Scheinwerfer am Zaun. Irgendwann erschienen noch zwei »Grenzaufklärer« der Leisterförder Kompanie, fotografierten wie üblich die in der Nähe stehende westliche BGS-Streife und suchten augenscheinlich den Tatort nach zurückgelassenen Gegenständen ab. Ein Käppi sowie eine (!?) verfeuerte Patronenhülse waren die einzigen Fundstücke, als sie sich nach kurzer Verweildauer »freundwärts« zurückzogen. Andere Aktivitäten, so wie sie bei den beiden vorhergegangenen Demontagen zu beobachten waren, wurden vom BGS oder Zollgrenzdienst zu deren Verwunderung nicht mehr registriert. Einzige Ausnahme blieb ein sichtlich angetrunkener Hauptmann, der am späten Nachmittag mit hochrotem Kopf und schief aufgesetzter Dienstmütze torkelnd aus dem unweit vom Grenzknick befindlichen Beobachtungsbunker kam. In hohem Bogen warf er eine leere Schnapsflasche ins angrenzende Gebüsch, ehe er mit einem Feldwebel – und mit Mühe – in einen Trabbi-Kübelwagen stieg und davonfuhr. »Hast du gesehen?«, fragte ein Streifenführer den neben ihm stehenden Stabsmeister Vogt, der die Szenerie ebenfalls durch ein Fernglas beobachtet hatte. »Hmm«, brummte der nachdenklich, »ich glaube, die haben ihren nächtlichen Sieg gefeiert!«

In etwa zeitgleich, gegen 16 Uhr 30, wurde der Geschäftsträger der Ständigen Vertretung der Bundesrepublik Deutschland, Dr. Hans-Otto Bräutigam, im DDR-Außenministerium vorstellig.
Der Bonner Diplomat teilte dem stellvertretenden Leiter der Abteilung BRD Schindler mit, dass er von der Bundesregierung beauftragt sei, »gegen den unangemessenen Schusswaffengebrauch und die Grenzverletzung durch auf das Territorium der BRD eingeschlagene Geschosse ›scharfen Protest‹ einzulegen«. Darüber

hinaus forderte Dr. Bräutigam Auskunft über das Ergehen und – soweit möglich – den Rücktransport Michael Gartenschlägers sowie eine »genaue Untersuchung und Ermittlung des Vorfalls«.

Schindler, der bereits zuvor aus dem MfS eine schriftliche Argumentationshilfe erhalten hatte, stellte sich zunächst taub. Er wisse nichts über ein derartiges Vorkommnis, müsse aber den »Protest« entschieden zurückweisen, da sich aus dem (von Bräutigam) geschilderten Vorgang ergebe, dass offensichtlich eine Verletzung der Staatsgrenze der DDR vorliege. »Wer die Staatsgrenze verletzt, muss mit Konsequenzen rechnen!«, betonte Schindler nachdrücklich. »Außerdem ist Gartenschläger kein Unbekannter, sondern ein vorbestrafter Gewaltverbrecher. Das wussten die Behörden der BRD und haben keine Maßnahmen ergriffen, die Provokationen an der Staatsgrenze BRD-DDR zu unterbinden.«

Eine solche Unterstellung konnte Bräutigam nicht unwidersprochen lassen. Er versicherte, dass »durch die Bundesrepublik Deutschland und ihre offiziellen Stellen die Handlungen des Herrn Gartenschläger in keiner Weise unterstützt und ermutigt worden seien«, und bestand weiterhin auf seinem vorgetragenen Protest.

In der Weise beharrten die Gesprächspartner noch eine Weile auf ihren jeweiligen Positionen, bis der bundesdeutsche Diplomat mit einer fast nebenbei geäußerten und als »privat« deklarierten Meinung eine Art Kompromissvorschlag unterbreitete: Es liege in der Angelegenheit ja wohl ein politisches Problem und beide Seiten seien sicher nicht daran interessiert die Situation zu verschärfen!

Dem konnte Schindler nur zustimmen, vor allem da mit dem »privaten Standpunkt« Bräutigams der entgegenkommende Eindruck vermittelt wurde, es in der Behandlung des Zwischenfalls bei der gewohnten Form offizieller Proteste ohne weitere Konsequenzen zu belassen. Eine Belastung des Prozesses »der Entspannung und Normalisierung der Beziehungen zwischen der BRD und der DDR« war damit umgangen. Fehlte nur noch die DDR-Protestnote, die drei Tage später (nun von Schindler an Bräutigam) nachgereicht wurde. Sieht man einmal von der politisch-»diplomatischen« Behandlung des Grenzzwischenfalls mit immerhin einem

Erschossenen ab, so erscheint bemerkenswert, dass der Kontext mit dem zentralen Gegenstand der Selbstschussgeräte gänzlich unerwähnt blieb.

SPURENSUCHE ODER DER LANGE WEG
ZUR WAHRHEIT

Wie lange hatte ich nicht mehr geschlafen? Dreißig Stunden oder vierzig? Nach den Ereignissen der Nacht, den Aufregungen, den Befragungen bis in den Morgen hinein und den Vernehmungen durch die Staatsanwaltschaft in Lübeck den ganzen 1. Mai über war mir jegliches Zeitgefühl abhanden gekommen. Ich wusste nicht einmal mehr den Wochentag zu benennen, so sehr war ich in meinen Gedanken und mit meinen Aussagen in dem Grenzgeschehen gefangen, das sich dadurch mehr und mehr verselbständigte.

Und doch konnte ich in dieser exponierten Situation klar und logisch denken und reagieren, wenngleich mich meine Gefühle an verschiedenen Punkten zu überwältigen drohten. So blieb ich denn auch zumindest äußerlich zurückhaltend gelassen, als mich der vernehmende Lübecker Staatsanwalt Wirsich nach der intensiven Zeugenbefragung zu den Umständen und Motiven unseres verhängnisvollen Grenzganges plötzlich damit konfrontierte, zusätzlich noch als Beschuldigter aussagen zu sollen. Konkret wurde mir mitgeteilt, dass man sich durch mein Eingeständnis, am Abbau der Todesautomaten beteiligt gewesen zu sein, gezwungen sehe, nunmehr auch gegen mich wegen »Diebstahls« zu ermitteln sowie aufgrund meiner »Mittäterschaft« in der vergangenen Nacht wegen »versuchter Sachbeschädigung«. Obschon ich das Ansinnen im Zusammenhang mit den vorhergehenden behördlichen Ermittlungen gegen Gartenschläger einordnen konnte, verstand ich zunächst nicht. Da wertete die Staatsanwaltschaft das Handeln der vermeintlichen Grenzsoldaten (so der Kenntnisstand damals) als »Mord zum Nachteil des Gartenschläger und als versuchten Mord an Uebe und Lienicke« und meinte zugleich, Wolf-Dieter und mich wegen obiger (juristisch umstrittener) Delikte verfolgen zu müssen. Einmal davon abgesehen, dass ich mir keiner Schuld bewusst war, hielt ich die Beschuldigung in jenem Moment für unverhältnismäßig und absolut deplatziert.

Immerhin aber hatte ich mich so im Griff, dass ich dem ehrgeizigen Rundumschlag der Staatsanwaltschaft mit einem verächtlichen Achselzucken begegnen konnte. Vielleicht verzichtete ich auch auf lautstarken, empörten Protest, weil ich schon den ganzen Tag ein Gemisch aus Übelkeit, Angst, einem dumpfen Schmerz und heilloser Wut in mir spürte, das mich zunehmend irritierte.

Irgendwann am Spätnachmittag oder gegen Abend durfte ich nach Hamburg zurückfahren und suchte Astrid bei Schönfeldts auf. In der Wohnung, in der mir bereits im Flur Zigarettenmief und Stimmengewirr entgegenschlugen, befanden sich einige Leute, darunter Jochen Stener und Norbert Meier, die hitzig und lauthals debattierten. Besonders erregt zeigte sich Astrid, die über den »Schweinestaat da drüben« pöbelte, wenn sie nicht gerade von Weinen durchgeschüttelt wurde. Zweifellos ging es ihr miserabel.

Renate Schönfeldt hatte sich neben dem Telefon postiert, das im Minutentakt läutete, und flüsterte knappe Kommentare in den Hörer. Natürlich erwarteten alle mit ein wenig Scheu von mir eine Schilderung aus erster Hand, die ich auch abgab, obwohl mir das Reden nach dem zurückliegenden Tag der permanenten Erklärungen schwer fiel. Doch Michaels Freunde und Bekannten hatten ein Recht auf Informationen, und so berichtete ich einigermaßen ausführlich, was ich selbst immer noch nicht recht glauben mochte. »Ich bin mir eigentlich sicher, dass Micha tot ist«, hieß mein Schlusswort, »aber hundertprozentig ist das nicht!«

Tatsächlich erfolgte die offizielle Bestätigung erst in den späten Abendstunden des Maifeiertages, als der *Norddeutsche Rundfunk* unter Berufung auf eine *ADN*-Meldung mitteilte, dass Michael Gartenschläger schwer verwundet worden und inzwischen seinen Verletzungen erlegen sei.

Nach meiner Erzählung herrschte betretenes Schweigen, bis eine erste Stimme mit einem Fluch die stille Betroffenheit auflöste, was zu erneuten zornigen Ausbrüchen führte. Zwischendurch erfuhr ich, dass Astrid und Renate sich schon am frühen Morgen Sorgen um uns gemacht hatten, als wir immer noch nicht aufgetaucht waren. Im Laufe des Vormittags hatte dann Uebes Freundin bei ihnen angerufen und ihren vagen Kenntnisstand weitergegeben. Um die Mittagszeit stand der Lübecker Kriminalhauptmeister Franke vor der Tür, um Astrid zu informieren und von ihr etwas über die Vorgeschichte und die Umstände unserer Aktion zu erfahren. Speziell interessierte er sich für die Personen, die von unserem letzten Unternehmen nähere Kenntnis gehabt hatten; denn schließlich hatte Gartenschläger bei seiner letzten staatsanwaltlichen Vernehmung angedeutet, dass es einen MfS-Informanten in seiner Nähe gebe, den er alsbald den Behörden präsentieren wolle. So lag auch für die Kriminalpolizei nach ihren ersten Ermittlungen der Verdacht nahe, dass unser Grenzgang verraten worden sein könnte und wir in eine Falle getappt waren.

An diesem Punkt wurde ich noch einmal hellwach: ›So und nicht anders muss es gewesen sein‹, dachte ich. ›Üblicherweise lungerten nachts keine Grenzer vor dem Zaun herum. Also mussten sie um unser Kommen gewusst und den Hinterhalt gezielt geplant haben!‹ Und ebenso klar und deutlich sah ich in dem Moment den »Verräter« vor mir: Riediger, den Michael Gartenschläger ja schon länger verdächtigte.

Passend dazu erzählte Jochen Stener, dass er Gerd-Peter am Nachmittag bei Gartenschläger habe vorbeifahren sehen, ihm im Auto gefolgt sei und ihn vor dessen Haustür angesprochen habe. »Er tat völlig ahnungslos«, sagte Jochen. »Will den ganzen Tag unterwegs gewesen sein und nirgendwo Nachrichten gehört haben. Viel wusste ich ja auch nicht. Wir haben dann gemeinsam versucht, telefonisch was in Erfahrung zu bringen. So bin ich hier in Billstedt gelandet.«

Ich nickte, aber mehr zur Bestätigung meiner eigenen Überlegungen. Riediger, wer sonst? Wem wollte er weismachen, nachmittags um sechzehn oder siebzehn Uhr noch nichts von einer Geschichte mitbekommen zu haben, die inzwischen die Medienspatzen von den Dächern pfiffen und die sich auch in unserem Hamburger Bekanntenkreis wie ein Lauffeuer verbreitet hatte? Er musste endlich gestellt werden. Morgen oder übermorgen, jetzt war ich zu müde. Zwei Tage später schien die Zeit reif zu sein, den angeblichen Verräter zu überführen. Wie wir dies konkret bewerkstelligen wollten, wussten Astrid, Jochen und ich trotz einiger konfuser Diskussionen nicht. So einigten wir uns darauf, Gerd-Peter unverfroren zu beschuldigen, ihn unter Druck zu setzen – falls nötig, massiv. Als er von sich aus Astrid um ein Gespräch in seiner Wohnung bat, nutzten wir die Gelegenheit, tauchten ohne Vorankündigung zu dritt bei ihm auf und behaupteten, um seine Stasi-Kontakte zu wissen; mehr noch, wir drohten ihm schließlich Übles an, wenn wir nur den kleinsten Beleg für eine Mitschuld seinerseits am Tod Michael Gartenschlägers finden würden – und überließen ihn sich selbst.

In Riediger steigerte sich die Angst vor unserer Rache fast stündlich und erst recht, als er erfuhr, welche Versammlungen bei Schönfeldts und anderen Orts stattfanden. Natürlich plagte ihn auch ein schlechtes Gewissen wegen seines seit Ostern bestehenden Kontaktes zur Stasi, und er mutmaßte, dass jene Herren, die mit ihm gesprochen hatten, eines Tages die Verbindung im Westen preisgeben würden; spätestens dann, wenn er keine brauchbaren Informationen mehr beschaffen konnte oder wollte. Obwohl er sich in Bezug auf Gartenschlägers Tod nichts vorwerfen mochte, schwante ihm in dem Fall wenig Gutes, sodass er sich in seiner Not entschloss, den Landesverfassungsschutz in Hamburg aufzusuchen und sich freiwillig als Agent des MfS zu enttarnen.

Aufgrund der vorangegangenen Ereignisse nahm man seine Geschichte dort ernst und ihn selbst einen Tag später vorläufig fest. Für die Ermittlungsbehörden lag nach Astrids und anderen Aussagen auf der Hand, ihn nicht nur wegen seiner »geheimdienstlichen Tätigkeit« zu beschuldigen, sondern ihn auch des möglichen Verrats im Fall Gartenschläger zu verdächtigen. Bis zum Prozessbeginn Mitte Dezember 1976 verblieb er in Untersuchungshaft. Über seine eingestandene MfS-Verpflichtung hinaus ergaben sich in der Verhandlung keine konkreten Anhaltspunkte für einen Verrat des letzten, tragischen Grenzganges, sodass der II. Strafsenat des Schleswig-Holsteinischen Oberlandesgerichtes ihn zu Recht nur wegen »geheimdienstlicher Agententätigkeit« zu einer mehrmonatigen Freiheitsstrafe verurteilte, die zur Bewährung ausgesetzt wurde.

Ebenfalls Anfang Mai in der DDR: Staatsanwalt Horst Juch informierte im Auftrag des Generalstaatsanwalts der DDR persönlich Gartenschlägers in Brehna lebende Schwester darüber, dass ihr Bruder eine »schwere Grenzprovokation« begangen und bei dem von ihm provozierten Schusswechsel Verletzungen erlitten habe, »an deren Folgen er trotz ärztlicher Bemühungen« (!) verstorben sei. Christa Köckeritz konnte kaum ihren Schmerz und ihre innere Aufgewühltheit verbergen. Längst war sie durch das Westfernsehen und die zahlreichen Telefonate, die sie mit Freunden und Bekannten ihres jüngeren Bruders geführt hatte, hinreichend über den wahren Ablauf der Aktion unterrichtet. Und nun sah sie sich einer Darstellung gegenüber, die Michael Gartenschläger zum zweiten Mal, nach dem Strausberger Schauprozess 1961, zum Täter machen wollte. Nur mühsam gelang es ihr, den allzu knappen Bericht des Juristen genauer zu hinterfragen, speziell Auskunft über den Verbleib des Leichnams ihres Bruders zu erhalten. Bilder und Gefühle aus der Vergangenheit tauchten auf, die ihr noch einmal schmerzlich nahe brachten, wie auch sie unter seinem Schicksal gelitten hatte; wie er ihr gefehlt hatte in all den Jahren, die er im Gefängnis verbringen musste, und danach, als ihm die Einreise in die DDR verweigert wurde. Ganze viermal im Jahr hatte sie ihn nach dem Tod der Mutter im Zuchthaus Brandenburg besuchen dürfen und später immer nur für wenige Minuten auf den Transitwegen treffen können. Trotz allem war er es, der ihr stets Mut gemacht hatte, an das Ende der unmenschlichen Beschränkungen zu glauben. Und sie erinnerte sich an Michaels ersten Brief aus Hamburg mit dem euphorischen Satz: »Ich bin frei!« und der optimistischen Schilderung seiner Pläne in einer Zukunft ohne staatliche Bevormundung und Willkür. Nun war er tot, an irgendeinem Ort in der DDR und man verweigerte ihr, ihn zu beerdigen.

»Im Interesse der umfassenden Beweissicherung muss die Leiche vorerst beschlagnahmt bleiben.« Worte, die Christa Köckeritz frösteln ließen, die ihr verdeutlichten, dass hier weniger von einem Verstorbenen als vielmehr von einem »Klassenfeind« die Rede war. »Aber ich muss ihn doch beerdigen dürfen!«, appellierte sie mit leise verzweifelter Stimme an den Staatsanwalt. »Verstehen Sie das nicht?«

Juch schwieg. Er hielt sich an sein vorgegebenes »Konspekt zum Gespräch mit einer Angehörigen Gartenschlägers«. Christa Köckeritz fühlte Ärger in sich aufsteigen.

»Was ist das für ein Staat, der nicht einmal die Toten respektiert!«, hielt sie dem Juristen vor. Doch der zog nur eine Augenbraue hoch und stand auf, um das Ende des Gesprächs zu demonstrieren. »Überlegen Sie, was Sie sagen«, gab er ihr noch mit auf den Weg, als sie grußlos auseinandergingen.

Trotz wiederholter Versuche Christa Köckeritz', von der Generalstaatsanwaltschaft Näheres über den Verbleib ihres toten Bruders zu erfahren, sah sich die Justizbehörde nach Abstimmung mit dem »Genossen Borchert« vom MfS erst zwei Jahre später genötigt, der Schwester mitzuteilen, dass eine Beisetzung erfolgt sei und das Grab »ordnungsgemäß gepflegt werde«. Die Stätte allerdings könne ihr nicht bekannt gegeben werden, so wurde von Juch argumentiert, da die BRD-Justizbehörden nichts zur Aufklärung der Verbrechen gegen die DDR beitrügen. Auch seien dem Generalstaatsanwalt der DDR gegenüber weitere Anschläge angekündigt worden: »Um derartige Anschläge auf das Territorium der DDR auszuschließen, wird über die zwischenzeitliche Bestattung keine Auskunft erteilt« – im eigenen Interesse der Familie Köckeritz!

Erst nachdem 1990 Erkenntnisse des BND über vermeintliche MfS-Morde vom Generalbundesanwalt in Karlsruhe publik gemacht wurden und neue Ermittlungen auch im Fall Gartenschläger begannen, gab Staatsanwalt Juch die Grabstätte Michaels auf Anfrage preis, wobei er geflissentlich betonte, selbst den Bestattungsort nie erfahren zu haben; dies obwohl eine große Anzahl an Verfügungen von ihm respektive seiner Dienststelle ausgingen und die Generalstaatsanwaltschaft über vierzehn Jahre ausschließlich für das Verfahren zuständig war.

In der Bundesrepublik beschäftigten sich die Medien mit der Geschichte in einer Weise, die sich im Gegensatz zu den Situationen unserer Minendemontagen zu einem wahren Rummel steigern sollte. Bei mir löste es weit mehr Unbehagen aus denn eine Befriedigung über die vorher von Gartenschläger so erhoffte Bekanntmachung und Verbreitung der am Metallgitterzaun installierten Inhumanität, die nun endlich, aber tragischerweise erst mit der Erschießung Michaels öffentlich problematisiert zu werden schien. Zudem war es offensichtlich auch nicht der Grenztod an sich, der in die Schlagzeilen geriet, denn solche Fälle, wie der durch eine Splittermine Ermordete, der Gartenschläger zu den Demontagen veranlasst hatte, sorgten ja nur noch für ein fünfzeiliges Aufsehen. Es waren vielmehr der Schießbefehl an der innerdeutschen Grenze und statt eines anonymen Knopfdrucks oder des bloßen Vorhandenseins von Minenauslösedrähten das aktive, direkte Töten durch Menschen, das anscheinend als moralisch verwerflicher eingestuft wurde – was allerdings für die jeweiligen Opfer und die Hinterbliebenen keinerlei Unterschied ausmachte.

Vielleicht entzündete sich das starke Interesse aber auch an der Seltenheit oder Besonderheit, dass jemand beim Gang von West nach Ost und nicht bei der gewohnten Flucht in entgegengesetzter Richtung ums Leben gekommen war. Auf jeden Fall gab der Umstand, dass Michael Gartenschläger nicht einer unerträglichen politischen Situation zu entfliehen versucht hatte, sondern im freien Westen aus freien Stücken an den Zaun gegangen war, Raum für allerlei Spekulationen über seine Person und seine Motive. So wurde von einigen Journalisten eine Vita konstruiert, derzufolge der »freigekaufte DDR-Häftling« in der Bundesrepublik angeblich nie recht Fuß gefasst, verschiedene Berufe durchprobiert, gelegentlich sein Geld mit »undurchsichtigen Geschäften« verdient hatte *(Lübecker Nachrichten)* und darüber hinaus an »Abenteuern« interessiert gewesen war, »die sich lohnten, tunlichst zu Lasten der DDR« *(Der Spiegel).*

In dieses Bild ließ sich dann auch nahtlos einfügen, dass er mit seinem »letzten Coup« *(Frankfurter Rundschau)* noch einmal »ein großes Ding drehen« wollte *(Frankfurter Allgemeine)*, »gegen Honorar«, wie falsch und negativ angemerkt wurde *(Lübecker Nachrichten, Frankfurter Rundschau)*, und dementsprechend mit seiner »Kampfgruppe« *(Münchener Merkur)*, einer »faschistischen Bande« *(Arbeiterkampf)* aus der Szene »heruntergekommener Rechter« *(Der Spiegel)* und einem »40 000-Mark-Sportcoupé« *(Lübecker Nachrichten)* an die Grenze fuhr.

Auf eine solche Weise persönliche Vorteile – sei es Heldenruhm oder Geld – einheimsen zu wollen, erschien den schreibenden Interpreten folgerichtig mehr als fragwürdig und ließ sie an etwaigen »politischen Motiven« stark zweifeln. Aus dieser Sicht war das todbringende Unternehmen denn auch von vornherein »sträflich leichtsinnig« *(Kieler Nachrichten)*, ein »gefährliches Abenteuer« oder ein »wahnwitziges Husarenstück ... des ohne Zweifel geltungsbedürftigen Gartenschläger«, der »ohnehin ein Fall für den Psychiater ist« *(Frankfurter Rundschau)*.

Positiv billigte man ihm bei dieser Einschätzung gerade noch zu, dass er ein »armer Teufel« gewesen sei, in dem sich während der DDR-Haft »abgrundtiefer Hass gegen das SED-Regime« ausgebildet habe, der »in der Freiheit noch zügelloser« wurde *(Stern)*. Auch *Der Spiegel* erklärte psychologisierend: «... Offenbar war Gartenschläger, der fast zehn Jahre DDR-Haft hinter sich hatte, nun zunehmend zum Gefangenen seiner Vorstellung geworden, er müsse der DDR Schaden zufügen, wo immer sich das machen ließe.«

Nach all dem gestand man Michael Gartenschläger offensichtlich keine über das persönliche Maß hinausgehende Gewissensnot zu; man hielt es anscheinend für abwegig, dass sich jemand aufgrund eigener, bitterer Unrechtserfahrung engagierte, mit direkten, spektakulären Aktionen ein uneingeschränkt Unrecht produzierendes, totalitäres politisches System anzuprangern, die Öffentlichkeit zu sensibilisieren und zu mobilisieren, um zu versuchen, die Lebensverhältnisse der in dem System weiterhin gefangenen Menschen zu verbessern. Augenscheinlich war es bequemer, wenn nicht zeitgeistiger, einer Randfigur wie Gartenschläger neurotisch zwanghaftes Verhalten zu unterstellen, wenn er sich trotz behördlicher Warnungen vor dem erhöhten Risiko noch ein drittes Mal im Bereich der vorherigen »Tatorte« – möglicherweise in »selbstmörderischer Absicht«, wie die *Zeit* mutmaßte – an den Zaun wagte. Dass in Wirklichkeit weder der eine noch der andere Fall gegeben war, sollte die vorangegangene Darstellung gezeigt haben.

Insgesamt stellten die Deutungen und Spekulationen eines großen Teils der Medien und der Politik einen Schlag ins Gesicht all jener Menschen dar, die außerhalb schwer nachvollziehbarer diplomatischer Verhandlungen aktiven Widerstand gegen offensichtliche Menschenrechtsverletzungen geleistet haben oder leisten wollen. Dies auch deshalb, weil Michael Gartenschlägers Tod (damals zumindest) in den Augen vieler sinnlos war, etwas, das keine Veränderung bewirken konnte, und – weitaus schlimmer – zu einer Konsequenz umgedichtet wurde, die allenthalben zwar bedauert, aber ihm vorwurfsvoll als selbst verschuldet angelastet wurde.

So meinte etwa der damalige SPD-Pressesprecher Boldt, »die Empörung über den Tod Gartenschlägers (werde) auch nicht dadurch gemindert, dass er durch dessen offensichtlich leichtfertiges Verhalten verursacht worden sei«. Und der schleswig-holsteinische Justizminister Schwarz drückte sein »tiefes Bedauern« über die »entsetzliche Grenze« aus, unterstrich aber gleichzeitig, dieses Bedauern müsse sich auch auf die »Unbelehrbarkeit von einzelnen Menschen erstrecken, die einfach die schrecklichen Gefahren nicht sehen wollen«.

»Leichtfertigkeit« und »Unbelehrbarkeit« wurden demnach als vorrangige Ursachen hingestellt, während das eigentliche Unrecht, nämlich die Mordinstrumente und der Schießbefehl an der Grenze, in den Rang eines zwar furchtbaren, aber kaum zu ändernden und damit hinzunehmenden Faktums gehoben wurde. Aufgrund des »Leichtsinns« sah somit auch der zuständige Lübecker Oberstaatsanwalt Kleiner »eine gewisse Schwierigkeit«, den Tatbestand des Mordes gemäß den Bestimmungen des Strafgesetzbuches in den Ermittlungen aufrechtzuerhalten. So könne, sagte er in einem Zeitungsinterview, der Tatbestand der Heimtücke möglicherweise in Frage gestellt sein, da Gartenschläger, der zuvor zweimal an derselben Stelle in das Grenzsperrgebiet eingedrungen sei, nicht arglos gehandelt haben könne. Gartenschläger sei von der Kriminaldirektion Lübeck gewarnt und auf die verschärfte Situation an diesem Zonengrenzpunkt hingewiesen worden.

Dem ist allerdings entgegenzuhalten, dass Gartenschläger die Meldungen in der Presse und die polizeilichen Warnungen sehr wohl ernst genommen hat. Dass zusätzlich zur eigentlich ausreichend »diebstahlverhütenden« Verschärfung der Sperranlagen noch ein Hinterhalt von einem Sonderkommando eingerichtet wurde, war nicht vorhersehbar und wurde ja nicht einmal durch den BGS bzw. durch den Zollgrenzdienst trotz verstärkter Observation erkannt.

Als Folge dieser Stimmungsmache wurden alle politischen Meinungen kritisiert, die die Schuld verteilter oder überhaupt anders gelagert sahen und der Bundesregierung »feiges Schweigen« zum DDR-Unrecht *(Kölnische Rundschau)* und »jahrelange Untätigkeit … gegenüber den ständigen Verletzungen der Menschenrechte« durch die DDR *(Frankfurter Rundschau)* vorwarfen oder gar auf das Recht dieser Art des Widerstands verwiesen. Denn nach den ersten beiden Grenzaktionen hatte der damalige CDU-Fraktionsvorsitzende Uwe Barschel öffentlich erklärt, es entspreche dem Geist des Grundgesetzes, wenn sich Bürger aktiv gegen Verletzungen der Menschenrechte zur Wehr setzten. Der FDP-Abgeordnete Schumacher und der SPD-Pressesprecher Boldt bestritten dies nun anlässlich Michaels Erschießung »energisch« und äußerten vor der Presse, durch Aktionen wie die Gartenschlägers werde an der Wirklichkeit nichts geändert. Kein verantwortungsvoller Politiker habe das Recht, Bürger zu ermutigen, ihr Leben aufs Spiel zu setzen, und zum aktiven Widerstand aufzurufen, wenn dies sinnlos sei und tödliche Folgen haben könne *(Kieler Nachrichten)*.

Allerdings beantwortete auch keiner der beiden Politiker die Frage, ob es sinnvoll sei, auf dem praktizierten, langen und zähen innerdeutschen Verhandlungswege immer wieder Tote in Kauf zu nehmen!? Und ob nicht immer auch durchaus risikoreiche Zivilcourage vonnöten sei, Unrecht, Unmenschlichkeit anzuprangern und zu beseitigen!? Möglicherweise aber stand hinter der offiziellen Auffassung wirklich die Befürchtung, dass »mutwilliges Hantieren an den Selbstschussapparaten … allzu leicht eine Explosion bewirken (kann), die mehr als ein Menschenleben kostet« *(Frankfurter Rundschau)*. Ob eine solche Angst jedoch zwingend forderte, den SED-Machthabern mit Glacéhandschuhen zu begegnen, darf freilich bezweifelt werden.

Und tatsächlich wurde es auch in jenen Maitagen 1976 verschiedentlich laut angezweifelt. Denn der deutschlandpolitische Sprecher der CDU/CSU-Fraktion, Prof. Dr. Manfred Abelein, etwa verlangte in aller Öffentlichkeit, es in diesem Fall nicht bei »Routineprotesten« zu belassen, und brachte zusammen mit dem Unionsabgeordneten Alois Mertes entsprechende Dringlichkeitsfragen in den Bundestag ein, die am 5. Mai 1976 in der 237. Sitzung der 7. Wahlperiode behandelt wurden:

»Ich rufe zunächst zwei dringliche Fragen aus dem Geschäftsbereich des Bundesministers für innerdeutsche Beziehungen auf. Frage eins des Abgeordneten Dr. Abelein«, eröffnete Vizepräsident Kai Uwe von Hassel die Sitzung, nachdem er die zugehörige Drucksache verlesen hatte. »Ist die Bundesregierung bereit, die Erschießung Michael Gartenschlägers zum Anlass zu nehmen, unverzüglich Gespräche mit der Regierung der DDR aufzunehmen mit dem Ziel, entsprechend den Bestimmungen in Artikel zwei des Grundvertrages das Töten an der innerdeutschen Demarkationslinie sofort einzustellen?«

Die Frage beantwortete der Parlamentarische Staatssekretär beim Bundesminister für innerdeutsche Beziehungen Karl Herold, nachdem er eine kurze zusammenfassende Schilderung des Sachverhalts vorausgeschickt hatte: »Über die Beurteilung der Sperranlagen der DDR an der innerdeutschen Grenze und der Mauer gibt es, so hoffen wir, in diesem Hause keine Meinungsverschiedenheiten. Die Bundesregierung braucht daher nicht aufgefordert zu werden, mit den ihr gebotenen Möglichkeiten auf die DDR-Regierung im Sinne dieses gemeinsamen Anliegens einzuwirken. Sie hat, was Ihnen inzwischen bekannt sein dürfte, unmittelbar nach Bekanntwerden des Zwischenfalls bei der Regierung der DDR schärfsten Protest gegen den unangemessenen Schusswaffengebrauch eingelegt. Die bereits anberaumte Sitzung der Grenzkommission in Bayreuth wurde genutzt, um diesen Protest zu wiederholen. Auch der Chef des Bundeskanzleramtes hat den Grenzzwischenfall in einem Gespräch mit dem Leiter der Ständigen Vertretung der DDR am 3. Mai 1976 angesprochen.«

Mit diesen Ausführungen wollte sich Manfred Abelein jedoch nicht zufrieden geben. »Wie vertragen sich nach Auffassung der

Bundesregierung die Installierung von ›Todesautomaten‹ und die Ermordung Gartenschlägers mit den Bestimmungen von Artikel zwei des Grundvertrages?«, hakte er nach.

»Herr Kollege«, entgegnete Karl Herold ein wenig ungeduldig, »Bundesminister Franke hat sich in einer ersten Erklärung am 1. Mai bereits eindeutig dazu geäußert und gesagt, dass hier menschenunwürdig verfahren worden ist. Wir haben solche Maßnahmen schon mehrmals verurteilt, und ich glaube, wir sind einer Meinung, dass diese Dinge als unmenschlich zu bezeichnen sind.«

Doch auch diese Antwort wurde im Parlament nicht als ausreichend empfunden. Dr. Walter Becher von der CSU meldete eine Zusatzfrage an: »Herr Staatssekretär, hat die Bundesregierung schon einmal die Regierung in Ostberlin offiziell aufgefordert, die Mordwaffen vom Trennungszaun zu entfernen, und, wenn nicht, ist sie vielleicht gewillt, diesen Vorfall jetzt zum Anlass zu nehmen, dies in aller Form und vor aller Welt zu tun?«

Herold verzichtete auf ein klares Ja oder Nein, verwies stattdessen auf ähnliche Vorfälle in der Vergangenheit sowie auf Gespräche und Verhandlungen in der Grenzkommission und fuhr dann fort: »Nur besteht – ich glaube, hier sind wir uns doch einig – für die Bundesrepublik Deutschland keine Möglichkeit, die DDR zu zwingen, die ›Todesautomaten‹ abzubauen.«

Wohl um eine präzisere Stellungnahme zu bewirken, versuchte es die CDU-Vertreterin Liselotte Berger mit einer anderen Formulierung. Sie wollte vom Parlamentarischen Staatssekretär wissen, ob »die Bundesregierung bereit (ist), die Weltöffentlichkeit und insbesondere die Vereinten Nationen mit ihrer Menschenrechtskommission über die Installierung dieser menschenrechtswidrigen ›Todesautomaten‹ und über diesen unerhörten Vorgang der Ermordung eines Mitbürgers zu informieren?«

Erneut fiel Herolds Entgegnung vage aus, indem er allein ankündigen konnte, dass all diese Schwierigkeiten auf jeden Fall auf der Konferenz in Belgrad über die Ergebnisse und Erfahrungen mit den Abschlusserklärungen der KSZE zur Sprache kommen würden.

Nicht zuletzt durch die allgemein gehaltenen, beinahe schon gewunden anmutenden Stellungnahmen des Staatssekretärs geriet die

Debatte zunehmend polemischer. Dafür war insbesondere ein Wortbeitrag des sozialdemokratischen Abgeordneten Norbert Gansel verantwortlich, der die Frage stellte: »Herr Staatssekretär, wie beurteilt die Bundesregierung Äußerungen von Politikern, die in Kenntnis der polizeilichen und staatsanwaltschaftlichen Ermittlungen gegen Herrn Gartenschläger diese Ermittlungen als formalistisch abgetan, das Verhalten von Herrn Gartenschläger als Nothilfe entschuldigt und indirekt dazu beigetragen haben, dass er sein selbstmörderisches Tun fortsetzte?«

»Eine grobe Unverschämtheit! Typisch Gansel! Sagen Sie doch gleich: Honecker ist unschuldig!«, empörte sich der Unionspolitiker Reddemann. »Der Ermordete ist schuld!«, pflichtete ihm ein Fraktionskollege wütend bei.

Es dauerte eine Weile, bis es Herold gelang, sich wieder Gehör zu verschaffen: »Ich wollte nur sagen, dass wir die ganze Diskussion um diesen Fall, der so tragisch ist, sehr bedauern. Ich glaube, es sollten alle verantwortlichen Politiker einiges dazu beitragen, dass solche Dinge schon vom Ansatz her verhindert werden.«

Erneute Unruhe, die nun Vizepräsident von Hassel moderierend einzudämmen versuchte: »Eine Zusatzfrage des Herrn Abgeordneten Dr. Becher«, hielt er mit gehobener Stimme den Diskussionen auf den Parlamentsbänken entgegen. Für einen Moment beruhigten sich die Gemüter, Dr. Becher trat ans Mikrofon: »Herr Staatssekretär, könnte sich die Bundesregierung nicht dazu entschließen zuzugeben, dass Herr Gartenschläger und andere, die die Existenz der Mordwaffen gegenüber der Öffentlichkeit aufdecken wollen, zwar ein Risiko übernommen haben, aber keineswegs unverantwortlich, sondern im Dienste der Freiheit und unter Hinweis auf die Not in Deutschland sogar in höherem Sinne äußerst verantwortlich, und dass wir uns davor verneigen und das nicht noch kritisieren sollten?«

Karl Herold schien nachzudenken, bevor er erwiderte, dass er »vor allen Dingen vor (den) letzten Worten etwas warnen« würde, was aus den Reihen der SPD mit deutlicher Zustimmung quittiert wurde. Und wie zur Betonung fuhr er fort: »Ich würde vor solchen Bemerkungen warnen. Wir sollten in diesem Zusammenhang das tragische Einzelschicksal sehen, aber nicht noch in eine Richtung gehen, die wir beide – Sie und ich – nicht einschlagen wollen.«

Klang diese Äußerung schon mehr nach einer persönlichen Meinung als nach einer offiziellen Stellungnahme, so sah sich Herold auch nicht in der Lage, die abschließende Frage Manfred Abeleins eindeutig zu beantworten, der wissen wollte, ob die Bundesregierung ebenfalls die Auffassung teile, wonach die größere strafrechtliche Schuld für den Grenzzwischenfall bei Gartenschläger liege und weniger bei denen, »die menschenrechtswidrig Mordanlagen mitten in Deutschland errichtet haben«. Denn ebenso lapidar wie ausweichend entgegnete er darauf, dass er »diese Fragen ... nicht zu analysieren habe«.

Man kann nicht einmal sagen, dass die Haltung der von der SPD geführten Bundesregierung enttäuschte. Eher konnte man sie als Bestätigung der Bahr'schen politischen Strategie »Wandel durch Annäherung« gegenüber dem SED-Regime begreifen, die von vielen als Schmusekurs angesehen wurde, der, wenn überhaupt, nur sehr langfristig Erfolge im Sinn einer Lockerung des herrschenden Grenzregimes zu bewirken vermochte. Über den Punkt hinaus beschlich die Freunde Michael Gartenschlägers gerade im Zusammenhang mit den Reaktionen nach dessen Tod sogar das Gefühl, dass beide Regierungen sich sozusagen heimlich angenähert hatten und aufeinander abgestimmt taktierten. Kaum anders konnten auch wir uns das leise Hinnehmen des real existierenden Unrechts erklären, etwas, »das, wie viele Menschen in freien Ländern meinten, ihre Nationen nicht so geduldig ertragen würden wie die deutsche« *(Frankfurter Allgemeine Zeitung)*; auch nicht die Vermeidung öffentlichen politischen Tuns, von dem man scheinbar glaubte, dass es die SED-Machthaber als Provokation auffassen könnten; und erst recht nicht jene Einstellung, die die gewaltsame Tötung Gartenschlägers mit dem Satz: »Wer sich in Gefahr begibt, kommt darin um!« ausreichend abgehandelt zu haben meinte.

Denn parallel zum abebbenden Medieninteresse, das sich nur noch einmal an der Sensation von Riedigers vermeintlichem Freundesverrat entzündete, war man offenbar zum Alltagsgeschäft zurückgekehrt – jedenfalls von Seiten der DDR: In der Nacht vom 10. auf den 11. Juni 1976 erschossen Grenzposten im Bereich des I. Grenzbataillons des Grenzregiments 20, Halberstadt, eine Person, die sich von Westen her dem Metallgitterzaun mit den Splitterminen genähert hatte. In der Nacht vom 12. auf den 13. Juli wurde der aus Dortmund stammende Bernd M. beim Versuch, im Raum Göttingen eine »SM-70« zu demontieren, von einer explodierenden Mine schwer verletzt, am 24. Juli ein Hamburger, der irrtümlich die Demarkationslinie überschritt, angeschossen. Am 5. August 1976 erschossen Grenzsoldaten den 38-jährigen italienischen Lastwagenfahrer Benito Corghi am Grenzkontrollpunkt Hirschberg. Corghi war übrigens der einzige Ausländer, der an der innerdeutschen Grenze getötet wurde, zudem war er Mitglied der KP Italiens. Am 18. August übergoss sich der evangelische Pfarrer Oskar Brüsewitz vor der Michaeliskirche in Zeitz mit Benzin und verbrannte sich selbst. Seinen Protest hatte er auf zwei Transparenten zum Ausdruck gebracht: »Funkspruch an alle ... Funkspruch an alle ... Die Kirche in der DDR klagt den Kommunismus an! Wegen Unterdrückung in Schulen, an Kindern und Jugendlichen.« Dazu meldete die DDR-Nachrichtenagentur ADN, nachdem die Verheimlichung des Vorfalls gescheitert war, dass es sich bei Brüsewitz um »einen abnormal und krankhaft veranlagten Menschen gehandelt habe, der oft unter Wahnvorstellungen litt«.

Eine nachträgliche politische Meinungsäußerung schreckte aber doch noch auf. In der Ausgabe der *Bild am Sonntag* vom 15. August 1976 war ein Interview mit dem Bundesminister für Entwicklungshilfe Egon Bahr, der sieben Jahre zuvor die neue Ostpolitik der damaligen Bundesregierung eingeleitet hatte, abgedruckt. Auf die Frage: »1973 hieß es in der Regierungserklärung, es müsse erreicht werden, dass nicht mehr geschossen wird. Das ist nicht geschehen. Scheitern die Verträge an der Praxis des Ostens?«, erwiderte er: »Klare Antwort: Nein. Was das verschärfte Schießen angeht: Das geht darauf zurück, dass in klarer Verletzung bestehender Grenzvorschriften einige Bürger von uns zum Beispiel versucht haben, an diesem verdammten Drahtzaun Demontagen vorzunehmen. Ich verurteile, wie alle, die unmenschliche Überreaktion der DDR. Auch an anderen Grenzen in Europa gibt es Grenzverletzungen, ohne dass deshalb geschossen wird.«

Sollte Michael Gartenschläger nun auch noch die Verantwortung für ein rigideres Grenzregime tragen? Vergaß Egon Bahr da nicht, dass von Beginn an zunächst an der Zonengrenze, später an der »Staatsgrenze West« auf Menschen geschossen worden war?

Immerhin aber ist, wie bereits beschrieben, festzustellen, dass in Konsequenz der Minendemontagen mit dem »Ministerbefehl 32/76207 vom 4.6.76« die Schießpraxis drastisch verschärft und angeordnet wurde, auf »Grenzprovokateure« ohne Vorwarnung das Feuer zu eröffnen.

Gartenschläger hatte eine solche Wirkung nie einkalkulieren können. Hätte er darum gewusst, wäre er wohl ähnlich betroffen gewesen wie wir Autoren bei der Sichtung der zugehörigen Dokumente.

War sein Tod nach all den Verschärfungsmaßnahmen also doch völlig sinnlos gewesen, wie einige Zeitungen schrieben – wenn man dem Tod überhaupt einen Sinn zusprechen kann?

In jenen Tagen stellte sich mir diese Frage nicht, weil mir erstens Zweifel nicht in den Sinn kamen und ich zweitens emotional viel zu involviert war; vorrangig mit den persönlichen, schockartigen Nachwirkungen des Geschehens, aber auch und in zunehmender Weise mit Reaktionen und Kontakten, die durchaus unerwartet auf mich zukamen, besser gesagt, auf mich einstürzten.

Als sehr positiv erlebte ich dabei, Rainer Hildebrandt kennen zu lernen. Wir verstanden uns auf Anhieb und sind bis heute freundschaftlich verbunden. Wir stehen seitdem regelmäßig in Kontakt. Rainer schlug vor, dass ich als authentischer Zeuge der mörderischen Praxis an der DDR-»Staatsgrenze West« stellvertretend für Michael Gartenschläger am »1. Internationalen Sacharow-Hearing« in Kopenhagen Mitte August teilnehmen sollte. Ziel der Veranstaltung war es, über Deutschland hinaus weltweit über konkrete Menschenrechtsverletzungen in der DDR aufzuklären, um mit der grenzüberschreitenden Information ein öffentliches Interesse auszulösen, das als gewaltloses Druckmittel gegen dieses tägliche Unrecht eingesetzt werden konnte. Daher hatte die mitorganisierende Berliner »Arbeitsgemeinschaft« ehemalige Angehörige der DDR-Grenztruppen und den Vorstand der »Vereinigung der Opfer des Stalinismus« (VOS) eingeladen, die vor mehr als hundert Journalisten von Presse, Rundfunk und Fernsehen aus aller Welt über ihre eigenen Erfahrungen mit dem SED-Regime und über bekannt gewordene Fälle von Missachtung der Menschenrechte berichteten.

Im Zusammenhang mit meiner Anwesenheit hatten Rainer Hildebrandt und der Präsident des Internationalen Sacharow Komitees Øjvind Feldsted Andresen geplant, nicht nur am Beispiel der Erschießung Gartenschlägers die befohlene Praxis an der innerdeutschen Grenze anzuprangern, sondern auch sein »Vermächtnis« mit der Präsentation eines »Todesautomaten« zu erfüllen. Dies gelang uns jedoch nur teilweise: Hildebrandt erhielt auf Antrag vom Bonner Innenministerium zwar eine Genehmigung zur Ausfuhr des vollständigen Selbstschussgerätes, Herr Andresen aber keine Genehmigung der Dänischen Behörden, das Gerät einzuführen. Die Skandinavische Presse thematisierte das Verhalten des dänischen »Statsministeren«: Mit dem simplen Trick versuche man offenbar, sich des »provozierenden Aggregates zu entledigen«. Da keiner von uns das Gerät auf diesem Wege verlieren wollte, nahmen wir allein den Schusszylinder und einige der scharfkantigen Stahlwürfel mit, anhand derer sich zumindest die brutale, zerfetzende Wirkung dieser Art völkerrechtswidriger Dum-Dum-Geschosse objektiv demonstrieren ließ.

Das Interesse der ausländischen Journalisten fand ich überwältigend. Ihre vielfältigen Fragen zu Michael Gartenschläger sowie der damit zusammenhängenden Minenproblematik und deren spätere Veröffentlichungen zeugten davon, dass er post mortem doch noch weltweite Aufmerksamkeit geweckt hatte.

Es folgten die Wochen, in denen wir mit der Errichtung eines Gedenkkreuzes für Michael beschäftigt waren. Wir trugen der Eigentümerin des grenznahen Waldes unser Anliegen vor, fanden Verständnis, und sie erlaubte uns, auf einigen Quadratmetern des privaten Waldbesitzes das vorgesehene Mahnmal zu errichten. Ende November 1976 konnten wir direkt neben der Grenzsäule

231 die Gedenkstätte offiziell einweihen; dies jedoch nicht – das sei in aller Deutlichkeit gesagt –, um einen Personenkult zu begründen, sondern um einen Markstein zu setzen, der mahnend an die Menschenverachtung in den Grenzsicherungsanlagen, den Widerstand dagegen und dessen Unterdrückung erinnern sollte. Treffender hat dies Dr. Rainer Hildebrandt in seiner Gedenkansprache formuliert:

»Dieses Zusammensein am Totensonntag, aus Anlass der Errichtung dieses Kreuzes, wird in unserem Volk in breiten Kreisen auch missverstanden werden. Und dabei ist das Anliegen der Freunde von Michael Gartenschläger ein so schlichtes: des Menschen zu gedenken, die Motive seiner Tod bringenden Tat zu erhellen und diejenigen anzuklagen, die ohne Anruf und Warnschuss ein junges Leben ausgelöscht haben.«

Seine Ansprache war auch für den Beobachtungstrupp der Staatssicherheit deutlich hörbar, der an der Demarkationsline das Geschehen dokumentierte und zugleich Adressat der nachfolgenden Worte war: »Am wenigsten wird dieses Zusammensein von jenen verstanden werden, die auf der anderen Seite eigens einen Beobachtungsstand errichtet haben. Sie müssen glauben, wir wollten gegen die ›Staatsgrenze‹ der DDR ›provozieren‹, weil von dieser Lüge die Befehlsgeber und viele Sicherungskräfte leben, leben müssen, um das begangene Unrecht an der innerdeutschen Grenze und auch an dieser Stelle zu rechtfertigen …«

»… Eine andere häufige deutsche Lebenslüge ist es«, fuhr Rainer Hildebrandt fort, »den Oppositionellen gegen das DDR-Regime ein besonderes Geltungsbedürfnis zu unterstellen. Das mag manchmal mitspielen. Aber dass ein Mensch innerlich nicht zur Ruhe kommt, wenn er gegen ein erlebtes oder erkanntes Unrecht nichts unternimmt, ist allzu fremd. Was uns, die persönlichen Freunde von Michael Gartenschläger, mit denen, die ihn nicht kannten und den weiten Weg hierher nicht scheuten, verbindet, ist das Wissen um das Unrecht und das Bewusstsein unseres Isoliertseins und Missverstandenseins in der Bekämpfung dieses Unrechts.«

Für einen Moment ließ er seine letzten Worte auf die Zuhörer wirken, dann sprach er lauter, wie nach Osten gewandt, weiter: »Wir stehen hier an einer Stelle, die ein Wendepunkt im Kampf um die Menschenrechte hätte werden können. Nachdem seit 1971 insgesamt einhundertundzwei Kilometer mit Selbstschussgeräten ausgebaut wurden, gab es bisher nur eine Chance, dass die DDR-Regierung den weiteren Ausbau stoppt: die Enthüllung ihres völkerrechtswidrigen Charakters … Die anfängliche Empörung nach der Veröffentlichung im *Spiegel*, Bemerkungen von Bundeskanzler Helmut Schmidt, Erläuterungen von Bundesaußenminister Genscher sowie von Minister Puvogel gaben der Hoffnung Raum, dass ein Gerät vor die UNO gelangt und damit die DDR-Regierung vor die Alternative, ob solche und ähnliche Nachteile die Vorteile aufwiegen. Inzwischen ist die Völkerrechtswidrigkeit vergessen und sind es bereits über einhundertfünfundzwanzig Kilometer der innerdeutschen Grenze, die mit solchen Geräten – circa fünfundzwanzigtausend – bestückt sind …

Wie immer auch die Handlungsweise Michael Gartenschlägers deshalb beurteilt werden mag – er hatte durch die Ermöglichung der Bekanntmachung … das Tor zu einer Mäßigung geöffnet. Darin liegt die Bedeutung seiner in diesem Sinne der Entspannung dienenden Tat, und zuletzt in dem aktuellen Schaden, den er den Stalinisten zufügte.«

Die Gedenkfeier wurde zu einer festen Einrichtung und fand über viele Jahre hin an mehreren Tagen um Michaels Todestag herum statt. Begleitet und gesichert vom Bundesgrenzschutz und Zollgrenzdienst erinnerten wechselnde Redner, Plakate und Spruchbänder vor Vertretern von Verbänden, interessierten Besuchern und Journalisten im Angesicht des Metallgitterzauns immer wieder an den Anlass und das andauernde, durch die Grenzanlagen repräsentierte Unrecht, bis der Eiserne Vorhang mit dem Fall der Mauer in sich zusammenfiel. Regelmäßig fanden die Veranstaltungen auch die Aufmerksamkeit des MfS, das die »Zusammenrottungen rechtsextremistischer Kräfte« am »Mahnkreuz Gartenschläger« argwöhnisch von einem eigens dafür aufgebauten Betonwachturm beobachten, alle »provokatorischen Hetz-Handlungen« protokollieren und die Teilnehmer fotografieren und identifizieren ließ. Ebenso regelmäßig musste dann allerdings notiert werden: »Während aller Aktivitäten im Bereich des ›Mahnkreuzes‹ kam es zu keinen Auswirkungen auf die Staatsgrenze, die Grenztruppen, die Grenzsicherungsanlagen und das Hoheitsgebiet der DDR.«

Die Aufmerksamkeit der HA I unseren vergleichsweise harmlosen Zusammenkünften gegenüber kam nicht von ungefähr. Weit mehr als die offiziellen Verlautbarungen und Reaktionen aus Ostberlin erahnen ließen, hatten unsere Grenzaktionen, die Demontagen der Splitterminen »SM-70« und ihre Bekanntmachung die DDR-Führung in ihrem Imageaufbau eines souveränen, friedliebenden Staates auf dem Weg zur internationalen Anerkennung getroffen und verunsichert. Da halfen als Gegenmaßnahmen weder die Umdeutung der Grenzgänge in einen »bewaffneten Angriff gegen die DDR« noch die Beschuldigung der Bundesregierung, solche »Provokationen« nicht verhindert beziehungsweise umgekehrt in Teilen unterstützt zu haben: Michaels Tod hatte gerade eine Publizität auch der mörderischen Grenzsicherungsanlagen bewirkt, die eigentlich hatte vermieden werden sollen. Denn neben dem großen nationalen und internationalen Medienecho machten sich nach dem tragischen Geschehen am Bröthener Grenzknick auch Bonner politische Initiativen bemerkbar; am weitreichendsten wohl die Absicht des damaligen Bundesaußenministers Hans-Dietrich Genscher, vor der Vollversammlung der Vereinten Nationen in New York die Einsetzung eines internationalen Gerichtshofs für Menschenrechte zu fordern, vor dem dann auch die Verstöße der DDR in ihrem eigenen Land und an der »Staatsgrenze West« hätten angeklagt werden können.
Beides, die nicht zuletzt durch Gartenschlägers aktiven Widerstand erzeugte Öffentlichkeit und die sich daran anschließenden Initiativen auf der politischen Ebene, irritierte die SED-Führung auf ihrem Souveränitätskurs offensichtlich derart, dass der Problembereich bereits am 19. August 1976 eines der Schwerpunktthemen beim Treffen zwischen dem sowjetischen KP-Chef Leonid Breschnew und Erich Honecker auf der Krim war. Honecker beklagte, »die ›nationalistische Welle‹ in der BRD sei so groß geworden, dass

es ›zu ständigen Grenzprovokationen‹ gekommen sei. Aber der DDR sei es argumentativ gelungen, ›die Schuld der BRD‹ zuzuweisen.« Honecker triumphierte darüber, dass »die gesamte Presse der BRD darauf eingehen und sich mit unseren Argumenten beschäftigen musste«.

Breschnew seinerseits war nicht nur über die »Grenzprovokationen« empört, sondern auch über Genschers geplanten Vorstoß, und man beschloss, alle Verbündeten in der UNO zu mobilisieren, um die Etablierung des Menschenrechtsgerichtshofs zu blockieren. Am 28. September 1976 brachte der Bundesaußenminister sein Anliegen in New York vor, konnte sich aber, wie nicht anders zu erwarten war, mit der Initiative nicht durchsetzen. Entsprechend änderte sich auch nichts an der Praxis des DDR-Grenzregimes: Bis in die achtziger Jahre hinein wurden weder der Schießbefehl aufgehoben noch die »Todesautomaten« vom Metallgitterzaun entfernt. Im Gegenteil: Mit dem 3. Mai 1982 wurde dem Kommandeur des Militärtechnischen Institutes (MTI), Generalleutnant Müller, vom Leiter der Abteilung »Waffen und Geräte«, Oberstleutnant Schönefeld, eine »Konzeption zur Organisation und Durchführung wissenschaftlich-technischer und technologischer Maßnahmen sowie zur Sicherung der Vorlaufforschung für die Erhöhung der Wirkungsparameter der Splittermine SM-70« zur Bestätigung und weiteren Veranlassung vorgelegt. Als konkretes Forschungsziel war darin angegeben und zu dem Zeitpunkt bereits wissenschaftlich-theoretisch vorbereitet »die effektive Erhöhung der Vernichtungsparameter, insbesondere der Splitterwirkung der SM-70«, deren optimale Reichweite von zehn auf dreiundzwanzig Meter gesteigert werden sollte. Und damit keine Missverständnisse aufkommen konnten, was unter »Vernichtung« und »optimal« zu verstehen war, wurde die »wirksame« Splitterreichweite durch den Zusatz »tödlich« präzisiert.

In ebenso brutaler wie zynischer Offenheit definierte man die anvisierten Zielobjekte, indem man die mathematischen Vorausberechnungen hinsichtlich einer hochgradigen Vernichtungswahrscheinlichkeit auf einen »Wirkungsquerschnitt« für den Menschen von »etwa 0,1 bis 0,4 qm« bezog!

Wenngleich wir nicht verkennen, dass – damals wie heute – speziell im militärischen Experimentierfeld weder in östlichen noch in westlichen Machtbereichen von einer Ethik in Wissenschaft und Forschung die Rede sein kann, sollte bezüglich der vorgenannten, praktizierten Optimierung eines mörderischen Instrumentes eines nicht vergessen werden: Die Splitterminen »SM-70« dienten einzig und allein dazu, Menschen zu töten bzw. ihnen körperliche Verletzungen zuzufügen, die nichts anderes vorhatten, als ihr Land zu verlassen!

Dass die »Todesautomaten« schließlich doch vom Grenzzaun I der DDR-»Staatsgrenze West« entfernt wurden, gründete weniger in humanitären Ambitionen der Machthaber in Ostberlin denn in politisch-ökonomischen Sachzwängen.

Die zu Beginn der achtziger Jahre sich anbahnende wirtschaftliche Katastrophe in der UdSSR schlug schon bald auch in der DDR durch. Besonders folgenschwer wirkte sich die Kürzung der Lieferung von günstigem sowjetischem Rohöl Ende 1981 aus. Zwar konnte die Fehlmenge durch die Umstellung auf (oft allerdings minderwertige) Braunkohle ausgeglichen werden, doch der Aufwand verschlang große finanzielle Mittel, die nun an anderen Stellen, vor allem für die dringend notwendige technische Modernisierung fehlten.

Gleichzeitig wuchsen in jener Phase die Schulden gegenüber dem Westen ins Immense, die Zahlungsfähigkeit der DDR geriet in Gefahr. Nicht zu Unrecht befürchtete die Führungsspitze im SED-Politbüro, dass die dramatische wirtschaftliche Situation zu einer spürbaren Verschlechterung des Lebensstandards der Bevölkerung und so zu einem Vertrauensverlust der Einheitspartei und zu Destabilisierungseffekten führen könnte. Man suchte Abhilfe in der Bundesrepublik.

Nachdem Bundeskanzler Schmidt im Oktober 1982 sein Amt durch ein konstruktives Mißtrauensvotum verloren und eine CDU/CSU-FDP-Koalition unter Helmut Kohl die Regierungsnachfolge angetreten hatte, traute man von DDR-Seite in der neuen Konstellation dem CSU-Vorsitzenden und bayerischen Ministerpräsidenten Franz Josef Strauß größere Wirkungsmöglichkeiten zu.

Also sandte Honecker einen Mittelsmann, Alexander Schalck-Go-
lodkowski, in streng geheimer Mission zu Strauß, um zu sondieren,
ob der CSU-Chef bereit wäre, seinen Einfluss bei der Bundesregierung zur Gewährung eines Kredits geltend zu machen. Bei einem
ersten geheim gehaltenen Treffen formulierte Strauß die von ihm
erwartete Gegenleistung: »Ich bringe es auf einen Generalnenner –
Sie können die Bürger der Bundesrepublik an der Grenze und in
Ihrem Lande nicht als Bürger eines Feindstaates behandeln und die
Währung der Bundesrepublik als die Währung eines Freundstaates
in Anspruch nehmen wollen.«

Schließlich verlangte er, dass die DDR mit dem geänderten Verhalten im Grenzverkehr in Vorleistung gehen müsse, bevor weiter
verhandelt werden könne. Auch darauf ließ sich Honecker ein und
gab seinem Unterhändler für das nächste Gespräch ein elfseitiges
Schreiben mit, das die Kreditwünsche, aber auch freiwillig angebo-
tene Verbesserungen im innerdeutschen Verhältnis enthielt, die
weit über die zuvor formulierten Forderungen von Strauß hinaus-
gingen: die Beseitigung der Selbstschussanlagen, beginnend mit
dem Herbst 1983!

Am 1. Juli des Jahres wurde der vom bayerischen Ministerpräsidenten vermittelte Kredit über eine Milliarde D-Mark bewilligt und
unterzeichnet, ein zweiter in gleicher Höhe 1984. Gemäß der Hon-
ecker-Offerte und fristgerecht begann die DDR auch mit dem Abbau der »Todesautomaten«, der am 30. November 1984 abgeschlossen war. Dreizehn Jahre lang hatten die Mordinstrumente Opfer
gefordert, bevor die SED-Führung unter dem Druck des drohenden wirtschaftlichen Zusammenbruchs und des möglichen
Machtverlustes bereit war, auf eine der brutalsten Formen der
Grenzsicherung zu verzichten. Die Grenze wurde damit nicht
durchlässiger, dafür aber unblutiger. Wie aus einem Schreiben des
Armeegenerals Heinz Hoffmann an Erich Honecker zu entnehmen
ist, wurde »zur weiteren Gewährleistung der zuverlässigen Sicherung der Staatsgrenze … vorrangig in den minengeräumten Abschnitten in der Tiefe des Schutzstreifens der neue Grenzsignal-
und Sperrzaun auf einer Gesamtlänge von bisher 540 km errichtet«.

Die auf dem XXVII. Parteitag der KPdSU 1986 vom Generalsekretär Michail S. Gorbatschow eingeleiteten, als Politik von »Glasnost« und »Perestrojka« in die Geschichte eingegangenen Reformprozesse sollten die kommunistische Gesellschaft modernisieren und beschleunigten schließlich deren Untergang. Wenngleich sich die SED-Führungselite mit Honecker an der Spitze vom sowjetischen Kurs und den darin geplanten »Demokratisierungstendenzen« zu distanzieren suchte, musste sie speziell im Verlauf der zweiten Hälfte der achtziger Jahre den eigenen, systemimmanenten Entwicklungen Tribut zollen. Insbesondere die bereits benannte desolate wirtschaftliche Situation mit dem daraus resultierenden sinkenden Lebensstandard der Bevölkerung bewirkte, dass immer weniger Menschen in der DDR den Zukunftsversprechungen der Einheitspartei Glauben schenken mochten. Dies hatte nicht nur einen sprunghaften Anstieg von Ausreiseanträgen zur Folge, sondern auch ein vermehrtes und vernehmliches Auftreten von vielen kleinen, aber aktiven Oppositionsgruppen, die den Machtanspruch der SED in Frage stellten.

Diese Entwicklungen erhielten im Laufe des Jahres 1989 eine besondere Dynamik mit den fortschreitenden Reformen in der UdSSR und vornehmlich in Polen, Ungarn und der CSSR sowie mit dem leisen Rückzug der Sowjetunion als Führungs- und militärische Interventionsmacht. Die offenen Proteste in der ostdeutschen Bevölkerung gegen die Regierung nahmen vor allem nach Bekanntwerden der Fälschungen der Kommunalwahlergebnisse vom Mai des gleichen Jahres stetig zu. Und als sich ab dem Sommer Möglichkeiten zum Verlassen der DDR über die bundesdeutschen Botschaften in Budapest, Prag, Warschau sowie die Ständige Vertretung der Bundesrepublik in Ostberlin und die geöffnete ungarisch-österreichische Grenze ergaben, nutzten Tausende diese Wege zur Flucht in den Westen. Allein vom 10. September 1989, der offiziellen Bekanntgabe Ungarns, DDR-Bürger könnten ungehindert nach Österreich ausreisen, bis Ende Oktober suchten fünfzigtausend Menschen das Weite.

Diejenigen, die zurückblieben, zurückbleiben wollten, formierten sich zeitgleich auf ständig anwachsenden Demonstrationen in Leipzig, Dresden, Ostberlin oder Magdeburg zur »sanften Revolution« unter dem Motto »Wir sind das Volk!«. Die Staats- und Parteiführung reagierte mit Festnahmen, mit teilweise brutalem Einsatz von Sicherheitskräften und konkreten Planungen, durch eine konzertierte Aktion von Polizei, MfS und Betriebskampfgruppen sowie Isolierungslagern der Lage Herr zu werden, scheute jedoch vor einer Eskalation zurück. Klaus Schroeder schreibt dazu in seinem Buch *Der SED-Staat*: »Der massenhafte Charakter der Proteste, die internationale Beachtung der Ereignisse, die Haltung der sowjetischen Führung und vielleicht auch die Angst vor einem Bürgerkrieg sowie Zweifel an der Loyalität von Sicherheitskräften und Militär dürften eine Rolle dabei gespielt haben, dass es letztlich nicht zu einer gewaltsamen Lösung kam.«

Stattdessen suchte der harte Kern des Politbüros das Wohlwollen der Bevölkerung mit Entgegenkommen zurückzugewinnen: Mit der Entmachtung Honeckers am 18. Oktober und der Einsetzung Egon Krenz' als Staatsratsvorsitzenden, der fortan den Begriff »Wende« prägte und unter anderem mit Ausreiseerleichterungen die anhaltende Fluchtwelle einzudämmen hoffte. Doch es bewahrheitete sich, was Gorbatschow schon bei seinem Besuch zum 40. Gründungstag der DDR am 7. Oktober zu Honecker gesagt hatte: »Wer zu spät kommt, den bestraft das Leben!«

Der Großteil der Bevölkerung sah Krenz als Bewahrer der Diktatur und misstraute seinen Reformangeboten. Hunderttausende forderten bei Demonstrationen in Leipzig am 6. November freie Wahlen und Reisemöglichkeiten ohne behördliche Genehmigungen. Einen Tag später trat die DDR-Regierung unter Ministerpräsident Willi Stoph zurück und tags darauf das SED-Politbüro.

Gegen Abend des 9. November las Günter Schabowski zum Ende einer Pressekonferenz den verdutzten Journalisten eher beiläufig eine Regierungsverordnung vor, deren Kernsatz lautete, ab sofort

»eine Regelung zu treffen, die es jedem Bürger der DDR möglich macht, über Grenzübergänge der DDR auszureisen«. Ohne Bedingungen, ohne Genehmigung.

Die DDR-Nachrichtenagentur ADN veröffentlichte den Wortlaut als Pressemitteilung des Ministerrats um 19 Uhr 04. Und als auch die *ARD*-»Tagesschau« die Meldung verbreitet hatte, wagten sich immer mehr Ostberliner zu den Grenzübergangsstellen.

Die Passkontrolleinheiten des MfS waren überrascht, da sie noch keine offizielle Information erhalten hatten. So dauerte es noch bis 22 Uhr 30, ehe sie den ersten Übergang in der Bornholmer Straße unter dem Druck der versammelten Menschen freigaben. Die Mauer in und um Berlin war nach achtundzwanzig Jahren gefallen. Ein bewegender Augenblick in der Geschichte der Deutschen.

Doch die Wiedervereinigung Deutschlands stand zunächst noch nicht auf der politischen Tagesordnung. Ohne an dieser Stelle auf Details eingehen zu wollen, lässt sich sagen, dass die Regierung unter dem am 13. November 1989 von der Volkskammer gewählten Ministerpräsidenten Hans Modrow bestrebt war, eine reformierte DDR zu erhalten. Um öffentliches Vertrauen für die Erneuerung (speziell der SED) zu gewinnen, wurden die alten Politkader entmachtet und landesweit ausgetauscht. Aber der Zersetzungsprozess innerhalb der Einheitspartei war nicht mehr aufzuhalten. Spätestens mit ihrer Umbenennung in PDS im Februar 1990 hatte sie ihren Monopolanspruch auf Beherrschung von Staat und Gesellschaft endgültig verloren.

Parallel zu dieser Entwicklung mehrten sich die Stimmen in der Bevölkerung, die für die Deutsche Einheit plädierten. Bei der Wahl zur »Volkskammer« im März votierten schließlich fast neunzig Prozent aller Wähler für diesen Weg, sodass der neu gewählte Ministerpräsident Lothar de Maizière in seiner Regierungserklärung ankündigte: »Die Einheit muss so schnell wie möglich kommen, aber ihre Rahmenbedingungen müssen so gut, so vernünftig und so zukunftsfähig sein wie nötig.«

Über den Zwischenschritt einer Wirtschafts-, Währungs- und Sozialunion vom Beginn des Monats Juli an wurde die Wiedervereinigung als Beitritt der DDR beziehungsweise der zuvor gegründeten ostdeutschen Länder zum Geltungsbereich des Grundgesetzes mit dem 3. Oktober 1990 vollzogen.

Als eines der schwierigsten und brisantesten Probleme während des Verfalls der DDR erwies sich der Umgang mit dem Ministerium für Staatssicherheit. Obwohl die Bevölkerung bereits auf den Herbstdemonstrationen 1989 die Auflösung der Mammutbehörde gefordert hatte, dachte die neue politische Führung unter Egon Krenz und Hans Modrow nicht daran, diese Institution abzuschaffen. Und was wie eine strukturierte Veränderung aussah – die Ersetzung Minister Mielkes durch seinen Stellvertreter Generalleutnant Wolfgang Schwanitz, die Umwandlung in ein Amt für Nationale Sicherheit (AfNS) und eine Personalreduzierung –, stellte sich letztlich als politische Fassadenkosmetik heraus.

Gleichwohl war schon Ende 1989 absehbar, dass die Tage des Staatssicherheitsdienstes aufgrund der Stimmung in der Bevölkerung gegen das prägnanteste Instrumentarium zur Durchsetzung des Machtmonopols der SED gezählt waren. Insofern begann man im Ministerium und den nachgeordneten Bezirks- und Kreisdienststellen bereits ab Mitte November mit der Vernichtung brisanter Akten und Datenträger sowie mit der Einleitung von Maßnahmen zur Versorgung von Mitarbeitern. Vor allem diejenigen, die auf den letztgenannten Ebenen tätig gewesen waren, suchte man bei der Deutschen Volkspolizei, beim Zoll, bei staatlichen Behörden und sonstigen Ämtern unterzubringen. Bei ausscheidenden Mitarbeitern plante man, »legendierte Nachweise von zivilen Arbeitsstellen« zu schaffen, um bei Bewerbungen nicht als Angehörige des MfS in Erscheinung treten zu müssen; oder sie, ausgestattet mit noch vorhandenen »Operativgeldern«, in die berufliche Selbständigkeit zu entlassen. Hilfreich waren hier auch großzügige Abfindungsvergütungen, die sich zum Teil im vier- und fünfstelligen Bereich bewegten.

Zwischenzeitlich hatten sich in vielen Städten Bürgerkomitees gebildet, die diese Machenschaften unterbinden wollten. Und erst auf Druck der Öffentlichkeit beschloss Ministerpräsident Modrow am 12. Januar 1990 die Auflösung des MfS/AfNS. Bis Ende März 1990 wurden beinahe alle Bediensteten aus dem geheimpolizeilichen Apparat entlassen, sofern sie nicht freiwillig ausschieden oder in anderen staatlichen Stellen bereits untergetaucht waren.

Für den weiteren Fortgang der Auflösung war in der Regierung de Maizière der Innenminister Dr. Peter-Michael Diestel verantwortlich. Er bestätigte Günther Eichhorn als Leiter des staatlichen »Abwicklungskomitees« und übernahm ungeprüft dessen Mitglieder, die zum Großteil ehemalige Stasi-Leute waren; Vertreter der Bürgerkomitees wurden dagegen nur am Rande hinzugezogen. Auf deren Drängen setzte die Volkskammer im Juni einen Ausschuss ein, der unter der Leitung des Rostocker Pfarrers Joachim Gauck die Auflösungsarbeit kontrollieren sollte. Als das Gremium Ende Juli eine Überprüfung der leitenden Mitarbeiter des staatlichen Komitees auf eine frühere MfS-Tätigkeit forderte, soll sich Diestel widersetzt haben. Nach offiziellen Verlautbarungen hat er sich für eine endgültige Vernichtung der MfS-Akten ausgesprochen. Und als zudem noch bekannt geworden war, dass im Innenministerium ehemalige Stasi-Offiziere »im besonderen Einsatz« (OibE) tätig waren, entzog de Maizière seinem Innenminister die Verantwortung für die Abwicklung und übertrug sie dessen Staatssekretär Eberhard Stief. Mit dem Tag der Deutschen Einheit wurden die maßgeblichen Gremien von ihrer Aufgabe entbunden. Stattdessen übernahm Joachim Gauck das Amt des »Sonderbeauftragten der Bundesregierung für die personenbezogenen Unterlagen des ehemaligen Staatssicherheitsdienstes der DDR« mit anfänglich achtzehn Mitarbeitern. Erst von da an war eine tatsächliche Aufarbeitung eines der größten Unrechtskapitel des SED-Regimes gewährleistet, die aufgrund des Umfangs der Stasi-Unterlagen auch zwölf Jahre später noch geraume Zeit in Anspruch nehmen wird.

Im Rahmen der forcierten Auflösung des geheimpolizeilichen Überwachungsapparates fanden sich auch ehemalige Mitarbeiter, die aus unterschiedlichen Gründen Kontakt zum BND oder anderen westlichen Nachrichtendiensten suchten oder von diesen angesprochen wurden. Einer von ihnen, Oberstleutnant Harald Hennig, vom BND mit dem Decknamen »Krause« bedacht, war bis zu seiner Entlassung im MfS der Stellvertreter des Leiters der Abteilung Äußere Abwehr in der HA I. Er kam im Sommer 1990 nach Pullach. Dort berichtete er – wie an früherer Stelle bereits erwähnt – von den ihm bekannt gewordenen Todesfällen, die im Zusammenhang mit dem MfS standen.

Konkret nannte er dabei die Fälle Gartenschläger und Weinhold. Letzterer war als NVA-Angehöriger desertiert und hatte bei seiner Flucht in die Bundesrepublik Ende 1975 auf dem Gebiet der DDR zwei Grenzsoldaten erschossen. Von einem bundesdeutschen Schwurgericht wegen einer zuerkannten Notwehrsituation zunächst freigesprochen, wurde er nach Aufhebung des Urteils durch den Bundesgerichtshof 1978 zu einer Freiheitsstrafe von fünfeinhalb Jahren verurteilt, von der er zwei Drittel verbüßte. Sechs Monate nach Weinholds Flucht, so berichtete der »Überläufer«, erfuhr das MfS dessen Aufenthaltsort, und Mielke ordnete die Liquidierung an. Nach seinen Angaben wurden im MfS vier oder fünf Pläne erstellt, nach denen unter anderem die Herbeiführung eines Autounfalls und eines Absturzes in den Alpen während eines Urlaubs vorgesehen waren. Aus politischen Erwägungen soll das MfS dann jedoch Abstand von der Ermordung genommen und es bei der Aussetzung einer Kopfprämie in Höhe von einhunderttausend D-Mark seitens der Generalstaatsanwaltschaft der DDR belassen haben.

Über Lutz Eigendorf wusste ein anderer »Überläufer« etwas zu berichten. Eigendorf, Nationalspieler der DDR vom Stasi-Club FC Dynamo Berlin, war 1979 nach einem Fußballfreundschaftsspiel beim 1. FC Kaiserslautern im Westen geblieben. Aus Verärgerung darüber soll Mielke ebenfalls die Tötung angeordnet haben. In Reihen des Ministeriums, so dessen Angaben, wurde daraufhin ein »Verkehrsunfall« geplant, der durch eine technische Manipulation verursacht werden sollte oder alternativ durch ein kurzzeitig lähmendes Kontaktgift auf den Türgriffen eines Autos. Eigendorf verunglückte 1983 mit einem geliehenen Fahrzeug tödlich.

Für diese »Operativvorgänge«, so wurde dem BND »dienstlich bekannt«, hatte »auf Weisung von Minister Mielke ... die Hauptabteilung I, Abt. Äußere Abwehr, in Zusammenarbeit mit anderen Diensteinheiten ›Arbeitsgruppen‹ gebildet, die die Pläne zur Liqui-

dierung erarbeiteten und in einigen Fällen auch durchführten. ...
Die Pläne ... wurden in nur einem Exemplar handschriftlich erstellt
und von Minister Mielke oder dessen Stellvertreter General Neiber
persönlich abgezeichnet. Planung und Durchführung derartiger
Ermordungen (Exekutionen) kamen nur einem kleinen Personenkreis zur Kenntnis.«

Der BND teilte die brisanten Erkenntnisse Anfang August 1990
dem Generalbundesanwalt in Karlsruhe, Alexander v. Stahl, mit,
der seinerseits beim Bundeskriminalamt in Wiesbaden um weitere
Angaben zu den Fällen nachsuchte. Zudem informierte er auch die
Lübecker Staatsanwaltschaft als die seit 1976 in Sachen Gartenschläger zuständige Ermittlungsbehörde. Das nicht als »Geheim«
eingestufte Fernschreiben des BND-Präsidenten an den Generalbundesanwalt mit den Aussagen Hennigs wurde gleichzeitig an den
Generalstaatsanwalt der DDR Seidel weitergeleitet.

Zwei Wochen zuvor bereits lagen die Aussageprotokolle der BND-
Quellen der Hamburger Tageszeitung *Die Welt* vor, die sie in Absprache mit der Pullacher Behörde aber erst nach der Intervention
des Generalbundesanwaltes veröffentlichte. Unter der Überschrift
Mörder in den Westen geschickt: Mielke ließ Flüchtlinge umbringen
berichtete das Blatt zu Michael Gartenschläger, dass er von MfS-
Informanten in eine Falle am Grenzknick gelockt und dort von einem Sonderkommando, dem auch ein »Unteroffizier Walter Lie-
berau« angehört habe, erschossen worden sei. Zahlreiche weitere
Zeitungen griffen das Thema ebenfalls auf und berichteten in den
Tagen danach in großer Aufmachung, sodass nun der Generalstaatsanwalt Mecklenburg-Vorpommerns ein Sonderdezernat für
die Ermittlungen in Sachen Gartenschläger einrichtete und auch
die Staatsanwaltschaft Lübeck die Strafverfolgung wieder aufnahm.
Mit einem weiteren Schreiben stellte der Generalbundesanwalt
dem amtierenden Generalstaatsanwalt der DDR zwischenzeitlich
vertiefte Erkenntnisse über die mutmaßlichen Mordpläne sowie
über die Struktur und Aufgaben der Hauptabteilung I des Staatssicherheitsdienstes zur Verfügung. Namentlich wurde darin im
Mordfall Gartenschläger neben Walter Lieberamm unter anderem
auch Uwe Wienhold als Tatbeteiligter genannt.

Aufgrund der Presseveröffentlichungen war die Berliner (Noch-) DDR-Behörde schon Tage vorher aktiv geworden. Der amtierende Generalstaatsanwalt Seidel betraute den Leiter des dortigen Sektors Staatsschutz, Dr. Prahn, mit den Untersuchungen zum Komplex »MfS-Morde« und beauftragte ihn, wegen erforderlicher kriminalpolizeilicher Zuarbeit Kontakt mit dem neu gegründeten Zentralen Kriminalamt im Ministerium des Innern aufzunehmen.

In der Abteilung Staatsschutz war zu diesem Zeitpunkt pikanterweise auch Staatsanwalt Juch tätig, der als Mitarbeiter der Generalstaatsanwaltschaft schon 1976 in besonderer Weise in den Fall Gartenschläger involviert war! Aber dies nur als Randbemerkung.

Gemäß seiner Aufgabe wandte sich Dr. Prahn zusammen mit seinem Kollegen, Staatsanwalt Heininger, umgehend an die Staatliche Verwaltung des ehemaligen Archivs des MfS in der Berliner Normannenstraße, um unter anderem Akten über Gartenschläger zu suchen. Was er zunächst vorfand, hielt Prahn in einem Protokollvermerk fest: »... Einen eigenständigen Vorgang Gartenschläger konnte das Archiv nicht beibringen. Alle für Gartenschläger relevanten Unterlagen befinden sich nach Auskunft der Archivare in den uns vorgelegten Akten Lienicke und Uebe. Aus diesen ergibt sich, dass die gesamten Umstände des Todes von Michael Gartenschläger bisher nicht eindeutig ermittelt wurden. Insbesondere zeigt sich das an der ungenügenden Ereignisortarbeit, oberflächlichen waffentechnischen Prüfungen, ungenauen Feststellungen während der gerichtsmedizinischen Sektion, fehlenden Befragung von Ereignisortberechtigten bzw. am Tattage anwesenden Personen u. a. Offen blieb auch die Frage, wie das Tatgeschehen tatsächlich war, wer zuerst geschossen hat und wie viel Schüsse von seiten Gartenschlägers abgegeben wurden bzw. abgegeben worden sein können. Aus den durchgesehenen Akten Lienicke und Uebe ergibt sich, dass eine Vielzahl von Detailinformationen, Pressemeldungen und weitere Dokumentationen zwar vorliegen, den darin enthaltenen Hinweisen und Widersprüchen aber ungenügend nachgegangen wurde bzw. diese ignoriert wurden ... Leitungsmäßig tragen für diese Aktivitäten offensichtlich die Verantwortung der Stellvertreter des Ministers für Staatssicherheit Generalleutnant Scholz und der Leiter der Hauptabteilung I Generalleutnant Kleinjung.«

Im Klartext heißt das, dass trotz des umfangreichen Materials keine schriftliche Erwähnung existierte, die gerichtsverwertbar beschrieb, dass Gartenschläger seinerzeit zuerst geschossen und damit eine Notwehrsituation für die Stasi-»Kämpfer« heraufbeschworen hatte. Außerdem waren die Staatsanwälte von der Objektivität der vorgefundenen Untersuchungsberichte nicht im Mindesten überzeugt. Auf jeden Fall sahen sie erheblichen Klärungsbedarf, sodass seitens des Generalstaatsanwalts der DDR mit dem 22. August 1990 ein offizielles Ermittlungsverfahren verfügt und zwei Tage später die Abteilung Staatsschutz beim Zentralen Kriminalamt mit den polizeilichen Recherchen beauftragt wurde.

Mit der Wiedervereinigung fiel dem Generalbundesanwalt die Aufgabe zu, die Generalstaatsanwaltschaft der ehemaligen DDR aufzulösen. In diesem Zusammenhang wurden die dort vorhandenen Ermittlungsakten in Sachen Gartenschläger an die Generalstaatsanwaltschaft beim Kammergericht Berlin, Zentrale Ermittlungsgruppe für Regierungs- und Vereinigungskriminalität (ZERV), übersandt.

Der Leiter der ZERV, Oberstaatsanwalt Christoph Schaefgen, überantwortete die weiteren Untersuchungen Oberstaatsanwalt Debes. Die polizeilichen Ermittlungen gingen an das in Berlin neu eingerichtete Gemeinsame Landeskriminalamt der Länder Brandenburg, Mecklenburg-Vorpommern, Sachsen, Sachsen-Anhalt und Thüringen (GLKA).

Obgleich der behördliche Kenntnisstand zu jenem Zeitpunkt relativ dürftig war, weil etwa tiefer gehende fallbezogene Stasi-Unterlagen noch nicht zur Verfügung standen, konnte man die Aufarbeitung aber immerhin schon mit der Identifizierung, Suche und Vernehmung von Personen beginnen, die in das Geschehen 1976 am Großen Grenzknick verwickelt zu sein schienen. Anhand ihrer Angaben und aufgrund der in der Folge verstärkten und gezielteren Archivrecherche in der sich allmählich vergrößernden »Gauck-Behörde« gewannen die Ermittler nicht nur umfangreiches Wissen über den Sachverhalt, sondern insbesondere über den Kreis der Tatbeteiligten und Verantwortlichen. Vor diesem Hintergrund waren die Vernehmungen von Zeugen und Beschuldigten im Wesentlichen Ende 1993 abgeschlossen. Ein Vierteljahrhundert nach dem Grenztod Michael Gartenschlägers stand man allerdings auch vor der Situation, auf Aussagen verzichten zu müssen, da einige Personen wie der Einsatzleiter Tyra oder Generalleutnant Scholz von der AGM als einer der führenden Köpfe der damaligen Aktion zwischenzeitlich verstorben waren und andere, wie Mielke und Kleinjung, die Auskunft generell verweigerten.

Der ehemalige MfS-Mitarbeiter Hennig hatte dem BND gegenüber im »Fall Gartenschläger« Walter Lieberamm und Uwe Wienhold erwähnt. Daher gehörten sie zu den Ersten, die zu den Ereignissen am Großen Grenzknick (auf westlicher Seite »Bröthener Grenzknick« genannt) befragt wurden. Auf Vorladung erschien zunächst Lieberamm in der zweiten Dezemberwoche des Jahres 1990 im Gemeinsamen Landeskriminalamt in Berlin und erklärte sich ohne Umschweife bereit auszusagen. Möglicherweise wollte er mit seiner Haltung demonstrieren, dass er nichts zu verbergen hatte. Da der inzwischen einundvierzigjährige MfS-Major a. D. als Zeuge geladen war, belehrte ihn der anwesende Staatsanwalt hinsichtlich seiner Rechte und Pflichten und wies ihn ausdrücklich darauf hin, dass er sich der Gefahr einer Bestrafung aussetze, wenn er bewusst die Unwahrheit sagen würde. Lieberamm nickte und konzentrierte sich dann auf die Vernehmung, die ein Kriminalkommissar durchführte.

Die Eingangsfragen zu seiner militärischen Laufbahn und zur MfS-Einsatzkompanie in der HA I, der er ja angehörte, beantwortete er knapp und eher vage. Und auch nur wenig ausführlicher schilderte er seine (vorgebliche) Erinnerung an ein »Vorkommnis an der Staatsgrenze, bei dem der BRD-Bürger Michael Gartenschläger tödlich verletzt wurde«. Dabei hielt sich seine Darstellung an den Rahmen der von der Staatssicherheit vorbereiteten und von der Nachrichtenagentur ADN am 1. Mai 1976 verbreiteten offiziellen Version des Grenzgeschehens. Hieß es darin nämlich, dass ein unbekannter »Provokateur im militärischen Sperrgebiet im Raum Hagenow … ein(en) bewaffnete(n) Anschlag auf Grenzsicherungskräfte der DDR verübt« und den Schusswechsel eröffnet hatte, bei dem der »Verbrecher« schließlich seinen Verletzungen erlag, so begann Lieberamm seinen Bericht ebenfalls mit der Feststellung: »Der Name Michael Gartenschläger war mir bis zum Erhalt der Vorladung zu meiner Vernehmung nicht bekannt.«

Darüber hinaus sei er Ende April des besagten Jahres nur zu Sicherungsaufgaben in den Bereich des Grenzknicks beordert worden und habe dort auch westwärts des Metallgitterzauns regulären Streifendienst verrichtet. Bei der Patrouille einer von ihm geführten Gruppe sei dann plötzlich eine Person aufgetaucht, die sie sofort beschoss. »Nachdem die Person den ersten Schuss abgegeben hatte, erfolgte durch uns der Anruf dieser Person, und die MPi's wurden durchgeladen. Die Person schoss noch einmal und wir erwiderten daraufhin das Feuer«, führte Lieberamm weiter aus und fügte auf Nachfrage hinzu: »Wer vor mir ging und wer außer dem Herrn Uwe Wienhold noch zu dieser Gruppe gehörte, kann ich nicht mehr sagen.«

Eine Woche später wurde eben dieser Uwe Wienhold, der in seiner MfS-Laufbahn noch bis zum »Hauptmann« aufgestiegen war, zum gleichen Sachverhalt und auch als Zeuge vernommen. Dabei wiederholten seine Aussagen im Wesentlichen die Darstellung seines ehemaligen Zugführers.

Allein für sich betrachtet ließen die Angaben der beiden seinerzeit, gerade auch weil sie übereinstimmten, nicht unbedingt Zweifel an ihrem Wahrheitsgehalt zu. Dies änderte sich allerdings radikal, als sich der Kenntnisstand der Ermittler verbesserte, insbesondere als andere Angehörige der Einsatzkompanie, die an der Grenzaktion teilgenommen hatten, befragt worden waren und Peter Raupbach und Herbert Linß als die restlichen Mitglieder der Gruppe Lieberamm identifiziert werden konnten.

Letztere wurden erstmalig im September 1992 beziehungsweise im April 1993 vernommen. Ihren Angaben zufolge hatte man sie vor dem Einsatz »SM-70« in ihrem Stammobjekt Schulzendorf darauf vorbereitet, dass Gartenschläger nach dem Abbau von zwei Splitterminen eine dritte Demontage plante. Ihre Aufgabe sollte sein, dies zu verhindern. Den zugehörigen Maßnahmeplan wollten sie nicht gekannt, das heißt, weder etwas von »Festnehmen« noch von »Vernichten« gehört haben. Raupbach erinnerte sich gar, dass es ihnen untersagt war, sich an den Grenzverletzer heranzuschleichen, da damit gerechnet wurde, dass er mit einer »Pistole und einer Handgranate« bewaffnet wäre. Am Einsatzort wurden sie jeweils vor Dienstantritt mit ihrer individuellen Aufgabe vertraut gemacht. Das beinhaltete Anweisungen zum Standort, zum Ladezustand der Waffen, zu den Schusssektoren sowie zum Schusswaffengebrauch, der – wenn überhaupt – nur in Notwehr und dann auch nur parallel zum Grenzverlauf erlaubt gewesen sei.

Von daher versah ihr Vierer-Zug unter Führung von Leutnant Lieberamm keinen üblichen Streifendienst »feindwärts« des Metallgitterzauns, sondern war, wie bereits beschrieben, am Grenzknick in einem Hinterhalt liegend postiert. Eine Kommunikationsmöglichkeit, eine Schnurverbindung zu ihren Leuten hinter dem Zaun bestand nach ihren Angaben nicht. Dem widersprachen jedoch sowohl der Beobachter Borowsky, von dem ja die Signalschnur ausging, als auch der damalige Leiter der Unterabteilung Aufklärung der HA I im Grenzregiment 6 in Schönberg, Eberhard Bartelt, der aussagte: »Von Herrn Kubisch wusste ich, dass das Telefon, das ihn mit dem Posten (Borowsky) verbunden hatte, die Verbindung mit den feindwärts eingesetzten Posten herstellte.«

»Gegen Mitternacht«, so Herbert Linß in seiner Vernehmung 1993, wäre er »ziemlich müde geworden und hätte die Augen von Zeit zu Zeit geschlossen«, was durch die nachträgliche Einsatzbeurteilung aus seiner IM-Personalakte widerlegt ist. Denn dort, so sei erinnert, bescheinigte ihm ja sein damaliger Zugführer Lieberamm, dass er während der Aktion gegen Gartenschläger »konsequent seinen Klassenstandpunkt« vertreten habe und hinsichtlich seines Verhaltens keine »negativen Momente« zu verzeichnen gewesen seien. Wobei anzumerken ist, dass diese für die Glaubwürdigkeit des Zeugen Linß entscheidenden Dokumente von uns Autoren, nicht aber von den Staatsanwaltschaften entdeckt und so nicht in den Schweriner Prozess eingebracht wurden.

In diese Müdigkeit hinein habe er plötzlich wenige Meter vor sich einen Schatten wahrgenommen. Er sah eine Gestalt, die sich langsam auf das Postenpaar Lieberamm und Raupbach zubewegte, »stehen blieb und lauschte«. Aufgeschreckt griff er zu seiner »Kalaschnikow«.

Warum Linß in dieser Situation, als Michael Gartenschläger zum Greifen nahe war, nicht das Überraschungsmoment nutzte, aufsprang und den »Angreifer« überwältigte, also das eigentlich Naheliegende tat, bleibt damals wie heute unverständlich. Gleiches gilt selbstverständlich auch für seine drei »Mitkämpfer«, die wie er speziell für ein entsprechendes Handeln bei solchen Konfrontationen trainiert worden waren. Denn unter der Prämisse einer tatsächlichen Festnahmeabsicht bleibt zu fragen, wie der konkrete Handlungsablauf gewesen wäre und vor allem mit welcher Rollenverteilung. Hätten ein oder zwei der Männer den »Gegner« niedergerungen und die Übrigen die Aktion mit ihren Waffen abgesichert? Fragen, die weder in den staatsanwaltlichen Ermittlungen noch im späteren Strafprozess gegen die Schützen eindeutig aufgeklärt wurden. Eine dementsprechende vorherige Festlegung, die aber wegen der vorherrschenden Dunkelheit schon aus Gründen der persönlichen Sicherheit absolut notwendig gewesen wäre, gab es unseren Recherchen zufolge nicht. Ebenso wenig waren alle vier »feindwärts« eingesetzten »Kämpfer« in der Lage oder bereit zu erklären, wie denn die behauptete auftragsgemäße »unversehrte Festnahme« hätte bewerkstelligt werden sollen, wenn Gartenschläger, wie ursprünglich vorgesehen, zweihundert Meter von der Hinterhaltstellung entfernt an den Zaun gegangen wäre!? Da Uebe und ich auch in dem Fall den Grenzbereich genau beobachtet und Bewegungen bemerkt hätten, lässt sich zumindest ein Anschleichen der MfS-»Kämpfer« ausschließen; das heißt, auch in dieser Situation ist von einem Schusswaffeneinsatz auszugehen.

Schließlich sei in diesem Zusammenhang wiederholt, dass wir frühzeitig auf unserem Weg von den Beobachtungsposten Kliebe, Höhn und Borowsky wahrgenommen worden waren und davon ausgegangen werden muss, dass die »Kämpfer« vor dem Zaun aufgrund des vorhandenen »Meldenetzes« (Telefonverbindung und Signalschnur) auf die Annäherung Gartenschlägers vorbereitet waren bzw. ihn selber mittels ihrer Nachtsichtgeräte kommen sahen. Von daher noch einmal gefragt: Warum wurde er nicht angerufen oder überwältigt, als die reale Möglichkeit dazu bestand?

Keiner der vier »Kämpfer« machte nach eigenen Angaben solcherart Anstalten – doch weder das noch ihr Erklärungsnotstand hinsichtlich einer Festnahmeumsetzung wurden von der Staatsanwaltschaft und vom Gericht spürbar zu ihren Ungunsten gewertet.

Herbert Linß jedenfalls, so gab er zu Protokoll, verursachte ein klapperndes Geräusch, das seiner Auffassung nach auch die Gestalt vor ihm hören musste. Daraufhin fiel ein Schuss, und er nahm den Kugeleinschlag neben sich wahr, ohne ein Mündungsfeuer gesehen zu haben (sic!). Er schoss als Erster zurück und Sekundenbruchteile später Lieberamm, Wienhold und Raupbach, allesamt mit Dauerfeuer.

Merkwürdig erscheint dabei allerdings, dass außer ihm, Lieberamm sowie Wienhold – beide bestätigten dies aber erst in ihrer richterlichen Vernehmung im Prozess vor dem Landgericht Schwerin –, weder Uebe und ich noch die nah postierten »Kämpfer« Peter Raupbach, Knut Borowsky sowie Uwe Hertel dieses Geräusch vernommen hatten.

Festzuhalten ist zudem, dass sich Uwe Wienhold offenbar auch erst im oder vor dem Prozess darauf festgelegt hat, den metallenen Laut Herbert Linß zuzuordnen. Denn er erklärte noch in einem Fernsehbeitrag von *Spiegel*-TV 1991 vor laufenden Kameras: »... und dann kann ich mich dran erinnern, dass irgendein Geräusch von westlicher Seite her oder dort zu hören war«, also keineswegs direkt neben ihm, wo Herbert Linß lag.

Die größere Wahrscheinlichkeit spricht demnach dafür, dass es jenes ominöse Klappern zu dem behaupteten Zeitpunkt gar nicht gab. Dass es zu hören war, ist unstrittig. Es wurde aber eine knappe halbe Stunde früher verursacht, nämlich als – wie bereits an anderer Stelle geschildert – Gartenschläger, Uebe und ich rund zweihundert Meter von den Posten entfernt in einer Bodenmulde verharrten und die Sperranlagen sowie deren Umgebung beobachteten.

Peter Raupbach, der im rechten Winkel zu Linß lag, erzählte den vernehmenden Beamten, er habe zufällig – »intuitiv« – den Kopf in Richtung des sich nähernden Gartenschläger gedreht und ihn als »Schemen« in einer Entfernung »von circa zehn bis fünfzehn Metern« wahrgenommen. Auch er hatte den Eindruck, als ob die Gestalt verhielte und lausche. Einen Augenblick später sah er seinen Angaben zufolge einen Blitz und hörte einen Knall. Lieberamm neben ihm habe ihm dann den Befehl gegeben zu schießen. Er reagierte umgehend, stellte sein Leichtes Maschinengewehr auf Dauerfeuer und drückte ab in Richtung »Schemen«, der aber in dem

Moment schon nicht mehr zu sehen war. Herbert Linß wiederum bestätigte auch, dass er nach dieser Schussfolge auf die am Boden liegende Gestalt zugegangen sei, Lebenszeichen an ihr bemerkt und sich auf den entsprechenden Zuruf seines Zugführers schnell von dort entfernt habe.

Sieht man einmal von einigen, allerdings entscheidenden Details ab, so hatten Raupbach und Linß mit ihren Schilderungen in Grundzügen das tatsächliche Geschehen am Grenzknick wiedergegeben, was zusätzlich noch von weiteren Beteiligten der Aktion in ihren Zeugenaussagen bestätigt wurde. Eines der »entscheidenden Details« war, dass auch sie sich – in diesem Punkt ebenfalls von anderen, damals Anwesenden unterstützt – auf eine Notwehrsituation beriefen, die Gartenschläger durch seine Feuereröffnung herbeigeführt haben soll. Zweifelsohne ein gewichtiges strafrechtliches Moment, das jedoch allein schon dadurch relativiert wurde, dass trotz seiner Bedeutsamkeit als Entlastungsfaktor für die Schützen die Aussagen dazu kein eindeutiges Bild ergaben. Denn Raupbach hörte einen Knall und sah einen Blitz, Linß konnte in der Dunkelheit, und obwohl direkt auf ihn gezielt worden sein soll, kein Mündungsfeuer erkennen. Auch die Berichte anderer Zeugen, die allerdings recht weit vom Geschehen postiert waren, divergieren erheblich. Während der Beobachter Klaus Hasseluhn und der Sonderoffizier Schulz zwei Schüsse erinnerten, wollte Hauptmann Kubisch im Führungsfahrzeug gar »drei einzelne Pistolenschüsse« gehört haben.

Sollte man unabhängig von derart uneinheitlichen Angaben dann aber nicht zumindest erwarten, dass bereits direkt nach den Ereignissen 1976 wie auch in der Folgezeit innerhalb der Einsatzkompanie oder gegenüber Angehörigen mehr oder minder tangierter MfS-Abteilungen und Grenztruppenstellen offen über die Notwehrsituation gesprochen wurde? Gerade weil es sich unter dieser Voraussetzung um nichts Illegitimes handelte? Dem war aber absolut nicht so. Zwar wurde im Nachhinein verschiedentlich über den Vorfall geredet oder hinter vorgehandener Hand getuschelt, aber dann bemerkenswerterweise der bedeutsame Aspekt der Feuereröffnung durch Michael Gartenschläger nicht erwähnt.

Bernd Kramer etwa, seinerzeit Angehöriger der Einsatzkompanie, äußerte in seiner Vernehmung 1993: »... Nach meiner Ablösung wurde uns in der Unterkunft erzählt, dass eine männliche Person gestellt worden sei, durch einen Schuss schwer verletzt wurde und beim anschließenden Transport verstorben sei.« Auf die Frage, ob ihm zu Ohren gekommen sei, dass der »Provokateur« von der Schusswaffe Gebrauch gemacht habe, antwortete er: »Ist mir nicht bekannt.«

Auch der damalige Beobachter Wolfgang Kliebe, der Gartenschlägers Pistole selbst gesehen hatte, berichtete: »Ob aus dieser Waffe geschossen worden ist, kann ich nicht sagen.« Zudem erinnerte er sich, dass keiner der »feindwärts« eingesetzten »Kämpfer« weder unmittelbar nach dem Geschehen noch zu einem späteren Zeitpunkt mit ihm über den Ablauf der Ereignisse gesprochen hätte. Fast gleichlautend äußerte sich Horst Braun, ebenfalls Mitglied der Einsatzkompanie: »Zu den Ereignissen, die zum Tode des Gartenschläger führten, kann ich nichts sagen. ... Es wurde auch nicht darüber gesprochen.«

Ähnliches bekundete der ehemalige Berufssoldat bei den Grenztruppen Helmuth C.: »Es gab keine offizielle Mitteilung darüber, wie der genaue Ablauf war. Ich habe aber gehört, dass der Gartenschläger versucht haben soll, wieder eine Mine abzumontieren und dass er bei diesem Versuch erschossen wurde.« Oder der Grenztruppen-Offizier Bruno Parschau: »Ich weiß, dass im Regimentsstab ... eine Auswertung des Zwischenfalls stattgefunden hat. Als Ergebnis dieser Auswertung wurde bekannt gegeben, dass der M. Gartenschläger bereits in der DDR vorbestraft war und dass er bei dem Versuch, eine Mine zu demontieren, getötet wurde.«

Umfassender informierte man seinerzeit offenbar auch nicht höhere Dienstgrade, denn weder dem damaligen Leiter der HA I beim Grenzkommando Nord, Oberst Raimund Bartl, noch dem Leiter des Bereiches Abwehr und stellvertretenden Abteilungsleiter der HA I im Grenzkommando Nord Helmut Heyduck oder dem Leiter der HA I-Unterabteilung Abwehr in Schönberg, Major Fritz Vierke, wurde mitgeteilt, dass der »Grenzverletzer« aus einer Notwehrlage heraus erschossen worden war. Alle erfuhren »nichts Näheres« oder erhielten »keine konkreten Angaben zu dem Vorkommnis«.

Und schließlich sei noch hinzugefügt, dass der MfS-Offizier und BND-Informant Hennig bei der Vernichtung von Unterlagen zur Aktion gegen Gartenschläger einen Bericht über den Geschehensablauf gelesen hatte. Vom Staatsanwalt zum Inhalt befragt, antwortete er: »Dort stand, die Posten hätten befürchtet, seiner nicht habhaft werden zu können, und hätten deshalb das Feuer eröffnet. Es war erwähnt, dass es einen Befehl zur Feuereröffnung gegeben hat.… In einem anderen Zusammenhang hieß es in dem Bericht aber auch, die Posten hätten, bevor das Feuer eröffnet wurde, ein Geräusch gehört, das sie als Klicken einer Waffe, welche unterladen wird, gedeutet hätten. … Die Posten haben vermutet, Gartenschläger habe sie entdeckt.« Das heißt, nicht einmal in diesem MfS-internen, offensichtlich als brisant eingestuften Papier fand sich ein Hinweis auf den behaupteten Erstschuss Gartenschlägers.

Unterstellt man nun aber trotzdem diese Notwehrdarstellung als wahr, als das tatsächliche Geschehen, so erhebt sich die Frage, warum Walter Lieberamm und Uwe Wienhold in ihrer ersten Vernehmung 1990 nicht ebenfalls darauf zurückgegriffen haben!? Warum erzählten sie eine gänzlich andere Version und setzten sich damit der Bestrafung wegen Falschaussagen aus? Kannten sie vielleicht die Notwehrgeschichte, die ihr »Mitkämpfer« Herbert Linß erst drei Jahre später ins Spiel brachte, (noch) gar nicht?

1999, im Strafprozess vor dem Landgericht Schwerin, als sie sich der Linß'schen Version angeschlossen hatten, begründete Lieberamm seine anfänglichen unwahren Aussagen damit, dass ihm der seinerzeit vernehmende Beamte mitgeteilt habe, er könne erzählen, was er wolle, zum Mörder werde er sowieso abgestempelt. Und Wienhold erklärte seine Lügen mit der Behauptung, derselbe Kriminalpolizist habe ihm das Protokoll über Lieberamms Angaben zu lesen gegeben, damit er seine Darstellung darauf abstimmen könnte!

Wie dem auch sei – nachdem der ermittelnden Staatsanwaltschaft eine größere Zahl von stimmigeren Zeugenaussagen, insbesondere die von Raupbach und Linß, sowie umfangreicheres, prozessrelevantes Material vorlagen, beließ sie es dabei, die ursprünglichen

Angaben Lieberamms und Wienholds als »abstrus und abwegig« einzustufen, und vernahm die beiden erneut, nun als Beschuldigte, die dabei jedoch von ihrem Aussageverweigerungsrecht Gebrauch machten. Sie wollten Anwälte hinzuziehen und sich erst nach deren Akteneinsicht wieder zur Sache äußern. Darauf verzichtete die Staatsanwaltschaft aber in der Folgezeit bis zur Hauptverhandlung. Inwieweit sie damit die Chance, bestehende Widersprüche aufzuklären, Sachverhalte zu verifizieren und ihre Anklage an möglichen neuen Erkenntnissen auszurichten, leichtfertig vertan hatte, sei dahingestellt.

Mit dem zwischenzeitlich konkreteren Bild, das sich die Ermittlungsbehörde machen konnte, gelangte sie trotz der zahllosen Unstimmigkeiten zu dem Standpunkt, dass die »größere Wahrscheinlichkeit« dafür spreche, dass Gartenschläger zuerst geschossen habe. Begründet wurde dies mit den Aussagen der Beschuldigten und denen der Zeugen, die einen oder mehrere Pistolenschüsse gehört haben wollten, insbesondere aber mit der waffentechnischen Untersuchung durch den MfS-Mitarbeiter Henrion vom Mai 1976, also jenem Gutachten, das sogar der in der Angelegenheit ermittelnde DDR-Staatsanwalt Dr. Prahn bereits 1990 als »oberflächlich und ungenau« gescholten hatte. Doch selbst wenn man der MfS-Untersuchung Richtigkeit und Objektivität unterstellt, bedeutet das noch nicht, dass Gartenschläger den begutachteten Zustand seiner Waffe herbeigeführt hatte. Denn Herbert Linß sagte zumindest in seiner ersten Vernehmung im Jahre 1993 klar und deutlich aus, die Pistole im Vorfeld in »normalem Zustand« aufgesammelt zu haben. »Ich habe nicht gesehen, dass eine Patronenhülse zwischen Patronenlager und Schlitten eingeklemmt war«, gab er zu Protokoll. Dass er sich in der Nacht die Waffe sehr genau und nicht nur oberflächlich angesehen haben muss, wird mit seiner Beschreibung der Farbe des Pistolengriffes, nämlich braun, nahezu objektiv bestätigt. Auch der Scheinwerferposten Hertel, dem ebenfalls in der Tatnacht die Waffe gezeigt worden war, hatte seinerzeit keine Funktionsstörung bemerkt.

Erst der angetrunkene Kriminaltechniker Dey wollte an der Führungsstelle, weitab vom eigentlichen Geschehen, eine Pistole mit verklemmter Hülse gesehen haben. Seinen Angaben von 1991 zufolge fotografierte er »die von ihm unveränderte Waffe«. Ansonsten konnte er in seiner Zeugenvernehmung gegenüber der Kriminalpolizei keinen konstruktiven Beitrag zur Aufhellung des eigentlichen Geschehens leisten. Auf nahezu alle Fragen begannen Deys Antworten mit: »Ich kann mich daran nicht mehr genau erinnern, aber … ich weiß das nicht mehr genau. Das Einzige, was ich noch weiß, ist … dass mir gesagt wurde, dass …«

Wenngleich sein Erinnerungsvermögen demnach insgesamt äußerst mangelhaft war, schenkte die Staatsanwaltschaft ihm in dem einen gewichtigen Punkt Glauben. Zudem sah sie sich veranlasst, ein Schießen Gartenschlägers mit dessen »subjektiver Bereitschaft« wahrscheinlich zu machen. Er war bewaffnet, also konnte er auch schießen! Das setzt allerdings zunächst einmal voraus, dass er in jener Situation die Hinterhaltsposten entdeckt haben müsste. In dem Fall hätte er glauben können, sich nur mit Waffengewalt einer unausweichlichen Festnahme entziehen zu können. Dagegen spricht allerdings, dass er im Angesicht der bewaffneten Übermacht sofort erkannt haben muss, dass eine derartige Aktion nur ein tödliches Unterfangen gewesen wäre. Er konnte sich realistischerweise bei der Kürze der Zeit in seiner Risikoabwägung entweder gar nicht oder nur für die Festnahme entschieden haben.

Vielleicht aber hatte er nur panische Angst vor einer längeren Inhaftierung und eröffnete wider seine Vernunft oder in selbstmörderischer Absicht das Feuer?

Eine durchaus denkbare Variante, die nicht von der Hand zu weisen wäre, wenn Gartenschläger mit seinen Fluchthilfeaktionen nicht bereits deutlich gemacht hätte, dass er ein derartiges Risiko zu einem weitaus geringeren Preis zu übernehmen bereit gewesen war. Darüber hinaus sei angemerkt, dass auch bei den »Minendemontagen« eine Festnahme beziehungsweise Inhaftierung theoretisch eingeplant war. Daher befand er sich in einer für ihn überschaubaren Situation. Das heißt, er war sich bewusst, dass seine Freunde, politische Organisationen sowie andere humanitäre Einrichtungen oder Einzelpersonen (z. B. Frau Fritzen) seinen »Freikauf« beziehungsweise einen »Austausch« vorangetrieben hätten. Ein bedeutsamer Hoffnungsschimmer, der auch den freiwillig gewählten Tod unwahrscheinlich macht.

Bleibt nur noch die Erklärung einer Kurzschlusshandlung übrig. Natürlich kann eine solche »Affekthandlung« nicht grundsätzlich ausgeschlossen werden. Aber bei aller Spontaneität Michael Gartenschlägers hatten die von uns bereits beschriebenen Aktionen eindeutig gezeigt, dass er in jeder kritischen Situation sein Handeln rational kontrollieren konnte.

Aber warum hatte sich Gartenschläger dann überhaupt bewaffnet, wenn er nicht von vornherein den Schusswaffengebrauch eingeplant haben sollte? Diese Frage kann klar und eindeutig beantwortet werden. Gartenschläger war in seinem Naturell eher ein ängstlicher Mensch, wenn dies auch nicht so scheinen mag. Die eigene Angst galt es insofern mit der Bewaffnung zu überwinden, nicht die Hemmschwelle zur Gewaltbereitschaft. Die Waffe war gewissermaßen die Leiter zum Übersteigen der psychologisch bedingten Hindernisse. Ein Selbstbetrug, der mit dem Ziel seines Handelns entschuldigt werden darf.

In diesem Punkt muss man jedoch sowohl der Staatsanwaltschaft als auch später der Schweriner Strafkammer zugute halten, dass sie die Persönlichkeit Michael Gartenschlägers nicht objektiv einschätzen und ihn – leider – auch nicht befragen konnten. Vielmehr konzentrierten sich die Ermittler, da sie den Aussagen des Tatbeteiligten Herbert Linß eine besondere Glaubwürdigkeit zumaßen, auf das von ihm berichtete Nachschießen, das nach ihrer Ansicht nur dem bereits schwer verletzt auf dem Boden liegenden »Angreifer« gegolten haben sollte.

Dass es eine zweite Schussfolge gegeben hatte, sagte der überwiegende Teil der Augen- und Ohrenzeugen aus, die eine mehr oder minder deutliche Pause zwischen zwei Salvenketten erinnerten; der Scheinwerferposten Hertel bekundete zudem, dass er währenddessen Zurufe der Schützen vernommen habe. Peter Raupbach bestritt noch in seiner Vernehmung von 1993 ein solches Nachschießen, gab dieses dann aber doch unter dem Druck der Beweislage während des Strafprozesses vor dem Landgericht Schwerin zu. Und

schließlich sagte der Angehörige der Einsatzkompanie Himpel bei seiner Vernehmung aus: »… Er (Gartenschläger) muss wohl schon verdammt nahe gewesen sein, ehe sie seine Anwesenheit bemerkten. Ich glaube, den größten Teil dieser Angaben von Herrn Herbert Linß gehört zu haben. So hat er mir auch erzählt, vielleicht war es auch Peter Raupbach, dass Walter Lieberamm zur Deckung des Rückzuges nochmals im Hüftanschlag eine Salve im Halbrund in den westlich gelegenen Wald abgefeuert haben soll. Walter Lieberamm vermutete am Waldrand weitere Personen. Ob er gezielt oder nur in die Luft geschossen hatte, kann ich Ihnen nicht sagen. Auf jeden Fall muss das eigentliche Feuergefecht bereits beendet gewesen sein.«
Trotz einer solchen Aussage stützte sich die Staatsanwaltschaft weiter auf Linß' Angaben und richtete daran ihre Anklagestrategie aus.

In ungenügendem Maße ging man bei den Ermittlungen wie auch in der prozessualen Beweisaufnahme der Frage nach, warum nach dem zentralen Geschehen am Grenzknick nicht nur alle Einsatzbeteiligten von den Verantwortlichen der Aktion zu absoluter Verschwiegenheit verpflichtet, sondern auch erhebliche Anstrengungen unternommen wurden, den Hergang zu vertuschen, zu verschleiern, und die objektiven Spuren zu verwischen; und das unter vorsätzlicher Missachtung bestehender Gesetze und Dienstvorschriften – auch wenn die »feindwärts« eingesetzten »Kämpfer« das Gegenteil behaupteten. Warum überhaupt solch ein strafbares (Nachtat-)Verhalten bei einem vorherigen legitimen (Notwehr-)Handeln, für das die Schützen nicht belangt werden konnten?!
Tatsächlich hatten sie sich schon in der entscheidenden Situation, als Gartenschläger sich ihnen näherte, und während des Schießens über eine Dienstvorschrift hinweggesetzt, was wie alle folgenden Übertretungen kaum auf einer eigenmächtigen Entscheidung beruhen konnte; denn das ist aufgrund ihrer militärischen Ausbildung und der zu erwartenden Konsequenzen auszuschließen.
Die hier angesprochene, im Jahre 1976 gültige Vorschrift bestimmte den Gebrauch der Schusswaffe als »äußerste Maßnahme der Gewaltanwendung gegen Personen« unter anderem, »wenn andere

Mittel nicht mehr ausreichen, um einen unmittelbar drohenden oder gegenwärtigen Angriff auf Anlagen der bewaffneten Organe oder ... auf sich selbst oder andere Personen erfolgreich zu verhindern oder abzuwenden«. Dabei durfte jedoch »das Territorium des angrenzenden Staates oder Westberlins nicht beschossen werden«. Die Dienstvorschrift wurde von den »Kämpfern« ebenso in dem Moment missachtet, als die Schießerei beendet war und Gartenschläger weggeschleppt wurde. So heißt es dort unter Ziffer 214, dass »Verletzten unter Beachtung der notwendigen Sicherheitsmaßnahmen Erste Hilfe zu erweisen ist« und – unter Ziffer 216 – nur »tödlich verletzte Personen außerhalb der vom Gegner einsehbaren Geländeabschnitte unterzubringen sind«. Außerdem bestand die gesetzlich bestimmte Pflicht, »den Tatort zu markieren und zu sichern«. Alle »weiteren Handlungen sind entsprechend der Entscheidung des Militärstaatsanwaltes durchzuführen«, heißt es in den Bestimmungen dazu unterstreichend. Nach Aussage der »Kämpfer« lebte Gartenschläger noch beim Abtransport. Wenn dem so war, wären sie also verpflichtet gewesen, zuerst Erste-Hilfe-Maßnahmen einzuleiten. Stattdessen, so sei an dieser Stelle erinnert, packten sie den am Boden liegenden Mann und schleppten ihn vom »Ereignisort freundwärts« fort. Aber auch dort hielt sich weder ein Arzt noch ein ausgebildeter Sanitäter auf, obwohl gerade bei einer solchen »Festnahmeaktion« Verletzte einkalkuliert werden den mussten.

Und schließlich sprechen die weiteren Handlungen, angefangen von Linß' Vorfeldsäuberung bis zur Untersagung der erkennungsdienstlichen Arbeit, nicht eben für ein »Markieren und Sichern« des Ereignisortes im Sinne der vorgenannten Dienstvorschrift. Zumal darüber hinaus selbst in den einschlägigen Hand- und Wörterbüchern des MfS von den Mitarbeitern bedingungslos gefordert wurde: »Die Ereignisortsicherung (ist) unerlässlicher Bestandteil und unverzüglich zu realisierende Aufgabe der Ereignisortuntersuchung. Ihr Anliegen besteht vor allem darin, optimale Voraussetzungen für die Informationsgewinnung und Beweismittelfeststellung am Ereignisort zu schaffen ... Spuren vor der Vernichtung zu bewahren sowie anderweitigen Informationsverlusten vorzubeugen … Die im Ergebnis der Ereignisortuntersuchung gewonnenen Informationen und Beweise über die Begehungsweise, die angewandten Mittel und Methoden sowie über die Ursachen und Bedingungen sind eine entscheidende Voraussetzung für die unverzüglich und umfassend durchzuführende Aufklärung und Untersuchung des eingetretenen politisch-operativ bedeutsamen Vorkommnisses bzw. Ereignisses.«

Woher, fragen wir uns, nahmen die Angehörigen des Kommandounternehmens damals jene Gewissheit, sich über die offiziellen Weisungen, Anordnungen und normativen Richtlinien ungestraft hinwegsetzen zu dürfen? Die Antwort lässt natürlich Raum für Spekulationen. Aber wir sind aufgrund der uns vorliegenden Dokumente zu der Meinung gelangt, dass das Regelwerk mit Befehl von »ganz oben« außer Kraft gesetzt wurde, namentlich durch Generalleutnant Scholz. Anderenfalls wäre auch die ansonsten übliche und gesetzlich vorgeschriebene Ereignisortarbeit von der Leitung der HA I nicht untersagt worden. Denn die verbindlichen Vorschriften forderten: »So sind die Art und Lage des Ereignisortes, alle durch den Eintritt des Vorkommnisses hervorgerufenen Veränderungen der materiellen Milieus, einschließlich der vorgefundenen Spuren u.a. Beweisgegenstände, entsprechend den strafprozessualen Erfordernissen zu dokumentieren. Die Dokumentierung umfasst folgende drei Hauptformen: (erstens) das Ereignisortuntersuchungsprotokoll, (zweitens) die Ereignisortfotografien (Orientierungs-, Übersichts-, Schwerpunkt- und Detailaufnahmen) und (drittens) die Ereignisortskizzen. Das schriftliche Protokoll darf nur Tatsachen enthalten und keine Vermutungen. Es muss so präzise und vollständig abgefasst werden, dass es auch nach längerer Zeit als Grundlage einer Nachprüfung dienen kann. Den nicht an der Ereignisortuntersuchung beteiligten Personen soll es ein anschauliches und überzeugendes Bild über die am Ereignisort vorgefundene Situation vermitteln.

Die Ereignisortfotografien und -skizzen dienen der Ergänzung und Veranschaulichung der im schriftlichen Protokoll vorgenommenen Beschreibung des Ereignisortbefundes (§ 50 StPO). Sie sind unentbehrliche Bestandteile der Ereignisortdokumentation.«

Der Annahme, dass zunächst unbedachte Handlungsabläufe bei der Bergung des verletzten »Grenzverletzers« eine »Spurenveränderung« erzwungen haben könnten, in deren Folge eine Tatortdokumentation verhindert wurde, widerspricht die kriminaltechnische Praxis, die in solchen oder ähnlich gelagerten Fällen auf die Möglichkeit der nahezu exakten Tatortrekonstruktion zurückgreift. »Eine Tatortwiederherstellung dient der Feststellung der objektiven Wahrheit«, heißt es in den vorgenannten MfS-Handbüchern. »Sie hilft Widersprüche zu klären und Situationsfehler aufzudecken.«

Wie bereits beschrieben, rückte die für die Ereignisortarbeit zuständige Spezialkommission nach der Alarmierung zwar aus und durfte nach einigen Schwierigkeiten in den Grenzabschnitt vorfahren, dann aber eben nicht ihrer eigentlichen Tätigkeit nachgehen. Dazu sagte der zugehörige Kriminaltechniker Dey aus: »Ich weiß nur, dass wir daran gehindert wurden, den eigentlichen Tatort aufzunehmen, dass uns sogar verboten worden war, weiter nach vorne zu gehen.«

Auf die weitere Frage, was mit den bis dahin zusammengetragenen Unterlagen der Untersuchungsabteilung geschehen sei, antwortete er: »Es war nicht üblich, dass Unterlagen, die von der Bezirksverwaltung gefertigt wurden, nach Berlin geschickt wurden. Zumindest kann ich das für meinen Arbeitsbereich sagen. Es war also ein besonderer Fall, dass wir die Sachen nach Berlin bringen mussten, zumal dies sofort zu geschehen hatte … Was mit den Unterlagen geschehen ist, die wir nach Berlin gebracht haben, kann ich nicht sagen. Ich habe auch nie wieder etwas davon gehört.«

Auch der MfS-Mitarbeiter Eder bestätigte in seiner Zeugenaussage die besondere und zugleich gesetzwidrige Verweigerung der Tatortsicherung: »Wir wollten uns daraufhin zunächst, wie in solchen Fällen üblich war, mit dem Schützen, also dem Angehörigen der Grenztruppen, der den Grenzverletzer erschossen hat, unterhalten. Dies war nicht möglich. Major Bartelt sagte uns dazu, dass eine ›Berliner Gruppe‹ im besagten Abschnitt die Grenzsicherung übernommen hatte und zwischenzeitlich, also zwischen Vorkommnis und unserem Eintreffen, schon wieder abgezogen worden war.«

Obwohl also die vorgeschriebenen Vorortuntersuchungen nicht stattfanden, wurde bei den staatsanwaltlichen Ermittlungen ein in der Sachakte zur »Fahndung Lothar Lienicke« aufgefundenes Protokoll über die »Suche und Sicherung von Spuren« und ein Bildbericht »Zur bewaffneten Grenzprovokation mit terroristischem Anschlag auf Angehörige der Grenzsicherungskräfte« datiert aus dem Jahre 1976 entdeckt. Dazu äußerte Eder bei seiner Vernehmung: »... Ich muss feststellen, dass sowohl das Protokoll über die Suche und Sicherung von Spuren als auch der dazugehörige Bildbericht nicht durch meine Abteilung gefertigt wurden. Beide Dokumente sind offensichtlich in Berlin durch die Hauptabteilung Untersuchung gefertigt worden, ... dafür habe ich im Moment keine Erklärung.« Was im Klartext nichts anderes heißt, als dass die »Ereignisortarbeit« an einem Schreibtisch fern vom Geschehen ausgeführt worden war ...

Die Berliner Staatsanwaltschaft ging aufgrund ihrer hauptsächlichen Ermittlungsarbeit wie selbstverständlich davon aus, das gesamte Verfahren in den Händen zu behalten und zur Anklage bringen zu können. Angesichts der mehrjährigen Einarbeitung und des daraus resultierenden Kenntnisstandes wäre dies sicherlich auch sinnvoll gewesen. Aus nicht aktenkundig gemachten Gründen, die selbst für den mit der Sache befassten Staatsanwalt Debes »völlig unerklärlich« blieben, musste das Ermittlungsverfahren gegen Lieberamm, Wienhold, Raupbach und Linß im Jahre 1995 an die Staatsanwaltschaft Schwerin abgegeben werden. Das nunmehr »gesonderte« Ermittlungsverfahren gegen die mutmaßlich Verantwortlichen der Grenzaktion Mielke, Kleinjung, Heckel und Singer verblieb in ihrer Zuständigkeit. Mit dem vorläufigen Abschluss- bzw. Sachstandsbericht vom Juli 1995 zeichnete die Staatsanwaltschaft beim Kammergericht Berlin den möglichen Anklageweg vor. Darin ging man im Ergebnis davon aus, dass der Einsatz des Sonderkommandos am Bröthener Grenzknick vorrangig auf die Ausschaltung – durch Festnahme oder Liquidierung – Gartenschlägers abzielte. Eindeutig ermittelt werden konnte bis zum Zeitpunkt der Abfassung des Berichtes dagegen nicht, wie und in welcher Reihenfolge sich das Geschehen abgespielt hatte, das mit Michael Gartenschlägers Erschießung endete. Hier wurden mehrere Sachverhaltsvarianten als möglich erachtet. Insofern sah die Berliner Staatsanwaltschaft das Ermittlungsverfahren gegen den Tatbeteiligten Herbert Linß auch nicht als abgeschlossen an. Als Grund dafür nannte sie die nachfolgende Ermittlungsarbeit der Staatsanwaltschaft Schwerin und die Beweisaufnahme in der als sicher geltenden Hauptverhandlung, die zu Erkenntnissen führen könne, »die auch dessen (Linß') Verhalten vor dem Metallgitterzaun in ein neues Licht rückten«. Denn er hatte nach eigenen Angaben zwar nicht an dem für die Anklage entscheidenden Nachschießen auf Gartenschläger teilgenommen, aber es war ja nicht auszuschließen, dass der gesamte Sachverhalt, vor allem die Notwehrdarstellung, neu und anders bewertet werden musste.

Oberstaatsanwalt Pick übernahm den zur Verfügung gestellten Abschlussbericht für die Anklageschrift, soweit dienlich, in ganzen Passagen wörtlich, legte sich jedoch ohne weitergehende Ermittlungen inhaltlich weit mehr fest als seine Berliner Kollegen. So kam er bereits zu diesem Zeitpunkt, also noch vor der prozessualen Beweisaufnahme und noch bevor sich Walter Lieberamm und Uwe Wienhold überhaupt zum Sachverhalt geäußert hatten, zu dem Schluss, dass »… zu ihren Gunsten aufgrund der glaubhaften Bekundungen des Zeugen Herbert Linß und auch der sonstigen Beweislage davon auszugehen ist, dass die Angeschuldigten erst zu schießen begonnen haben, nachdem Michael Gartenschläger den Zeugen Herbert Linß beschossen hat, sodass das Verhalten der Angeschuldigten durch Notwehr nach § 32 StGB gerechtfertigt bzw. durch Putativnotwehr nach §§ 32, 16 StGB entschuldigt war«.

Die Angeschuldigten hätten aber, nachdem der Zeuge Linß den am Boden liegenden Gartenschläger in Augenschein genommen hatte und dabei feststellte, dass er noch lebte, auf Befehl Lieberamms auf den wehrlos Niedergeschossenen, der bereits tödlich getroffen war, erneut gefeuert, um ihn endgültig zu töten. Aus diesem Grunde klagte die Staatsanwaltschaft Schwerin im Jahre 1995 Lieberamm, Wienhold und Raupbach an. Linß sollte nur als Zeuge gehört werden.

DER PROZESS VOR DEM LANDGERICHT
SCHWERIN

Zuständig für das Strafverfahren war die Große Jugendkammer am Landgericht Schwerin, da der Angeschuldigte Raupbach zum Tatzeitpunkt noch keine einundzwanzig Jahre alt war. Gerade diese Kammer aber, so hieß es von nun an vier Jahre lang seitens der Pressestelle am Landgericht, sei völlig überlastet und müsse Verfahren gegen junge Untersuchungshäftlinge vorziehen. Erst Ende Juli 1999 konnte die *Schweriner Volkszeitung* melden, dass der »Gartenschläger-Prozess« zum symbolträchtigen Datum 9. November, also genau zehn Jahre nach dem Fall der Berliner Mauer, beginnen werde; in einem wuchtigen Gebäude aus der Kaiserzeit, in dem – so das Hinweisschild vor dem Eingang – nach dem letzten Weltkrieg die sowjetische Geheimpolizei, zur so genannten DDR-Zeit die Bezirksverwaltung für Staatssicherheit residierte.

Zahlreiche Zuschauer, Journalisten, Kamerateams und Rundfunkreporter waren zum Prozessauftakt erschienen, sodass der Saal 122 nahezu überquoll, als der Vorsitzende Richter der Dritten Großen Strafkammer, Horst Heydorn, die Hauptverhandlung Punkt neun Uhr eröffnete.

Als Vertreter der Staatsanwaltschaft waren Oberstaatsanwalt Hans-Christian Pick und Staatsanwalt Thomas Bardenhagen anwesend. Frau Rechtsanwältin Dr. Kerstin Woweries vertrat die Interessen Raupbachs, Dr. Peter-Michael Diestel verteidigte seinen Mandanten Lieberamm und Dr. Frank Osterloh Uwe Wienhold. Als Nebenklägerin war Christa Köckeritz zugelassen worden, die hier zum ersten Mal direkt in die Gesichter der Angeschuldigten blicken konnte.

Die Angeklagten, insbesondere aber jene, die zunächst das Gericht als einen Teil der »Siegerjustiz« begriffen, erlebten eine geradezu unanstößige Prozessatmosphäre. Verständnisvoll und mit zurückhaltender Freundlichkeit lenkte Heydorn die Eröffnungssitzung.

Dem Oberstaatsanwalt hingegen unterlief beim Verlesen der Anklageschrift ein gravierender Fehler, indem er den Tatort falsch beschrieb – was aus den Zuschauerreihen je nach Sympathieverteilung mit unverständlichem Kopfschütteln oder Feixen quittiert wurde. Die Angeklagten jedenfalls warfen sich aufmunternde Blicke zu – wir schaffen es, sollte das wohl heißen.

Augenscheinlich von der Panne vollends ermutigt, verlasen Lieberamm und Wienhold gleich nach dem Vortrag der Anklage jeweils schriftlich vorbereitete Erklärungen, die sich inhaltlich nun an der behaupteten und von der Staatsanwaltschaft akzeptierten Notwehrsituation orientierten, aber wieder in wesentlichen, von der übrigen Darstellung abweichenden Punkten auffällig übereinstimmten, sodass sich – ähnlich wie in ihren Aussagen 1990 – der Eindruck eines abgekarteten Spiels aufdrängte. Danach war ihr alleiniger Auftrag gewesen, den erwarteten »Provokateur« zu überwältigen und unversehrt festzunehmen, um über ihn an seine Hintermänner heranzukommen. Dies sollte am besten dann geschehen, wenn er die Leiter zum Minenabbau an den Zaun lehnte oder daraufkletterte. Von der Schusswaffe durfte nur zum Selbstschutz Gebrauch gemacht werden und zwar in der Weise, dass auf die Beine gezielt werden sollte. Diese Situation trat ein, als der »Mitkämpfer« Linß ein Geräusch verursachte und Gartenschläger zuerst schoss. Daraufhin erwiderte zuerst Herbert Linß das Feuer, dann alle Übrigen. Walter Lieberamm befahl dem Wachposten Hertel, die Scheinwerfer aufzublenden. Im Licht sahen sie einen Mann auf dem Rücken liegen. Er lebte noch, als sie ihn abtransportierten. Ein gezieltes Nachschießen auf den Verletzten, so die beiden eigenständig gefertigten Erklärungen übereinstimmend, hat nicht stattgefunden. Allein Walter Lieberamm habe auf ein Geräusch aus Richtung Bundesrepublik hin noch einmal in die Luft gefeuert, um mögliche Mittäter von Gartenschläger zu verscheuchen. Mit einem Toten statt einem Festgenommenen wurde nach Lieberamms Angaben der Einsatz als »Fehlschlag« gewertet, sodass er sich vor seinen Vorgesetzten rechtfertigen und bereits am Morgen des 1. Mai 1976 dem Minister für Staatssicherheit persönlich Bericht erstatten musste.

Abschließend beklagte er sich vor der Kammer über den Tatvorwurf und führte dazu aus, dass er es als sehr schlimm empfinde, dass sie von der Staatsanwaltschaft als Menschen hingestellt würden, »die andere skrupellos hinrichten«.

Darüber hinaus enthielten die Erklärungen noch eine weitere aufschlussreiche Gemeinsamkeit: Beide begannen mit der Schilderung des jeweiligen beruflichen Werdegangs. Doch sowohl Lieberamm als auch Wienhold ließen dabei eine Station unerwähnt: Ersterer die Absolvierung einer Sonderschule des Ministeriums für Nationale Verteidigung vom Mai bis zum September des Jahres 1969, Letzterer den Besuch einer »Sonderschule«, die in seiner Personalkarteikarte unter der Rubrik »besondere Kenntnisse und Fähigkeiten« aufgeführt wurde. Bemerkenswert ist diese Unterschlagung insofern, als beide Teilnahmen für eine Ausbildung zu einem »tschekistischen Einzelkämpfer« stehen können.

Dabei ist das vorgenannte Adjektiv nicht als die im MfS übliche Floskel zu begreifen, sondern meint hier eine – wenn auch konspirative – Spezifikation von »Kampfkräften«, die ein spezielles Training durchlaufen hatten. Diese Sonderlehrgänge fanden in den so genannten Sonderschulen des MfNV – so auch im Militärcamp »Am Springsee« bei Biesenthal in der Nähe von Bernau – unter der Anleitung von Offizieren der Nationalen Volksarmee statt. Ein Teilnehmer und Angehöriger der HA I-Einsatzkompanie berichtete dazu: »Die Teilnehmer kamen von den Haupt- und Bezirksverwaltungen des MfS. Organisiert wurde die Teilnahme am Lehrgang vom jeweiligen Sekretariat. Die MfS-Angehörigen wurden im Schießen, Sprengen, Tauchen und Fallschirmspringen ausgebildet … Nach dem Lehrgang begaben sich die Teilnehmer wieder zu ihren Stammeinheiten. Dort wurden sie als ›nichtstrukturelle Einzelkämpfer‹ geführt … Für die Lehrgangsteilnehmer fanden auch immer wieder jährliche Auffrischungskurse statt, die ab einem bestimmten Zeitpunkt von der HA XXII durchgeführt wurden. Ab 1986 nannten sich diese Einzelkämpfer dann ›nichtstrukturelle Antiterrorgruppe‹.

Strukturelle Antiterrorkräfte befanden sich bei der HA XXII und der Arbeitsgruppe des Ministers/Sicherheit. Die nichtstrukturellen

Kräfte befanden sich bei der HA I, II, VI und den Bezirksverwaltungen. Die Angehörigen der nichtstrukturellen Antiterrorgruppe waren also laut ihrem Dienststellenschlüssel nicht als Antiterrorkräfte erkennbar. Dies dürfte nur aus ihrer Personalakte aufgrund ihrer Ausbildung erkennbar sein.

Im Zusammenhang mit Sondereinsätzen (Schleusung, Abwehr von Sabotagehandlungen und Festnahme oder ›Vernichtung‹ von Grenzverletzern) wurden die Kräfte der nichtstrukturellen Antiterrorgruppe als ›handelnde Organe‹ meistens lehrgangsmäßig herangezogen. Dies hatte den Vorteil, dass die Leute sich kannten und aufeinander eingespielt waren.«

Der genaue Aufgabenbereich dieser »nichtstrukturellen« Kader wurde in einem damals »streng geheimen« Grundsatzpapier eindeutig beschrieben. Zur Durchführung befohlener Einzelaufgaben »unter relativ friedlichen Verhältnissen« spezifierte man darin unter anderem: »… die Liquidierung bzw. Ausschaltung führender Personen von Terrororganisationen, deren Tätigkeit gegen die staatliche Sicherheit der DDR gerichtet ist …« Und was unter dem Begriff »Liquidieren« zu verstehen war, wurde sogleich definiert: »Das Liquidieren von Einzelpersonen beinhaltet die physische Vernichtung von Einzelpersonen … Ereichbar durch das Erschießen, Erstechen, Verbrennen, Zersprengen, Strangulieren, Erschlagen, Vergiften, Ersticken.«

Hinsichtlich der denkbaren Einsatzformationen benannte das Schriftstück alternativ zu den Einzelkämpfern die »tschekistische Einsatzgruppe« als handelndes Organ, »eine zusammengestellte Gruppe tschekistischer Einsatzkräfte, welche von einem tschekistischen Einsatzkader des MfS geführt wird und aus weiteren tschekistischen Einsatzkadern, Spezialisten oder allgemeinen Kämpfern als Gruppenmitglieder bis zu einer Stärke von maximal sechs Kämpfern bestehen kann«.

Der BND-Informant Harald Hennig alias »Krause« erinnerte sich an fünf oder sechs Namen von Personen, die für den Spezialauftrag am Großen Grenzknick vorgesehen waren, darunter Walter Lieberamm und Uwe Wienhold …

Lieberamms Erklärung zum wichtigen Anklagepunkt des Nachschießens, er habe in der Feuerpause nach der ersten Schussfolge ein Knacken und Krachen auf bundesrepublikanischer Seite gehört, »wie wenn jemand durchs Unterholz rennt«, und daraufhin einen kurzen, ungezielten Feuerstoß aus seiner »Kalaschnikow« in jene Richtung abgegeben, wurde von den Mitangeklagten Raupbach und Wienhold aufgegriffen. Ersterer konnte sich zwar nun an ein zweites Schießen erinnern, jedoch nicht, ob er daran beteiligt gewesen war. Letzterer mochte in dem Zusammenhang auch kein eigenes »aktives Handeln« zugeben, da sich im Patronenlager seines Leichten Maschinengewehrs eine Hülse verklemmt gehabt habe (sic!). Er verfiel auf die Idee, nach dem Aufblenden der Scheinwerfer hinter Herbert Linß her zu dem verletzten Gartenschläger gegangen zu sein. Seine Version konnte niemand bestätigen und auch Uebe hatte seinerzeit nur einen Mann gesehen, der bei dem Niedergeschossenen stand und dessen Arm anhob.

Der zum Kronzeugen avancierte Herbert Linß wiederum erklärte entgegen seinen früheren Aussagen, dass er doch beim Aufsammeln der Pistole Gartenschlägers Auffälligkeiten an der Waffe (als Indiz für dessen Schießen) bemerkt habe. Und der Beobachtungsposten Knut Borowsky, der in der Tatnacht im Kfz-Sperrgraben nahe dem Grenzknick stand, hatte noch 1993 in seiner Vernehmung ausgesagt, dass der Schemen, den er im Vorfeld sah, eine Bewegung vollführte, als wolle er etwas aus der Brusttasche herausholen, dass dem jedoch die gleichzeitige Schießerei aus mehreren Waffen zuvorkam. Im Prozess fiel ihm ein, dass er mit seinem Nachtsichtgerät deutlich erkannt habe, wie Gartenschläger eine Pistole zog. Direkt danach hörte er einen einzelnen Schuss und sah auch das Mündungsfeuer, bevor die »wilde Schießerei« mit den automatischen Waffen seiner Kameraden begann.

Obwohl eine Vielzahl solcher Fragwürdigkeiten auftauchten, sollen die Beispiele an dieser Stelle genügen. (Dem Leser, der sich zum Prozessverlauf detailliert informieren möchte, empfehlen wir das Buch *Michael Gartenschläger: Der Prozess* von Andreas Frost, der als Journalist und Prozessbeobachter darin objektiv über die einzelen Verhandlungstage berichtet.) Insgesamt muss aber als auffällig angemerkt werden, dass wir keine in der Hauptverhandlung korrigierte Aussage entdecken konnten, die die Angeklagten oder deren Befehlsgeber belastete! Aus dieser einseitigen Zufallswahrscheinlichkeit erwuchs der Eindruck, dass die neueren, abgeänderten Angaben zur Tatnacht dem aktuellen Stand des Verfahrens angepasst wurden.

Und diese Ungereimtheiten blieben im Raum, weil die Vielzahl vager, unwahrscheinlicher, unlogischer, einander widersprechender Angaben der Angeklagten und einiger Zeugen eine Atmosphäre von extremer Unwahrheit erzeugten, der Staatsanwaltschaft und Gericht mit Nachsicht begegneten. Markantes Beispiel: Als der BND-Informant Harald Hennig alias »Krause« vor der Kammer als Zeuge aussagen sollte, leugnete er dreist, diese Quelle zu sein. Zudem bestritt er, jemals in der Sache Gartenschläger als Zeuge gehört worden zu sein. Der Berliner Oberstaatsanwalt Debes musste eigens geladen werden und identifizierte Harald Hennig eine Woche später eindeutig. Dann erst sagte der Zeuge, sich nunmehr auf Erinnerungslücken stützend, aus. Sein Verhalten blieb folgenlos.

Unter den geschilderten Umständen und angesichts der Tatsache, dass die Anklage wegen versuchten Mordes mit dem Nachweis stand und fiel, dass die zweite Schussfolge in der Tatnacht dem bereits tödlich getroffenen Gartenschläger gegolten hatte, verfolgte die Verteidigung legitimerweise die Strategie, nicht zuletzt auch aufgrund ihrer fundierten, persönlichen Kenntnisse der speziellen MfS-Gegebenheiten die vorhandenen strittigen Sachverhalte noch zu erweitern; offenbar in der Hoffnung, dass ein großes Maß verbleibender Zweifel zugunsten ihrer Mandanten gewertet würde. Dabei sei einschränkend angemerkt, dass wir die »Spezialkenntnisse« dem Anwalt Wienholds, Dr. Frank Osterloh, zuweisen, während Anwalt Diestel damit eher in seinen politischen Funktionen konfrontiert worden war und die Verteidigerin Raupbachs, Frau Dr. Woweries, in dieser Hinsicht nicht von sich reden gemacht hatte.

Frank Osterloh studierte Jura und promovierte 1982 an der Stasi-Hochschule Potsdam-Eiche mit einer so genannten Kollektiv-Dissertation, die er gemeinsam mit zwei weiteren MfS-Offizieren verfasst hatte, zum Thema »Politische und völkerrechtliche Aspekte der Arbeit des MfS zur offensiven Zurückweisung der von Staatsorganen bzw. Feindzentren der BRD ausgehenden Einmischung in innere Angelegenheiten der DDR«. Nach den Recherchen des Journalisten Roman Grafe war Osterloh seit 1971 hauptamtlicher Mitarbeiter in der HA IX, dem Untersuchungsorgan, das auch für die Verfolgung von Grenzprovokationen zuständig gewesen war, und zwar zunächst als »operativer Mitarbeiter«, später als »Offizier für Sonderaufgaben«, seit 1982 im Range eines Oberstleutnants. Unter anderem habe sich Osterloh, wie Grafe schreibt, »ausweislich seiner Personalakte ... in der MfS-Untersuchungsabteilung einen ›hohen persönlichen Anteil‹ an der Bearbeitung von MfS-Ermittlungsverfahren wegen ›Republikflucht‹, Verfahren wegen ›Staatsverbrechen‹ sowie wegen ›Beeinträchtigung staatlicher oder gesellschaftlicher Tätigkeit‹ erworben. Kurz vor dem Staats- und Parteibankrott wurde Osterloh – zu diesem Zeitpunkt war er auch Sekretär der SED-Grundorganisation – als Rechtsanwalt zugelassen und ist immer noch einer von rund siebenhundert heute in Deutschland praktizierenden Anwälten, die in Diensten des MfS gestanden haben sollen.

In den vergangenen Jahren trat er vornehmlich dadurch in Erscheinung, dass er ehemalige MfS- und Grenztruppenoffiziere verteidigte. Dabei nutzte er den Gerichtssaal augenscheinlich auch als Bühne, um darzulegen, dass die Angeklagten Opfer des Kalten Krieges und politisch Verfolgte seien, die für eine Abrechnung der bundesdeutschen »Siegerjustiz« mit dem realsozialistischen DDR-System herhalten müssten.

Auch im Gartenschläger-Prozess zeigte sich Verteidiger Osterloh an dessen »ideologischem Überbau« interessiert, was insbesondere in seinem Plädoyer zum Ausdruck kam. Darüber hinaus fühlte sich der Anwalt – als Experte verständlich – immer dann zuständig, wenn es spezielle Begriffe des MfS zu diskutieren galt, während er die verbale Kleinarbeit der Verteidigung vornehmlich dem Kollegen und der Kollegin überließ.

Anwalt Diestel – wie im Übrigen auch die Verteidigerin Woweries – verlegte sich im Verlauf der Hauptverhandlung und im Plädoyer wesentlich darauf, die Zeugenaussagen, die die Anklage stützten, in Zweifel zu ziehen, und betonte die »fehlende Tötungsabsicht« der Schützen, da sie keine Kenntnis vom MfS-Maßnahmeplan gehabt hätten und auch die mangelnde Konspiration während des Einsatzes (!) nicht dafür spreche. Besonders Diestel kritisierte die »massive Vorverurteilung« der Angeklagten durch die Berichterstattung in der Presse.

Richtig an der letzten Äußerung ist, dass vor allem die Printmedien seit 1990, als neue Verdachtsmomente im Fall Gartenschläger auftauchten, die Thematik immer wieder aufgriffen und so die Ermittlungen mit anschoben. Richtig ist auch, dass nach der Anklageerhebung 1995 in regelmäßigen Abständen der Prozessbeginn erfragt oder angemahnt wurde. Und schließlich stimmt, dass schon vor dem ersten Verhandlungstag eine Vielzahl von Zeitungen den Blick auf das Schweriner Landgericht richteten. Dabei wurde die Jahre hindurch in überwiegend umfangreichen Artikeln der Sachverhalt nach dem jeweiligen Kenntnisstand der Ermittlungsbehörde respektive Anklagevertretung geschildert, aber auch auf die offenen, klärungsbedürftigen Komplexe hingewiesen. Dass in die Berichterstattung die nach der Wende zutage geförderte, belegbare und im Gegensatz zu 1976 nicht mehr zu übersehende (Un-)Rechtspraxis des SED-Regimes, darin speziell die des MfS, einfloss, ist wohl eher als eine objektive denn als eine tendenziöse Darstellung zu betrachten. Zudem wurden die Motive Gartenschlägers in anderer Weise als zu Zeiten der sozial-liberalen »Entspannungspolitik« differenzierter interpretiert und in den Zusammenhang seiner Lebensgeschichte gestellt. Jetzt war vom »Regime-Kritiker« *(Frankfurter Allgemeine)*, »DDR-Gegner« *(Die Welt)*, »DDR-Dissidenten« *(Berliner Zeitung)*, »wagemutigen Grenzpiraten« *(Frankfurter Allgemeine)* oder einfach nur vom »ehemaligen DDR-Häftling« statt vom »fanatischen DDR-Hasser«, »Abenteurer« und »leichtfertigen Psychopathen« die Rede. Nun wurde Gartenschläger nicht mehr als jemand dargestellt, der für fette Honorare alles machte, sondern als ein Mann, der mit den Minendemontagen »weltweites Aufsehen erregte« *(Der Tagesspiegel)*, »die Ostberliner Machthaber bloßstellte« *(Frankfurter Allgemeine)* und der DDR »eine peinliche Schlappe zufügte« *(Frankfurter Rundschau)*. Und man schil-

341

derte seinen Widerstand als Siebzehnjähriger gegen den Mauerbau, als Fluchthelfer gegen die Unfreiheit, als desjenigen, der als Erster einen »Todesautomaten« der Öffentlichkeit im Westen präsentierte, eine Splittermine dem Berliner Mauer-Museum übergeben und ein drittes Gerät zur Zeit der »KSZE-Konferenzen … vor der Ständigen DDR-Vertretung in Bonn … als Mahnmal aufbauen« wollte (*Süddeutsche Zeitung*).

Aus dieser gewandelten Einschätzung der Person Gartenschlägers kann schwerlich eine Vorverurteilung gelesen werden. Weit eher steht sie für eine veränderte politische Situation sowie als Reaktion auf die neu gewonnenen Kenntnisse infolge der Selbstauflösung des ostdeutschen Staates. Der Umfang der Berichterstattung, in dem Verteidiger Diestel eine »Meinungsmache« zu erkennen glaubte, spricht wohl eher dafür, dass es sich bei Michael Gartenschlägers Lebensende tatsächlich um den »spektakulärsten Todesfall« *(Frankfurter Rundschau)* an der innerdeutschen Grenze handelte.

Entsprechend groß war das Medieninteresse zur Eröffnung der Hauptverhandlung, über die Fernsehen, Rundfunk und Presse ausführlich informierten. Doch entgegen der Ansicht des früheren MfS-Offiziers und Anwalts Osterloh verlor sich diese Aufmerksamkeit weder im Verlauf des Prozesses noch zu seinem Ende hin, als sich ein für die angeklagten Todesschützen günstiger Ausgang abzeichnete. Die von dem Verteidiger unterstellte Sensationsgier und bewusste oder indirekte Einflussnahme, die in derartigen Verfahren eine drastische Bestrafung fordert, kam hier jedenfalls nicht zum Vorschein.

Es war bei der gesamten Sach- und Verfahrenslage vorauszusehen, dass die Verteidigung Freispruch für ihre Mandanten verlangen würde. Die Staatsanwaltschaft beantragte hingegen eine Strafe von dreieinhalb Jahren Freiheitsentzug für den ehemaligen Zugführer Walter Lieberamm sowie je drei Jahre für Peter Raupbach und Uwe Wienhold, das Mindestmaß für versuchten Mord. Zur Begründung der milden Forderung führte Oberstaatsanwalt Pick zugunsten der Angeklagten ihre von »Hass auf den Klassenfeind« geprägte DDR-Sozialisation und die extrem lange Dauer des Verfahrens an, die acht Jahre lang belastend gewirkt hätte. Zudem habe man sich in Hinblick auf das Strafmaß an den ergangenen Urteilen gegen die Verantwortlichen im SED-Regime in anderen Prozessen orientieren müssen. Konkret verwies die Anklagevertretung dabei auf das Verfahren gegen Egon Krenz, den letzten DDR-Staats- und Parteichef, der im November 1999 zu sechseinhalb Jahren Haft verurteilt worden war. Andererseits spreche gegen die beschuldigten Todesschützen, dass sie dem Sonderkommando mit der speziellen Aufgabenstellung freiwillig beigetreten seien und in dem Fall in »menschenverachtender Weise« auf einen bereits tödlich Verletzten geschossen hätten.

Die Staatsanwaltschaft vermittelte wie bereits in ihrer gesamten Ermittlungsarbeit auch bei ihrem mündlichen Schlussvortrag keinen überzeugenden Eindruck. Es war eigentlich klar vorauszusehen, dass die Anklagebehörde ihren Strafanspruch angesichts der Inkohärenz der Ermittlungsergebnisse vertan hatte. Dennoch versuchte die Nebenklägerin mit ihrem schriftlich vorbereiteten Plädoyer den Missstand auszugleichen. Über knapp dreißig Seiten bemühte sie sich, die Schwachstellen der Beweisaufnahme aufzuarbeiten, indem sie nicht nur detailliert die Widersprüche in den Aussagen der Beschuldigten, insbesondere Lieberamms und Wienholds, und einiger Zeugen auflistete, sondern auch das Unwahrscheinliche an den vorgebrachten Versionen darlegte.

In ihren Schlussworten beteuerten alle Angeklagten ihre Unschuld und schlossen sich den Anträgen ihrer Verteidiger an. Mit »tiefer Betroffenheit« brachten sie ihr Bedauern über den Tod Michael Gartenschlägers zum Ausdruck. »Wir haben seinen Tod nicht verhindern können«, sagte der Ex-Stasi Major Lieberamm mit gedrückter Stimme der Nebenklägerin zugewandt. »Bitte nehmen Sie meine aufrichtige Entschuldigung dafür an.« Auch Wienhold brachte seine »persönliche Anteilnahme« zum Ausdruck, und Raupbach wünschte darüber hinausgehend den ebenfalls im Gerichtssaal anwesenden Enkeln der Nebenklägerin, »dass diese niemals ein Deutschland erleben müssen, in dem sich Derartiges wiederholen kann«.

Der Vorsitzende Richter nahm am 22. Verhandlungtag mit jovialer Gelassenheit die Anträge der Verteidigung und die persönlichen Schlussworte der Angeklagten entgegen. »Der Verkündungstermin wird am 24. März 2000 sein. Bis dahin fällt diese Kammer ein, nein, ich wollte sagen, das Urteil.«

Der Vorsitzende der Strafkammer verkündete in der auf zehn Uhr anberaumten Sitzung das – inzwischen vom Bundesgerichtshof bestätigte – Urteil, wonach alle drei Angeklagten auf Kosten der Landeskasse freigesprochen wurden.

»Bravo«-Rufe schallten durch den Saal. Mit versteinerten Gesichtern verfolgten die Anklagevertreter und die Nebenklägerin die etwa fünfzehnminütige Urteilsbegründung des Kammervorsitzenden.

Seiner mündlichen Begründung schickte er voraus, dass es in dem Strafprozess nicht um die juristische Aufarbeitung der Geschichte des DDR-Regimes beziehungsweise des Unrechtscharakters dieses Staates gegangen sei, sondern allein um die Ereignisse am so genannten Großen Grenzknick in jener Nacht. Nachfolgend beschrieb Heydorn die Tatortsituation sowie das nach Ansicht der Strafkammer maßgebliche Hauptproblem, nämlich ob und warum Gartenschläger zuerst geschossen haben könnte, sowie das von der Staatsanwaltschaft gemutmaßte Nachschießen auf den Schwerverletzten.

Hinsichtlich der ersten Fragestellung ist vom Gericht die Möglichkeit für Gartenschläger zu schießen bejaht worden, so Heydorn in seinen Ausführungen, da er ja bewaffnet gewesen war. »Jedenfalls spricht eine größere Wahrscheinlichkeit für einen Erstschuss Gartenschlägers.«

Bezüglich der weiteren Problemstellung halte man (die Richter) die anfänglichen Erklärungen der Angeklagten für abwegig; insofern sei die Kammer zu der Überzeugung gelangt, dass sie seinerzeit (1990) die Unwahrheit gesagt hätten. Dennoch könne man die späteren (1999) abgeänderten Einlassungen der Angeklagten nicht einfach abtun: »Die geänderten Darstellungen sind möglicherweise das Ergebnis eines langen Denkprozesses« (sic!). Man sei schließlich und endlich seitens des Gerichtes überzeugt, dass ein zweites

Schießen auf Gartenschläger nicht stattgefunden habe; wenn doch, ganz ausschließen mochte Heydorn diesen Taterhang nicht, dann fehle dafür der zweifelsfreie Beweis.

Das Fehlen beziehungsweise die Vernichtung wesentlicher Aktenstücke zum Fall Michael Gartenschläger sowie einige Indizien, so Heydorns Erläuterungen dazu, nährten zwar den Verdacht, dass Gartenschläger erschossen werden sollte, aber weder die Geschehnisse in der Nacht noch die Befehlskette hätten rekonstruiert oder aufgeklärt werden können. Einiges spräche wohl für die Tötungsabsicht!

Zum Schluss seiner Ausführungen wies der Kammervorsitzende noch einmal darauf hin, dass das Gericht nicht im Dienste eines »Siegers« stehe, sondern Teil eines verantwortungsvollen Behördenapparates im gesamtdeutschen Staat sei. An die Adresse der Angeklagten richtete Heydorn den »Wunsch«, dass sie ihr damaliges Verhalten vielleicht unter dem Eindruck des Prozesses inzwischen kritischer betrachten möchten, als dies zuvor der Fall gewesen sei.

Die letzte Anmerkung des Richters fand bei den Angeklagten offenbar keine Beachtung mehr. Selbstzufrieden und selbstbewusst bauten sie sich neben ihren Verteidigern auf, die zugleich gewichtige Erklärungen gegenüber der Presse und den elektronischen Medien abgaben. Peter-Michael Diestel lobte die »konsequente, folgerichtige Entscheidung« der Dritten Strafkammer. Der Sachverhalt »sei bis zum Exzess aufgeklärt« worden. Gartenschlägers Tötung bezeichnete er zudem als »tragischen Unglücksfall«. Ursache dafür seien die »unmenschliche Mauer« und die »rechthaberische Politik« der SED gewesen.

Osterloh schwieg lächelnd. Grund dazu hatte er, denn seinem Antrag auf Freispruch war entsprochen worden. Oberstaatsanwalt Pick – sichtlich enttäuscht – kündigte vor laufenden TV-Kameras an: »Wir gehen in Revision. Das Verfahren ist bedeutsam für die Aufarbeitung des SED-Unrechts!«

Traurig leise und zurückhaltende Töne hingegen von der Nebenklägerin Christa Köckeritz: »Das Urteil ist schon deprimierend. Im Stillen hatten wir doch etwas anderes erwartet.« Genauso enttäuscht zeigten sich die Freunde und Wegbegleiter Gartenschlägers. Auf Seiten der Stasi-Sympathisanten dagegen waren kameradschaftliches Schulterklopfen und unverhohlener Siegestaumel zu beobachten.

Und während die Journalisten in ihre Redaktionen zurückkehrten, um ihre Berichte auszuformulieren, feierten die Freigesprochenen das Urteil in einer kleinen Gaststätte am Schweriner Platz der Freiheit. Nur zwei Tische von der Schwester Michael Gartenschlägers entfernt erscholl lautes Lachen. Witze wurden erzählt und mit Rotkäppchen-Sekt angestoßen. Zwischen den einzelnen Lachsalven waren Worte wie »Richter« und »Staatsanwalt« zu vernehmen und ihre »persönliche Betroffenheit« und ihr »Bedauern« zum Tode Gartenschlägers, die sie vor Gericht in Worten, Gestik und Mimik wiederholt vorgetragen hatten, waren wie weggeblasen. Hatte der Stimmungsrausch die ehemaligen ranghohen MfS-Offiziere vergessen lassen, dass sie zuvor »nur juristisch« freigesprochen worden waren?

Auf jeden Fall wollten sie sich der Prozedur einer denkbaren Wiederaufnahme des Schweriner Prozesses nicht mehr aussetzen. Denn während der Hauptverhandlung gegen die verantwortlichen Planer der »Fallenstellung«, Oberst a. D. Heckel und Oberstleutnant a. D. Singer, vor dem Landgericht Berlin im Jahre 2002 – das Verfahren gegen den ehemaligen Leiter der HA I, Kleinjung, war wegen dessen vorgerücktem Alter abgetrennt worden – machten die nun als Zeugen geladenen Lieberamm, Wienhold und Raupbach von ihrem Recht zur Aussageverweigerung Gebrauch. Für jemanden, der in einer Notwehrsituation gehandelt haben will, ein bemerkenswertes Verhalten. Aber das sei nur am Rande und der Vollständigkeit halber erwähnt.

Nach Prozessende berichteten auch die Zeitungen über den Schweriner Richterspruch. Die *Frankfurter Rundschau* überschrieb ihren Beitrag mit »Todesschüsse auf den ›Provokateur‹ bleiben ungeahndet« und die *Frankfurter Allgemeine* wies ihre Leser darauf hin, dass die »Barbarei ... nicht mehr nachweisbar« gewesen sei. Die *Ostsee-Zeitung* meinte gleichlautend, die »Spuren von damals sind verwischt« und der *Tagesspiegel* fasste den Urteilsspruch mit dem Leitsatz »Es ist alles möglich, beweisbar ist es nicht« zusammen. Unter der Überschrift »›Festnehmen oder Vernichten‹ forderte Mielke« resümierte die *taz* bereits einen Tag zuvor: »Wie immer das Urteil lauten wird, die Geschichte hat Michael Gartenschläger jedenfalls auf seiner Seite – die deutsch-deutsche Teilung ist vorbei … Der Mauerfall war (sein) Lebenstraum.« Ähnlich kommentierte die *Stuttgarter Zeitung*: »… Michael Gartenschlägers Tod (bleibt) ungesühnt. Und das, obwohl das Verfahren – und zwar zweifelsfrei – noch einmal erwiesen hat, dass der damals 32-Jährige ein unschuldiges Opfer war: das Opfer eines terroristischen Regimes, das sein eigenes Volk in Haft genommen hatte. Darüber hat die Geschichte ihr Urteil gesprochen – der Rechtsstaat funktioniert nach eigenen Gesetzen.«

Obwohl die letzte Bemerkung wohl richtig ist, monierte die *Süddeutsche Zeitung* einige Monate später dennoch und berechtigterweise die Verhandlungsführung der Schweriner Strafkammer: »Der Chef der Jugendkammer erinnert mit den zurückgekämmten grauen Haaren ein wenig an den in die Jahre gekommenen, Gutmütigkeit ausstrahlenden Goethe … ›Richter Gnadenvoll‹, manche (Prozessbeobachter) nennen ihn gar ›gnaden-toll‹. Zuweilen übt er eine Milde aus, die bei Opfern oder Hinterbliebenen Bestürzung auslöst. Er sprach zum Beispiel im März 2000 das vierköpfige Stasi-Sonderkommando frei, das in den 70er Jahren Michael Gartenschläger regelrecht hingerichtet hatte … Richter sollen Unvoreingenommenheit beweisen, nicht den Inquisitor geben. Aber nirgendwo steht geschrieben, dass es einem Richter verboten ist, durch strenge Regie und unbequeme Fragen einen Fall zu klären.«

Dem wäre nichts mehr hinzuzufügen, wenn da nicht Peter-Michael Diestels Interview in der Tageszeitung *Junge Welt* zur Tätigkeit des MfS sowie die unkritische Reflexion der eigenen Vergangenheit einiger ehemaliger Generäle und Obristen aus Mielkes Ministerium in ihrem Buch *Die Sicherheit. Zur Abwehrarbeit des MfS* im zeitgeschichtlichen Raum stehen würden. Denn für Ersteren steht fest,

»dass zwischen den in den Medien behaupteten Verbrechen des MfS und den tatsächlich durch die Justiz nachgewiesenen Verbrechen eine Differenz klafft wie zwischen Schwarz und Weiß. Mein Fazit lautet daher: Man hat die Arbeitsergebnisse des MfS nie ohne Vorverurteilung bewertet. Mein politisches Anliegen war dagegen von Anfang an, eine sachliche Bewertung zu erreichen. Und da gilt die juristische Bilanz: Ein Freispruch ist ein Freispruch. Ein Freispruch bedeutet: Es hat keine Straftat gegeben, keinen Mord, keinen Totschlag, keine Entführung.

Ich selbst habe in einem spektakulären Verfahren, im Gartenschläger-Prozess, den Hauptangeklagten vertreten, nachdem ich mich davon überzeugt hatte, dass hier kein Mord vorlag. Noch einmal: Mit der juristischen Aufarbeitung wurde der Beweis angetreten, dass dieser Geheimdienst MfS sich in der Regel keiner kriminellen Methoden bedient hat. Ob das eine sinnvolle Erkenntnis ist oder nicht, will ich nicht bewerten, aber es ist das Ergebnis der Aufarbeitung.«

Und die ehemaligen Stasi-Offiziere gehen in ihrem über tausend Seiten starken »Kompendium zur Geschichte des MfS« noch einen Schritt weiter, denn sie behaupten darin zynisch-frech: »Im MfS wurde der Begriff ›liquidieren‹ immer nur im Sinne von abschließen, einstellen, aufheben, auflösen und beenden eines bestimmten Aufgabenkomplexes (›der Operative Vorgang ist zu liquidieren‹) verstanden und angewendet. Das beinhaltete niemals eine Aufforderung zur Anwendung physischer Gewalt gegen Menschen ... Wie und warum dieser Begriff auch in den Wortschatz des MfS gelangte, ist nicht schlüssig nachvollziehbar und zu beantworten ... Seine Umfunktionierung in ein Beweismittel gegen das MfS ist der untaugliche Versuch am untauglichen Objekt.«

Wir müssen dem Vortrag exemplarisch widersprechen, auch und zugleich deswegen, weil wir trotz der unvermeidlichen Parteilichkeit der Standpunkte in unserer bisherigen Darstellung versucht haben, den »Fall« Michael Gartenschläger so objektiv wie nur möglich zu beschreiben. Von daher wollen wir dem Leser, der sich bis hierher durch eine Fülle von Informationen, Fakten und Indizien gearbeitet hat, auch das zuletzt beigebrachte Dokument nicht

vorenthalten. In der »Analyse über Delikte und politisch-operative Sachverhalte sowie feindlich-negative Pläne, Absichten und Aktivitäten mit terroristischem Charakter«, die Generalleutnant Karl Kleinjung im Oktober 1977 dem Leiter der HA II zugesandt hatte, schreibt die federführende Hand: »In der Nacht vom 30. 4. 1976 zum 1. 5. 1976 betrat im Abschnitt des Grenzregimentes 6 Schönberg, auf Höhe der Grenzsäule 231, der Gartenschläger das Territorium der DDR mit dem Ziel, eine weitere SM 70 abzubauen. Seine Komplizen Lienicke und Uebe sicherten ihn von der Grenzlinie aus. Bevor er die Tat ausführen konnte, wurde Gartenschläger durch Sicherungskräfte der DDR liquidiert.«
Dem ist nun wirklich nichts mehr hinzuzufügen.

Wolfgang Hilbig

»ICH«

Roman

Band 12669

Der Schriftsteller und Stasi-Spitzel »Cambert« soll einen myste-
riösen Autor beschatten, der »feindlich-negativer« Ziele verdäch-
tigt wird. Da dieser Autor nie den Versuch macht, seine Texte
zu veröffentlichen, ist der Verdacht jedoch schwer zu erhärten.
»Camberts« Zweifel an der Notwendigkeit seiner Aufgabe, die
ihn zu unheimlichen Expeditionen durch Berliner Kellergewölbe
zwingt, wachsen mit der Unsicherheit, ob sich das Ministerium für
Staatssicherheit für seine Berichte überhaupt interessiert. Immer
öfter plagt ihn die Ahnung, nicht einmal seine Person werde ernst
genommen. In dem muffigen Zimmer zur Untermiete bei Frau
Falbe, die ihm keineswegs nur Kaffee kocht, verschwimmen ihm
Dichtung und Spitzelbericht so sehr, daß er bald nichts mehr zu
Papier bringen kann. Tief sitzt die Angst, unter dem Deckmantel
»Cambert« könnte der lebendige Mensch längst verschwunden
sein. Hilbigs Thema in diesem Roman ist die Verwicklung von
Geist und Macht. Er untersucht sie am Beispiel eines Literaten, der
zu einem Spitzel der Staatsgewalt geworden ist.

Fischer Taschenbuch Verlag

fi 691 / 8